KW-221-236

Inhalt

Beck'scheReihe

Denker
BsR 532

Ludwig Wittgenstein ist einer der großen europäischen Philosophen und einer der wichtigsten dieses Jahrhunderts. Wenige Denker interessieren und faszinieren so wie er nicht nur Philosophen. Seine Werke gehören über den Textbestand der Philosophie hinaus zur Weltliteratur. Sie beeinflußten Literaten, Künstler, Psychologen und Sozialwissenschaftler. Dabei sind seine Schriften alles andere als populär geschrieben. Wittgenstein ging weder in seinem Leben noch in seinem Schreiben Kompromisse ein. Er war für das Einfache, aber nicht für Vereinfachungen. Die Reinheit und Klarheit seines Denkens bannt seine Leser, vereinnahmt sie aber nicht. Er bleibt auf Distanz und fordert dazu auf, selbst nachzudenken. Nichts, was er schreibt, ist mundgerecht. Vieles erscheint sperrig, wird aber durch die eigene Arbeit an seinen Texten rasch verständlich. Manches erscheint leicht und klar, erweist sich aber als schwer. Aus beiden Gründen können wir von seinen Büchern mehr lernen als aus den meisten Lehrbüchern der Philosophie. (Aus dem Vorwort)

Wilhelm Vossenkuhl führt in das gesamte Denken Wittgensteins ein und macht sich dabei auch bisher unveröffentlichte Manuskripte zunutze.

Wilhelm Vossenkuhl ist Inhaber des Lehrstuhls I für Philosophie an der Ludwig-Maximilians-Universität München. Veröffentlichungen u.a.: „Anatomie des Sprachgebrauchs" (1982), (Hrsg.) „Von Wittgenstein lernen" (1992), Mitautor u.a. am „Lexikon der Philosophie" (Beck'sche Reihe 152) und an „Eigenes Leben. Ausflüge in die unbekannte Gesellschaft, in der wir leben" (1995).

WILHELM VOSSENKUHL

Ludwig Wittgenstein

VERLAG C.H.BECK

Mit 8 Abbildungen
(Suhrkamp Verlag)

Meiner Familie gewidmet

Die Deutsche Bibliothek – CIP-Einheitsaufnahme

Vossenkuhl, Wilhelm:
Ludwig Wittgenstein / Wilhelm Vossenkuhl. – Orig.-
Ausg. – München : Beck, 1995
   (Beck'sche Reihe ; 532 : Denker)
   ISBN 3 406 38931 7
NE: GT

Originalausgabe
ISBN 3 406 38931 7

Umschlagentwurf: Uwe Göbel, München
Umschlagabbildung: Suhrkamp Verlag, Frankfurt am Main
© C. H. Beck'sche Verlagsbuchhandlung (Oscar Beck), München 1995
Gesamtherstellung: Appl, Wemding
Gedruckt auf säurefreiem,
aus chlorfrei gebleichtem Zellstoff hergestelltem Papier
Printed in Germany

Anhang

Abkürzungen und Zitierweise

Wittgensteins Werke zitiere ich mit den unten aufgeschlüsselten Abkürzungen und den Seitenzahlen der *Werkausgabe* oder der jeweils angegebenen Ausgaben von Texten, Briefen oder Vorlesungen. Wenn die Texte in numerierte Passagen oder Paragraphen gegliedert sind, folgt auf die Abkürzung die Angabe der Nummer oder des Paragraphen (§). Wenn, wie in den BGM, die Paragraphen über mehrere Seiten laufen, gebe ich Seitenzahl und Nummer des Paragraphen an.

Aufz.	Aufzeichnungen für Vorlesungen über „privates Erlebnis" und „Sinnesdaten" (in: VüE)
BGM	Bemerkungen über die Grundlagen der Mathematik
BlB	Das Blaue Buch
BT	Big Typescript
GT	Geheime Tagebücher
LS	Letzte Schriften über die Philosophie der Psychologie
PhB	Philosophische Bemerkungen
PhU	Philosophische Untersuchungen
PP	Bemerkungen über die Philosophie der Psychologie
TLP	Tractatus logico-philosophicus
ÜG	Über Gewißheit
VB	Vermischte Bemerkungen
VüE	Vortrag über Ethik und andere kleine Schriften
VuG	Vorlesungen und Gespräche über Ästhetik, Psychologie und Religion

Abkürzungen von Werken anderer Autoren

DL	Dewey Lectures (H. Putnam, „Sense, Nonsense, and the Senses: An Inquiry into the Powers of the Human Mind", *Journal of Philosophy* 91 (1994), 445–517).
OD	B. Russell, „On Denoting", in: *Collected Papers*, vol. 4, London/ New York 1994, 414–427.
SWL	A. J. Ayer, *Sprache, Wahrheit und Logik*, Stuttgart 1970.

Vorwort

Ludwig Wittgenstein ist einer der großen europäischen Philosophen und einer der wichtigsten dieses Jahrhunderts. Wenige Denker interessieren und faszinieren so wie er nicht nur Philosophen. Seine Werke gehören über den Textbestand der Philosophie hinaus zur Weltliteratur. Sie beeinflußten Literaten, Künstler, Psychologen und Sozialwissenschaftler. Dabei sind seine Schriften alles andere als populär geschrieben. Wittgenstein ging weder in seinem Leben noch in seinem Schreiben Kompromisse ein. Er war für das Einfache, aber nicht für Vereinfachungen. Die Reinheit und Klarheit seines Denkens bannt seine Leser, vereinnahmt sie aber nicht. Er bleibt auf Distanz und fordert dazu auf, selbst nachzudenken. Nichts, was er schreibt, ist mundgerecht. Vieles erscheint sperrig, wird aber durch die eigene Arbeit an seinen Texten rasch verständlich. Manches erscheint leicht und klar, erweist sich aber als schwer. Aus beiden Gründen können wir von seinen Büchern mehr lernen als aus den meisten Lehrbüchern der Philosophie.

Das vorliegende Buch sieht wie eine Gesamtdarstellung von Wittgensteins Denken aus. Diesem Anspruch kann es nicht genügen. Zu viele Aspekte dieses Denkens habe ich nur gestreift, manche nicht einmal erwähnt. Es ging mir darum, zentrale Aspekte von Wittgensteins Philosophie darzustellen. Meine Erläuterungen bewegen sich um Schwerpunkte. Die Auswahl der Schwerpunkte entspricht freilich dem, was mir besonders wichtig und für eine Einführung unverzichtbar erscheint.

Meine Studentinnen und Studenten an den Universitäten Bayreuth und München gaben mir in Vorlesungen und Seminaren über Wittgenstein die Möglichkeit, mein Verständnis seines Denkens zu erproben und zu verbessern. Sie werden sehen, ob ich diese Möglichkeit nutzte. Meine Freunde und Kollegen halfen meiner Selbstkritik nach, lenkten meine Aufmerksamkeit auf Unklarheiten und Fehler. Herzlich danken möchte ich vor allem Ulli Metschl, Felix Mühlhölzer, Julian Roberts, Joachim Schulte und Marcelo Stamm. Sie haben mir mehr geholfen, als nur Fehler zu beseitigen. Ihre Hinweise, Kommentare, Kritiken und Vorschläge waren für mich überaus wertvoll. Ihre Mühe und Geduld waren außergewöhnlich, ihre freundschaftliche Hilfe unvergleichlich. Dankbar bin ich auch Verena Mayer, Philipp-Amadeus Marschlich, Josef Rothhaupt und Matthias Varga von Kibéd für vielfältige Hinweise und Hilfen. Otfried Höffe, dem Herausgeber der Reihe, danke ich für sein Vertrauen und für seine Vorschläge. Stellvertretend für die Nachlaßverwalter von Wittgensteins Werken erlaubte mir Professor Peter Winch, aus dem unveröffentlichten *Big Typescript* zu zitieren. Dafür danke ich ihm. Schließlich danke ich dem Lektorat von Günther Schiwy für die geduldige und verständnisvolle Betreuung.

München, Juni 1995

I. Wittgenstein in der Philosophie des 20. Jahrhunderts

1. Ein Neubeginn

Wittgenstein hat in der Philosophie einen neuen Anfang gewagt. In jedem Zeitalter gibt es dafür eine Tradition, auch in der Moderne. Descartes ist wohl nach der Renaissance der erste Reformer, Kant der zweite, auch Kierkegaard und Nietzsche wollen von Neuem beginnen. Frege, Husserl und Russell tun es mit weitreichenden Folgen. Heidegger, der Zeitgenosse Wittgensteins, schlägt anstelle der Philosophie ein neues Denken vor. Es gibt auch beinahe vergessene Reformer wie Schopenhauer, von dem Nietzsche lernte, oder Brentano, ohne den Husserls Reform nicht möglich gewesen wäre. Neuanfänge in der Philosophie werden aus ganz unterschiedlichen Gründen versucht: Weil es zum Beispiel ungelöste Probleme gibt und die menschliche Vernunft gefährdet erscheint, solange es keine Lösungen gibt. Kant sieht etwa im Skeptizismus ein solches Problem. Oder die alten Lösungen überzeugen nicht mehr, weil das Weltbild sich aus religiösen, politischen oder wissenschaftlichen Gründen verändert hat und die alte Philosophie dazu nicht mehr paßt. Die Philosophen des Wiener Kreises sind zum Beispiel dieser Meinung und entwerfen ein neues wissenschaftliches Weltbild. Solche Gründe für Neuanfänge können auch in gemischter Form auftreten oder nebeneinander. Sie sind jedenfalls meist dafür verantwortlich, daß es Reformversuche gibt. Nicht alle Versuche dieser Art sind erfolgreich. Sie führen dann wieder zu alten Lösungen zurück.

Was ist überhaupt eine Reform in der Philosophie? Die Antworten auf diese Fragen geben darüber Auskunft: Ist das Selbstverständnis der neuen Philosophie anders als das der früheren? Verändert sich der Kanon der neuen Philosophie? Gibt es neue Disziplinen und Methoden, oder einige der alten nicht mehr, oder eine veränderte Hierarchie der Disziplinen? Haben sich die Gegenstände, die Inhalte, die Problemfelder der Philosophie verändert? Alle diese Fragen hängen miteinander zusammen. Ein anderes Selbstverständnis drückt sich in anderen Methoden und Gegenständen, in einer veränderten Anwendung alter Methoden und einer veränderten Hierarchie von Disziplinen aus.

Wittgensteins Neuanfang unterscheidet sich von den meisten anderen, und zwar in vierfacher Hinsicht: nach Selbstverständnis, Kanon, Methoden und Inhalten. Im Unterschied zu Descartes und Kant beginnt Wittgenstein keine konservative Reform. Er will nicht mit neuen Methoden – wie Descartes, Kant und Husserl – ungelöste Probleme der alten Philosophie lösen, um die menschliche Vernunft vor ihrem Verfall zu retten. Er hält sich an keinen bisherigen Kanon der Philosophie, der vorschreibt, in welcher Ordnung die allgemeinen und die besonderen Fragen zu stellen sind. Sprachphilosophie wird zur Grunddisziplin, Logik zur Grundmethode, jedenfalls in der ersten Phase seines Denkens, bis zur Vollendung des *Tractatus logico-philosophicus* (1921), seines ersten und des einzigen zu seinen Lebzeiten erschienenen Buches. Wittgenstein hat kein historisches Interesse an der Philosophie. Er will nicht die Geschichte der Philosophie oder bestimmte Autoren und Texte neu oder besser als andere verstehen. Stattdessen entwickelt er ein eigenes und eigenwilliges Selbstverständnis der Philosophie als einer Tätigkeit, die der Klärung des Sprachgebrauchs dient.[1] Auch die Themenbereiche sind teilweise andere als die traditionellen. Fragen zu den Grundlagen der Mathematik und der Psychologie sowie Probleme des alltäglichen Sprachgebrauchs treten vor allem in der zweiten Phase seines Denkens – nach 1929 – in den Vordergrund.

Trotz dieser Unterschiede zu klassischen Philosophen wie Descartes, Kant und Husserl ist Wittgensteins Neuanfang ohne die Neuanfänge vor ihm unverständlich, ja sogar unmöglich. Von Freges und Russells Reform lernt er eine Menge und übernimmt einige ihrer Fragestellungen und Lösungsansätze. Vor allem lernt er durch sie die moderne formale Logik, ihre

Potentiale und Probleme kennen. Von Kierkegaard und Schopenhauer nimmt er Impulse auf, die sein Leben und seine Einstellungen zur Welt und zum Leben lange prägen. Von Schopenhauer distanziert er sich in reiferen Jahren. Dessen Unfähigkeit, in sich zu gehen, hindere ihn in die Tiefe zu gehen, wirft er Schopenhauer vor.[2] Kierkegaards Christentum dagegen, dessen Auffassung, daß der Glaube eine Leidenschaft und schwer wie eine Krankheit sei, beeindruckt Wittgenstein tief.[3] Dennoch ist Kierkegaard kein philosophisches Vorbild für Wittgenstein. Er hat im strengen Sinn keine Vorbilder. Sein Denken ist unangepaßt eigenwillig, bisweilen scheint es naiv und ungelenk, vor allem aber unsystematisch und aphoristisch. Wir werden sehen, wie oberflächlich und falsch einige dieser Eindrücke sind.

Sein Verzicht auf historisch motivierte Reformen, sein Desinteresse am historischen Schicksal der Philosophie unterscheiden Wittgenstein z. B. deutlich von Heidegger. Heidegger stellt seine neuen Fragen aus der Geschichte der Philosophie, rechnet ihr vor, wonach sie nicht fragte. Sie vergaß – das ist Heideggers Vorwurf – nach der Bedeutung des Seins zu fragen, ließ damit die fundamentalen Probleme ungelöst und gefährdete sich auf diese Weise selbst. Heidegger ist trotz aller Radikalität im Gestus seines Denkens ein konservativer Reformer, wenn man ihn mit Wittgenstein vergleicht. Es gibt aber dennoch Ähnlichkeiten[4] zwischen diesen beiden einflußreichsten Denkern des 20. Jahrhunderts. Beide verabscheuen Kompromisse. Beide vertreten weniger diskursive, eher dogmatisch anmutende Positionen, die man entweder ganz oder gar nicht, aber nur sehr schwer in Teilen akzeptieren kann.

2. Sprachphilosophie als Grundlage

Die Frage, was Wittgenstein für die Philosophie des 20. Jahrhunderts bedeutet, wird oft damit beantwortet, daß seit dem *Tractatus* die Sprachphilosophie die neue Fundamentaldisziplin der Philosophie sei. Dies ist in dieser Allgemeinheit nicht falsch, sagt aber – wie wir später sehen – wenig über seine wirklichen Anliegen. Die alte Fundamentaldisziplin, die Ontologie (metaphysica generalis), hatte seit Aristoteles immerhin bis zu Christian Wolff, also bis ins 18. Jahrhundert, gehalten. Sie ist von Kants kritischer Erkenntnislehre, der Transzendentalphilosophie, abgelöst worden. Seitdem häuften sich im Deutschen Idealismus die Angebote noch tieferer Grundlegungen, u.a. von Fichte, Schelling und Hegel. Vor allem aber herrschte nun keine Grundlagendisziplin mehr unumschränkt. Bis heute hält die Konkurrenz der Grundlagenangebote an. Die Rückkehr zu Kant durch den Neukantianismus am Ende des 19. und zu Beginn des 20. Jahrhunderts gab der Erkenntnistheorie – für kurze Zeit – erneut den Rang einer Grundlagendisziplin, aber eben nur einer neben anderen. Es beginnt die Zeit des philosophischen Pluralismus, in der es nicht nur – wie früher auch – viele miteinander konkurrierende Schulen gibt. Neu ist, daß diese Schulen voneinander wechselseitig keine Notiz nehmen, weil sie weder gemeinsame Grundlagen noch gemeinsame Kategorien haben. Frege ist zwar kein Neukantianer, teilt aber deren Interesse an einer kritischen Grundlegung der Erkenntnis und des Wissens im Geiste Kants. Mit Freges neuen logisch-analytischen Mitteln wird es nun möglich, die Erkenntnistheorie durch die Sprachphilosophie abzulösen. Wittgensteins *Tractatus* nimmt dabei eine Schlüsselstellung ein, und zwar mit allen Folgen. Das Kategoriensystem hat z.B. nicht mehr die grundlegende Bedeutung für unser Erkennen wie noch bei Kant. Wir können uns auf die Funktion und Bedeutung dieser traditionellen Grundbegriffe nicht mehr verlassen. Es ist so, als gäbe es sie gar nicht mehr. Ihre Bedeutung und Funktion bestand darin, festzulegen, was Erkenntnis ist, was wahres und begründetes Wissen und was wirkliche Gegenstände sind. Mit dem traditionellen Kategoriensystem sind auch seine Funktionen suspendiert. Es muß also neu festgelegt werden, was Erkenntnis, was wahres und begründetes Wissen, was wirkliche Gegenstände sind.

Es ist offensichtlich, daß trotz der Suspendierung des traditionellen Kategoriensystems die Ziele, die mit ihm verfolgt wurden, geblieben sind. Was Denken, Erkennen, Wahrheit, Wirklichkeit und was Gegenstände sind, bleiben die Fragen. Wir werden sehen, in welchem Sinn die Sprachphilosophie Fundamentaldisziplin der Philosophie geworden ist, welches neue Begriffssystem daraus entsteht, und welche methodischen Veränderungen damit verbunden sind. Die Sprachphilosophie als neue Grundlagendisziplin wäre ohne Wittgenstein zumindest in der analytischen Tradition undenkbar. Er hat neben einer Reihe anderer Philosophen dieser Tradition wie Moore, Russell, Carnap, Quine der sprachphilosophischen Entwicklung der Philosophie Richtung und Gestalt gegeben.

3. Kritik an Szientismus und Positivismus

Die deutsche Philosophie beginnt sich spät für Wittgenstein zu interessieren, erst in den 70er und zunehmend in den 80er Jahren. Die angelsächsische analytische Tradition prägt lange die Beschäftigung mit seinem Denken. Die Auseinandersetzung mit ihm wird im deutschsprachigen Raum aber zunehmend eigenständig und geht dabei zuweilen über den traditionellen philosophischen Rahmen hinaus. Wittgenstein wird als intellektuelle Erscheinung derjenigen Kultur verstanden, die ihre Ursprünge in Wien hat. Er wird aus der angelsächsischen Isolierung gelöst und in den Kontext der europäischen Kultur gestellt.[5]

Innerhalb der deutschen Philosophie gab es ein entscheidendes Hindernis, sich mit Wittgenstein auseinanderzusetzen. Er galt als Positivist, auch als Wissenschaftsphilosoph, der die Philosophie verwissenschaftlichen und zu einer Art Naturwissenschaft machen wollte. Es gibt wohl kein größeres Mißverständnis. Es zeigt, wie ignorant und gedankenlos die deutsche Philosophie lange Zeit mit Wittgenstein umging.

Tatsächlich hat sich Wittgenstein nie, vielleicht unter Schopenhauers[6] Einfluß, mit dem Szientismus und Positivismus des Wiener Kreises identifiziert. Er gehört nicht zu diesem Kreis, weil er dessen Programm nur in wenigen Punkten teilt.

Seine Gespräche mit Moritz Schlick und Friedrich Waismann zeigen diese Haltung.[7] Ein wenig Aufmerksamkeit für Wittgensteins Schriften hätte jeden Zweifler belehrt, daß er keine Verwissenschaftlichung der Philosophie anstrebt, daß er im Gegenteil wissenschaftliche Aufgaben für die Philosophie ablehnt. Die Philosophie, so seine Überzeugung, kann keine Erklärungen geben wie eine Naturwissenschaft. Sie soll auch nichts erklären, weil es philosophisch nichts zu erklären gibt.[8] Wittgenstein fordert in den *Philosophischen Untersuchungen* (PhU § 109), daß an die Stelle aller Erklärung die Beschreibung des Sprachgebrauchs treten müsse. Seine Ablehnung der erklärenden und damit der wissenschaftlichen Kompetenz der Philosophie ist übrigens kein Charakteristikum nur seiner sogenannten Spätphilosophie, seines Denkens nach der Rückkehr nach Cambridge 1929, sondern bereits im *Tractatus* anzutreffen. Die Sätze der Naturwissenschaft, heißt es dort, haben mit der Philosophie nichts zu tun (TLP 6.53). Die Philosophie sei eine Nachbarin der Wissenschaften, sie begrenze das „bestreitbare Gebiet der Naturwissenschaft" (TLP 4.113). In das fremde Territorium der Wissenschaften kann sich die Philosophie nicht vorwagen.

Das kritisch gegen den Szientismus gerichtete Denken Wittgensteins ist bisher zu wenig beachtet und untersucht worden. Für die Philosophie des späten 20. Jahrhunderts ist es bedeutsam, und angesichts unserer Zweifel am technischen Zeitalter ist es aktuell. Vor allem aber zeigt Wittgensteins Kritik an Positivismus und Szientismus, daß er sein Interesse an Logik und Mathematik unangepaßt, nonkonformistisch und undogmatisch verfolgt. Was immer danach aussieht, eine Lehre werden zu können, verabscheut er. Das verhinderte nicht, daß einige Aspekte seines Denkens sehr rasch aufgegriffen und kanonisiert wurden. Nur deswegen konnte er so mißverständlich dem Logischen Positivismus des Wiener Kreises und später der sogenannten Ordinary Language Philosophy, der Philosophie der normalen Sprache, zugerechnet werden.

4. Ein eigener Typ philosophischen Fragens

Die besondere Bedeutung Wittgensteins für die Philosophie des 20. Jahrhunderts zeigt sich in einem äußerlichen Sinn an seiner Art, Fragen zu stellen. Er gibt sich nicht mit Modell-Antworten, nicht mit systematisch oder methodologisch nahe-liegenden Klischees oder Stereotypen zufrieden. Viele Philoso-phien halten sich zugute, daß sie alle wichtigen Probleme nach einem bestimmten Grundmuster lösen. Wittgenstein mißtraut solchen Mustern. Er fordert immer eine eigene, besondere Evi-denz für jede Antwort. Diese Evidenz ist aber äußerst selten, und wenn sie dann vermeintlich gefunden ist, hält sie meist nicht lange. Sein aphoristischer Stil und die von vielen bemän-gelte fehlende Systematik sind eine Folge dieser rücksichtslo-sen, radikalen Suche nach überzeugenden Antworten. Jede Antwort, die uns qua System oder Methode mehr oder weni-ger automatisch in den Schoß fällt, verbietet sich für ihn. Er ist der mißtrauischste, ungläubigste[9] Philosoph dieses Jahr-hunderts. Wittgenstein entwickelt einen schwer zu befriedigenden Instinkt, einen besonderen Geschmack für das, was als Ant-wort akzeptabel ist und was nicht.

Das übergroße, schwer zu beschwichtigende Mißtrauen ge-genüber den geistigen Kräften – vor allem gegenüber seinen eigenen – ist freilich auch Ausdruck von tiefer Unsicherheit. Unklarheit in der Sache und Ungewißheit über das eigene Vermögen mischen sich dabei. Wittgenstein ist nie auf die Idee gekommen, nach intellektueller Balance um der Balance willen, nach Kohärenz um der Kohärenz willen, nach Syste-matik um der Systematik willen zu suchen, zumindest nicht mit philosophischen Mitteln. Verzagt notiert er 1937: „Ich *verschwende* unsägliche Mühe auf ein Anordnen der Gedan-ken, das vielleicht gar keinen Wert hat" (VB 489). Er hat nie die philosophische Selbstsicherheit und Gewißheit erreicht, die Voraussetzung einer erfolgreichen und kopierbaren philo-sophischen Überzeugung ist. Dabei hat er starke Überzeugun-gen, aber sie sind nicht philosophischer Natur, sondern entweder naturwissenschaftlich oder kulturell oder religiös und ethisch.

Wegen dieser nie gewonnenen Balance, wegen des nie befriedigten Bedürfnisses nach Gleichgewicht wäre es unsinnig, Wittgenstein nachträglich eine umfassende systematische Position zu unterstellen, die eine durchgängige Ausgewogenheit suggerierte. Sein Denken läßt sich nicht wie das vieler anderer Philosophen nachträglich als geschlossene Architektur rekonstruieren. Wir können ihm aber Umrisse und Gestalt geben. Es ist ein Denken in Fragen, ein Fragen ohne den Anspruch auf endgültige Antworten, ein Denken, dem an der begrifflichen Ausgewogenheit weniger liegt als an der Klarheit. Mit Wittgenstein erlernen wir keinen wohletablierten Gang in der Welt der Begriffe. Wir finden bei ihm nicht die intellektuelle Sicherheit, die lange ein vorrangiges Ziel der Philosophie war und immer wieder Reformen motivierte. Dennoch können wir von Wittgenstein philosophisch außergewöhnlich viel lernen. Er zeigt uns Wege zur Lösung von wichtigen Problemen, führt vor, wie wir selbst solche Wege finden können, hält uns zu kritischem Begriffsgebrauch an. Es ist allerdings nicht leicht, ihm auf diesen Wegen zu folgen. Oft scheint es leicht, wenn es besonders schwer und anspruchsvoll ist. Wittgensteins Sprache ist gemessen an der Schwierigkeit seiner Fragen außerordentlich lesbar. Seine Sprache ist in den Texten, an denen er lange arbeitete – z.B. dem *Tractatus* und den *Philosophischen Untersuchungen* –, sogar schön.

II. Metamorphosen eines Lebens

1. Wittgenstein in Wien

Am 26. April 1889 wurde Wittgenstein in Wien geboren. Er war das achte und jüngste Kind einer der reichsten österreichischen Familien. Sein Urgroßvater väterlicherseits, Moses Meier, stand in Diensten des Prinzen von Sayn-Wittgenstein. Moses Meiers Sohn, Hermann Christian, nannte sich nach dem Dienstherrn seines Vaters ‚Wittgenstein'. Hermann Christian wurde in Korbach geboren und zog später nach Leipzig, schließlich nach Wien. Er heiratete Fanny Figdor aus einer jüdischen Wiener Familie. Sie ließen sich 1838 protestantisch taufen. Ab 1850 betrachteten sich die Wittgensteins nicht mehr als jüdisch. Aus der Ehe Hermann Christians gingen acht Töchter und drei Söhne hervor. Sie heirateten in Wiener protestantische Familien. Mit diesen familiären Beziehungen wurden die Verbindungen zum kulturellen Wien immer enger. Die Integration der Wittgensteins in das Wiener Bürgertum ging mit der kulturellen Integration einher. Fannys Familie war z.B. mit Grillparzer befreundet. Ihr Cousin war der bekannte und geschätzte Geiger Joseph Joachim. Johannes Brahms soll den Töchtern von Hermann und Fanny Klavierunterricht gegeben haben. Sein Klarinetten-Quintett wurde im Hause Wittgenstein uraufgeführt.

Hermanns Sohn Karl war Wittgensteins Vater. Karl war eine außergewöhnliche Persönlichkeit. Zweimal brannte er von zuhause durch, das zweite Mal nach New York, und zwar ohne einen Pfennig, nur mit seiner Violine. Er schlug sich als Ober, Musiker und Lehrer durch. 1867 kehrte er nach Wien zurück, studierte Ingenieurwesen und wurde Österreichs größter Stahlunternehmer. Sein Erfolg war ungeheuer. Er machte die österreichische Stahlindustrie international konkurrenzfähig und hatte bis 1898, dem Jahr seines Rückzugs aus dem Geschäftsleben,

Abb. 1: Ludwig Wittgenstein wurde am 26. April 1889 als achtes Kind einer der reichsten österreichischen Familien in Wien geboren.

ein riesiges Vermögen erwirtschaftet. Einen Großteil dieses Vermögens transferierte er in die USA und rettete es so vor den Verlusten, die der Erste Weltkrieg und die Inflation mit sich brachten. Karl heiratete 1873 Leopoldine Kalmus. Ihr Vater, Jakob Kalmus, stammte aus einer jüdischen Familie, wuchs aber katholisch auf. Leopoldines Mutter, Marie Stallner, war nicht jüdisch. Da Leopoldine katholisch aufgewachsen war, wurden auch ihre acht Kinder aus der Ehe mit Karl katholisch. Auch Ludwig erhielt katholischen Religionsunterricht, war aber in seinem erwachsenen Leben religiös passiv. Er sagte, es sei für ihn schwierig, sein Knie zu beugen.[1] Die Familie wohnte großbürgerlich in der Alleegasse, heute Argentinergasse, im Palais Wittgenstein. Außerdem besaß die Familie am Stadtrand, in der Neuwaldeggergasse, ein Haus und ein Landhaus auf der Hochreith.

a) Wiener Kultur

Wittgensteins Mutter Leopoldine, genannt Poldy, war außergewöhnlich musikalisch. Im Palais Wittgenstein verkehrten einige der großen Musiker der Zeit, neben Johannes Brahms Gustav Mahler und Bruno Walter, aber auch weniger bekannte wie der blinde Komponist und Organist Josef Labor. Wittgenstein hielt ihn Zeit seines Lebens neben Haydn, Mozart, Beethoven, Schubert und Brahms für einen der ganz Großen. Karl, Wittgensteins Vater, war einer der wichtigsten Mäzene in Wien. Mit Unterstützung seiner ältesten Tochter Hermine, die selbst eine gute Malerin war, sammelte er Bilder und Skulpturen, u. a. von Klimt[2] und Rodin. Er finanzierte gemeinsam mit anderen Mäzenen den Bau der Wiener Sezession.

Wien war im späten 19. Jahrhundert und vor Beginn des Ersten Weltkriegs ein Ort großer kultureller Umwälzungen und Entwicklungen, war kulturell die Hauptstadt Europas. Karl Kraus, der Satiriker, Dramatiker, Essayist und Kritiker, Herausgeber und Autor der ‚Fackel' (1899–1936), bekannt durch das Weltkriegsdrama *Die letzten Tage der Menschheit* (1918/19), nannte das Wien jener Epoche „Forschungslaboratorium der Weltzerstörung". Unter den Literaten brachte nicht nur Karl Kraus das Zeitalter auf den Begriff. Musil lebte und schrieb in Wien. *Der Mann ohne Eigenschaften* beschreibt aus ironischer Distanz dieselbe zerfallende Welt der k. u. k.-Monarchie. Musil reflektiert auch Sigmund Freud und die Geburt der Psychoanalyse, der Seelenkunde für eine Welt ohne Seele. Keine Erfindung zwischen Wissenschaft und Mythologie hat das Lebensgefühl unseres Jahrhunderts so geprägt wie die Psychoanalyse. Im *Mann ohne Eigenschaften* ist diese Art Seelenkunde neben der Mathematik die Wissenschaft schlechthin. Zwischen mathematischer Genauigkeit und dem Unergründlichen der Seele steht der unentschlossene Zeitgeist. Ulrich, der Held des Romans, schlägt ein „Erdensekretariat der Genauigkeit und Seele" zur „geistigen Generalinventur" vor.[3] Pointierter läßt sich die Spannung zwischen Klarheit und Dunkelheit, in der die Zeit vor dem Ersten Weltkrieg steht, kaum beschreiben. Die Malerei erlebt eine Revolte durch Klimt, Schiele und Kokoschka. Schönberg entwickelt die atonale Musik. Webern macht sie, wie Adorno deutet, zu einer Ausdrucksform des Schweigens. Die Architektur erlebt den entscheidenden Aufbruch in die funktionale Moderne durch Otto Wagner und vor allem durch Adolf Loos.[4] Wien wird architektonisch zu einer der ersten Adressen der Welt.

Es hätte wenig Sinn, diese Strömungen und teilweise revolutionären Neuerungen in Kunst und Kultur hier aufzuzählen, wenn sie nicht etwas mit Wittgensteins Entwicklung zu tun hätten. Er kannte die Kultur und Kunst Wiens nicht nur von weitem, sondern aus nächster Nähe. Er traf in seinem Elternhaus viele Künstler, wurde mit ihnen und ihrem Werk vertraut. Wittgenstein entwickelte einen feinen, differenzierten künstlerischen Geschmack, war selber musikalisch begabt, spielte Klarinette[5] und konnte – ohne sie – hervorragend pfeifen, ganze Sinfonien.[6]

b) Die Familie

Die Familie Wittgenstein lebte in großbürgerlichem Glanz. Ihre materiellen und kulturellen Reichtümer waren außerordentlich groß, doch das Unglück innerhalb der Familie ebenso. Die Brüder Kurt, Hans und Rudolf – hochbegabt allesamt – nahmen sich das Leben. Kurt – er hatte dem väterlichen Wunsch entsprochen und war wie der Vater industrieller Unternehmer geworden – nahm sich das Leben, weil ihm seine Soldaten im Ersten Weltkrieg den Befehl verweigerten. Bei Hans, dem genialen Musiker, und bei Rudolf wird der übergroße väterliche Druck als Motiv angenommen. Das Durchschnittliche wurde im Hause Wittgenstein ebensowenig toleriert wie das Unbedeutende und Erfolglose. Hans verschwand 1903 unter ungeklärten Umständen von einem Schiff in der

Abb. 2: Ludwig, vorn links im Matrosenanzug, mit der Großfamilie bei der Silbernen Hochzeit der Eltern 1903 auf dem Familiensitz in Neuwaldegg bei Wien.

Chesapeake Bay. Rudolf nahm 1904 in Berlin Zyankali. Paul, der unmittelbar ältere Bruder, der Pianist, verlor im Weltkrieg seinen rechten Arm. Maurice Ravel schrieb ihm ein Klavierkonzert für die linke Hand (1931). Die Schwestern Hermine (Mining) – 15 Jahre älter als Ludwig –, Helene (Lenka) und Margarete (Gretl) lebten ein harmonisches, bürgerliches Leben. Die beiden letzteren heirateten. Vor allem zu Gretl, der sieben Jahre älteren Schwester, die ihm von den Schwestern altersmäßig am nächsten stand, hatte Ludwig eine innige Verbindung.

c) Bildung und Schule

Ludwig erhielt zunächst privaten Unterricht und ging erst 1903 für drei Jahre nach Linz in eine Realschule. Im Schuljahr 1904/05 war Adolf Hitler an derselben Schule, blieb Ludwig aber in dieser Zeit unbekannt. Wittgenstein war kein guter

Schüler und dazu ein Sonderling.[7] Der mangelnde schulische Erfolg wurde durch die Hänseleien der Mitschüler noch quälender. Wittgenstein war weder im Hinblick auf seine Leistungen noch in seelischer Hinsicht ein glücklicher Schüler. Lediglich in Religion erreichte er zweimal die beste Note (A). In den meisten Fächern kam er nicht über C oder D hinaus. In Chemie hatte er E, in Englisch allerdings B. Anders als dies seine späteren Interessen vermuten lassen, war Ludwig in den technischen und naturwissenschaftlichen Fächern schlechter als in den geisteswissenschaftlichen.[8] Seine Schwester Gretl hatte großen Einfluß auf seine geistigen Interessen. Sie brachte ihm Kierkegaard und Schopenhauer näher, verteidigte Freud, war mit letzterem befreundet und machte bei ihm eine Analyse. Auch Karl Kraus, Adolf Loos und Oskar Kokoschka lernte Ludwig durch seine Schwester verstehen und schätzen.

In Linz verlor Wittgenstein – nach eigenem Bekunden – seinen religiösen Glauben.[9] Schopenhauer wurde sein erster Philosoph. *Die Welt als Wille und Vorstellung* blieb lange Zeit, bis er in Cambridge eine andere Philosophie kennenlernte, sein philosophischer Maßstab.[10] Von ihm übernimmt er die Überzeugung, daß die einzig wahre Wirklichkeit in der Welt der ethische Wille sei. Sein Blick geht ins Innere, bleibt lange darauf fixiert und befreit sich später davon, vor allem in der zweiten Phase seines Denkens nach 1929. Auch Karl Kraus glaubt, was in der äußeren Welt geschehe, sei weniger wichtig als die innere Frage, was man ist. Wittgenstein hält lange am Vorrang des Inneren vor dem Äußeren fest, auch moralisch, bis er erkennt, daß das Innere sich ebenso sprachlich äußert wie das Äußere. Seine bleibende Devise ist: ‚Bessere Dich nur selbst, das ist alles, was Du tun kannst, um die Welt zu verbessern.'[11]

d) Pflicht zum Genie?

Ray Monks Biographie Wittgensteins trägt den Untertitel „Die Verpflichtung des Genies" (*The Duty of Genius*).[12] Er schildert Wittgenstein als Menschen, der sich dem Anspruch der Genialität verschrieb, und stellt ihn in eine enge geistige Beziehung

Abb. 3: Ludwig, rechts, mit den Geschwistern Gretl und Paul, der Großmutter Kalmus, der Schwester Mining (Hermine) sowie der Hausdame Rosalie Herrmann am Mittagstisch im Landhaus auf der Hochreith.

zu Otto Weininger.[13] Er führt Äußerungen Wittgensteins an, die diese Beziehung belegen sollen. Otto Weininger schrieb das Buch *Geschlecht und Charakter*.[14] Mit 23 Jahren nahm Weininger sich das Leben. Er wurde am 4. Oktober 1903 sterbend im Flur des Hauses in der Schwarzspanierstraße gefunden, in dem Beethoven gestorben war. August Strindberg tat seine Verehrung für Weininger öffentlich kund. Weininger wurde rasch zu einer Kultfigur. Sein Selbstmord erschien als ethische Tat unter den von Weininger selbst gesetzten moralischen Maßstäben. Wittgenstein fühlte sich – so Monk[15] – beschämt, daß er selbst nicht Selbstmord begehen konnte.

Das Buch Weiningers kommt uns heute wie ein Anachronismus vor. Seine Motive scheinen – oberflächlich gelesen – Anti-

modernismus, Frauenhaß und Antisemitismus zu sein. Wenn
das Buch weiter nichts zu bieten hätte, wäre schwer nachvollziehbar, daß es überhaupt ernst genommen wurde. Es ist sinnvoll, sich einige seiner Thesen anzusehen.

Weininger geht vom Gegensatz zwischen Mann und Frau als
einem Grundprinzip aus. Das Buch enthält, wie er im Vorwort
sagt, einen ‚biologisch-psychologischen‘ und einen ‚logisch-
philosophischen‘ Teil. Im ersten Teil behandelt er die „sexuelle
Mannigfaltigkeit“. Er beschreibt die beiden Geschlechter, ihre
Merkmale, ihre vielfältigen „sexuellen Zwischenformen“, und
geht dabei davon aus, daß alle Menschen – wie alle höheren
Organismen – biologisch und organisch bisexuell seien.[16] Lediglich die männlichen und die weiblichen Anteile seien diffe-
rent. Homosexuelle erklärt er als weibliche Männer, Lesben
als maskuline Frauen.[17] Die weibliche Forderung nach Emanzipation sei direkt proportional zur Männlichkeit der Frauen, die
diese Forderung erheben; diese seien daher im allgemeinen les-
bisch; nur der Mann in ihnen wolle sich emanzipieren.[18] Der
einzige Feind der Emanzipation der Frau sei die Frau selbst.[19]
Am Ende denkt Weininger aber über diese Emanzipation als
Befreiung von Sklaverei und als Verwirklichung des kategorischen Imperativs durch die Frau nach.[20] Er greift auf die zeitgenössische Anthropologie, Biologie und Medizin zurück und
gibt seinen Überlegungen damit einen wissenschaftlichen Charakter. Er ist überzeugt, seine Theorie sei „völlig widerspruchs-
los und in sich geschlossen.“[21]

Im umfangreichen ‚logisch-philosophischen‘ Hauptteil gibt
Weininger die empirische Form der Darstellung auf. Er versteht sich nun ganz als Philosoph, der im Geiste Platons,
Kants und des Christentums den Positivismus widerlegen will.
In der Verwissenschaftlichung der Psychologie durch Physiker
wie Mach und Helmholtz liege der Grund ihres Verfalls.[22] Er
führt aus, daß Mann und Frau psychologische Typen seien.
‚Mann‘ und ‚Frau‘ gebe es nur als platonische Formen. Es sei
möglich, biologisch männlich und psychologisch weiblich zu
sein, aber nicht umgekehrt. Warum dies so sein soll, erläutert
er nicht. Selbst emanzipierte Lesben seien psychologisch weib-

lich. Besonders kraß sind seine typisierenden Unterscheidungen zwischen Mann und Frau. Letztere sei nichts als Sexualität.[23] Für Frauen sei Denken und Fühlen identisch, sie seien notwendig unaufrichtig und unmoralisch; sie interessierten sich nicht für sich selbst, hätten keine Logik, kein Ich, keine Seele, kein Interesse an Wissenschaft, keine Scham.[24] Es gebe zwei platonische Typen von Frauen, die ‚Mutter' und die ‚Prostituierte'. Die Mutter stehe unter dem Gattungszweck der Fortpflanzung, die Prostituierte außerhalb dieses Zwecks.[25] Jede Frau sei eine Kombination dieser beiden Typen. Weininger will den Typus Mann nicht gegen den Typus Frau ausspielen und den Frauen nicht Unrecht tun. Es sei der böse sexuelle Wille des Mannes, der wie ein Fluch auf der Frau laste. „Das Weib ist die Schuld des Mannes", formuliert er dunkel.[26] Schließlich verwirft er im letzten Kapitel des Buches die sexuelle Vereinigung als amoralisch.

Befremdet und beklommen lesen wir nach Auschwitz das Kapitel über das Judentum. Auch den Juden charakterisiert Weininger als psychologischen, platonischen Typus. Er wolle – sagt er – nicht dem Antisemitismus das Wort reden und nicht der „praktischen Judenverfolgung in die Hände arbeiten".[27] Er ahnt wohl den möglichen Mißbrauch seiner Gedanken. Seine Beschreibung des jüdischen Charakters wiederholt viele Merkmale des weiblichen: Mangel an Persönlichkeit, kein Ich, keinen Eigenwert, er sei stets Sklave, humorlos, habe kein Empfinden für Gut und Böse, keine Seele, sei irreligiös.[28] Judentum und Christentum seien Gegensätze, bedingten sich aber wechselseitig wie Position und Negation; jüdisch sei der Geist der Modernität.[29] Weininger selbst war Jude, und er war homosexuell.

Kants Moralphilosophie vertritt er emphatisch; er verteidigt sie gegen Mißdeutungen, vor allem gegen Schopenhauer; er verurteilt dessen Mitleidsethik und die gesamte Tradition des *Moral Sense* seit Hume, Smith und Hutcheson. Was immer er zum Begriff des freien Willens sagt, entspricht dem Vorbild Kants. Schon aus diesem Grund läßt sich Weininger nicht einfach als Verrückter, als irregeleitetes, verwirrtes Opfer von Obsessionen abtun. Sinn und Unsinn, Wahn und Vernunft finden sich bei ihm in harmonisch scheinender Verbindung nebeneinander.

Wittgenstein hat Weininger gelesen, mehrmals lobend erwähnt und zur Lektüre weiterempfohlen. Was hat Wittgenstein an Weininger interessiert oder gar beeindruckt? Ray Monk ist überzeugt, daß Wittgenstein sich Weiningers Pflicht zum Genie zueigen machte. Monk räumt der Pflicht zum Genie einen großen Einfluß auf Wittgensteins Ziele ein. Wir sollten uns deshalb ansehen, was damit gemeint sein kann.

Der Mann hat, nach Weininger, die Wahl zwischen maskulin und feminin, zwischen dem Bewußten und Unbewußten, zwischen Wille und Impuls, zwischen Liebe und Sexualität. Es sei eine ethische Pflicht, jeweils das erste Glied dieser Gegensatz-Paare zu wählen. Der höchste erreichbare Typus des Mannes sei das Genie. Für das Genie sei Logik und Ethik dasselbe. Monk greift diesen Gedanken auf und stellt die Merkmale des Genies und des Mannes in einen Zusammenhang, der am Ende eine dramatische Zuspitzung ermöglicht: Das Genie entfalte die größte menschliche Fähigkeit. Es bilde klare Urteile, unterscheide zwischen ‚wahr‘ und ‚falsch‘, kenne keine größeren Pflichten als diejenigen gegen sich selbst. Für Weininger ist der einzige Weg zur Selbstentdeckung die Liebe. In der Liebe liebe der Mann aber nur sich selbst. Allein der Wert der Liebe sei dauerhaft. Sie sei dem Absoluten zugeordnet, der Idee Gottes. Der Mann solle keine Frau, sondern seine eigene Seele, das Göttliche in sich selbst lieben. Er solle deswegen auch dem Paarungstrieb widerstehen, sich von der Sexualität befreien. Am Ende gibt es für Weininger nur die Alternative zwischen Genie und Tod. Er wählte selbst konsequent den Tod, weil er als Jude und Homosexueller seinem eigenen Genie-Ideal nicht gerecht werden konnte. Hitler nannte ihn wegen seiner Konsequenz den „einzigen anständigen Juden“.[30] Und Hitlers Anerkennung macht Weiningers Genie-Obsession vollends zu einem Ungedanken.

Wie ernst nahm Wittgenstein Weininger? Monk meint, er habe ihn sein Leben lang nicht nur ernst genommen, sondern sein Leben an Weininger orientiert, dessen Genie-Verpflichtung zu seiner eigenen gemacht.[31] Weiningers Buch habe den größten und anhaltendsten Einfluß auf seine Anschauungen gehabt.[32] Wenn wir Weiningers Charakterisierungen des Genies ohne die dramatisierende Zuspitzung auf die Alternative Genie oder Tod betrachten, finden wir sehr viele traditionell angenommene, ganz unspektakuläre Merkmale des Genies: Das künstlerische Genie verliere sich an alle Menschen und lebe in allen, dagegen finde sich das philosophische Genie in sich selbst. Kennzeichen des Genies sei Universalität, „universale Apperzeption", ein „universales Gedächtnis an alles Erlebte"; es gebe „vielleicht nur sehr wenige Menschen, die gar nie in ihrem Leben ‚genial‘ gewesen sind".[33] Allerdings sei das wahre Genie der „eigentlich zeitlose Mensch", dessen Taten ewig unverändert blieben, wie diejenigen Kants und Schellings.[34] Genialität schließe Anmaßung aus. Wenn sich Schopenhauer z. B. einbildet, größer als Kant zu sein, zeige er, daß er eben kein Genie ist.[35] Im bewußten Zusammenhang mit dem Weltganzen zu leben, sei genial und mache gleichzeitig das Göttliche im Menschen aus; jeder Mensch und keiner sei genial; Genialität sei nur eine Idee.[36] Diese Merkmale nehmen sich weniger dramatisch aus als diejenigen, die Monk herausstellt. Weininger verknüpft die Genialität mit der Sittlichkeit und identifiziert schließlich beide mit der Idee des Menschen.[37] Weininger macht zwar das Genie als moralisches Ideal zur Verpflichtung, aber nicht die Alternative zwischen Genie und Tod.

Wenn Wittgenstein diese Merkmale des Genies ernst genommen haben sollte, ließe sich daraus vielleicht ableiten, daß er Kants Moral- und Freiheitsidee ernst nahm. Aber es gibt keine Anhaltspunkte dafür, daß Wittgenstein tatsächlich in ähnlicher Weise von Kant begeistert war wie Weininger. Wenn er sich also tatsächlich – wie Monk suggeriert – den Genie-Gedanken zueigen gemacht hätte, dann müßte erklärt werden, weshalb er dessen entscheidende philosophische Grundlegung in Kants Ethik nicht ebenfalls akzeptierte. Stattdessen spricht Wittgenstein selbst von ‚Genie‘ im Zusammenhang mit ‚Talent‘.[38] Genie sei *„Mut im Talent"* (VB 503). Auf diese kurze Formel reduziert er seine Gedanken zum Genie. Er billigt sich selbst sowohl Mut als auch Talent zu, macht davon aber kein Aufhebens. Es ist deshalb ungereimt, Wittgenstein zu unterstellen, er habe sich dazu verpflichtet, ein Genie zu sein. Nüchtern gesehen, kann man schon bei Weininger von keiner Obsession durch den Genie-Gedanken sprechen.

Wittgenstein hat Freunden empfohlen, *Geschlecht und Charakter* zu lesen, es sei ein gutes Buch. Selbst wenn man vor alle Aussagen Weiningers ein ,nicht' setze, sei das Buch interessant.[39] Von einem bleibenden, anhaltenden Einfluß Weiningers auf Wittgenstein auszugehen, ist nicht zu rechtfertigen. Unter denen, die ihn beeinflußten, nennt er auch Weininger, aber ohne ihn hervorzuheben.[40] Für mehr gibt es keine wirklich überzeugenden Anhaltspunkte. Daß Wittgenstein von Weiningers Genie-Vorstellung über eine jugendliche Sturm-und-Drang-Phase hinaus beeindruckt war, müßte sich durch entsprechende Spuren in seinem Werk erweisen. Wittgensteins Selbstzweifel, ob er dem Anspruch, etwas Besonderes zu leisten, gerecht werden könne, und seine Gedanken an Selbstmord, vor allem zwischen 1903 und 1912, mögen für eine geistige Nähe zu Weininger sprechen. Vielleicht hat auch Russells Zusicherung, daß er ein Genie sei, Wittgenstein erst nachhaltig vom Gedanken an Selbstmord abgebracht. Jedenfalls schreibt Wittgenstein später in seinen *Tagebüchern*, daß Selbstmord das einzige wirklich Verbotene sei.[41]

Monk hat den Einfluß des Genie-Gedankens auf Wittgenstein und seine Abhängigkeit von Weininger stark übertrieben.[42] Er kann keinen überzeugenden Nachweis dafür liefern, daß Wittgenstein auch als Student nach 1911 und später, in den Jahren seiner intensiven Arbeit an philosophischen Problemen, vor allem nach seiner Rückkehr nach England 1929, Weiningers Genie-Verpflichtung wirklich folgte. Ich habe aber davon unabhängig aus zwei Gründen Zweifel daran, daß es sinnvoll ist, Wittgensteins Entwicklung nach Weiningers Genie-Leitfaden zu beurteilen. Zum einen ist Weiningers Genie-Begriff ein moralisches Ideal, das nicht spektakulär ist und aufgrund seiner kantianischen Herkunft sich kaum dazu eignet, Gegenstand einer Obsession zu werden. Zum zweiten ist Wittgenstein außergewöhnlich eigensinnig, geistig unabhängig und gut gegen Fremdbestimmung gewappnet. Warum hätte er gerade Weininger einen Einfluß über sich zugestehen sollen, den er niemandem sonst zugestand? Er sagt z. B. 1929 von sich selbst: „Es ist gut, daß ich mich nicht beeinflussen lasse!" (VB 451). Wittgenstein hat sich mit keiner Genielehre auseinandergesetzt. Wir wissen aber, daß er ein moralischer Rigorist, skrupulös ehrlich, oft verletzend offen war. Kants Imperativ hatte er dazu ebensowenig nötig wie die Ideen der Freiheit, der Menschheit, der Genialität oder sonst eine gedankliche Anleihe.

Ärgerlich ist, daß Monks Assoziation Wittgensteins mit Weininger ihre Plausibilität zwischen den Zeilen gewinnt, über die unausgesprochene Prämisse, daß beide Juden und homosexuell waren. Man müßte Wittgenstein erst Selbstverachtung, Minderwertigkeitsgefühle und Selbsthaß unterstellen, um ihn auf überzeugende Weise in Weiningers Nähe zu rükken. Was zwischen den Zeilen steht, macht Monks Deutung anstößig. Sie trägt im übrigen nicht zum besseren Verständnis von Wittgensteins Denken bei. Es fiel Monk nicht auf, daß Wittgenstein Weininger sehr wahrscheinlich las, bevor er etwas von seiner jüdischen Herkunft und seiner Homosexualität wußte. Wenn dies zutrifft, konnte er sich von Weininger gar nicht bewußt als Schicksals- oder Leidensgenosse angesprochen fühlen. Ihm nur aufgrund ähnlicher Voraussetzungen zwischen den Zeilen eine solche Nähe zu Weininger zu unterstellen, ist indiskret und unseriös. Monks Biographie vermittelt eine große Fülle von wertvollen Einsichten, schildert uns Wittgensteins Leben außerordentlich detailliert. Wir können viel aus ihr lernen, aber nur, wenn wir die irreführende, falsche These des Untertitels ignorieren. Weininger war nicht Wittgensteins Lehrer, Genialität nicht seine Obsession und auch nicht das Leitmotiv seines Lebens.

Es gibt aber weniger spektakuläre Beziehungen zwischen den beiden Wienern, etwa Formulierungen Weiningers, die wir im *Tractatus* in ähnlichen Zusammenhängen wiederfinden. Sie sind Wittgenstein wohl aus der Weininger-Lektüre geblieben. Bei Weininger heißt es zum Beispiel, daß das Ich des Genies, des bedeutenden Menschen, die ganze Welt in sich schließe; der Genius sei der lebendige Mikrokosmos.[43] Im *Tractatus* heißt es: „Ich bin meine Welt. (Der Mikrokosmos.)" (TLP 5.63). Es heißt an anderer Stelle, alle Philosophie sei Sprachkritik, „allerdings nicht im Sinne Mauthners" (TLP 4.0031). Bei Weininger steht, daß von Bacon bis Fritz Mauthner „alle Flachköpfe *Sprachkritiker* gewesen" seien.[44] Zur ersten Parallele ist zu sagen, daß Wittgensteins spezifisch solipsistisches Verständnis des Ich als Mikrokosmos konträr gegen Weiningers antisolipsistische Grundeinstellung – in *Geschlecht und Charakter* – steht.[45] Es ist also eine recht äußerliche Parallele. Zum zweiten Beispiel: Wittgenstein übernimmt offenbar mehr oder weniger Weiningers Abneigung gegen Mauthner; denn auch Weininger ist – als Kantianer – Antipsychologist wie Wittgenstein, während Mauthner seine Sprachkritik etymologisch und psychologisch versteht. Wittgenstein ist aber nicht als Kantianer, sondern als Fregeaner Antipsychologist. Wir finden also engere und weitere Entsprechungen zu Weininger. Sie sind aber inhaltlich nicht sehr gewichtig.

e) Studium in Berlin

Kehren wir zu Wittgensteins Entwicklung zurück. Nach dem Ende seiner Schulzeit in Linz geht er nach Berlin zum Studium an der Technischen Hochschule in Charlottenburg (23.10.1906). Sein Abgangszeugnis erhält er am 5. Mai 1908. Mehr als die Lerninhalte des Studiums interessieren ihn philosophisch und wissenschaftstheoretisch orientierte Schriften. Von Heinrich Hertz liest er die *Prinzipien der Mechanik*, von Ludwig Boltzmann die *Populären Schriften*. Hertz macht großen Eindruck auf Wittgenstein, weil er Newtons Begriff ‚Kraft' erklärt, ohne den Begriff selbst zu verwenden. Er sieht, daß man so schwierige und verworrene Fragen wie ‚Was ist Kraft?' nur beantworten kann, wenn man wie Hertz Ordnung in die begriffliche Erklärung bringt. Wittgenstein hätte gerne bei Ludwig Boltzmann, dem Vorgänger Moritz Schlicks, in

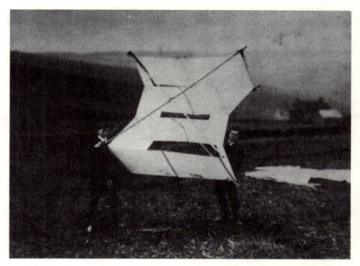

Abb. 4: Wittgenstein, während er in Manchester 1908–1913 Ingenieurswissenschaften studiert, mit Freund Eccles bei Drachenflugexperimenten in Glossop.

Wien studiert. Boltzmann nahm sich aber in dem Jahr, in dem Wittgenstein die Linzer Schule verließ, das Leben.

Nach dem Diplom geht Wittgenstein nach Manchester an die dortige Technische Hochschule (Frühjahr 1908). Er will mehr über die Konstruktion von Fluggeräten lernen. Er arbeitet in einem Team an der Entwicklung von Flugdrachen und anderen aeronautischen Geräten, will sogar ein Strahltriebwerk entwickeln, gibt diesen Versuch aber wieder auf. Er entwirft allerdings einen Propeller, der im August 1911 patentiert wird. Wittgenstein wird in Manchester immer wieder von Zuständen der Irritation und Agitiertheit heimgesucht.[46] Es fällt ihm schwer, sich in einen Kreis von Menschen zu integrieren, den er nicht näher kennt. Er tut sich außerdem zeit seines Lebens schwer, mit Menschen umzugehen, für die er sich nicht interessiert.

Bis Herbst 1911 bleibt er in Manchester. Er wäre vielleicht länger geblieben, wenn er nicht auf ein Hertz/Boltzmann-Analogon gestoßen wäre, auf Russells *Principles of Mathematics*.[47] J.E. Littlewood, sein Dozent in Manchester, hatte in seiner Vorlesung über mathematische Analysis Russell erwähnt.[48] Wittgenstein will sich mit den Fragen beschäftigen, die dem Wissen des Ingenieurs zugrundeliegen. Erstmals hat er den Plan, ein philosophisches Buch zu schreiben. Er gibt sein Interesse am Ingenieurwesen trotz seiner praktischen, konstruktiven Begabung auf und will da hin, wo Russell unterrichtete, nach Cambridge.

f) Jenseits von Wien

Hier ist in Wittgensteins Entwicklung eine Zäsur. Es beginnt der Abschied von dem, was er bisher, vermittelt durch Schopenhauer[49], unter Philosophie verstand. Es beginnt auch der Abschied von Wien. Obwohl sein weiteres Leben von der Wiener Kultur und von seinem Elternhaus geprägt bleibt – er fühlt sich mit zunehmendem Alter fremd in der englischen Kultur –, sucht er seinen Weg nun jenseits von Wien. Der Abschied von Wien dauert lange. Er beginnt 1911 in Cambridge und ist erst 1929 nach seiner Rückkehr an diese Universität zumindest äußerlich vollzogen.

Die Zäsur in das Jahr 1911 zu legen, ist nicht völlig willkürlich. In diesem Jahr beginnt Wittgenstein zu verstehen, daß er wohl doch nicht Ingenieur werden und wohl doch nicht seinem Vater nacheifern würde. Noch identifiziert er sich mit seiner großbürgerlichen Herkunft, ist sogar stolz darauf. Er zweifelt aber bereits an seiner bisherigen geistigen Orientierung. Die Suche nach den letzten Gründen, nach den Grundlagen und Prinzipien wird ihm wichtiger denn je. Er sieht ein, daß er dieses Ziel bisher falsch angepackt hat. Jetzt will er, mit Russells Hilfe, lernen, wie man es richtig macht.

Wiens Kultur, vor allem ihre radikalen Veränderungen, ihr prinzipiell nicht zu befriedigender Anspruch und die Geschwindigkeit ihres Wandels treibt in jener Zeit viele in die kul-

turelle Emigration. Viele Künstler verlassen die Stadt, Musil,
Kokoschka und andere versuchen irgendwo anders Ruhe und
Konzentration zu finden. Wien stößt auch Wittgenstein aus,
nicht planvoll oder absichtlich. Wittgenstein findet nur keine
Verbindung mehr zu dem, was in Wien für ihn möglich ist.
Wien hat einen kulturellen, geistigen Anspruch entwickelt, der
nicht überboten werden kann. Die Metamorphosen, zu denen
die Wiener Kultur den intellektuell anspruchsvollen Menschen
damals drängt, machen den, der sie vollzieht, im Wien vor
dem Ersten Weltkrieg zu einem Fremden.

2. Cambridge – eine intellektuelle Entwicklung

Russells *The Principles of Mathematics* regt Wittgenstein also
an, sich mit Philosophie zu beschäftigen, und bringt ihn
schließlich nach Cambridge. Russell kritisiert in dem Buch
u. a. Kants Auffassung von Mathematik. Kant gibt in der *Kritik der reinen Vernunft* der Mathematik eine Grundlage in der
Anschauung. Er argumentiert dafür, daß mathematische Größen Anschauungs-Größen sind. Diese unschuldig erscheinende Ansicht enthält aber die anspruchsvolle Behauptung, daß
die Mathematik ein synthetisch-apriorisches Fundament hat.
Russells Kritik richtet sich genau gegen diese Grundlegung
der Mathematik. Er macht sich Freges Kritik an Kant zueigen.
Frege kritisiert nämlich im ersten Band seiner *Grundgesetze
der Arithmetik* (1893) Kants synthetisch-apriorische Begründung der Mathematik. Für Frege hat die Mathematik eine logisch-analytische Basis. Sie gründet, wie er zeigen will, nicht
auf synthetischen Einheiten der Anschauung, sondern auf Begriffen. Zahlen sind danach nicht Größen, die ihren Sitz in unserer Anschauung haben. Zahlen sind, nach Frege, Begriffe, die
wir aus den Begriffen der ‚Null‘, der ‚Eins‘ und der ‚Gleichzahligkeit‘ logisch ableiten können.

Freges Kritik an Kant beruht auf einem beabsichtigten und
für die Entwicklung der analytischen Philosophie fruchtbaren
Mißverständnis. In Kants Erläuterung des synthetisch-apriori-

schen Charakters der Mathematik geht es um den kognitiven Charakter der Zahlen. Es geht um die Frage, wie wir mathematische Größen denken können. Kant will nicht den begrifflichen Charakter der Zahlen in Frage stellen. Er will auch nicht in Zweifel ziehen, daß die Zahlbegriffe analytisch sind und in seinem Sinn von ‚analytisch' dem Gesetz des Widerspruchs gehorchen. Freges logisch-analytisches Fundierungs-Programm ersetzt Kants synthetisch-apriorisches nicht, sondern hat ein ganz anderes, eigenes Anliegen. Frege geht übrigens in den *Grundlagen* von der Kant'schen Frage aus, wie uns eine Zahl gegeben sein könne, „wenn wir keine Vorstellung oder Anschauung von ihr haben können"[50]. Er beantwortet diese Frage aber sofort mit seinem Kontextprinzip, daß nur im Zusammenhang eines Satzes die Wörter etwas bedeuten. Er deutet Kants Frage – wie Michael Dummett zu Recht meint – um in die Frage, „wie wir den Sinn von Sätzen, die Ausdrücke für Zahlen enthalten, bestimmen können".[51] Frege vollzieht damit eine Wende zur Logik bzw. ein Wende zur Sprache. Die beiden Programme beziehen sich zwar auf dieselben Gegenstände, nämlich Zahlen; sie tun dies aber mit ganz unterschiedlicher Zielsetzung. Wir würden heute sagen, das eine Programm gehört mehr in die Philosophie des Geistes, das andere in die Logik und Sprachphilosophie. Freges Kritik geht – sieht man vom Begriff analytischer Urteile[52] ab – insofern an Kant haarscharf vorbei, als er dessen Anliegen nicht aufnimmt. Kants Erkenntnistheorie hat im ersten systematischen Stück der *Kritik der reinen Vernunft*, in der „transzendentalen Ästhetik", den Charakter einer Philosophie des Geistes; man kann sogar sagen, daß die „transzendentale Ästhetik" die Philosophie des Geistes der ersten Kritik ist. Kants Behauptung, mathematische Größen seien synthetisch-apriori, bezieht sich auf Zahlen oder geometrische Gestalten im Sinn intentionaler Gegenstände. Es geht um das, was wir kognitiv tun, wenn wir Zahlen und geometrische Objekte auffassen und denken. Frege würde natürlich auch dieses Unterfangen ablehnen, selbst wenn er seinen transzendentalen Charakter akzeptieren würde. Für Frege ist jede Frage nach dem kognitiven Charakter des begrifflichen Denkens psychologisch und deshalb logisch gesehen unbrauchbar. Kant ist zwar auch Anti-Psychologist, wie Frege, aber dies hat Frege zu seiner Zeit ebensowenig gekümmert wie in unserer Zeit Strawson oder Bennett; auch sie können mit Kants Philosophie des Geistes wenig anfangen und unterstellen ihr eine Art Psychologismus.[53]

Russell schließt sich also Freges Kritik an Kant an und behauptet, die reine Mathematik könne von einer kleinen Anzahl grundlegender logischer Prinzipien abgeleitet werden. Wie Frege meint er, Mathematik sei eigentlich Logik und entsprechend auch nur logisch begründbar. Besonders eindrucksvoll ist die Realisierung dieser Überzeugung in den *Principia Mathematica*, dem dreibändigen Werk, das Russell zusammen mit Whitehead 1913 veröffentlicht. Der zweite und dritte Band der *Principia* setzen die im ersten Band entworfenen Ziele der logisch-analytischen Begründung der Mathematik formal in die Tat um.

Wittgenstein ist von Russells Programm fasziniert. Russell lobt in den *Principles* nicht nur Freges Leistungen, sondern stellt sie erstmals in einem Aufriß am Ende des Werkes dar. Tatsächlich gehört Russell zu den ersten, die die Bedeutung Freges erkennen.[54] Wittgenstein besucht, angeregt durch Russells Lob, aber aus eigenem Entschluß, Frege 1911 in Jena. Der Mathematiker und Philosoph lebt hier zurückgezogen, vom Mißerfolg seiner Arbeit verbittert. Er empfiehlt dem jungen Österreicher seinerseits, bei Russell in Cambridge zu studieren. Wittgenstein reist im Oktober 1911 nach Cambridge und trifft dort erstmals mit Russell zusammen. Er ist anfänglich, wie es nicht anders sein kann, Russell gegenüber unsicher. Die persönlichen Beziehungen entwickeln sich aber schnell. Bald ist die Unsicherheit überwunden. Verehrung und Freundschaft tritt an ihre Stelle. Aus der Beziehung der beiden wird sogar für einige Jahre eine große und innige Freundschaft.[55] Die emotionale Verbindung wächst parallel zur intellektuellen Anerkennung, die Russell Wittgenstein zuteil werden läßt. Russell sieht die Leidenschaft, aber auch die Begabung, mit der Wittgenstein die Fragen der Logik angeht. Er ist von Wittgensteins Intensität zunächst irritiert, dann aber begeistert. Wittgenstein wird Russells Musterschüler.

Das Temperament Wittgensteins ist für viele in Cambridge schwer erträglich. Seine rigorose, von Russell angeregte und geleitete Suche nach den Prinzipien der Logik schwankt zwischen Selbstüberschätzung und Unsicherheit. Bei seinen Mitstudenten gilt er als Langweiler, weil er entweder obsessiv und impulsiv über das spricht, was ihn und nur ihn interessiert, oder gar nichts sagt. Die lockere, leichte, humorvolle und entspannte Unterhaltung, der ‚small talk‘, sind seine Sache nicht. Sie werden es auch nie.

Wichtig ist für Wittgenstein, daß Russell ihm wiederholt seine geniale Begabung bestätigt. Wittgenstein hat ihn um ein Urteil über sich gebeten. Russell will etwas von ihm Geschriebenes lesen, um sich ein Urteil zu bilden. Was er dann liest, überzeugt ihn vom Talent Wittgensteins. Die Anerkennung durch Russell macht Wittgensteins Entschluß, Philosophie zu studieren, sicher. Vielleicht hätte Wittgenstein ohne Russells Anerkennung diesen Entschluß nie gefaßt. Er ist sich seiner selbst nicht sicher und benötigt eine starke äußere Stütze und Bestätigung. Die Empfindungen für Russell wachsen Hand in Hand mit der Überzeugung von dessen neuer logischer Philosophie. Schopenhauers Idealismus kann daneben nicht mehr bestehen. Wittgenstein ist, nicht erst seit er in Cambridge ankam, auf der Suche nach Sicherheit und Gewißheit über sich und über das, was er tun soll. Persönliche Sicherheit und Gewißheit bedeuten für ihn immer auch Sicherheit und Gewißheit in der Sache, in der Philosophie, in Fragen der Logik, auch in religiösen Fragen. Wittgenstein hat seine Person, seine Empfindungen und seine Befindlichkeit nie von dem trennen können, was er an Themen, Fragestellungen und Inhalten studierte und untersuchte. Er ist immer als ganze Person mit Haut und Haaren in das verwickelt, was er tut und denkt. Und in diesem Sinn ist Wittgenstein ein Intellektueller.

Intellektueller zu sein, das ist in Cambridge zu jener Zeit kein Ideal. Es entspricht eher einem Typus, der in Wien oder in einer anderen Kulturmetropole Europas zu finden ist.

Die Bedeutung und das Maß der Suche nach Gewißheit über sich und sein Denken wird indirekt beleuchtet von einem Theater-Erlebnis, das Wittgenstein bei einem seiner regelmäßigen Besuche in Wien hat. Er sieht Ludwig Anzengrubers Stück *Die Kreuzelschreiber*, ein eher durchschnittliches Drama. Was ihn an diesem Stück berührt, ist die Bedeutung, die es der Religion gibt. Die Religion gebe das Gefühl der absoluten Sicherheit. Was immer in der Welt geschehe – dem, der glaubt, könne nichts geschehen. Diese durch Religion zu gewinnende Unabhängigkeit von der äußeren Welt und die Sicherheit gegenüber allen Widerfahrnissen ist die Botschaft, die Wittgenstein dem Stück Anzengrubers entnimmt. Eine ähnliche Botschaft findet er auch bei der Lektüre von William James' *The Varieties of Religious Experience*.[56] In diesem Buch wird die religiöse Erfahrung als etwas beschrieben, was dazu verhilft, sich seiner Sorgen zu entledigen.

Die Suche nach Sicherheit und Gewißheit über sich und die eigene Lage entspricht einem allgemeinen menschlichen Interesse. Viele Menschen finden Sicherheit im Sozialen, im Umgang mit anderen Menschen, durch die Integration in eine Gemeinschaft, durch die soziale Anerkennung, die sie dabei genießen. Wittgenstein sucht wohl auch diese Sicherheit. Dies zeigen seine Feundschaften seit seiner Linzer Schulzeit. Mit der sozialen Integration, mit der Einbindung in eine soziale Gruppe und der Identifikation mit ihr, hat Wittgenstein aber Schwierigkeiten.

In Cambridge gibt es zur Zeit seines Studiums die sogenannten Apostles[57], eine Gruppe von Studenten, die sich um John Maynard Keynes, Lytton Strachey und andere Wortführer versammelt. Russell und Moore sind häufig Gast der Apostles. Aus dem Kreis dieser Studenten sind eine Reihe herausragender Wissenschaftler, Künstler und Schriftsteller hervorgegangen. Es ist ein Kreis, der sich als Avantgarde empfindet. Es werden politische und soziale, aber auch philosophische Ideen sehr frei diskutiert. Zwischen den Apostles und dem Londoner Bloomsbury Circle um Virginia Woolf gibt es Querverbindungen. In den Kreis der Apostles werden nur Studenten aufgenommen, die für die Wortführer auf irgendeine Weise attraktiv sind, sei es geistig oder physisch.

Wittgenstein wird nach einigem Zögern in den Kreis eingeladen und aufgenommen. Allerdings hält er es dort nicht lange aus. Er wird von der Robustheit und Unverfrorenheit vieler Mitglieder abgestoßen. Schon im Oktober 1912, ein knappes Jahr nachdem er Apostle geworden ist, gibt er die Verbindung auf. Wittgenstein scheint sich nur auf persönliche Beziehungen zu jeweils einzelnen anderen konzentrieren zu können. In seiner ersten Zeit in Cambridge ist dies der Mathematikstudent David Pinsent. Mit ihm verbringt er viel Zeit. Pinsent begleitet Wittgenstein auf mehreren großen Reisen und besucht ihn auch bei einem seiner Aufenthalte in Norwegen. Das sowohl zeitlich wie geistig intensive Verhältnis zu Russell bleibt ständig in Bewegung. Nach und nach kehrt sich das Verhältnis von Schüler und Lehrer um. Russell setzt große Hoffnung in Wittgenstein und glaubt, daß er als der Jüngere die Kraft und Fähigkeit habe, die großen Projekte in der Logik zu verwirklichen. Wittgenstein übernimmt langsam die Rolle des Meisters.[58] Seine wachsende Eigenständigkeit läßt ihn fast zwangsläufig auch auf Distanz zu Russell gehen. Von 1913 an hat Wittgenstein sein eigenes philosophisches Projekt. Was Russell in dieser Zeit schreibt und denkt, findet immer weniger Wittgensteins Zustimmung. Russell kümmert sich kaum mehr um Fragen der Logik, sondern interessiert sich für Fragen, die Physik, Psychologie und mathematische Logik miteinander verbinden: Wie etwa private Sinnesdaten mit unserem physikalischen Wissen zusammenhängen. Fragen dieser Art lehnt Wittgenstein vehement ab. 1913 schreibt Wittgenstein seine erste Veröffentlichung, eine Besprechung von P. Coffeys *The Science of Logic* für die *Cambridge Review*. Er ist 24 Jahre alt und Undergraduate, d. h. Student ohne das erste Abschlußexamen.[59] In Anlehnung an Russell kritisiert er Coffeys aristotelische Auffassung von Logik.[60] Die Übereinstimmung mit Russell hat zu dieser Zeit bereits Risse. Wittgenstein tyrannisiert Russell mit seiner Kritik und Unerbittlichkeit, opponiert gegen dessen Urteilslehre. Der läßt sich dies gefallen, als wäre er überzeugt, daß

Wittgenstein im Recht ist. Russell ist sogar überzeugt, daß Wittgenstein den ersten Band der *Principia* umschreiben und von Fehlern und Unklarheiten befreien sollte. Wittgenstein weiß zu dieser Zeit nicht, was er eigentlich tun soll, was seine Lebenspläne und seine philosophischen Lebensprojekte wirklich sind. Es wird ihm aber bereits klar, daß er Russells Weg nicht gehen kann. Diese ersten drei Jahre in Cambridge enden, ohne daß Wittgenstein das Abschlußexamen des B. A., des Bachelors of Arts, macht. Sie enden aber auch ohne klare Zielvorstellungen. Er ist jedoch davon überzeugt, daß er sich mit den richtigen und wichtigsten Problemen der Philosophie beschäftigt.

a) Russell und Moore – Analytische Philosophie

Die Analytische Philosophie, sagt der Schüler, Freund, Nachfolger auf dem Lehrstuhl in Cambridge und Nachlaßverwalter Wittgensteins, Georg Henrik von Wright, sei ein typisches Produkt des 20. Jahrhunderts.[61] Sie sei die Philosophie eines Zeitalters, das von Wissenschaft und Technik geprägt sei. „In einer erweiterten geschichtlichen Perspektive erscheint sie als spätes Erbe der Aufklärung."[62] G. H. von Wright teilt die Tradition der Analytischen Philosophie in zwei Hauptströmungen ein. Er führt die eine auf Russell, die andere auf Moore zurück. Moore ist nur ein Jahr jünger als Russell und lehrt wie dieser in Cambridge Philosophie, Moore als Inhaber eines Lehrstuhls, Russell als Dozent. Beide opponieren gegen die Tradition des Idealismus, suchen nach einer neuen Basis für die Philosophie. Moores Aufsatz „The Refutation of Idealism" (1903) ist eine Initialzündung für den Aufbruch zu einer neuen Philosophie. Russell – von Moore zur Auflehnung gegen den Idealismus gedrängt – sucht, wie von Wright meint, nach einem „sicheren Wissen um die Wahrheit". Er repräsentiert den wissenschaftsorientierten Typus der neuen Tradition. Für ihn ist, in Anlehnung an Frege und Peano, die Logik der „Wesenskern der Philosophie".[63] Russell propagiert die logisch-analytische Methode. Moore vertritt dagegen einen anderen Typus des Philosophierens.[64] Sein Aufsatz „A Defense of Common Sense" zeigt, daß er keine logisch-methodisch fundierte und gesicherte Grundlage des Wissens anstrebt. Es geht ihm vielmehr um die Wahrheiten des normalen, gesunden Menschenverstandes. Bei diesen will er aber nicht stehen bleiben. Er will Folgerungen aus ihnen ziehen, etwa bezüglich der Gegebenheit materieller Gegenstände, einer vom Bewußtsein unabhängigen Außenwelt, der Freiheit des Willens und der Unhaltbarkeit des Skeptizismus.

Russell und Moore repräsentieren, wie Friedrich Waismann sagt, zwei „grundverschiedene Typen menschlicher Geisteshaltung".[65] Moore glaubt, daß wir vieles wirklich und mit Gewißheit wissen, ohne daß wir dieses Wissen logisch analysiert hätten. Moore ist nicht gegen logische Analyse. Im Gegenteil, er hält sie für ein entscheidendes Hilfsmittel der Klärung der Bedeutung von Aussagen. Moore verwendet wie Russell die Bezeichnung ‚Analyse' für seine Philosophie. Er ist im Hinblick auf die Reichweite und Tragfähigkeit der logisch-analytischen Methode aber skeptischer als Russell.

Die beiden von den Gründervätern der Analytischen Philosophie geprägten Geisteshaltungen finden wir, wie von Wright erläutert, bei Wittgenstein wieder. Russell steht für die frühe, Moore für die späte Phase in Wittgensteins Denken. Wittgenstein vereinigt auf diese Weise die beiden unverträglich erscheinenden Typen analytischen Denkens. Von Wright räumt allerdings ein, daß es fraglich ist, ob sich Wittgenstein in seiner Spätphase selber als analytischen Philosophen bezeichnet hätte. In dieser Phase sei er der typisch analytischen Denkweise „fremd und feindselig" gegenübergestanden.[66]

Was bedeutet eigentlich ‚analytisch' im Sinn der Analytischen Philosophie? Analyse bedeutet Zerlegung, Zergliederung, Aufspaltung in Bestandteile. Das Wort wird in vielen wissenschaftlichen Bereichen verwendet. Wir kennen die chemische Analyse, die Daten-Analyse, die Analyse des Erbguts, aber auch die Analyse von Gedichten, von Texten. Mit ‚logischer Analyse' kann die Zergliederung von Gedanken in logische Grundelemente oder auch die Zerlegung von Sätzen in die semantischen Bausteine oder Grundbegriffe gemeint sein. Mit einer Analyse soll dabei die logische und begriffliche Struktur eines Gedankens oder eines Satzes sichtbar gemacht werden. Der Sinn der Zerlegung ist, über die Struktur und die begrifflichen Grundelemente den Gehalt des Gedankens oder die Bedeutung des Satzes zu erkennen. Russells *Theory of Description* und seine Typentheorie[67] sind Prototypen logischer Analyse.[68] Die Theorie der Beschreibung will klären, was eine Kennzeichnung, eine „definite description", eigentlich ausmacht. Am Beispiel ‚Scott ist der Autor von Waverley' zeigt Russell, wie die Analyse aussieht. Er analysiert diesen Satz so: ‚Es gibt ein x, dieses x ist Scott und dieses x hat die Eigenschaft, Autor von Waverley zu sein; und es gilt für alle y, wenn y die Eigenschaft hat, Autor von Waverley zu sein, ist y mit x identisch'. Symbolisch[69] sieht diese Analyse so aus:

$$\exists\, x,\, \forall y\, (S = x \wedge Wx \wedge (Wy \rightarrow y = x))$$

Es gibt in diesem Beispielsatz Kennzeichnungen wie ‚der Autor von Waverley' und bloße Bezeichnungen (denoting phrases) bzw. Eigennamen wie ‚Scott'. Russell will mit seiner Analyse einmal zeigen, daß bloße Bezeichnungen oder Eigennamen wie ‚Scott' nichts zur Bedeutung einer Aussage beitragen. Nur Kennzeichnungen (definite descriptions) tragen zur Bedeutung von Aussagen bei. Zweitens will er zeigen, daß der Satz ‚Scott ist der Autor von Waverley' eine Identitäts-Behauptung enthält. Mit ihr wird der bloße Eigenname, der nichts zur Bedeutung der Aussage beiträgt, durch eine Kennzeichnung ersetzt. Frege würde den Satz anders verstehen. Er geht – anders als Russell – davon aus, daß jede Beschreibung mit etwas Beschriebenem korrespondiert. Auf den Unterschied zwischen Eigennamen und Namen im Sinn von Beschreibungen verzichtet er. Frege unterscheidet dementsprechend auch nicht so zwischen Individuen und Klassen, als wären sie ihrem Typ nach verschieden. Klassen und ihre Elemente sind für ihn in gleicher Weise Gegenstände, und als solche sind sie Werte einzelner Variablen.[70] Frege würde den Satz daher so analysieren: ‚Es gibt mindestens einen Gegenstand, der unter den Begriff

„der Autor von Waverley" fällt, und dieser Gegenstand ist Scott'. Symbolisch abgekürzt sieht diese Analyse so aus:

$$\exists\, x\, ((Wx) \wedge S = x)$$

Eine solche Analyse lehnt Russell mit dem Argument ab, daß sie keine genaue und zuverlässige Analyse der Situation gebe. In der Fregeanischen Analyse wird die Kennzeichnung ‚der Autor von Waverley' wie ein Begriff verstanden, unter den u. a. auch ‚Scott' fällt. Was ist aber, wenn nichts unter diesen Begriff fällt? Das ist z. B. der Fall bei Kennzeichnungen wie ‚der gegenwärtige König von Frankreich' oder ‚der goldene Berg'. In Freges Augen haben diese Kennzeichnungen einen Sinn, aber keine Bedeutung. Russell lehnt die Unterscheidung zwischen Sinn und Bedeutung ab. Wenn eine Kennzeichnung keine Bedeutung hat, fordert Russell, hat es auch keinen Sinn zu sagen, daß etwas unter sie fällt. Frege verwendet in diesem Zusammenhang den Begriff der ‚Null', der sog. ‚leeren Klasse'. Der Begriff ‚Venusmond' z. B. hat nach Frege die Eigenschaft, daß nichts unter ihn fällt.[71] Die Kennzeichnung ‚Venusmond' wird so verwendet, als würde sie eine Klasse, in diesem Fall die leere, definieren. Kennzeichnungen, so Russell, definieren aber keine Klassen, auch keine leeren. In „On Denoting" (1905) stellt Russell ausführlich dar, daß Klassen keine Gegenstände seien, die definiert werden können. Klassen könnten nicht unabhängig von ihren Elementen verstanden werden. ‚Ist' wird, nach Russell, deshalb nicht automatisch so verwendet, daß es die Mitgliedschaft in einer Klasse anzeigt. Eine Klasse ist, nach seinem Verständnis, eine Gruppe von Entitäten, die tatsächlich das Prädikat haben, das eine Aussagefunktion einer Variablen zuordnet. Nur diejenigen Prädikate definieren Klassen, die Gegenstände unserer Bekanntschaft (acquaintance) sind.[72] Er hält einer Analyse nach Freges Muster, in der ‚Scott' unter den Begriff ‚der Autor von Waverley' fällt, entgegen, daß die Tatsache, daß Scott Waverley geschrieben habe, nichts mit Begriffen im Frege'schen Sinn bzw. mit Klassen zu tun habe. Es handle sich, was die Analyse betreffe, vielmehr um eine bloße Identitäts-Behauptung.

Der Punkt, der Russells Auffassung von Analyse von derjenigen Freges unterscheidet, läßt sich also genau lokalisieren. Russell wirft Frege vor, daß die Form seiner Analyse eines Satzes wie ‚Der goldene Berg existiert' irreführend sei. Sie scheint nämlich zu zeigen, daß die Klasse ‚der goldene Berg' nicht leer ist, sondern ein Mitglied hat, was offensichtlich falsch ist. Was will nun Russell mit seiner Analyse leisten? Er will zeigen, daß ein Satz, der syntaktisch gesehen eine Subjekt-Prädikat-Struktur hat, eine kompliziertere logische Struktur haben kann. Entscheidend ist dabei, daß die syntaktische Form nicht notwendig mit der logischen übereinstimmt. Dies ist das eine; Frege hat dies übrigens auch gezeigt. Das andere ist, daß in einem Satz logisch bedeutsame Begriffe versteckt sein können, ohne daß sie im Satz selbst auftreten. Beispiele dafür sind ‚Existenz' (der Existenzquantor ‚$\exists$ '), ‚Universalität' (der Allquantor ‚$\forall$') und ‚Konditionalität' (die Wenn-dann-Relation ‚$\rightarrow$ '). Sie alle spielen in der Analyse des Satzes über Scott eine Rolle. Es geht hier nun nicht darum, ob Russells oder Freges Auffassung von Analyse richtig ist. Sie dienen als Beispiele für das, was zu der Zeit, als Wittgenstein bei Russell studierte, unter ‚logischer Analyse' verstanden wird. Einiges von diesen Auffassungen findet Eingang in Wittgensteins *Tractatus*. Manches daran ersetzt Wittgenstein durch eigene Vorstellungen. Jedenfalls ist es wichtig, eine der Standardformen der logischen Analyse zu kennen, wenn wir Wittgensteins eigenen Beitrag zur Analytischen Philosophie verstehen wollen. Er entwickelt im *Tractatus* eine eigene Auffassung von logischer Analyse, setzt aber diejenige Freges und Russells in ihren Grundlagen voraus.

b) Fragen vom Tractatus bis zu Über Gewißheit

Wittgenstein läßt sich auf Russells Denken ein. Er greift dessen Probleme auf, macht sie zu seinen eigenen und verändert sie. Die Tagebücher der Cambridger Jahre zeigen dies. Der *Tractatus* ist das Ergebnis der allmählichen Transformation von Russells Ansatz zu einem eigenen. Es ist bemerkenswert, daß Wittgenstein philosophisch gesehen nichts Eigenes nach Cambridge mitbringt. Er geht ganz auf die frühen Fragen der Analytischen Philosophie ein.

Es wird da und dort versucht, Wittgenstein eine philosophische Vorgeschichte zu geben. Es wird mit guten Gründen an Kierkegaard[73] und dessen Forderung nach einer Kritik der Sprache erinnert. Auch Schopenhauer taucht als Schatten und Ideengeber hinter Wittgenstein auf.[74] Schopenhauers Einfluß darf jedoch nicht zu hoch veranschlagt werden. Brian McGuinness rückt ihn zurecht mit seinem Hinweis auf eine Äußerung Georg Henrik von Wrights. Wittgenstein hat – nach von Wrights Bericht – gesagt, seine erste Philosophie sei ein erkenntnistheoretischer Idealismus nach Schopenhauers Art gewesen, bis er dann von Freges Arbeiten konvertiert worden sei.[75] Und dies geschah spätestens in Cambridge.

Schließlich wird auf Wittgensteins positive Beurteilung Oswald Spenglers hingewiesen.[76] Mit Spengler verbindet Wittgenstein das Interesse an den großen Fragen der Menschheitsgeschichte und die kulturskeptische Beurteilung ihrer Gegenwart und Zukunft. Nur macht Wittgenstein die menschheitsgeschichtlichen Fragen in seinen philosophischen Arbeiten nicht zu seinen eigenen. Der erste Band von *Der Untergang des Abendlandes* erscheint übrigens 1918 in Wien.[77] Von einem Einfluß auf Wittgensteins Entwicklung in der Phase des *Tractatus* kann also ohnehin keine Rede sein. Philosophisch beginnt Wittgenstein tatsächlich erst in Cambridge eigenständig zu arbeiten, und er ist zunächst ein Nehmender und erst allmählich ein Gebender. Er bringt wenig mit, was er im dortigen Umfeld hätte weiterentwickeln können. Er sucht sich seinen Platz im Gespräch und dann in der Auseinandersetzung mit Russell. Er lernt schnell.

Es ist üblich geworden, Wittgenstein zweizuteilen: in einen frühen und einen späten. Er hat dieser Periodisierung selbst Vorschub geleistet. In seinem Vorwort zu den *Philosophischen Untersuchungen*, die 1953 von G. E. M. Anscombe und Rush Rhees[78] veröffentlicht wurden, spricht Wittgenstein von „schweren Irrtümern", die er 1929 zu Beginn seiner Wiederbeschäftigung mit Philosophie erkennen mußte. Er motiviert in diesem Vorwort den gemeinsamen Abdruck der *Philosophischen Untersuchungen* mit dem *Tractatus* damit, daß seine neuen Gedanken „nur durch den Gegensatz und auf dem Hintergrund meiner älteren Denkweise ihre rechte Beleuchtung erhalten könnten".[79]

Obwohl er von Irrtümern spricht, die im *Tractatus* zu finden seien, lehnt er dieses Werk nicht ab, sondern deutet es selbst als Hintergrund der *Philosophischen Untersuchungen*. Dies kann nicht negativ gemeint sein, jedenfalls nicht so, als wäre das eine falsch und das andere wahr. Das Falsche ist keine ‚rechte Beleuchtung' des Wahren. Eher kann das Umgekehrte gelten. Einige Irrtümer machen im übrigen nicht einen ganzen Ansatz und schon gar nicht eine Denkweise zunichte.[80] Wir werden die Irrtümer, von denen Wittgenstein spricht, noch kennen lernen. Wir werden aber auch sehen, daß Wittgenstein den *Tractatus* nicht zu unrecht die ‚rechte Beleuchtung' der Gedanken der *Philosophischen Untersuchungen* nennt.

Es ist nicht falsch, der groben Teilung von Wittgensteins Denken in eine frühe und eine späte Phase, Wittgenstein I und Wittgenstein II, zu folgen. Nur darf diese Einteilung weder zu der Überzeugung verleiten, die eine Phase habe keine positive Beziehung zur anderen, noch zu dem Glauben, Wittgenstein habe den *Tractatus* und sein frühes Denken insgesamt verworfen. Richtig ist, daß er seinen ersten Ansatz nicht für tauglich und hinreichend für die Verwirklichung seiner dort bereits erhobenen Ansprüche erachtet. Auch die Ansprüche selbst hielt er später nicht mehr alle für entscheidend. Richtig ist auch, daß er seine Fragen im Übergang von der frühen zur späten Phase verändert, transformiert. Diese Veränderung entspricht aber seiner Einsicht in das, worauf er mit seinen Fragen eigentlich abzielt. Was will er sagen oder zeigen, und welches sind seine Fragen?[81]

Eine der großen Fragen Wittgensteins ist, was wir mit unserer Sprache tun und was wir nicht mit ihr tun können. Diese Frage führt zu einer Vielzahl anderer wichtiger Fragen: Was ist ein ‚Satz', was ist ein ‚Gedanke'? Was haben Sprache und Wirklichkeit und was haben Sprache und Denken miteinander zu tun? Was ist ‚logische Form'? Was der ‚logische Raum'? Im *Tractatus* gibt Wittgenstein auf diese Fragen Antworten, die er zu jener Zeit für endgültig hält, bis er später erkennt, daß sie das doch nicht sind. In der Zeit, in der er seine Antworten für endgültig hält, ist er überzeugt, daß es in allen großen philosophischen Fragen darum geht, wie sich das Logische im Denken und in der Sprache zeigt. Die wichtigsten Antworten bestehen gerade in Hinweisen darauf, wie sich das Logische zeigt. Es zeigt sich in der Art und Weise, wie die Bausteine, die Elemente der Wirklichkeit miteinander zusammenhängen.[82] Das Logische zeigt sich auch als Bild, als Bild der Wirklichkeit. In diesem Sinn heißt es im *Tractatus*:

2.12 Wir machen uns Bilder der Tatsachen.
2.11 Das Bild stellt die Sachlage im logischen Raum, das Bestehen und Nichtbestehen von Sachverhalten, vor.
2.12 Das Bild ist ein Modell der Wirklichkeit.

Wittgenstein frägt nicht, was das Logische ist. Er ist überzeugt, daß das Logische nicht selbst Gegenstand von Fragen oder Inhalt von Antworten sein kann. Diese Überzeugung gibt er auch später nicht auf. Die Gründe dafür liegen in seiner Unterscheidung zwischen Sagen und Zeigen. Dies ist eine durchgängige und wichtige Unterscheidung in Wittgensteins Denken. Sie ist aber vielschichtig und daher nicht leicht nachzuvollziehen. Deshalb werden wir uns später ausführlich mit ihr beschäftigen.

Eine zweite wichtige Frage Wittgensteins ist, wie wir Regeln gebrauchen, wie wir ihnen folgen, welche Rolle sie im Sprechen und Denken spielen. Ich bin überzeugt, daß diese Frage eine Transformation der ersten Frage nach der Sprache ist. Beide Fragen variieren ein einziges Thema, nämlich was ‚Sprache' ist. Die Veränderung der ursprünglichen Frage, die sich seit 1929 langsam vollzieht, entspricht auch einer Änderung der Art und Weise – der Methode – zu fragen. Während die erste Frage eine der philosophischen Logik ist, gehört die transformierte in die Philosophie der Mathematik und schließlich, in ihrer letzten Version, in die Philosophie der Psychologie. Die Änderung der Methode oder des Fragetyps verändert auch den Gegenstand der Frage, aber nicht alternativ oder substitutiv, sondern rekonstruktiv. Dies besagt: Der Gegenstand, die Sprache, wird in einer jeweils authentischeren, ihrem Wesen gerechter werdenden Gestalt untersucht. Obwohl Wittgenstein ein erklärter Gegner reduktiver Erklärungsverfahren ist, legt er mit den immer neuen Fragen immer weitere Schichten dessen frei, wonach er sucht. Er schält eine Schale nach der anderen von der Zwiebel, die das enthält, was er für den eigentlichen Kern des philosophischen Problems der Sprache hält.

Wittgenstein hat keine Theorie der Sprache entworfen. Zu einer Theorie der Sprache gehören bestimmte Fragen, eine bestimmte Methodologie und der Nachweis ihrer geschlossenen Geltung.[83] Es haben sich aber Bezeichnungen wie ‚Wittgensteins Bildtheorie der Sprache‘ oder ‚Wittgensteins Gebrauchstheorie der Sprache‘ eingebürgert. Sie sind irreführend und sollten vermieden oder in einem klaren Zusammenhang gebraucht werden. Zumindest sollte bei aller mißverständlichen Ausdrucksweise klar bleiben, daß Wittgenstein keinerlei Theorie von irgendetwas entworfen hat. Das wäre ziemlich genau das Gegenteil dessen gewesen, was er von Anfang an will: alles, nur keine Theorie. Denn Theorien sind Sache der Wissenschaften, nicht der Philosophie.[84]

Eine dritte wichtige Frage ist die nach den Grenzen des Denkens, der Logik, der Sprache, der Welt, des Wissens. Auch diese Frage beschäftigt Wittgenstein von Anfang an und bis zum Ende seines Lebens. Das späte Gespräch mit Moore über dessen Common-sense-Philosophie etwa, das Wittgenstein in den Notizen führt, die unter dem Titel *Über Gewißheit*[85] herausgegeben wurden, dreht sich um Grenzen, nämlich um die Grenzen dessen, was wir wissen können, um die Grenzen unserer Welt und unseres Weltbildes. Allerdings wird dieses Problem in *Über Gewißheit* nicht durch das Wort ‚Grenze‘ so klar benannt wie die Grenzprobleme im *Tractatus*. Hier spricht Wittgenstein schon im ‚Vorwort‘ von Grenzen:

Man könnte den ganzen Sinn des Buches etwa in die Worte fassen: Was sich überhaupt sagen läßt, läßt sich klar sagen; und wovon man nicht reden kann, darüber muß man schweigen.

Das Buch will also dem Denken eine Grenze ziehen, oder vielmehr – nicht dem Denken, sondern dem Ausdruck der Gedanken: Denn um dem Denken eine Grenze zu ziehen, müßten wir beide Seiten dieser Grenze denken können (wir müßten also denken können, was sich nicht denken läßt).
Die Grenze wird also nur in der Sprache gezogen werden können und was jenseits der Grenze liegt, wird einfach Unsinn sein.

Die Frage nach den Grenzen von Denken und Sprache hat vielfältige Folgen für Wittgensteins Auffassung von ‚Logik‘, ‚Welt‘, ‚Subjekt‘, ‚Denken‘, ‚Sprache‘. Sie hängt im übrigen eng zusammen mit der Unterscheidung zwischen Sagen und Meinen. Schon die Gegenstände, für deren Auffassung und Verständnis die Frage nach den Grenzen Folgen hat, zeigen, daß diese Frage vielfältige Aspekte hat. Sie hat, was das Verständnis von ‚Welt‘ und ‚Subjekt‘ angeht, einen metaphysischen Aspekt, denn es geht bei der Welt um das Ganze unseres Wissens und der Wirklichkeit, und beim Subjekt geht es um das Verhältnis, das wir zu jenem Ganzen haben. Was das Verständnis von ‚Denken‘ angeht, hat die Frage nach den Grenzen einen psychologischen Aspekt, der in die Philosophie des Geistes gehört, denn es geht darum, wie wir das, was wir wissen, auffassen und wissen. Es geht also um den kognitiven Wert des Wissens; und beim Regelfolgen geht es darum, wie wir Regeln überhaupt folgen. Was das Verständnis von ‚Sprache‘ angeht, hat die Frage nach den Grenzen einen logischen, einen ontologischen und sogar einen sozialen Aspekt. Denn es geht um die logische Struktur der Sprache und dessen, was gesagt werden kann, um den ontologischen Charakter der Dinge in der Welt und um die soziale Praxis des Sprechens, des Benennens, des Regelfolgens, des Beschreibens und aller anderen sprachlichen Tätigkeiten.
Was diese Aspekte angeht, verdient ihre Verbindung besondere Aufmerksamkeit. So etwa die Verknüpfung des metaphysischen und des logischen Aspekts mit dem der Philosophie des Geistes. Im *Tractatus* stellt Wittgenstein lapidar fest:

5.6 *Die Grenzen meiner Sprache* bedeuten die Grenzen meiner Welt.
5.61 Die Logik erfüllt die Welt; die Grenzen der Welt sind auch ihre Grenzen. . . .

5.62 ... Daß die Welt *meine* Welt ist, das zeigt sich darin, daß die Grenzen der Sprache (der Sprache, die allein ich verstehe) die Grenzen *meiner* Welt bedeuten...
5.63 Ich bin meine Welt. (Der Mikrokosmos)
5.631 Das denkende, vorstellende, Subjekt gibt es nicht....

Metaphysisch ist die Behauptung, daß die Grenzen von Welt, Ich, Sprache und Logik dieselben seien. Denn dies läßt sich weder den Begriffen von ‚Welt‘, ‚Ich‘, ‚Sprache‘ und ‚Logik‘ entnehmen, noch ist es eine empirisch prüfbare Behauptung. Was weder Resultat begrifflicher Analyse noch empirischer Bestätigung ist, gehört in die Domäne der Metaphysik. Natürlich sagt eine metaphysische Behauptung über die Grenze der Logik auch etwas logisch Relevantes. Sie sagt nämlich, daß die Logik diesseits der Metaphysik liegt, daß sie nicht selbst metaphysisch ist. Schließlich verbindet die Identifikation von ‚Ich‘ und ‚meine Welt‘ Metaphysik und Philosophie des Geistes. Wittgenstein behauptet mit dieser Identifikation, wie er selbst sagt, den Solipsismus und dessen „Wahrheit":

5.62 ...Was der Solipsismus nämlich *meint*, ist ganz richtig, nur läßt es sich nicht *sagen*, sondern es zeigt sich.

Wittgenstein will hier keine solipsistische Methode vorschlagen, sondern nur darauf hinweisen, daß es – recht verstanden – zum Solipsismus keine Alternative gibt. Er will nicht sagen, daß es außer meinem Ich und meiner Welt kein anderes Ich mit seiner eigenen Welt gibt. Wittgenstein liegt es fern, typisch solipsistische Behauptungen über die Realität der Außenwelt oder anderer Personen zu machen. Er ist überzeugt, daß der Solipsismus uns die einzige metaphysische Option für unser Verhältnis zur Welt, zur Logik und zur Sprache bietet.[86] Der Solipsismus als metaphysische Option besagt: Wir sind selbst nicht Teil dessen, was wir über Welt, Sprache und Logik sagen und wissen können. Alles, was wir aber über Welt, Sprache und Logik wissen, ist uns nur innerhalb unserer eigenen Grenzen gegenwärtig. Wir können über unsere eigenen Grenzen nicht hinaus. Wir werden uns noch eingehend mit dem Solipsismus beschäftigen. Deshalb mögen diese Hinweise zunächst genügen.

Die großen Fragen Wittgensteins nach dem Wesen der Sprache, nach dem Regelfolgen und den Grenzen von Logik, Welt, Denken, Sprache und Ich enthalten eine Fülle von weiteren Fragen. Sie verästeln sich in viele philosophische Bereiche und Disziplinen. Wenn wir sie verfolgen, dürfen wir nicht vergessen, daß wir dabei einem systematischen Fahrplan folgen, den Wittgenstein selbst uns nicht gegeben hat. Er hat auch nicht von seinen ‚großen Fragen' gesprochen. Er stellt keine metatheoretischen Betrachtungen seines eigenen Denkens an, und wäre er darum gebeten worden, hätte er dies vehement abgelehnt. Die einzigen Urteile über seine Arbeit, die wir nachlesen können, sind negativ. Er wirft sich vor, nicht das geleistet zu haben, was er eigentlich wollte.[87]

Wittgenstein hat keinen systematischen Leitfaden seines Denkens, geschweige denn ein System entworfen, auch keine theoretische Architektur wie etwa Kant in seiner ersten Kritik. Dennoch hat er große Fragen gestellt und sich um Antworten bemüht. Schon dieses Bemühen entspricht einer eigenen Systematik. Und die rigide, skeptische, skrupulöse, schwer zufriedenzustellende, bohrende Art, Fragen zu stellen, ist – vor allem in der zweiten Phase seines Philosophierens nach 1929 – eine unverwechselbar eigene Methode. Genau genommen ist es nicht *eine* Methode, sondern es sind viele, ebensoviele wie es Fragen gibt. Wir können seine Weisen des Fragens getrost seine Methoden nennen. Denn andere hatte er nach dem *Tractatus* nicht. Im *Tractatus* entwickelt er seine eigene Auffassung von analytischer Methode. Sie findet vor allem im Wiener Kreis Aufmerksamkeit und trägt – etwa bei Carnap – zur Entwicklung einer strengen Methodologie bei. Das Werk Wittgensteins ist, obwohl er sich selbst darüber im Vorwort zu den *Philosophischen Untersuchungen* unsicher äußert, außergewöhnlich eigenständig und originell.[88] Es hat eine eigene, einzigartige Gestalt, weil es sich selbst weder historisch noch systematisch einordnet in eine Strömung, Schule oder Richtung, jedenfalls nicht planvoll oder bewußt. Es enthält viele interessante Beziehungen zu anderen Werken, aber lebt nicht aus diesen Beziehungen.[89] Dies scheint dem, was ich zu Beginn dieses Kapitels sagte, zu widersprechen. Ich wies darauf hin, daß Wittgenstein ohne philosophisches Gepäck nach Cambridge kommt und allein aus dem lebt, was er von Russell lernt. Tatsächlich hat Russell ihn auf die philosophische Bahn gebracht. Wittgenstein hat dann aber seinen eigenen Weg gesucht.

c) Methoden zu fragen

Eben wies ich darauf hin, daß Wittgensteins Methoden in der zweiten Phase seines Philosophierens bestimmte Weisen sind, Fragen zu stellen. Er sagt selbst, es gebe „nicht *eine* Methode der Philosophie", sondern viele Methoden, die er mit unterschiedlichen Therapien vergleicht (PhU § 133). Seine Antworten auf seine Fragen, seine Therapien, haben häufig die Form von Aphorismen. Er nennt sie im Vorwort zu den *Philosophischen Untersuchungen* „eine Menge von Landschaftsskizzen", entstanden auf „langen und verwickelten Fahrten". Er nennt sie auch „Bilder" und das ganze Buch ein „Album".[90] Antworten, die Skizzen oder Bilder sind, können auf Fragen gegeben werden, die keinen systematischen Zusammenhang haben. Das trifft in der Tat auch die äußere Gestalt der meisten Arbeiten nach 1929.[91] Die Texte haben eine Struktur, die keinen Schluß vom äußeren Aufbau auf den Inhalt zulassen. Es gibt keine Hierarchie von Titeln und Überschriften. Vielmehr sind die Texte durch Numerierungen innerhalb von Teilen gegliedert, die wir ‚Paragraphen' nennen können. Anders als bei den Numerierungen im *Tractatus*, die den thematischen Bezug durch die Zahlen und die Menge ihrer Stellen anzeigt – 4.011 setzt zum Beispiel einen Gedanken von 4.01 fort oder erläutert ihn –, sagen die Nummern, die Paragraphen, in den späteren Werken nichts über thematische Zusammenhänge. Es wäre künstlich, diese Textstruktur anders als aphoristisch zu nennen. Wenn wir die Texte lesen, erkennen wir aber ihre Fragestruktur und sehen dann, daß es oft die Reihenfolge von Fragen ist, die der Reihenfolge der Textstücke zugrundeliegt. Diese Fragen entstehen auseinander, haben eine Konsequenz. Betrachten wir ausführlich ein Beispiel aus den *Philosophischen Untersuchungen*.

Im § 150 spricht Wittgenstein über die Grammatik des Wortes ‚wissen‘ und vergleicht sie mit der Grammatik der Worte ‚können‘ und ‚verstehen‘. Im § 149 ist von einem Wissensgehalt, nämlich dem des ABC die Rede, vor allem aber fragt Wittgenstein, was das Wissen des ABC mit der Äußerung dieses Wissens zu tun hat. Im § 148 fragt er, worin das Wissen des ABC besteht, und im § 147 geht es um die schwierige – für das Regelfolgen entscheidende – Frage, was es heißt, das Gesetz einer Reihe zu verstehen. Diese Frage ist nicht nur entscheidend für das, was ‚Regelfolgen‘ bedeutet. Sie führt uns außerdem zu der Einsicht, in welcher Weise das Wissen ein Regelfolgen ist. Wir könnten nun oberflächlich sagen, daß Wittgenstein vom Hundertsten ins Tausendste kommt. Tatsächlich geht er aber außerordentlich konsequent einem Faden nach, dessen Ende immer erst dann sichtbar wird, wenn ein weiterer Schritt getan ist. Er arbeitet sich vorwärts wie ein Bergsteiger, der erst dann, wenn er einen weiteren Haken befestigt hat, herausfinden kann, wo er Halt für den weiteren Aufstieg findet. Das Verstehen des Gesetzes einer Reihe führt zu der Frage, wie wir die Kenntnis einer beliebigen geordneten Reihe, in diesem Fall des ABC, gebrauchen, wenn wir über das ABC sprechen. Wittgenstein erkennt, daß dieses Wissen nicht ohne weiteres als psychischer Zustand oder als Disposition zu deuten ist. Denn eine Disposition ist kein Kriterium dafür, wie das ABC konstruiert ist. Für die Wirkung des Wissens in Gestalt der Äußerung kann die Disposition als Kriterium dienen, nicht aber für die Konstruktion. Nachdem er dies eingesehen hat, stellt Wittgenstein dann die Frage nach der Grammatik des Wortes ‚wissen‘.

Wir sehen an diesem Beispiel, daß der Text eine inhaltliche Struktur hat, eine durch die Fragen erzeugte Kohärenz. Der Text zerfällt nicht in mehr oder weniger zufällige Beobachtungen, sondern folgt einem Gedanken. Dieser Gedanke äußert sich in immer neuen Fragen. Die Aktivität des Fragens erzeugt die Bewegung des Gedankens. Dessen Bewegung wird nicht durch ein abstraktes Thema oder ein argumentatives Ziel bewirkt. Wie in Sten Nadolnys Roman *Netzkarte*,[92] in dem der Studienreferendar Ole Reuter scheinbar ziellos, aber neugierig auf Frauen und Orte im Zug kreuz und quer durch Deutschland reist, immer wieder irgendwo ankommt und Überraschendes sieht, folgt Wittgenstein scheinbar ziellos, aber mit wichtigen Einsichten einem Gedanken bis zu einer Endstation. Diese Endstation ist kein Begriff, keine endgültige Bestimmung im klassischen Sinn eines *terminus*. Es ist der Ort, an dem es mit den Mitteln des Fragens und Nachdenkens kein Weiterfahren, keine Weiterreise mehr gibt. Die Reise muß von neuem beginnen.

Wenn wir die weiteren Paragraphen nach dem § 150 verfolgen, erkennen wir das Netzkartenartige der Textstruktur noch deutlicher. Wittgenstein folgt seiner Maxime, den Sprachgebrauch zu beschreiben. Er will keineswegs die Möglichkeit bestreiten, daß ‚wissen‘ eine Disposition sein kann. Die unterschiedlichen Möglichkeiten, ‚wissen‘ zu verstehen, werden nicht systematisiert. Vielmehr beschreibt er Verwendungen des Wortes ‚wissen‘, gibt also keine begriffliche Analyse. Ein Beispiel folgt dem nächsten. Einige zeigen, daß ‚wissen‘ soviel bedeutet wie ‚etwas machen können‘. Andere besagen, daß ‚wissen‘ heißt, das, was ein anderer vormachte, fortsetzen oder etwas, was man bereits kann, wiederholen zu können. Im § 152 und den folgenden vertieft Wittgenstein das, was ‚verstehen‘ bedeutet. Er zeigt, daß Verstehen kein seelischer Vorgang ist, obwohl es für das Verstehen charakteristische seelische Vorgänge gibt. Wittgenstein formuliert dies scheinbar paradox im § 154:

In dem Sinn, in welchem es für das Verstehen charakteristische Vorgänge (auch seelische Vorgänge) gibt, ist das Verstehen kein seelischer Vorgang.
(Das Ab- und Zunehmen einer Schmerzempfindung, das Hören einer Melodie, eines Satzes: seelische Vorgänge.)

Verstehen ist also kein seelischer Vorgang, obwohl es für das Verstehen typisch ist, daß wir es als Vorgang erleben. Wir können zum Beispiel plötzlich sehen, wie wir eine Reihe fortsetzen können, etwas, was wir vorher nicht konnten. Wittgenstein kreist diesen Gedanken immer mehr ein. Er wählt dafür das Beispiel eines anderen Sprachspiels, des Lesens nämlich, und erörtert es in den §§ 156 bis 173. Er beleuchtet die Verwendung des Wortes ‚lesen' in vielfältiger Weise. Scheinbar planlos verfolgt er Gedanken um Gedanken. Wenn wir ihnen folgen, sehen wir, daß sie unmittelbar auseinander hervorgehen, und zwar nicht logisch oder begrifflich, sondern geleitet durch die Aufmerksamkeit eines kritisch Fragenden auf Unklares, Verführerisches, Verwirrendes. Wittgenstein hat einen siebten Sinn, eine Witterung für das Unklare. Er entdeckt, daß wir nicht einfach in vielerlei Weise lesen können, sondern daß es kein universales Merkmal des Lesens gibt. Dabei vergißt er keineswegs die Frage, wie wir Reihen beginnen, fortsetzen und lernen. Er behält auch die Frage im Auge, die sich im Zusammenhang mit dem Verstehen stellte, ob es einen charakteristischen seelischen Vorgang, ein bestimmtes Erlebnis gibt, das mit dem Lesen verbunden ist. Es ist nicht so, daß er sich vorgenommen hätte, kein universales Merkmal des Lesens zu finden; dann würde er sich systematisch selbst betrügen. Er will ein solches Merkmal finden und sucht es sorgfältig. Im § 164 sagt er, daß wir das Wort ‚lesen' „für eine Familie von Fällen", also in einem Sprachspiel[93] verwenden. Er fährt fort:

Und wir wenden unter verschiedenen Umständen verschiedene Kriterien an dafür, daß Einer liest.

Schon im nächsten Paragraphen wehrt er den möglichen Eindruck der Beliebigkeit unseres Verständnisses von ‚lesen' ab und verfolgt erneut hartnäckig seine Suche nach einem allgemeinen charakteristischen Merkmal. Er fragt:

Worin besteht also das Charakteristische am Erlebnis des Lesens? – Da möchte ich sagen: „Die Worte, die ich ausspreche, *kommen* in besonderer Weise." Nämlich, sie kommen nicht so, wie sie kämen, wenn ich sie z.B. ersänne. – Sie kommen von selbst. – Aber auch das ist nicht genug;...

Die Worte kommen beim Lesen also von selbst, spontan. Später sagt er „automatisch". Mit dieser Einsicht kommt der Gedanke in gewisser Weise zu einem Ende. Er ist aber noch nicht abgeschlossen, sondern geht in einer anderen Richtung weiter. Erneut nimmt er den Faden auf, daß das Lesen doch ein bestimmter Vorgang sei. Denn dies ist mit dem Hinweis auf das Charakteristikum, daß beim Lesen etwas von selbst kommt, nicht hinreichend klar. Und nun schließt sich in den §§ 167 bis 169 eine phänomenologische Analyse des Lesevorgangs an. Im § 168 heißt es:

Der Blick gleitet, möchte man sagen, besonders widerstandslos, ohne hängen zu bleiben; und doch *rutscht* er nicht. Und dabei geht ein unwillkürliches Sprechen in der Vorstellung vor sich.

Präziser ist das Sehen beim Lesen nicht zu beschreiben. Und erneut, als hätte er sich bei einer allzu terminalen Feststellung ertappt, fragt er im selben Paragraphen:

Was aber von dem allen ist für das Lesen als solches wesentlich? Nicht ein Zug, der in allen Fällen des Lesens vorkäme!

Trotz dieser Einsicht geht Wittgenstein noch ein Stück weiter. Er verfolgt den phänomenologischen Faden und überlegt, wie die Wortbilder, die wir sehen, das Lesen beeinflussen. Er fragt, ob wir diesen Einfluß fühlen (§ 169), und zeigt dann, was der Unterschied ist zwischen dem Fühlen eines Einflusses und dem Fehlen eines Einflusses (§ 170). Er geht also erneut auf die Frage nach dem Erlebnis ein, das das Lesen begleitet. Er spricht vom Erlebnis des Geführtwerdens (§ 172), macht aber schnell darauf aufmerksam, daß dieses Erlebnis nicht darin besteht, daß wir etwas Bestimmtes tun; es sei vielmehr „etwas Innerlicheres, Wesentlicheres" (§ 173). Er fährt fort:

Es ist, als ob zuerst all diese mehr oder weniger unwesentlichen Vorgänge in eine bestimmte Atmosphäre gekleidet wären, die sich nun verflüchtigt, wenn ich genau hinschaue.

Es ist nichts zu greifen, nichts Objektives zu finden. Dennoch gibt es etwas am Lesen, was wir sehen, erleben und verstehen können, ein Erlebnis des Geführtwerdens. Wenn wir es genauer fassen wollen, entgleitet es uns. Erneut macht Wittgenstein einen Anlauf, läßt nicht locker, versucht es mit einem ähnlichen Beispiel, mit dem „Erlebnis des Bedachts", das wir haben, wenn wir zum Beispiel „eine Strecke parallel zu einer gegebenen Strecke" ziehen (§ 174). Hier tauchen dann plötzlich wohlbekannte philosophische Termini wie ,Absicht' und ,Wille' auf, aber nur in Klammer und nur zur Erinnerung. In den folgenden Paragraphen verdichtet sich der Eindruck, daß das Erlebnis des Einflusses, des Geführtwerdens, ohne Gegenstand ist. Das Erlebnis hat, so können wir sagen, kein objektives Pendant. Trotzdem gibt es das Erlebnis. Es ist keine Fiktion.

Nach dieser langen, sehr genauen Analyse des Lesens kehrt Wittgenstein dann wieder zum Thema zurück, wie wir eine Reihe fortsetzen. Dieses Beispiel zeigt deutlich: Wittgenstein denkt nicht aphoristisch, nicht in kurzen, unzusammenhängenden Passagen oder Textstücken. Er entwickelt eine besondere Strenge des Nachdenkens über Beispiele, eine Art Phänomenologie der Beispiele, die unter generellen Fragestellungen so nicht möglich wäre. Wir sollten daher die Form, die er für die Darstellung seiner Gedanken wählt, nicht nur akzeptieren, sondern sie als seinen Gedanken gemäße textliche Gestalt verstehen. Wittgenstein ist kein Aphoristiker im literarischen Sinn. Die äußere, aphoristische Gestalt seiner Texte bedeutet nicht, daß die Textstücke untereinander keine strengen inhaltlichen Verbindungen hätten. Die Kommentare zu den *Philosophischen Untersuchungen* verwenden deshalb mit guten Gründen allgemeine Titel für die thematische Gliederung.[94]

III. Die Werkentwicklung

Bevor wir uns mit dem Denken Wittgensteins im einzelnen beschäftigen, möchte ich die Gesamtgestalt seines Werkes vor
Augen führen. Es gibt immer wieder offene Fragen, was die
Entstehung einzelner Werke angeht. Insbesondere gibt es Fragen zum Verhältnis des veröffentlichten zum unveröffentlichten Anteil des Werkes. Wittgenstein hat etwa 30 000 Manu-
skriptseiten hinterlassen, von denen weniger als ein Viertel
von den Nachlaßverwaltern Rush Rhees, G. E. M. Anscombe
und G. H. von Wright publiziert wurden. Den weitaus größten Teil dieser Veröffentlichungen enthält die sogenannte
Werkausgabe. Sie entspricht nicht gänzlich der achtbändigen
Ausgabe der *Schriften* (Frankfurt 1960 ff.); sie besteht aus ebenfalls acht Bänden, die seit 1984 in Frankfurt erschienen.[1] Die
Werkausgabe ist von einer Fülle von Fehlern der früheren Ausgaben befreit. Sie ist zuverlässig und eignet sich für die Arbeit
daher besonders gut und enthält im übrigen Texte, die nicht in
den *Schriften* enthalten sind; umgekehrt gibt es auch Texte in
den *Schriften*, die nicht Teil der *Werkausgabe* sind.

Es gibt zwei unvollständig verfilmte Versionen des gesamten
Manuskriptbestandes. Die weniger vollständige der beiden
wurde in den späten 60er Jahren an der Cornell University hergestellt. Die vollständigere von 1974 ist bis heute unter Ver-
schluß.[2] Auf ihrer Basis erscheint von 1994 an die *Wiener Ausgabe* des Gesamtwerkes. Michael Nedo ist deren Herausgeber.
Er hat sein Editionsprojekt in einem eigenen Band vorgestellt.[3] Jährlich sollen zwei bis fünf Bände erscheinen. Gedacht
ist an insgesamt 94 Bände. Die Nachlaßverwalter haben ihre
Zustimmung für die Veröffentlichung von Materialien für 29
bis 35 Bände gegeben. Die Aufzeichnungen Wittgensteins sollen in dieser Ausgabe vollständig, dennoch aber übersichtlich
dargeboten werden. Es sollen die Überarbeitungen, die wech-

selnden Anordnungen und Neuarrangements sichtbar werden. Allein für die Jahre 1929 bis 1935 sind 15 Textbände vorgesehen. Wie die Ausgabe aussehen wird, zeigen die ersten vorliegenden Bände.[4] Eines der Motive der Wiener Ausgabe ist, den ganzen Zusammenhang, in dem die einzelnen Manuskripte stehen, sichtbar zu machen, damit sich die „Bedeutung einer Bemerkung"[5] erschließen kann. M. Nedo behauptet an derselben Stelle, daß sich die Bedeutung einer Bemerkung „erst in der Summe ihrer Kontexte erschließt". Es kann allerdings auch das Gegenteil zutreffen. Eine Bemerkung kann in unterschiedlichen Kontexten verschiedene Bedeutungen haben. Wenn ein Autor von Zeit zu Zeit seine Ansichten ändert, wird dies so sein. Dann geht es darum, eine Entscheidung für einen Kontext zu treffen, der als der authentische gelten kann. Es ist nicht ausgeschlossen, daß eine solche Entscheidung vor dem Hintergrund aller verfügbaren Kontexte kaum möglich ist.[6] Dann entsteht das Problem, was überhaupt der authentische Text ist, auf den wir uns beziehen können. Eines ist sicher, wir werden mit der Wiener Ausgabe die genaue Entwicklung bestimmter Gedanken Wittgensteins besser als bisher rekonstruieren können. Fraglich ist dabei jedoch, ob wir sie damit auch besser verstehen.[7]

Vor diesem Hintergrund ist es sinnvoll, eine Zwischenbilanz aus der Sicht des heute vorliegenden Werkes zu ziehen. Wir sollten jetzt Klarheit darüber haben, was für uns heute Wittgensteins authentisches Werk ist und wie wir es deuten können. Deshalb erläutere ich die Entstehung des bereits vorliegenden, veröffentlichten Werkes, der *Schriften* und der *Werkausgabe*. Wir kennen bisher drei Gruppen von Texten: diejenigen, die Wittgenstein selbst publizierte, diejenigen, die von den Nachlaßverwaltern ediert wurden und schließlich eine Gruppe von sogenannten kleinen Schriften, die in Zeitschriften erschienen. Die vierte Gruppe von Texten, die unveröffentlichten Manu- und Typoskripte, kennen wir noch nicht.

Wittgenstein selbst veröffentlichte wenig, lediglich drei Texte:[8] den *Tractatus logico-philosophicus* (1921), den er zunächst unter dem Titel *Logisch-Philosophische Abhandlung* mehreren

Verlagen anbot.[9] Der erste Verleger, den er fragte, Jahoda, lehnte ab.[10] Der zweite, Wilhelm Braunmüller, der Verleger von Otto Weiningers *Geschlecht und Charakter*, wollte ein Gutachten von Russell und forderte dann die Übernahme der Papier- und Druckkosten durch Wittgenstein. Die dritte Adresse war Ludwig von Ficker, der Herausgeber der Zeitschrift *Der Brenner*, den Wittgenstein bereits finanziell unterstützt hatte. Ihm gegenüber pries Wittgenstein das Buch so an: Es habe eigentlich zwei Teile, einen kleineren geschriebenen und einen größeren ungeschriebenen; der zweite sei der wichtigere, nämlich der ethische Teil; das Ethische werde von innen heraus durch den geschriebenen Teil abgegrenzt. Nachdem es bei von Ficker nichts wurde, bat er diesen um Hilfe bei Rilkes Hausverlag, Die Insel, oder bei Otto Reichl, dem Verleger des Grafen Keyserling. Der vierte Verlag war Reclam in Leipzig, mit dem er sich wegen Russells Einführung nicht einigen konnte; Wittgenstein wollte diese Einführung in ihrer deutschen Version nicht. Nach über zwei Jahren Suche fand sich schließlich eine fünfte und letzte Möglichkeit in Wilhelm Ostwalds *Annalen der Naturphilosophie*. Russell hat sich sowohl für diese wie für die englische Ausgabe des *Tractatus* eingesetzt; ohne seine Hilfe wäre der Text vielleicht nicht oder nicht so schnell erschienen. In den *Annalen der Naturphilosophie* kam die erste deutsche Fassung mit vielen sinnentstellenden Fehlern heraus. Wittgenstein hatte keine Gelegenheit zur Korrektur gehabt.[11] Er betrachtete die Ausgabe als Raubdruck, wie er seinem Freund Engelmann schrieb.[12] Gleichzeitig betrieb C. K. Ogden mit aktiver Unterstützung Russells eine englische Publikation bei Routledge & Kegan Paul in der Übersetzung von Frank Ramsey, der damals ein achtzehn Jahre alter Undergraduate am King's College in Cambridge war. 1922 kam eine deutsch-englische, zweisprachige Fassung heraus, unter dem von G. E. Moore vorgeschlagenen Titel, der dann auch für die späteren deutschen Ausgaben beibehalten wurde.[13] Ramseys Übersetzung war mehr eine Interpretation und Neuformulierung als eine direkte Übertragung des Originals.[14] In der Zeit, als der *Tractatus* erschien, war Wittgenstein bereits Volksschullehrer in Niederösterreich. Der zuverlässigste Text des *Tractatus* ist dessen zweite 1933 erschienene zweisprachige Ausgabe bei Routledge & Kegan Paul. Nach dem Urteil von Brian Mc-Guinness und Joachim Schulte ist dies die Ausgabe, die „im wesentlichen den Absichten Wittgensteins gerecht wird".[15]

Vor dem *Tractatus* war bereits eine kleine Besprechung aus Wittgensteins Feder erschienen. Er rezensierte das bereits erwähnte Buch P. Coffeys *The Science of Logic* für die *Cambridge Review* (1913).[16]

Nach dem *Tractatus* veröffentlichte Wittgenstein lediglich einen weiteren Text selbst: „Some Remarks on Logical Form" (1929). Es handelt sich um einen Beitrag für die jährliche Joint Session der Aristotelian Society und der Mind Association, die vom 12. bis 15. Juli 1929 in Nottingham stattfand. Wittgenstein versuchte in diesem Beitrag die Grundideen des *Tractatus* gegen Frank Ramseys Kritik zu verteidigen. Er war damit, wie mit dem meisten, was er schrieb, sehr unzufrieden.

Es gibt noch eine kleine Schrift, die keinen direkten philosophischen Bezug hat, aber dennoch zu den von Wittgenstein selbst veröffentlichten Texten zählt. Es ist das *Wörterbuch für Volksschulen* (1926), ein Wörterbuch der richtigen Schreibweise, das im Elementarunterricht verwendet werden konnte.[17]

Die zweite Gruppe von Texten sind die von den Nachlaßverwaltern veröffentlichten Werke. Sie liegen in deutscher Sprache in der seit 1984 erscheinenden achtbändigen *Werkausgabe* vor. Joachim Schulte hat diese Ausgabe kritisch durchgesehen und von vielen Fehlern, die die frühere Ausgabe der *Schriften* enthielt, befreit.

Die dritte Gruppe von Texten, die kleineren Schriften, hat Joachim Schulte 1989 erstmals in Buchform publiziert.[18] Es handelt sich um den „Vortrag über Ethik" (zwischen September 1929 und Dezember 1930 in Cambridge gehalten), um die „Bemerkungen über logische Form" (1929), die „Bemerkungen über Frazers *Golden Bough*" (1931), die „Aufzeichnungen für Vorlesungen über ‚privates Erlebnis' und ‚Sinnesdaten'" (1934–36) und um „Ursache und Wirkung: Intuitives Erfassen" (1937).

Die Werkentwicklung beginnt nicht erst mit dem *Tractatus*. Die frühesten erhaltenen Aufzeichnungen Wittgensteins sind die *Notes on Logic* (1913). Er fordert darin, daß Russells Typentheorie (theory of types) durch einen geeigneten und angemessenen Symbolismus, durch eine Theorie des Symbolismus ersetzt und überflüssig gemacht werden sollte. Es ist eine erste, noch sanfte Kritik an Russell.[19] Dies ist allerdings weniger wichtig als die erste Spur eines Gedankens, der zu den wichtigsten des gesamten Werkes gehört: die Unterscheidung zwischen Sagen und Zeigen. Dieser Gedanke zeigt sich in einer Binsenwahrheit. Wittgenstein sagt, ‚A‘ ist derselbe Buchstabe wie ‚A‘. Was er damit sagen will, ist, wir sehen, daß ‚A‘ derselbe Buchstabe wie ‚A‘ ist, und zwar vom selben Typ wie ‚B‘. Dagegen sind ‚x‘, ‚y‘, ‚z‘ von einem anderen Typ. Was die Typentheorie sagt, so Wittgenstein, kann nicht gesagt, sondern muß vom Symbolismus gezeigt werden. Wir müssen es sehen können. Wir finden eine Fülle anderer Gedanken in diesem frühesten Text, die wir später wieder finden: Daß die Philosophie nicht deduktiv, sondern rein deskriptiv sei, daß die Philosophie kein Bild der Wirklichkeit gebe, daß Philosophie wissenschaftliche Untersuchungen weder bestätigen noch verwerfen könne, daß Philosophie aus Logik und Metaphysik bestehe, wobei die Logik ihre Basis sei, daß die Erkenntnistheorie die Philosophie der Psychologie sei, daß das Mißtrauen gegenüber der Grammatik die erste Voraussetzung des Philosophierens sei. All dies finden wir in den *Notes on Logic*. Wittgenstein will mit diesem Text sein Studium abschließen und den BA (Bachelor of Arts) erwerben. Er fragt Moore im Frühjahr 1914, ob die Arbeit als Examensarbeit für den BA angenommen werden könne. Es stellt sich heraus, daß dies aus formellen Gründen nicht möglich ist. Es fehlte ein Vorwort und die Fußnoten, die Auskunft über die Herkunft der Ideen und Quellen, mit denen der Kandidat gearbeitet hat, geben sollten. Wittgenstein ärgert sich sehr über diese formellen Hindernisse und noch mehr darüber, daß für ihn keine Ausnahme gemacht werden kann.[20] Seine Freundschaft mit Moore leidet darunter und wird erst nach Wittgensteins Rückkehr nach Cambridge 1929 wieder aufgenommen.[21]

Ebenfalls vor dem *Tractatus* entstehen in der ersten Hälfte des Ersten Weltkriegs die *Notizbücher* (1914–16).[22] Hier kündigt sich eine tiefgreifende Veränderung von Wittgensteins Methode an, die Ablösung von Russells Auffassung von Logik. Die *Notizbücher* entstehen genau besehen gleichzeitig mit dem *Tractatus*. Denn in Briefen aus diesen zwei Jahren, etwa an Russell (22.10.1915), spricht er von einer ersten Version des späteren Buches. Diese Version hat sich wohl ständig weiter gewandelt. Jedenfalls begegnen wir in dieser Zeit dem Thema ‚Sagen und Zeigen'. Wittgenstein stellt bereits fest, daß die logische Form nicht in der Sprache ausgedrückt werden kann. Ähnliches gilt auch für ethische und religiöse Wahrheiten. Auch sie lassen sich nicht sprachlich ausdrücken, sondern zeigen sich, manifestieren sich im Leben eines Menschen. Ein weiteres Thema dieser Zeit ist das Mystische. Wittgenstein scheint sich an Schopenhauers *Welt als Wille und Vorstellung* zu erinnern.[23]

Im Frühjahr 1918 ist der sogenannte *Prototractatus* fertiggestellt.[24] Er unterscheidet sich nur in Nuancen vom endgültigen Text. Im August 1918 ist dann das endgültige Manuskript des *Tractatus* geschrieben, wie er Russell im März 1919 schreibt. Die erste Phase der Werkentwicklung ist mit dem *Tractatus* abgeschlossen. Nach seiner Rückkehr nach Cambridge 1929 beginnt Wittgenstein erst allmählich wieder eigenständig zu arbeiten. Er hat zunächst Stipendien, die ihn bis in die zweite Hälfte der 30er Jahre in die Lage versetzen, in Cambridge zu bleiben und dort weiter philosophisch zu arbeiten. Sein eigener philosophischer Ansatz, der vor allem mit dem Wort ‚Sprachspiel' etikettiert wird, beginnt bereits in seinen Aufzeichnungen ab 1930, spätestens ab 1932 manifest zu werden.[25] Die kleine Schrift „Some Remarks on Logical Form" (1929) gehört noch in die Phase des Übergangs und der allmählichen Ablösung vom *Tractatus*. Es wird aber bereits eine neue Fragestellung erkennbar. Wittgenstein bedenkt, was uns die Phänomene über ihre Struktur lehren, im Unterschied zu dem, was uns die elementare oder atomare Form einer Aussage lehrt. Noch spricht er über Elementar- bzw. Atomsätze

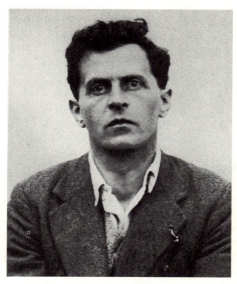

Abb. 5: Porträt Wittgensteins zur Verleihung des College-Stipendiums, Cambridge 1929.

und das Vorkommen von Zahlen in ihnen als wesentliches Merkmal der Darstellung.[26] Mit Ramseys Kritik im Hinterkopf hält er noch daran fest, daß sich Atomsätze nicht widersprechen können. Er liberalisiert diese Bedingung aber, indem er einräumt, daß sich Atomsätze ausschließen können.[27] Dies ist das Interessante am Ende dieser kleinen Schrift: sein Bemühen, den Unterschied zwischen Widersprechen und Ausschließen klarzumachen. Die Phänomene, etwa die Farben, lehren uns, daß etwas nicht gleichzeitig rot und grün sein kann. Logisch ist dies nicht ausgeschlossen. Es wäre daher kein Widerspruch im logischen Sinn, zu behaupten, daß etwas rot und grün ist. Was bedeutet es aber, daß dies ausgeschlossen ist? Der Unterschied zwischen Widersprechen und Ausschließen liegt – nach Wittgenstein – darin, daß sich das, was sich ausschließt, symbolisch nicht als Widerspruch zeigt. Der Symbolismus macht in diesem Fall den zu vermeidenden Widerspruch nicht offensichtlich. Was meint Wittgenstein damit? Wir können zum Beispiel ohne weiteres das logische Produkt der Aussagen bilden, daß sich die Farbe R zum Zeitpunkt T am Ort P befindet und daß sich die Farbe B zum gleichen Zeitpunkt am gleichen Ort befindet: ,RPT $\land$ BPT'. Ein Widerspruch der Form ,p $\land \lnot$ p' wird dabei nicht sichtbar. Ein logisches Produkt der Art ,RPT $\land$ BPT' ist aber unsinnig. Das wissen wir aufgrund der Farbgrammatik, also aus phänomenalen, nicht aus logischen Gründen. Wir sehen, Wittgenstein beginnt über die Probleme, die der *Tractatus* offenläßt, nachzudenken. Es ist aber nicht klar, wieviel Kraft er noch auf die Defensive verwenden will. Wittgenstein bezeichnet die kleine Schrift über logische Form selbst als wertlose Antwort auf Ramseys Kritik.[28] Er sieht offenbar keine Hoffnung auf eine ihn selbst befriedigende Replik.

Auch die kleine Schrift „Vortrag über Ethik" gehört in diese Phase des Übergangs. Wittgenstein verteidigt die Position, daß Ethik und Religion unausdrückbar sind, daß sich „ein bestimmter charakteristischer Mißbrauch der Sprache durch alle ethischen und religiösen Ausdrucksformen hindurchzieht."[29] Er hat aber Verständnis dafür, daß in Ethik und Religion immer versucht wird, über die Grenzen des sinnvoll Aussagbaren hinauszugelangen. „Es drängte mich, gegen die Grenzen der Sprache anzurennen, und dies ist, glaube ich, der Trieb aller Menschen, die je versucht haben, über Ethik oder Religion zu schreiben."[30] Die Grenze des Sagbaren löst sich hier nicht auf, wird aber bereits – was das Verständnis des Religiösen und Ethischen angeht – durchlässig.

Das Werk des Übergangs schlechthin sind die *Philosophischen Bemerkungen*, die 1930 entstehen. Sie gehören in die sogenannte verifikationistische Phase Wittgensteins. Er vertritt in dieser Zeit die Überzeugung, daß die Bedeutung eines Satzes dessen Verifikation sei. Allerdings steht er damit nur äußerlich in einer Verwandtschaft mit dem Wiener Kreis. Tatsächlich lehnt er dessen Positionen vehement ab. Ich werde später genau auf Wittgensteins Verständnis von ,Verifikation' eingehen (Kap. V).

1931 arbeitet Wittgenstein an Bemerkungen, die später den Titel *Philosophische Grammatik* erhalten. Die Weise des Arbeitens wird an der Entstehung dieser Texte erkennbar.[31] Wittgenstein füllt zuerst Notizbücher mit Bemerkungen. In einem zweiten Arbeitsgang bringt er diese Bemerkungen in einem großen Manuskriptband in eine andere Ordnung. Aus einem solchen Manuskriptband trifft Wittgenstein dann eine Auswahl von Bemerkungen, die er für ein Typoskript diktiert. Das Typoskript dient dann der weiteren Auswahl. Textteile werden ausgeschnitten, neu arrangiert. Der Prozeß kann von neuem beginnen. Wittgenstein hat diesen Arbeitsstil mehr als zwanzig Jahre geübt, ohne daß er damit zu einer ihn wirklich befriedigenden Anordnung von Texten gekommen wäre. Er blieb unzufrieden mit dem, was er erreichte. Die *Philosophischen Bemerkungen* sind ebenso wie die *Philosophischen Untersuchungen* und die *Bemerkungen über die Philosophie der Psychologie* solche Textzusammenstellungen, die Wittgenstein nicht als endgültig betrachtete. Aus den Notizbüchern, Manuskriptbänden und Typoskripten stellten die Nachlaßverwalter dann wieder ihnen sinnvoll erscheinende Texte zusammen und gaben ihnen selbst Titel: die *Philosophische Grammatik*, die *Bemerkungen über die Grundlagen der Mathematik*, *Vermischte Bemerkungen*, *Zettel*, *Über Gewißheit*, *Über Farben*.

1932 entsteht eine große Sammlung von Bemerkungen, die Wittgenstein im Sommer auf der Hochreit, dem Landhaus der Familie in Österreich, diktiert. Er benutzt für das Diktat acht Manuskriptbände, die er seit 1930 geschrieben hat. Das Resultat des Diktats ist das sogenannte *Big Typescript*. Mehr als jede andere Sammlung von Texten Wittgensteins sieht diese aus wie ein beinahe vollendetes systematisches Buch. Es hat Kapitelüberschriften und ein Inhaltsverzeichnis. Das *Big Typescript* bildet die Grundlage dessen, was dann später als *Philosophische Grammatik* veröffentlicht wurde. Allerdings sind die beiden Texte nicht miteinander identisch.

Seit Beginn der 30er Jahre glaubt Wittgenstein, daß seine eigentliche und wichtigste Arbeitsleistung in seinem Beitrag zur Philosophie der Mathematik bestehe. Allerdings ist leicht er-

Abb. 6: Wittgenstein mit Francis Skinner in Cambridge, 1935.

kennbar, daß das, was er zu diesem Thema tut, nicht viel mit dem gemein hat, was in jener Zeit von Hilbert, Brouwer oder Gödel in der Mathematik und Metamathematik getan wird. Wichtig nimmt Wittgenstein seinen Beitrag zur Philosophie der Mathematik, weil er die professionelle Debatte konterkarieren will. Er ist anders als etwa Hilbert oder Brouwer oder auch Russell und Frege der Ansicht, daß die Mathematik keine Grundlagen benötigt. Alle die neuen Disziplinen, die sich im Verlauf der Grundlagendebatte etabliert haben – Mengentheorie, Beweistheorie, Quantorenlogik und Rekursionstheorie –, betrachtet Wittgenstein als Resultate einer großen philosophischen Verwirrung. Es ist ihm nicht gelungen, für seine Überzeugung ernsthaftes Gehör, geschweige denn Anhänger unter den Betroffenen zu finden. Auf seine *Bemerkungen zu den Grundlagen der Mathematik* gehe ich unten ein (vgl. Kap.VIII).

Es gibt zwei Texte, die in den 30er Jahren entstehen und sich ganz besonders dafür eignen, Verständnis für das zu entwickeln, was Wittgenstein in den *Philosophischen Untersuchungen* tut. Der eine ist *Das Blaue Buch*, der andere *Das Braune Buch*. Beide sind nach der Farbe ihres ursprünglichen Einbandes benannt. Das *Blaue Buch* ist ein Prototyp der späteren Philosophie, weil es so beginnt wie das *Braune Buch* und die *Philosophischen Untersuchungen*. Es werden wie in diesen Büchern zunächst die Quellen und Ursprünge philosophischer Verwirrung aufgewiesen, nämlich die Tendenz, Substantive oder Substantivierungen so zu verstehen, als ob mit ihnen etwas Konkretes oder Objektives korrespondieren würde. Typisch dafür sind Fragen wie ‚Was ist Zeit?‘, ‚Was ist Raum?‘ etc.

Das *Blaue Buch* findet übrigens frühe inoffizielle Verbreitung. Es zirkuliert nach seiner Entstehung 1934 nicht nur in Cambridge oder in Oxford, sondern auch in Amerika. Der Begriff ‚Sprachspiel‘, der in dem Buch vorkommt, erlangt so frühe Popularität. Das *Braune Buch* diktiert Wittgenstein 1934 auf 1935 seinem Freund Francis Skinner und Alice Ambrose. Es dient dem eigenen Gebrauch. Wittgenstein will die Resultate der eigenen Arbeit zusammenfassen und ordnen. Das Buch hat zwei Teile. Der eine behandelt den Begriff ‚Sprachspiele‘, der andere offeriert 72 Sprachspiel-Übungen. Immer wieder soll sich der Leser etwas vorstellen, ohne daß in der Regel der Grund dafür klar ausgesprochen würde. Es gibt zunächst keine Anhaltspunkte dafür, daß Wittgenstein das *Braune Buch* veröffentlichen will. Dann haben er und Francis Skinner 1935 auf 1936 aber doch vor, das Buch zur Publikation vorzubereiten.

Dieses Vorhaben fällt mit dem letzten Jahr Wittgensteins als Stipendiat des Trinity College (Cambridge) zusammen. Er weiß zu Beginn des Studienjahres nicht, was danach kommen würde. In diesem vorläufig letzten Jahr hält Wittgenstein eine Vorlesung über ‚privates Erlebnis‘ und ‚Sinnesdaten‘.[32] In dieser Vorlesung bekämpft er die philosophische Neigung, anzunehmen, daß es dann, wenn wir etwas sehen oder etwa Schmerz fühlen, ein Sinnesdatum gebe, das den Grundgehalt unserer Wahrnehmung bildet. Dieses Thema kehrt in den *Philosophischen Untersuchungen* wieder und wird dort sehr klar dargestellt.

Im Spätjahr 1936 will Wittgenstein das *Braune Buch* umarbeiten. Er stellt dann aber im November fest, daß der Versuch einer Umarbeitung „nichts wert“ sei. Gleichwohl ist das Resultat der Überarbeitung beständiger als es scheint. Es sind die §§ 1–189 der späteren *Philosophischen Untersuchungen*, die so entstehen, also etwa ein Viertel dieses außerordentlich einflußreichen und wichtigen Buches. Bis zum August 1937 werden diese §§ 1–189 von Wittgenstein für ein Typoskript diktiert.

Im November und Dezember 1937 arbeitet er am Teil I der späteren *Bemerkungen über die Grundlagen der Mathematik*. Wie angedeutet, geht es ihm darum, die Probleme der Philosophie der Mathematik als Ergebnis einer Verhexung und Verwirrung unseres Denkens durch die Sprache zu deuten. Rückblickend von dieser Zeit aus können wir sagen, daß Wittgenstein mehr als sechs Jahre versucht, seine Gedanken zur Philosophie der Mathematik zu verbessern und in eine befriedigende, endgültige Gestalt zu bringen. Er bleibt aber unzufrieden

Abb. 7: Wittgenstein in Sansea, Wales, 1944, fotografiert von Ben Richards.

mit dem, was er erreicht. Er hält seinen Stil für unzureichend, ja für schlecht, und das, was er zu sagen hat, für unsicher.

Seine Sorge um das, was nach dem Stipendium aus ihm werden soll, erweist sich als unbegründet. Nach der Einverleibung Österreichs durch Hitler will Wittgenstein in England bleiben.[33] Er beantragt die britische Staatsbürgerschaft[34], gleichzeitig bewirbt er sich um die Nachfolge von G. E. Moore auf dem Lehrstuhl für Philosophie in Cambridge. Am 11. Februar 1939 wird er Professor und am 2. Juni desselben Jahres britischer Staatsbürger.

Noch am Ende seiner Zeit als Stipendiat hält er jeweils in getrennten Zyklen und vor privater Hörerschaft Vorlesungen über Ästhetik, Psychologie und religiösen Glauben. Sie sind uns in Mitschriften überliefert.[35] Allein durch die Themenwahl zeigt Wittgenstein ernsthaftes Interesse an der expliziten Behandlung von Fragen, die er zur Zeit des *Tractatus* gerade nicht für geeignet hielt, explizit behandelt zu werden. Wenn wir diese Fragen in Beziehung setzen zu seiner Abneigung gegen die Grundlagenproblematik der Mathematik, nimmt sich seine Themenwahl wie ein Protest gegen die Wissenschaftsgläubigkeit aus.

Wittgenstein macht keinen Hehl aus seiner Abneigung gegen die Grundlagenproblematik der Mathematik. Gegen Cantors Diagonalbeweis hegt er sogar Widerwillen. Es sei der Reiz solcher Beweise, im „Vorstellungsvermögen ... alle Grenzen überschreiten" zu können, der sie interessant mache, sagt er.[36] Hilbert hat in einem Vortrag gesagt: „Aus dem Paradies, das Cantor uns geschaffen, soll uns niemand vertreiben können."[37] Wittgenstein sagt, was er darauf erwidern und dann selber machen würde:

„Nicht einmal im Traum würde ich versuchen, jemanden aus diesem Paradies zu vertreiben." Ich würde etwas ganz anderes versuchen, nämlich zu zeigen, daß es gar kein Paradies ist – so daß man es aus eigenem Antriebe verläßt.[38]

Wittgenstein hält tatsächlich 1939 Vorlesungen über die Philosophie der Mathematik, um vor der Verblendung durch deren Verfahren, vor der Verhexung durch Beweise zu warnen. Es sind seine ersten Vorlesungen als Professor in Cambridge.

Mittlerweile ist der Zweite Weltkrieg ausgebrochen. Ab September 1941 arbeitet Wittgenstein in freiwilligem Dienst im Londoner Guy's Hospital. Während seiner Zeit als Helfer in diesem Krankenhaus schreibt er drei Notizbücher mit Bemerkungen über Mathematik. Diese Bemerkungen und der Manuskriptband, der aus ihnen entsteht, sind mittlerweile veröffentlicht. Sie bilden die Teile IV, V, VI und VII der *Bemerkungen über die Grundlagen der Mathematik*. Es ist Wittgensteins polemischstes Werk. Er greift all das an, was Russell noch als die großen Entdeckungen der reinen Mathematik gefeiert hat (vgl. Kap. VIII).

Von November 1942 bis Februar 1944 arbeitet Wittgenstein in Newcastle im dortigen Royal Victoria Infirmary. Er denkt in dieser Zeit daran, Bishop Butlers Sentenz „Everything is what it is and not another thing"[39] zum Motto eines Buchprojekts zu machen. Dieses Projekt sind die späteren *Philosophischen Untersuchungen*. Seit 1938 gibt es eine erste Version des Buches. Er denkt ernsthaft an deren Publikation. Noch während er in Newcastle ist, im November 1943, wendet er sich an die Cambridge University Press (CUP), den Verlag der Universität, ob sie die *Philosophischen Untersuchungen* verlegen wolle. CUP antwortet im Januar 1944 positiv mit einem Angebot. Dieser Publikationsplan wird aber nie verwirklicht.

Im Frühjahr 1944 hält sich Wittgenstein in Swansea, in Wales, bei Rush Rhees auf. Er arbeitet dort noch an der Philosophie der Mathematik. Für seine Arbeit verwendet er die 1938er Version der *Philosophischen Untersuchungen*, seine Notizbücher und die leinengebundenen Manuskriptbände, die er im Guy's Hospital geschrieben hat. Sein Ziel ist, das Manuskript von 1938 so zu überarbeiten, daß er es nach seiner Rückkehr nach Cambridge zum Druck geben kann. Noch bildet die Philosophie der Mathematik das Zentrum seiner Arbeit. Den Notizbüchern aus dem Guy's Hospital hat er den Titel „Mathematik und Logik" gegeben. Es geht in diesen Texten vor allem um das Regelfolgen. Der Teil I der 1938er Version der *Philosophischen Untersuchungen* endet mit der Unklarheit, die mit dem Begriff ,Regelfolgen' verbunden ist. Teil II beginnt damit, die Unklarheit zu beseitigen, und zwar als Einleitung in die Diskussion von Themen der Philosophie der Mathematik.

In der überarbeiteten Version der *Philosophischen Untersuchungen*, die nach seinem Tod veröffentlicht wird, dient die Klärung des Begriffs des ,Regelfolgens' nicht mehr der Einleitung in die Diskussion der Philosophie der Mathematik, sondern als Einleitung in die Diskussion von Fragen der Philosophie der Psychologie. Dieser Veränderung liegt ein entscheidender und großer Interessenwandel zugrunde. Es ist der Wandel von der Philosophie der Mathematik zur Philosophie der

Psychologie. Er findet im Frühjahr und Sommer des Jahres 1944 in Swansea statt. Wittgenstein gibt die Arbeit an Themen der Philosophie der Mathematik auf. Er macht auch keinen Versuch mehr, die Bemerkungen über Mathematik in eine neue, publizierbare Form zu bringen. Den Rest seines Lebens widmet er vornehmlich der Klärung von Fragen der Philosophie der Psychologie.

Nach dieser Veränderung des Interessenschwerpunkts ändert sich auch die Konzeption der *Philosophischen Untersuchungen*. Das Regelfolgen soll nun nicht mehr bloß die Fragen der Philosophie der Mathematik einleiten, sondern die Behandlung sowohl mathematischer als auch psychologischer Begriffe vorbereiten. Die Bemerkungen über Mathematik sollen trotz der grundlegenden Veränderung weiter Teil des Buches sein. Dies sagt auch das Vorwort zu den *Philosophischen Untersuchungen*, das Wittgenstein 1945 schreibt und das unverändert in die Druckfassung übernommen wird.

Er will seine Überlegungen zur Mathematik nicht aufgeben, sondern sie lediglich aus der ersten Reihe nehmen. 1949 schreibt Wittgenstein in ein Notizbuch: „Ich möchte die Untersuchungen zur Mathematik, die in meine Philosophischen Untersuchungen gehören, ‚Anfänge der Mathematik' nennen."[40] Die Fragen, die sich im Zusammenhang mit der Mathematik stellen, stellen sich analog auch zur Psychologie. ‚Psychologie' bezeichnet für Wittgenstein aus philosophischer Perspektive einen ähnlichen Problembereich wie ‚Mathematik'. Lediglich der Schwerpunkt der Fragen und die Beispiele haben sich verändert.

Im Oktober 1944 kehrt Wittgenstein von Swansea nach Cambridge zurück. Er liefert aber sein Manuskript der *Philosophischen Untersuchungen* nicht ab, sondern arbeitet weiter an Fragen zur Philosophie der Psychologie. Im Michaelmas und Lent Term 1945/46 entsteht die letzte Fassung des Teils I der *Philosophischen Untersuchungen*. Es handelt sich um insgesamt 693 durchnumerierte Paragraphen. Wir können rückblickend drei Entwicklungsphasen dieses Textes erkennen. Die erste umfaßt die §§ 1–189; sie entspricht dem Teil I der Version der *Phi-*

Abb. 8: Wittgenstein 1950 mit Georg Henrik von Wright, dem Freund und Nachfolger auf dem Lehrstuhl für Philosophie an der Universität Cambridge.

losophischen Untersuchungen von 1938. Die zweite Phase sind die §§ 190–421, die 1944 zum Text hinzukommen. Schließlich entstehen in einer dritten Phase 1945/46 die §§ 421–693.

Wittgenstein schreibt nach dem Zweiten Weltkrieg nicht nur Bemerkungen zur Psychologie in seine Notizbücher, sondern zunehmend seine pessimistischen Gedanken zur Zeit, seine Sorgen über das „gottlose" Zeitalter. Sein Pessimismus ist nicht neu. Er wird aber von den Ereignissen der Nachkriegszeit bestätigt. Im Sommer 1947 denkt Wittgenstein daran, seinen Lehrstuhl in Cambridge aufzugeben. Er unterstützt – mit Erfolg – G.H. von Wrights Bewerbung um seine Nachfolge.[41] Er ist sein Wunschkandidat. Nachdem die Universität Wittgenstein zum Abschied noch das Michaelmas Term als freies Trimester anbietet, scheidet er Ende 1947 endgültig aus der Universität aus.

Die folgenden zwei Jahre arbeitet Wittgenstein an dem, was wir im Teil II der *Philosophischen Untersuchungen* lesen. Er beschäftigt sich mit Köhlers Gestaltpsychologie, mit Goethes naturwissenschaftlichen Schriften, auch mit dessen Farbenlehre. Diese Lektüre wird von seinem Interesse am Sehen bestimmt. Das Sehen im Verhältnis zum Denken, das Sehen als Erkennen eines Beweises, das Sehen und Verstehen von Gestalten, dies sind Themenbereiche, die Wittgenstein schon seit langer Zeit interessieren. Jetzt wendet er sich ihnen, entlastet von seinen Lehrverpflichtungen, intensiv zu.

In seinem letzten freien Trimester bereitet er ein Typoskript seiner aktuellen Arbeiten vor. Es ist der spätere erste Band der *Bemerkungen über die Philosophie der Psychologie*. Wittgenstein denkt bei dieser Arbeit nicht an eine eigenständige Publikation. Er will die Materialien vielmehr für die *Philosophischen Untersuchungen* verwenden. Anfang 1948 reist Wittgenstein nach Irland. Hier gibt er endgültig die Absicht auf, den zweiten Teil der *Philosophischen Untersuchungen* den Fragen der Philosophie der Mathematik zu widmen. Er konzentriert sich auf Fragen des Sehens und Verstehens. Im Sommer 1948 kehrt er nach Aufenthalten in Uxbridge und Wien nach Cambridge zurück, um die Ergebnisse seiner Arbeiten zu diktieren. Es handelt sich um Texte, die jetzt den Band 2 der *Bemerkungen über die Philosophie der Psychologie* bilden. Im Oktober dieses Jahres reist er erneut nach Dublin. Die letzte Serie von Manuskriptbänden zu Themen, an denen er seit 1946 arbeitet, entsteht. Sie tragen den mißverständlichen Titel *Letzte Schriften über die Philosophie der Psychologie*.[42] Mißverständlich ist dieser Titel, weil es keineswegs seine letzten schriftlichen Äußerungen zu diesem Themenbereich sind. Es sind Vorstudien zum zweiten Teil der *Philo-*

sophischen Untersuchungen, die bis ins Jahr 1949 reichen. Die tatsächlich ihrem Titel entsprechenden *Letzten Schriften über die Philosophie der Psychologie* enthalten Texte bis 1951.[43]

Im Juni 1949 verläßt Wittgenstein Dublin zum letzten Mal. Bis zu diesem Zeitpunkt ist die endgültige Fassung des Teils II der *Philosophischen Untersuchungen* fertiggestellt. Er muß lediglich nach Cambridge reisen, um die Textauswahl zu diktieren. Miss Anscombe bemerkt übrigens zu dieser Textauswahl, daß Wittgenstein sie zur Überarbeitung von Teil I der *Philosophischen Untersuchungen* habe verwenden wollen. Dazu kommt es nicht. Statt dessen werden sie zum Teil II des Buches, an dem er seit den 30er Jahren gearbeitet hat.

Im Sommer 1949 erreichen die *Philosophischen Untersuchungen* ihre letzte Gestalt. Danach arbeitet Wittgenstein über Moores Widerlegung des Skeptizismus.[44] Nach einem Aufenthalt in den USA – er dauert bis Oktober 1949 – schreibt er die letzten achtzehn Monate seines Lebens das auf, was er zu Moores Widerlegung denkt. Am 25. November 1949 erfährt Wittgenstein, daß er an Prostatakrebs leidet. Er ist gegen lebensverlängernde Therapien. Im Januar 1950 arbeitet er über Goethes Farbenlehre. Er schreibt 20 Bemerkungen dazu, die jetzt den Teil II des Buches *Bemerkungen über die Farben* bilden.[45] Im darauffolgenden Monat reist Wittgenstein ein letztes Mal nach Wien. Hier schreibt er 65 Bemerkungen, die seine Gespräche in den USA mit Norman Malcolm fortsetzen. Wir können sie in dem Buch *Über Gewißheit* nachlesen, in dem er sich mit Moores Common-sense-Widerlegung des Skeptizismus beschäftigt. Die Art der Überlegungen und die Konzentration auf Fragen der Logik erinnern an den *Tractatus*. Er weist uns selbst auf diese Parallele hin.[46] Am Ende seines Lebens kehrt er zu Fragen zurück, die ihn – in anderer Form – schon am Anfang seiner philosophischen Arbeit beschäftigten.

Im April 1950 entsteht der Teil III von *Bemerkungen über die Farben*. Er setzt die Bemerkungen fort, die er im Januar formulierte. Es ist keineswegs „langweiliges Zeug" („dull stuff"), wie Monk schreibt.[47] Wittgenstein denkt vielmehr über die Grenze zwischen Begriff und Erfahrung und über die

Grenze des Denkens nach. Es ist spannend zu sehen, wie diese Grenze nun durchlässig wird und nicht mehr – wie im *Tractatus* – unüberwindlich ist. Bei der Einsicht, daß wir die Farbrätsel nur verstehen, wenn wir hin und her über die Grenze zwischen unseren Farbbegriffen und unserer Wahrnehmung von Farben gehen, verlassen wir planvoll den Bereich des Sagbaren. Wir lernen das, was sich uns im Sehen zeigt, und sagen dies dann bei der Formulierung der Farbrätsel.

Im Spätsommer 1950 nimmt Wittgenstein seine Arbeit über Moore wieder auf. Er schreibt die §§ 65–299 von *Über Gewißheit*. Es geht um überraschend große Themen, um ‚System‘, ‚Welt‘ und ‚Weltbild‘. Wittgenstein denkt über das Ganze dessen nach, was ihn sein Leben lang beschäftigt hat. Er hat keine Scheu mehr vor der expliziten Behandlung metaphysischer Fragen über die Veränderung des Systems, in dem wir denken und sprechen.

Ende Februar 1951 wird die Behandlung seiner Krebserkrankung abgebrochen. In seinen letzten zwei Monaten schreibt er mehr als die Hälfte der Bemerkungen, die jetzt *Über Gewißheit* bilden, die §§ 300–676. Es sind Texte, die durch ihre Klarheit und ihren Zugriff bestechen. In der Nacht des 28. April – zwei Tage nach seinem 62. Geburtstag – stirbt Wittgenstein. Am Tag davor schreibt er die letzte Bemerkung, die wir in *Über Gewißheit* lesen.

IV. Logische Grundlagen

1. Logische Analyse – Frege und Russell

Die Entwicklung von Wittgensteins Werk verstehen wir einerseits aus den Texten, andererseits aus dem Vergleich mit dem zeitgenössischen Denken, mit dem er sich auseinandersetzt. Verstehen ist ohne Vergleichen nicht möglich. Vor allem die großen Veränderungen in seinem eigenen Denken werden erst nachvollziehbar, wenn wir den zeitgenössischen Kontext kennen, von dem Wittgenstein sich zusehends abwendet. In der Logik und in der Philosophie der Mathematik wählt er einen eigenen Weg, nachdem er zunächst ganz in der Nachfolge Freges und Russells steht. Wogegen wendet sich Wittgenstein?

a) Freges ursprüngliches Programm

Betrachten wir zunächst eine Skizze der Fragen der Philosophie der Mathematik, die Frege und Russell behandelten. Freges ursprüngliches Programm ist es, die Arithmetik vollständig auf die Logik zurückzuführen. Arithmetik ist in ihren Grundlagen nichts anderes als Logik. Diese Behauptung will Frege einlösen. Er versucht dies am Beispiel des Zahlbegriffs. Zahlen, sagt Frege, sind keine realen Prädikate. Sie bezeichnen keine Eigenschaften von Gegenständen.[1] Zahlen sind auch keine „Anhäufung von Dingen"[2], sondern Eigenschaften von Begriffen. Eine Zahl sei im Zusammenhang eines Urteils zu betrachten, sie ersetze einen Begriff durch einen anderen. Frege macht dies an der Zahl 0 deutlich:

Wenn ich sage: ‚die Venus hat 0 Monde‘, so ist gar kein Mond oder Aggregat von Monden da, von dem etwas ausgesagt werden könnte; aber dem *Begriffe* ‚Venusmond‘ wird dadurch eine Eigenschaft beigelegt, nämlich die, nichts unter sich zu befassen.[3]

Freges Auffassung nach legen wir in Zahlaussagen Begriffen Begriffe (Eigenschaften) bei. Daß 0 unter den Begriff ‚Venusmond' fällt, klingt merkwürdig, sagt aber genau, was wir beim Zählen tun: Wir geben Begriffen oder Namen von Gegenständen einen bestimmten Begriff. Eine Aussage wie ‚Das Sonnensystem hat 9 Planeten' analysiert Frege so: dem Begriff ‚x ist ein Planet des Sonnensystems' kommt die Anzahl 9 zu; eine Variante dieser Analyse ist: der Begriff ‚x ist ein Planet des Sonnensystems' ist 9-zahlig. Eine analytische Aussage dieser Art handelt nicht von realen Dingen wie dem Sonnensystem oder seinen Planeten, sondern von Eigenschaften eines Begriffs. In Freges Terminologie wird damit ein Begriff erster Stufe unter einen Begriff zweiter Stufe gebracht.[4] Der Begriff erster Stufe ist ‚x ist ein Planet des Sonnensystems', derjenige zweiter Stufe ‚X ist 9-zahlig'. Man sagt, die Variable ‚X' läuft über die Domäne des Begriffs erster Stufe. Der Begriff ‚X ist 9-zahlig' beschreibt auf logische Weise den Umfang – die sogenannte Extension – des Begriffs erster Stufe ‚x ist ein Planet des Sonnensystems'. Es dürfte klar sein, daß wir das Verhältnis der Begriffe erster und zweiter Stufe logisch konstruieren. Der Begriff der Anzahl ist nicht empirisch gegeben. Wir legen diesen Begriff – nach Freges Anleitung – selbst fest.

Frege hat einen logischen Begriff der Zahl formuliert. Er ist lange überzeugt, er könne die Zahlbegriffe und die gesamte Arithmetik widerspruchsfrei und vollständig logisch ableiten. Die von Frege entwickelten Grundlagen sind in vieler Hinsicht überzeugend und verständlich. Er geht nicht von einem vorhandenen Zahlbegriff aus, schon allein deswegen, weil er mit keinem der vorhandenen Zahlbegriffe zufrieden ist. Stattdessen bestimmt er zunächst den Begriff ‚Anzahl' als Begriff zweiter Stufe, nämlich als Eigenschaft von Begriffen. Ein Begriff[5] der Anzahl setzt aber mehr als dies voraus, wenn wir zu den Zahlen der Zahlenreihe kommen wollen. Frege geht mustergültig analytisch vor. Es lohnt sich daher, seine logische Ableitung der natürlichen Zahlenreihe genauer anzusehen.

Um den Begriff ‚Anzahl' zu gewinnen, so Frege, müsse der „Sinn einer Zahlengleichung" festgestellt werden.[6] Dies tut er mit dem Begriff der *Gleichzahligkeit*. Es ist in der logischen Ableitung der Zahlenreihe der erste Begriff einer Anzahl und – nach dem Begriff der Anzahl selbst – der zweite Begriff der logischen Ableitung überhaupt. Der Begriff der Gleichzahligkeit hat große Vorteile. Er erlaubt es, die Umfänge von Begriffen einander eindeutig zuzuordnen, ohne daß dabei die Begriffe zusammenfallen. ‚Gleichzahlig‘ ist dabei nur ein anderes Wort für ‚umfangsgleich‘. Die Anzahl, die einem beliebigen Begriff F zukommt, ist der Umfang des Begriffs ‚gleichzahlig mit dem Begriff F‘. Frege sagt damit zweierlei: Erstens, alle n-zahligen Begriffe haben die n-Zahligkeit gemeinsam und sind insofern *gleichzahlig*. Er sagt, zweitens, der Gleichzahligkeit liegt die Gleichheit des Umfangs der Begriffe zugrunde. Letzteres zeigt sein Beispiel: Wenn z. B. zwei Geraden a und b parallel sind, dann ist der Umfang des Begriffs ‚Gerade parallel zu Gerade a‘ gleich dem Umfang des Begriffs ‚Gerade parallel zu Gerade b‘.[7] Es ist offensichtlich, daß diese Geraden einander durch die Umfangsgleichheit eindeutig zugeordnet werden, ohne zusammenzufallen.

Noch ist es ein weiter logischer Weg bis zur Ableitung der Zahlen. Der nächste Schritt ist die präzisere Fassung der Gleichzahligkeit als eines „Beziehungsbegriffs“, d. h. als einer Relation. Wir wollen ja nicht nur wissen, was es heißt, daß Begriffsumfänge gleich sind. Das wäre unergiebig und wenig informativ. Wir wollen den Begriff der Gleichzahligkeit auch anwenden und Umfänge miteinander vergleichen. Dabei wollen wir ohne Zirkularität Begriffe einander umkehrbar-eindeutig zuordnen. Was dies heißt, werden wir gleich sehen. Zirkulär wäre die Zuordnung, wenn wir z. B. sagen würden ‚Die Zahl n ist die Menge aller n-zahligen Begriffe‘. Frege vermeidet die Zirkularität, indem er die Relation zwischen den Extensionen der Begriffe (zweier Anzahlen) F und G in zwei Beweisschritten klärt. Im ersten ist zu zeigen: wenn der Begriff H gleichzahlig mit F ist, ist er auch gleichzahlig mit G; im zweiten Schritt ist zu beweisen: wenn H gleichzahlig mit G ist, ist er auch gleichzahlig mit F. In diesen beiden Schritten weist Frege nach, daß die Relation zwischen F und G „eine beiderseitig eindeutige" ist.[8] Das Verhältnis der Gleichzahligkeit ist also umkehrbar-eindeutig. Nun kann er endlich zur Ableitung der Zahlen übergehen. Er beginnt mit der 0 und erklärt:

0 ist die Anzahl, welche dem Begriff „sich selbst ungleich" zukommt.[9]

Die Extension der 0, mit der das Zählen in der natürlichen Zahlenreihe beginnt, ist also der Widerspruch. Diese Festlegung der 0 ist nicht zwingend erforderlich. Frege hätte, wie er sagt, auch einen anderen Begriff zur Definition der 0 nehmen können. Der Begriff müßte nur einer sein, unter den nichts fällt. Der Widerspruch ist die bequemste Lösung.[10] Eine Aussage der Form (p ∧ ¬ p) ist von nichts wahr und insofern auch im intuitiven Sinn gleichzahlig mit der 0. Natürlich genügt diese Intuition nicht für eine strenge Ableitung. Frege beweist daher erst einmal, „daß jeder Begriff, unter den nichts fällt, gleichzahlig mit jedem Begriffe ist, unter den nichts fällt".[11] Dann zeigt er wiederum mit Hilfe des Relationsbegriffs, was es heißt, daß zwei Begriffe F und G ungleichzahlig sind. Damit hat er alle Voraussetzungen für die Erklärung der natürlichen Zahlenreihe. Denn er kann nun genau sagen, was auf die 0 unmittelbar folgt. 0 ist die Anzahl, die unter den Begriff ‚gleich 0 aber nicht gleich 0‘, also unter den Widerspruch fällt. Damit haben wir aber auch den Begriff ‚gleich 0‘ und den Gegenstand, der unter ihn fällt, nämlich die 0. Dem Begriff der Gleichzahligkeit entsprechend können wir nun sagen, daß die Anzahl, die dem Begriff ‚gleich 0‘ zukommt, gleichzahlig mit der Anzahl ist, die dem Begriff ‚gleich 0‘ zukommt. Und diese Anzahl ist 1. Es gibt nur eine Zahl, die unter den Begriff ‚gleich 0‘ fällt; d. h. „1 ist die Anzahl, welche dem Begriffe ‚gleich 0‘ zukommt" bzw. „1 folgt in der natürlichen Zahlenreihe unmittelbar auf 0".[12] Jeder Nachfolger in der Zahlenreihe ergibt sich nun jeweils lückenlos und direkt aus der Extension der vorhergehenden Zahl. Die 2 ist gleichzahlig mit ‚gleich 0 und 1‘ etc.[13]

b) Russells Antinomie

Freges kühnes Programm, die Arithmetik – nach dem Beispiel der Ableitung der natürlichen Zahlen – auf die formale Logik zurückzuführen, wird nun aber von Russell in Frage gestellt, letztlich zunichte gemacht. Russell entdeckt 1901[14] eine nach ihm benannte Antinomie. Er findet sie bei dem Versuch, Cantors Beweis, daß es keine größte Kardinalzahl geben kann, auf die Annahme anzuwenden, daß die Klasse aller Terme notwendig die größtmögliche Zahl von Elementen hat.[15] Vereinfacht gesagt geht es um die Frage, ob die Klasse aller existierenden Dinge die größtmögliche Anzahl hat. Russell entdeckt die Antinomie also nicht in Freges Texten selbst, findet sie aber auch dort[16] und teilt ihm am 16. Juni 1902 brieflich seine Entdeckung mit. Schon eine knappe Woche später, am 22. Juni, antwortet Frege, daß mit dem Paradox die Arithmetik in ihren Grundlagen erschüttert sei.[17] Worum geht es in Russells Antinomie bzw. Paradox?

Es geht – wie Russell dies in seinem Brief knapp sagt – um die Frage, ob Prädikate sich selbst als Argumente enthalten können, bzw. – wie Frege in seiner Antwort verbessert – ob Prädikate ihre eigene Extension als Argumente enthalten können. In der Sprache der Mengen geht es darum, ob Mengen sich selbst als Elemente enthalten können. Russell selbst formuliert sein Paradox in den *Principles of Mathematics* mit dem Klassenbegriff.[18] Sehen wir uns diese Version des Paradox' in vereinfachter Form an. Es gibt Klassen, die sich selbst – nach der Form ‚ω ist ein ω' – enthalten, andere enthalten sich nicht. Die Klasse aller Klassen gehört z. B. zu sich selbst, die Klasse aller Menschen hingegen nicht, denn diese Klasse ist ja kein Mensch. Auch die Klasse der warmen Dinge gehört nicht zu sich selbst; denn diese Klasse ist selbst kein warmes Ding. Dagegen gehören die Klassen aller Nicht-Gläubigen und alles Nicht-Organischen jeweils zu sich selbst, da diese Klassen weder gläubig noch organisch sind. Da es also Klassen gibt, die sich selbst enthalten, und solche, für die dies nicht zutrifft, können wir den Begriff bilden ‚die Klassen aller Klassen, die nicht zu sich selbst gehören'. Diesen Begriff verwenden wir als Definition dieser Klassen. Nennen wir ihn der Einfachheit halber ‚S'. Nehmen wir also diesen Begriff S und stellen dann die naheliegende Frage, ob S zu sich selbst gehört oder nicht. Entweder gehört S zu sich selbst oder nicht. Nehmen wir nun an, S gehört zu sich selbst, dann folgt unmittelbar aus der Definition von S, daß S nicht zu sich selbst gehört. Da Sätze, die ihr Gegenteil implizieren, falsch sind, folgt, daß S nicht zu sich selbst gehört. Wenn aber S nicht zu sich selbst gehört, folgt aus der Definition von S, daß S zu sich selbst gehört. S gehört daher zu sich selbst *und* gehört nicht zu sich selbst. Der Begriff ‚die Klassen aller Klassen, die nicht zu sich selbst gehören' schließt also einen Widerspruch ein. Wir können den widersprüchlichen Begriff bilden ‚die Klassen aller Klassen, die nicht zu sich selbst gehören, gehören zu sich selbst'. Solche Klassen kann es ihrem Begriff nach nicht geben. Der Begriff von Klassen, die zu sich selbst gehören, führt also zu dieser Paradoxie. Welche Folgen hat diese Paradoxie?

Sie stellt das in Frage, was Frege z. B. in seiner logischen Ableitung der natürlichen Zahlenreihe als logisches Gesetz unterstellt, daß „eine Werthverlaufsgleichheit immer in eine Allgemeinheit einer Gleichheit umsetzbar ist und umgekehrt".[19] Wir haben bei der Ableitung der 0 gesehen, was dies heißt. Bei dieser Ableitung wurde die Allgemeinheit einer Gleichheit verwendet, nämlich die Gleichzahligkeit. Frege geht davon aus, daß ‚jeder Begriff, unter den nichts fällt' gleichzahlig ist mit ‚jedem Begriff, unter den nichts fällt'. Diese beiden Begriffe haben den gleichen Umfang und damit auch den gleichen Wahrheitswert. Ihr Wertverlauf[20] ist also gleich, was immer unter die Begriffe fallen mag. Freges Grundidee bei der Ableitung der natürlichen Zahlenreihe ist, daß Zahlen als Umfänge von Begriffen definiert werden können. Wenn er mit der Gleichzahligkeit die Gleichheit der Umfänge von Begriffen annimmt, geht er von der eben zitierten Regel aus, daß nämlich der Allgemeinheit der Gleichheit eine Wertverlaufsgleichheit entspricht und umgekehrt. Er sieht nun ein, daß er diese Regel nicht immer anwenden kann. Sie ist zwar bei der Ableitung der Zahlen brauchbar, gilt aber nicht allgemein. Wir können nicht annehmen, daß wir in allen möglichen Fällen bei gleichem Umfang von Begriffen auch eine Gleichheit der Begriffe haben, was immer unter diese Begriffe fallen mag. Wenn wir, um auf Russells Paradox zurückzukommen, eine Gleichheit der Begriffe ‚ω' und ‚ω' haben, dürfen wir nicht ohne weiteres annehmen, daß der Wertverlauf dieser Begriffe immer wahr ist, was auch unter die Begriffe fallen mag. Wenn einer dieser Begriffe unter den anderen fällt, nach dem Muster ‚ω ist ein ω' sind wir schon bei Russells Paradox.

2. Die Typentheorie

Die Therapie, die Russell nach der Diagnose seiner Paradoxie erfand, ist seine Typentheorie.[21] Die Grundidee dieser Theorie ist, daß eine Aussagefunktion $f(x)$ nicht für beliebige Werte von x wahr ist. Deswegen darf x nicht mit beliebigen Werten ersetzt werden. Nehmen wir als Beispiel ‚wenn x ein Mensch ist, dann ist x sterblich'. Diese Aussagefunktion ist – nach der Typentheorie – wahr für viele, aber nicht für beliebige x, für ‚Sokrates' ebenso wie für ‚Xanthippe', aber nicht für ‚Einhorn' oder ‚Gesetz des Widerspruchs'. Russell will mit dieser Einschränkung der Wahrheit auf diejenigen Einsetzungen von x, die Bedeutung haben, sinnlose Ausdrücke vermeiden. Er folgt also nicht dem Prinzip, daß ein Ausdruck allein aufgrund seiner logischen Form wahr oder falsch ist. Wenn allein die logische Form des Ausdrucks entscheidet, ist der obige Ausdruck tatsächlich auch dann wahr, wenn beide Teilausdrücke falsch sind.[22] Russell ist skeptisch gegenüber diesem Prinzip. Er sagt, er könne nicht klar sagen, was es heiße, eine Aussage sei ‚wahr aufgrund ihrer Form'.[23] Statt dessen will er sich darum kümmern, Regeln zu finden, um sinnlose Ausdrücke wie ‚Tugend ist dreieckig' oder – etwas aktueller – ‚Marsfrauen sind auch grün' nicht als Aussagen, sondern als bedeutungslose Aneinanderreihung von Buchstaben bestimmen zu können.

a) Russells logische Analyse

Russell geht bei der Entwicklung seiner Typentheorie von der Frage aus, wie wir Aussagefunktionen überhaupt auffassen, wie wir sie verstehen und welche Bedeutung sie haben können. Nicht von ungefähr stellt auch Wittgenstein später die Frage, wie wir Funktionen, Sätze, Begriffe, Wörter, Gleichungen und Regeln *auffassen* können. Er hört sein Leben lang nicht auf, diese Frage in allen möglichen Variationen zu stellen. Sie ist ihm erstmals in Russells Typentheorie begegnet. Russell widmet sich der Frage, wie wir Aussagefunktionen auffassen, ganz unvoreingenommen. Er geht nicht von formalistischen Voraussetzungen aus. Deswegen kann er ein breites Spektrum von logischen und erkenntnistheoretischen Interessen mit Aspekten der Philosophie des Geistes verbinden. Wie vereint er diese Interessen und Aspekte? Indem er fragt, wie wir Aussagefunktionen auffassen, welche logische Form sie haben und was wir mit ihnen erkennen.

Russell hat zwei starke theoretische Motive für diese Fragen: zum einen die Vermeidung von Paradoxien, nicht nur seiner eigenen, zum andern die notorische Vieldeutigkeit[24] von Aussagefunktionen. Vor allem das erste dieser beiden Motive interessiert uns hier. Alle Paradoxien kommen durch vitiöse Zirkel[25] zustande. Solche Zirkel enthalten grundlegende Aussagen, in denen unauffällig Unsinniges behauptet wird, was dann alles Weitere mehr oder weniger wertlos macht. Wegen dieser unerwünschten bösen Folgen werden sie ,vitiös' oder ,bösartig' genannt. Außerdem sind sie in dem Sinn zirkelhaft oder zirkulär, weil sie von etwas Gebrauch machen, was sie eigentlich definieren oder erklären sollen. Dabei beißen sie sich wie eine Schlange in den eigenen Schwanz und haben so eine kreisförmige Gestalt. Mit ,ω ist ein ω' haben wir schon der Form nach eine Aussage kennengelernt, die einen vitiösen Zirkel und dann ein Paradox bildet.

Russell glaubt, die von ihm behandelten Zirkel bzw. Paradoxien entstehen alle aus der – meist stillschweigenden – Vermutung, daß eine Menge von Objekten Elemente enthält, die nur durch die Gesamtmenge dieser Objekte bestimmt werden kann.[26] Wer würde nicht annehmen, daß die Menge der Aussagen eine enthält, die besagt ,Alle Aussagen sind entweder wahr oder falsch'? So eine Aussage ist aber erst dann zulässig, wenn sich der Ausdruck ,alle Aussagen' auf eine bereits vorher definierte und damit festgelegte Menge von Aussagen bezieht. Das gerade ist aber nicht möglich, wenn neue Aussagen gebildet werden, in denen etwas über ,alle Aussagen' gesagt wird. Nehmen wir an, die Menge aller Aussagen sei N, dann erhöht die Aussage ,Alle Aussagen sind entweder wahr oder falsch' diese Menge um genau eine. Wir haben damit also die neue Gesamtmenge (N + 1). Also ist N gar nicht die Menge aller Aussagen, sondern (N + 1). Natürlich können wir versuchen, dieses Manko wettzumachen, indem wir diese neue (N + 1)-Menge als Gesamtmenge annehmen. Nennen wir sie M. Wenn wir dann aber über diese Menge M eine Aussage bilden, indem wir auch für sie fordern, daß alle Aussagen entweder wahr oder falsch sind, haben wir wieder eine neue Gesamtmenge, nämlich (M + 1), und damit das alte Dilemma.

Russell zieht daraus die Konsequenz, daß Aussagen über ,alle Aussagen' bedeutungslos sind. Entsprechend ist jede Aussage, die eine Gesamtmenge von Objekten voraussetzt, bedeutungslos. In diesem Sinn meint Russell, daß die Menge der Aussagen kein ,Gesamt' hat und kein geschlossenes Ganzes ist.[27] Analoges gilt auch für die Aussagefunktionen und deren Einsetzungen. Trotz dieser Schwierigkeiten wollen wir mit guten Gründen Aussagen über Gesamtmengen von Objekten machen. Nach Maßgabe der Typentheorie können wir dies, indem wir die Gesamtmenge aller Dinge in kleinere Mengen aufteilen, von denen jede ein ,Gesamt' haben kann bzw. ein Ganzes ist. Die Typentheorie ist genau für diese Auflösung in Untermengen da, über die dann Aussagen möglich sind. Statt ,Auflösung' können wir auch ,Analyse' sagen. Dann sehen wir noch deutlicher, welche philosophische Relevanz die Typentheorie hat.

Eine Auflösung bzw. Analyse in Untermengen ist nur mit Hilfe klarer Voraussetzungen und Regeln möglich. Am Ende der Analyse sollen die Typen stehen, die der Theorie ihren Namen geben. Eine entscheidende Voraussetzung der Analyse in Typen ist, Aussagen nicht als Einzeldinge (single entities), sondern als Relationen zwischen mehreren Einzeldingen aufzufassen. Damit unmittelbar verbunden ist diese entscheidende Analyse-Regel: Wenn in einem Satz an der Subjektstelle selbst eine Aussage erscheint, hat er nur dann eine Bedeutung, wenn diese Aussage auf eine weitere Aussage über die in ihr enthaltenen Terme zurückgeführt werden kann.[28] Dies ist die Regel der Analyse von Mengen in Untermengen und schließlich in deren einzelne Bestandteile. Sinn der Analyse-Regel ist es, die eigentlichen Subjekte von Aussagen zu finden. Dies ist ein klassisches Anliegen der logischen Analyse, das Wittgenstein später aufnimmt und im *Tractatus* auf seine Weise vertritt. Der Analyseprozeß folgt einer Reihe von weiteren Regeln, zum Beispiel dem Ausschluß des Prinzips des vitiösen Zirkels, daß eine Funktion keine Terme enthalten kann, die nur durch die Funktion selbst definierbar sind. Wir können diese Regel auch als Prinzip der Nichtreflexivität bezeichnen.[29] Sie verbietet nämlich, daß sich eine Funktion auf sich selbst beziehen kann. Auch diese Regel übernimmt Wittgenstein, und zwar nicht nur im *Tractatus*; er beachtet sie in veränderter Form auch später.

Aus dem Prinzip des vitiösen Zirkels bzw. der Nichtreflexivität konstruiert Russell nun eine Hierarchie von Funktionen und Aussagen. Nehmen wir zum Beispiel ‚a‘ als Objekt an, das für bestimmte Funktionen ein Argument ist; nennen wir sie ‚a-Funktionen‘. Für diese a-Funktionen können auch andere Terme Argumente sein. Wir kommen damit zu weiteren Funktionen, für die a ein mögliches Argument ist, dann zu Funktionen, für die diese Funktionen selbst mögliche Argumente sind, und so weiter. Bei dieser recht abstrakt und blutleer klingenden Konstruktion von Hierarchien gilt es, die Nichtreflexivität zu beachten. Denn schon die Funktionen, die ‚a‘ als Argument haben, bilden eine nicht zu rechtfertigende Totalität. Sie müssen daher in eine Hierarchie von Funktionen aufgelöst werden.

Russell illustriert dies am Beispiel der Identität.[30] Den Ausdruck ‚x ist identisch mit y‘ können wir so definieren: ‚Alles, was von x wahr ist, ist auch von y wahr‘ oder ‚f(x) impliziert f(y)‘. Dieser letzte Ausdruck liest sich ausführlich so: ‚Wenn für alle möglichen Werte von f gilt, daß f(x) f(y) impliziert, dann ist x identisch mit y‘. Wir sehen nun, daß wir nicht umhin können, dem Prinzip des vitiösen Zirkels genüge zu tun. Wir sind damit gezwungen, die Funktion f so einzuschränken, daß zu den Werten, die unter f fallen, nicht der Wert ‚alle möglichen Werte von f‘ gehört. Diese Einschränkung wird durch das Axiom der Reduzierbarkeit möglich gemacht.[31] Dieses Axiom besagt, daß jede Eigenschaft eines Objekts genau zu der Menge von Objekten gehört, die ein bestimmtes Prädikat besitzen. Wenn nun von ‚alle Werte von f‘ die Rede ist, müssen wir f auf genau die eine Menge von Funktionen einer bestimmten Ordnung einschränken, zu denen ‚alle Werte von f‘ jeweils gehört. Auf diese Weise erhalten wir eine Hierarchie oder ein Stufenmodell der Identität, in dem jede höhere Stufe die jeweils niedereren impliziert. Wir können zum Beispiel sagen ‚Alle Prädikate von x gehören zu y‘, ‚Alle Eigenschaften zweiter Ordnung von x gehören zu y‘ und so weiter.

Jede dieser Stufen in der Hierarchie der Werte von f entspricht nun einem Typ; d. h. die a-Funktionen werden in diese Typen aufgelöst bzw. mit diesen Typen analysiert. Keiner der Typen enthält Funktionen, die auf die Gesamtheit eines Typs Bezug nehmen. Wenn nun in Funktionen etwas über ‚alle‘ oder ‚einige‘ Werte von Variablen behauptet wird, dann beziehen sich diese sogenannten Quantoren, wie Russell in Anlehnung an Peano sagt, auf „scheinbare" (apparent) Variablen.[32] Solche scheinbaren bzw. gebundenen Variablen sind in den Sätzen einer Sprache häufig verborgen. In dem Satz ‚WV ist sterblich‘ ist zum Beispiel die Zeit als gebundene Variable verborgen. Denn der Satz besagt: ‚Es gibt einen Zeitpunkt, zu dem WV sterben wird.‘ Besonders gute Beispiele für Aussagen ohne gebundene Variablen sind für Russell Wahrnehmungsurteile wie ‚Dies ist rot‘. Wir verwenden also in Aussagen, in denen wir unmittelbar auf etwas Bezug nehmen, was wir sehen, hören, riechen, schmecken oder fühlen, keine gebundenen Variablen. Die Verwendung der gebundenen Variablen beginnt genau dort, wo die Wahrnehmung aufhört. Mit der Wahrnehmung verknüpft sind die ungebundenen Variablen. Sie repräsentieren das ‚Wissen durch Wahrnehmung‘, das wir haben.

Russell markiert die Grenze zwischen Logik und Erkenntnistheorie mit dem Unterschied zwischen gebundenen und ungebundenen Variablen. Die Tatsache, daß es überhaupt eine Grenze zwischen diesen Bereichen gibt, ist für seine Auffassung von Logik typisch. Sie zeigt zwei Charakteristika seines Denkens: zum einen, daß Logik und Erkenntnistheorie überhaupt eine gemeinsame Grenze haben und dadurch aufeinander bezogen sind, zum andern, wo genau die Grenze zwischen dem Formalen und dem Sensuellen liegt. Es ist offensichtlich, daß Russell weder Formalist wie Hilbert noch Konventionalist wie Carnap – dieser allerdings erst nach dem *Logischen Aufbau*[33] – sein kann. Keine dieser Auffassungen bezieht die Logik auf das menschliche Erkennen und dessen Besonderheiten. Russell integriert dagegen Logik und Erkenntnis. Die Typentheorie knüpft unmittelbar an die Theorie der Beschreibung an, die wir bereits früher kennenlernten. Dies wird, wie die unmittelbaren Wahrnehmungsurteile zeigen, besonders klar beim Begriff der Typen. Denn die Typen machen es möglich, Aussagen über Dinge zu bilden bzw. Objekte und Ereignisse zu beschreiben, die wir nicht unmittelbar wahrnehmen, also nicht aus direktem sensuellem Kontakt kennen.

b) Theorie der Beschreibung und Typentheorie

Die Anknüpfung zwischen der Theorie der Beschreibung und der Typentheorie sieht so aus: Aussagefunktionen, deren Werte keine gebundenen Variablen enthalten, sind die Quelle von Aussagen, die solche Variablen enthalten. Russell meint dies so: Die Funktion $f(x)$ sei die Quelle der Aussage $(x)f(x)$. Wenn $f(x)$ zum Beispiel für ‚Dies ist rot‘ steht, würde die Aussage $(x)f(x)$ bedeuten ‚Es gibt etwas und das ist rot‘. Wo immer wir

‚Dies ist rot' sagen können, nehmen wir etwas Rotes direkt wahr, d. h. die Einsetzungen oder Werte für f(x) enthalten nicht die gebundene Variable (x), die in (x)f(x) erscheint. Das ‚Es gibt etwas' verschwindet, wann immer ‚Dies ist rot' unsere unmittelbare Wahrnehmung beschreibt. Falls die Beschreibung dessen, was wir direkt wahrnehmen, noch etwas anderes enthielte, zum Beispiel Werte einer gebundenen Variablen (y), könnte, ja müßte diese ebenso wie die gebundene Variable (x) eliminiert werden. Russell sagt dann, dieser Prozeß der Elimination von gebundenen Variablen müsse zu einem Ende kommen, da keine Aussage, die wir verstehen können, mehr als eine endliche Zahl gebundener Variablen enthalten könne. Was immer wir verstehen, sei von endlicher Komplexität.[34] Einfacher gesagt, wir können nur endliche Mengen von Dingen, Merkmalen, Qualitäten, Relationen etc. gleichzeitig wahrnehmen. Dies ist eine Tatsache, die die Beschaffenheit unserer Sinne angeht. Es ist eine wahrnehmungs- und erkenntnistheoretische Tatsache. Wir verstehen den Übergang von gebundenen zu ungebundenen, freien, Variablen also nicht logisch. Denn logisch läßt er sich gar nicht verstehen, weil es keinen logischen Grund gibt, von der Logik zur Wahrnehmung überzugehen. Die Aufhebung gebundener Variablen findet unmittelbar an der Grenze zur Wahrnehmung statt. Es ist der Ort, an dem die Beschreibung, besser gesagt das Wissen aus unmittelbarer Wahrnehmung, den Stoff liefert für die – typentheoretische – logische Analyse. So sieht es aus, wenn wir den Weg von der Wahrnehmung zur Analyse gehen.

Wenn wir von der Typentheorie her kommen, gehen wir denselben Weg in umgekehrter Richtung. Der Prozeß der Analyse komplexer Aussagen führt uns zurück zu den Quellen dieser Aussagen, also zu Funktionen, die keine gebundenen Variablen enthalten. Am Ende muß dann eine Funktion stehen, die genau so viele freie Variablen enthält, wie wir an Stufen der Analyse benötigten, um zu ihr zu gelangen. Diese Funktion bezeichnet Russell als Matrix der ursprünglichen Aussage. Aus solchen Matrix-Funktionen können wir dann alle möglichen Aussagen und Funktionen ableiten, indem wir die Argumente der Matrix-Funktionen in gebundene Variablen umwandeln.

Die freien Variablen auf der Ebene der Matrix-Funktionen stehen für Objekte, die Russell ‚Individuen' nennt. Sie sind die Grundbestandteile der Aussagen und Funktionen, deren „echte Bestandteile".[35] Sie bilden die Basis, den Grundpunkt der Analyse von Aussagen und gleichzeitig die Grenze zur Theorie der Beschreibung.

Russells Typentheorie ist durch und durch realistisch. Er hat seinen Realismus zwar später aufgegeben, glaubt aber auf der Höhe seiner Typentheorie, daß die logische Analyse ontologische Verpflichtungen hat, die nicht dadurch abgegolten werden können, daß einer Variablen ein Wert nur zugeschrieben wird. Eine Variable kann also nicht einfach als gebunden oder als quantifiziert betrachtet werden, unabhängig davon, ob sie einer freien Variablen entspricht oder nicht. Ein Nominalismus dieser Art, den Quine ein halbes Jahrhundert später empfiehlt, ist Russell fremd. Er glaubt, daß die Logik in ihren Grundlagen dem entsprechen muß, was existiert. Diese Überzeugung teilt Wittgenstein im *Tractatus* nicht. Wir werden sehen aus welchen Gründen. Die Typentheorie ist ein Modell dessen, was ‚logische Analyse' bedeutet, ein Modell übrigens, das für den frühen Wittgenstein beispielgebend ist. Sie zeigt dabei einen Ausweg aus dem Paradox, in dem Freges logische Ableitung der Arithmetik steckt. Dieser Vorzug der Typentheorie wird aber mit hohen Kosten erkauft. Der Preis ist das ad-hoc-Kriterium dafür, was ein ‚Typ' ist. Der Begriff der Typen ist ad-hoc, weil er nicht aus dem Kontext abgeleitet wird, in dem die Axiome, Prinzipien und Regeln der Typentheorie stehen. Man kann den Typen nicht zum Vorwurf machen, sie seien nicht logisch; denn auch die Axiome der Mengenlehre sind zum Beispiel keine logischen Wahrheiten. Das ist für die Mengenlehre kein Manko. Für die Typentheorie ist es aber ein Manko, daß sie mit den Individuen kontingente Grundbestandteile annehmen muß, die gerade wegen ihrer Kontingenz nicht in die Domäne der Logik fallen. Damit ist die Ableitung der Typen im Rahmen der Typentheorie nicht geschlossen. Sie hat eine kontingente Grundlage und steht damit letztlich auf sandigem Grund.

c) Wittgensteins Kritik an Russell

Wittgenstein versteht diese Lage der logischen Analyse schnell und versucht, ihr auf den Grund zu gehen. Er setzt sich in den Kopf, die Schwäche von Russells Ansatz wettzumachen. Damit beginnt er sehr früh. Weniger als ein Jahr nach seiner Ankunft in Cambridge durchschaut er die Defizite der Typentheorie. Er schreibt Russell kritisch zur Typentheorie, daß es nur gebundene Variablen, keine ungebundenen und dementsprechend auch keine logischen Konstanten gebe.[36] Dies sind die ersten Schritte in Richtung auf eine Autonomie der Logik. Wenn es keine freien Variablen gibt, haben die gebundenen keine Basis in der unmittelbaren Wahrnehmung. Wenn es diese Basis nicht gibt, hat die Logik kein ontologisches und erkenntnistheoretisches Fundament. Die Behauptung, es gebe nur gebundene Variablen, besagt, daß die Zuordnung von Symbolen und Dingen logisch völlig frei ist und nur logischen, nicht aber erkenntnis- oder wahrnehmungstheoretischen Bedingungen gehorcht. Wichtig ist diese Behauptung, weil sie zeigt, daß Wittgenstein früh Abschied nimmt von Russells Realismus. Wenn es um die Typentheorie geht, stehen nicht nur Fragen des Symbolismus im Vordergrund. Es geht indirekt darum, wie das Verhältnis zwischen Logik und Wirklichkeit aussieht. Russell glaubt nicht, daß die Logik sagen kann, was ‚Wirklichkeit' bedeutet. Sie kann analysieren, wie Sätze zur Wirklichkeit jenseits der Sätze stehen, wann sie der Wirklichkeit gerecht werden können und wann nicht. Wittgenstein erkennt, daß es nicht Aufgabe der Logik sein kann, sich auf eine Wirklichkeit jenseits ihrer selbst zu beziehen. Logische Sätze referieren nicht. Diese Einsicht gewinnt Wittgenstein Schritt für Schritt. Er ist in den Briefen an Russell noch weit entfernt von den dezidierten und klaren Ansichten des *Tractatus*. Sie zeichnen sich aber schon ab. Im Januar 1913 schreibt er:

Ich glaube nicht, daß es verschiedene Typen von Dingen geben kann! Mit anderen Worten, was immer durch einen einfachen Eigennamen symbolisiert werden kann, muß einem Typ angehören. Weiterhin:

Jegliche Typentheorie muß durch eine geeignete Theorie des Symbolismus überflüssig gemacht werden.[37]

Diese Strategie, die Typentheorie durch einen wohlverstandenen Symbolismus überflüssig zu machen, verfolgt Wittgenstein konsequent. Schon in dem eben erwähnten Brief zeigt er, worum es ihm geht. Er will, daß die Symbole ohne weiteres Zutun, also ohne zusätzliche typentheoretische Bedingungen, unmittelbar zeigen, wie eine logische Analyse aussieht. Ohne daß er dies programmatisch deklariert, will Wittgenstein eine Logik, die weder Erkenntnistheorie noch Ontologie voraussetzt. Es soll eine reine formale bzw. symbolische Logik sein, die gänzlich autonom ist. In der Erfüllung dieser Forderung sieht er die Lösung der Grundlagenprobleme von Logik und Arithmetik. Am Anfang scheint für ihn an dieser Lösung die Zukunft der ganzen Philosophie zu hängen. Die Fragwürdigkeit der Typentheorie beschreibt Wittgenstein dann in gereifter Form in unnachahmlicher, anekdotischer Kürze im *Tractatus*.

5.553 Russell sagt, es gäbe einfache Relationen zwischen verschiedenen Anzahlen von Dingen (Individuals). Aber zwischen welchen Anzahlen? Und wie soll sich das entscheiden? – Durch die Erfahrung?
(Eine ausgezeichnete Zahl gibt es nicht.)

Knapper läßt sich die offene und damit angreifbare Grundlage von Russells Typentheorie nicht auf den Punkt bringen. Wenn wir der Arithmetik und der logischen Analyse komplexer Aussagen keine rein logischen Grundlagen geben können, gibt es auch keine anderen. Dieses Entweder-Oder bestimmt Wittgensteins Kritik an der Typentheorie. Die mit dem Individuen-Begriff und den freien Variablen verbundene ad-hoc-Lösung bietet keine Alternative. Es hat also keinen Sinn, die empirische Annahme, daß es Typen gibt, zur Basis der logischen Analyse zu machen. Eine kontingente, empirische Basis der Logik schließt Wittgenstein aus. Die Logik muß für sich selber sorgen können. In diesem Sinn heißt es im *Tractatus*, kurz vor der eben zitierten Passage:

5.552 Die „Erfahrung", die wir zum Verstehen der Logik brauchen, ist nicht die, daß sich etwas so und so verhält, sondern, daß etwas *ist*: aber das ist eben *keine* Erfahrung.
Die Logik ist *vor* jeder Erfahrung – daß etwas *so* ist. Sie ist vor dem Wie, nicht vor dem Was.

Diese Stelle aus dem *Tractatus* weist auf zwei Aspekte des Verhältnisses von Logik und Erfahrung hin. Der eine besagt das, was wir eben schon hörten, daß die Logik erfahrungsunabhängig ist. Später formuliert Wittgenstein, die Logik sei *transzendental* (TLP 6.13). Der andere Aspekt besagt, daß Logik und Erfahrung dieselbe Bedingung haben, daß nämlich überhaupt etwas ist und nicht vielmehr nichts. Diese Bedingung hat den Namen ‚Metaphysik‘. Ohne die metaphysische, empirisch selbst nicht erweisbare Annahme, daß etwas ist, haben weder Logik noch Erfahrung Sinn. Deswegen können wir nicht, wie Russell dies in der Typentheorie tut, auf die Existenz bestimmter Individuen zurückgreifen, wenn es darum geht, logische Grundlagen zu formulieren. Wenn die Logik nur für sich selber sorgen soll und kann, muß sie von Anfang an auf eigenen Beinen stehen. Wittgenstein erlegt sich kompromißlos den Anspruch der autonomen Grundlegung der Logik auf. Wir sind verpflichtet herauszufinden, wie die Logik auf eigenen Beinen stehen kann. Sie kann dies nur mit Mitteln, die nirgendwo anders herkommen als von ihr selbst. Was dies genau heißt, sagt Wittgenstein im *Tractatus* in den Paragraphen, in denen er eine Alternative für die Typentheorie formuliert. Er verwendet hier seine Grundgedanken zum Symbolismus und zur Unterscheidung zwischen Sagen und Zeigen. Drei Paragraphen sind besonders wichtig (TLP 3.33–3.332):

3.33 In der logischen Syntax darf nie die Bedeutung eines Zeichens eine Rolle spielen; sie muß sich aufstellen lassen, ohne daß dabei von der *Bedeutung* eines Zeichens die Rede wäre, sie darf *nur* die Beschreibung der Ausdrücke voraussetzen.
3.331 Von dieser Bemerkung sehen wir in Russells „Theory of Types" hinüber: Der Irrtum Russells zeigt sich darin, daß er bei der Aufstellung der Zeichenregeln von der Bedeutung der Zeichen reden mußte.
3.332 Kein Satz kann etwas über sich selbst aussagen, weil das Satzzeichen nicht in sich selbst enthalten sein kann, (das ist die ganze „Theory of Types").

Wittgenstein erklärt hier, daß der Symbolismus selber zeigen muß, was er besagt. Da es um dessen Grundlagen geht, darf es nicht so sein, daß wir dem Symbolismus jenseits seiner selbst eine Bedeutung geben. Wir würden uns dabei lediglich im Kreise drehen. Denn woher sollte diese Bedeutung kommen, die wir dem Symbolismus geben? Entweder gibt es die logische Syntax, dann bietet sie Bedingungen, die wir nicht *sagen* – im Sinn von explizit darstellen – können. Oder es gibt die Syntax nicht, dann haben unsere – konstruktiven – Bedeutungszuweisungen ohnehin keinen Sinn. Es gibt die logische Syntax so, wie sie sich zeigen läßt. Sie muß sich selbst als tragfähig und grundlegend erweisen. Dies ist das eine.

Das andere ist: Wenn dieser Anspruch so besteht, dann ist Russells Typentheorie unhaltbar. Die syntaktischen Regeln, so heißt es später, „müssen sich von selbst verstehen" (TLP 3.334). Eine Doppelung oder eine reflexive Grundstruktur gibt es bei den logischen Grundlagen nicht. Wittgenstein nimmt mit dem Prinzip der Nichtreflexivität einen Grundgedanken von Russells Typentheorie auf, den wir bereits kennenlernten. Man kann nicht sagen, daß die Einsicht, die Grundlagen seien rein spontan und nicht reflexiv, bereits gegen Russell spricht. Wittgenstein nimmt das Prinzip der Nichtreflexivität allerdings ganz wörtlich. Bei ihm besagt es, daß wir nicht meinen dürfen, etwas sei eine logische Grundlage, wenn wir erst überlegen müssen, wofür es eigentlich eine Grundlage ist. Wann immer wir diese Überlegung erst anstellen müssen und dann als deren Resultat einer Zeichenmenge bestimmte Bedeutungen zuweisen, können wir davon ausgehen, daß wir es nicht mit Grundlagen zu tun haben. Es würde sich vielmehr um Augenwischerei, genau besehen um Selbstbetrug handeln. Denn wir würden uns nur vormachen oder uns einreden, daß etwas zu den logischen Grundlagen gehört. Russell begeht in seiner Typentheorie – wie Wittgenstein meint – genau diesen Fehler. Der Vorwurf Wittgensteins läuft darauf hinaus, daß Russell sein eigenes Prinzip der Nichtreflexivität nicht wörtlich genug nimmt.

Schließlich, drittens, Wittgenstein schlägt Russell mit dessen eigenen Mitteln. Das Reflexionsverbot, besser gesagt das Verhindern von Reflexivität, das Russell überhaupt erst zur Typentheorie führt, würde mißachtet, wenn wir den logischen Grundlagen, der logischen Syntax selbst Bedeutungen verleihen würden. Nüchtern weist Wittgenstein darauf hin, was die Typentheorie sagt, nämlich daß das Satzzeichen sich nicht selbst enthalten kann; und deswegen kann ein Satz, wie er sagt, auch nichts über sich selbst aussagen. Wenn sich Russell also nur selbst an seine Einsicht hielte, die er aus seiner Antinomie zieht, könnte er seine Typentheorie gar nicht vertreten. Er müßte vielmehr klar unterscheiden zwischen dem, was man sagen, und dem, was man zeigen kann.

Tatsächlich löst sich, wenn der Unterschied zwischen Sagen und Zeigen beachtet wird, auch Russells Antinomie auf. Vergegenwärtigen wir uns noch einmal, worum es in dieser Antinomie geht. Russells Antinomie entsteht mit dem reflexiven Begriff ‚Klassen der Klassen, die sich selbst enthalten‘; wenn sich dieser Begriff bilden läßt, dann auch derjenige der ‚Klassen der Klassen, die sich nicht selbst enthalten‘. An diesem Begriff ist die Antinomie dann offensichtlich. Nun argumentiert Wittgenstein, eben diese Möglichkeit eines widersprüchlichen Begriffs erledige sich von selbst, wenn die Unterscheidung zwischen Sagen und Zeigen beachtet werde. Er nimmt auf diese Unterscheidung keinen wörtlichen Bezug, verwendet sie aber. Da diese Argumentation im Text selbst nicht leicht nachzuvollziehen ist, schauen wir uns den ganzen Wortlaut an:

3.333 Eine Funktion kann darum nicht ihr eigenes Argument sein, weil das Funktionszeichen bereits das Urbild seines Arguments enthält und es sich selbst nicht enthalten kann.
Nehmen wir nämlich an, die Funktion $F(fx)$ könnte ihr eigenes Argument sein; dann gäbe es also einen Satz: „$F(F(fx))$“ und in diesem müssen die äußere Funktion F und die innere Funktion F verschiedene Bedeutungen haben, denn die innere hat die Form $\varphi(fx)$, die äußere die Form $\psi(\varphi(fx))$. Gemeinsam ist beiden Funktionen nur der Buchstabe „F“, der aber allein nichts bezeichnet.
Dies wird sofort klar, wenn wir statt „$F(Fu)$“ schreiben „$(\exists \varphi):F(\varphi u).\varphi u = Fu$“. Hiermit erledigt sich Russells Paradox.

Um klar zu machen, daß eine Funktion nicht ihr eigenes Argument sein kann, daß sich eine Funktion also nicht auf sich selbst beziehen kann, schreibt Wittgenstein den Funktionsausdruck so auf, daß der Eindruck der Selbstreferenz gar nicht entstehen kann. Er notiert, in ausführlichere Form gebracht: Für ein φ gelte folgendes: F sei eine Funktion mit dem Argument φu, und dieses Argument sei gleichbedeutend mit Fu. Auf diese Weise sieht man und versteht durch bloßes Hinsehen, daß es sich um keinen Ausdruck handelt, in dem sich etwas auf sich selbst bezieht. Eine Selbstreferenz wie sie uns im Zusammenhang mit dem Klassenbegriff begegnet, kann es für Wittgenstein daher nicht geben. Deswegen erledigt sich Russells Paradox von selbst.

Wir fragen uns vielleicht, was dies mit dem Unterschied zwischen Sagen und Zeigen zu tun habe. Wir dürfen einen Ausdruck wie F(Fu) nicht so verstehen, als sage er etwas über sich selbst aus. Wir dürfen ihn nur so verstehen, wie sich der Ausdruck symbolisch zeigt. Dem Symbolismus dürfen wir dabei keine Bedeutung neben dem, was er zeigt, zumessen. Wenn wir meinen, F bedeute im Ausdruck F(Fu) beide Male dasselbe, geben wir dem F eine Bedeutung, die nicht dem entspricht, was der Ausdruck zeigt.

Im *Tractatus* erkennen wir, wie nahe Wittgenstein Frege in Fragen des Symbolismus ist.[38] Er ist sich mit Frege ganz einig, daß der Symbolismus für sich sprechen muß, und zwar ohne erklärende Krücken oder Hilfen.[39] Und Wittgenstein verfolgt wie Frege das Ziel apriorischer systematischer Geschlossenheit der Logik, allerdings mit gänzlich anderer Konsequenz. In einer der wenigen Passagen, die den *Tractatus* positiv in die Kontinuität der philosophischen Logik stellen, heißt es:

5.4541 Die Menschen haben immer geahnt, daß es ein Gebiet von Fragen geben müsse, deren Antworten – a priori – symmetrisch, und zu einem abgeschlossenen, regelmäßigen Gebilde vereint liegen.

Die Logik soll keine Hierarchien von Allgemeinerem und Speziellerem und keine Klassifikationen kennen (TLP 5.454). Es gibt keine explizite, aussagbare, inhaltlich darstellbare

Struktur der Logik. Die Geschlossenheit der logischen Lösungen kann nicht selbst Gegenstand der logischen Darstellung sein. Deswegen können wir die Abgeschlossenheit jenes apriorisch-symmetrischen Gebildes nur vermuten, aber nicht vorführen. Eben hierin unterscheidet sich Wittgenstein von Frege. Letzterer glaubte an die streng deduktive Vorführbarkeit der Geschlossenheit. Wittgenstein glaubt dies dagegen nicht, weil das, was sich zeigt – das Logische –, nicht Gegenstand seiner selbst sein kann. Was sich zeigt, läßt sich nicht logisch ableiten. Deswegen gibt es keine Antinomie à la Frege bei Wittgenstein.

3. Sagen, Zeigen, Satzform und Scheinsätze

Die „Hauptsache", um die es in der Theorie logischer Sätze gehe, schreibt Wittgenstein Russell aus dem Gefangenenlager in Monte Cassino im August 1919, sei der Unterschied zwischen Sagen und Zeigen. Dieser Unterschied sei das „Hauptproblem der Philosophie".[40] Auch seine kritischen Überlegungen zur Typentheorie im *Tractatus* gehen von der Unterscheidung zwischen Sagen und Zeigen aus. Seine Kritik an Russells Verwendung des Symbolismus macht dies, wie wir gesehen haben, deutlich. Wir lernen aus dieser Kritik, daß das Verhältnis dessen, was man zeigen, zu dem, was man sagen kann, nicht reflexiv ist. Deswegen kann sich das Sagen nie auf das Zeigen beziehen. Die Typentheorie mißachtet diese Trennung und will etwas Unmögliches, nämlich über das etwas sagen, was der Symbolismus selbst tut. Sie unterstellt und unterschiebt dem Symbolismus eine Bedeutung, die er nicht haben kann, wenn sich diese Bedeutung nicht schon von selber in der Symbolverwendung zeigt.

a) Logische Abbildungen und Bilder

Es ist nicht einfach, die Unterscheidung zwischen Sagen und Zeigen zu verstehen. Denn sie liegt nicht auf der Hand. Es genügt nicht, auf die Nichtreflexivität von Sagen und Zeigen hinzuweisen. Denn dies ist lediglich eine Erscheinungsweise, ein Symptom der Unterscheidung, aber keine klärende Deutung, die uns ihren Grundgedanken vermitteln könnte. Die Basis der Unterscheidung liegt in Wittgensteins Verständnis der Satzform. Und ein philosophisches Grundmotiv der Unterscheidung ist die Vermeidung von Scheinsätzen, von Sätzen, die nur scheinbar etwas sagen, wie dies zum Beispiel alle Sätze über die Logik tun.[41] Die Sache, um die es bei der Unterscheidung zwischen Sagen und Zeigen geht, ist das Abbilden. Es geht also um das Verhältnis zwischen Bild und Abgebildetem, um die Beziehung zwischen dem Innen und Außen des Abbildungsverhältnisses. Der Grundgedanke ist, daß wir beim Abbilden nicht das abbilden können, was abbildet. Das Abbildende kann sich nicht selbst in der Abbildung enthalten.[42] Nur das Abgebildete ist abbildbar, nicht aber die Abbildung selbst. Das Innen des Abbildungsverhältnisses kann nicht zum Außen werden. Das Innen ist die Satzform, das Außen sind mögliche Sachverhalte.

Wozu brauchen wir überhaupt die Unterscheidung zwischen Sagen und Zeigen? Um die Möglichkeit zu haben, die Welt vollständig und wahr zu beschreiben. Das logische Instrumentarium hat einen modalen Grundcharakter. Es geht um die *Möglichkeit* der Weltbeschreibung. Dies ist der transparente, im Kern metaphysische Zweck der Unterscheidung zwischen Sagen und Zeigen. Es ist aber nicht der einzige Zweck. Denn die Unterscheidung grenzt mit dem Zeigen vom Sagen auch das Unsagbare und Undenkbare vom Sagbaren ab. Deswegen sagt Wittgenstein dann auch, daß sich das Mystische zeige. Das Mystische gehört in dieselbe Domäne wie die Logik, zum Bereich des Unsagbaren. Diese metaphysische Zuordnung wird uns noch beschäftigen.

Zunächst wollen wir aber den Sinn der Unterscheidung zwischen Sagen und Zeigen möglichst klar erfassen. Wittgenstein hält im *Tractatus* als Resultat seiner Überlegungen, die er davor anstellt, fest:

4.1212 Was gezeigt werden *kann, kann* nicht gesagt werden.

Was ist mit dem ,Was' dieser Feststellung gemeint? Offensichtlich nicht der Gehalt von Sätzen. Denn der läßt sich sagen. Was sich nicht sagen läßt, ist die logische Form der Sätze. So heißt es:

4.12 Der Satz kann die gesamte Wirklichkeit darstellen, aber er kann nicht das darstellen, was er mit der Wirklichkeit gemein haben muß, um sie darstellen zu können – die logische Form.

Das ,Was' des Zeigens ist das Zeigen, sagt uns dieser Satz. Das paradox Erscheinende daran ist, daß das Zeigen selbst gerade keinen eigenen aussagbaren Gehalt hat. Dagegen, daß das Zeigen etwas zeigt, was nichts ist, spricht der gesunde Menschenverstand, denn jeder Gehalt läßt sich doch sagen. ,Gehalt' heißt doch immer so viel wie mitteilbarer, sagbarer Gehalt. Wovon ist dann aber die Rede, wenn es um das ,Was' des Zeigens geht? Genau genommen von nichts. Andererseits können wir aber offensichtlich über dieses gehaltlose ,Was' nachdenken und sprechen. Sprechen wir also über etwas gänzlich Inhaltsleeres? In der Tat ist die logische Form, also das, was sich zeigt, inhaltsleer. Warum sollen wir nicht über eine Form, die keinen oder noch keinen Inhalt hat, sprechen können? Müssen wir dann nicht auch etwas über die Form sagen? Ohne Zweifel. Wittgenstein sagt über die logische Form eine Menge. So etwa:

4.12 ...Um die logische Form darstellen zu können, müßten wir uns mit dem Satz außerhalb der Logik aufstellen können, das heißt außerhalb der Welt.
4.121 Der Satz kann die logische Form nicht darstellen, sie spiegelt sich in ihm.
Was sich in der Sprache spiegelt, kann sie nicht darstellen.
Was *sich* in der Sprache ausdrückt, können *wir* nicht durch sie ausdrücken.
Der Satz *zeigt* die logische Form der Wirklichkeit.
Er weist sie auf.

Gehen wir der Reihe dieser Sätze nach vor, um den Gedanken des Zeigens zu verstehen. Zunächst hieß es in der ersten Passage von TLP 4.12, daß Sätze einerseits etwas mit der Wirklichkeit zu tun haben, andererseits nicht. Sie haben etwas mit der Wirklichkeit gemein, sagt Wittgenstein, nämlich die logische Form. Also ist die logische Form etwas in der Wirklichkeit und in Sätzen, eben das, was sie gemeinsam haben. Dies ist eine der Aussagen über das, was sich nicht sagen läßt: die logische Form ist die Bedingung der Möglichkeit der Wirklichkeit und gleichzeitig die Bedingung der Möglichkeit der Sätze über die Wirklichkeit.[43]

Wir können hier verwenden, was Wittgenstein an anderer Stelle (TLP 6.13) über die Logik als ganzes sagt, daß sie nämlich *transzendental* sei. Auch die logische Form ist transzendental. Sie ist die Bedingung der Möglichkeit dafür, daß Sätze die Wirklichkeit abbilden können. Diese Möglichkeits-Bedingung kann nicht selbst dargestellt werden, sagt Wittgenstein. Jeder Satz über die Möglichkeits-Bedingung müßte außerhalb der Logik und außerhalb der Welt gesprochen werden. In diesem Sinn kann die Möglichkeits-Bedingung nur benutzt, aber nicht dargestellt werden. Sie zeigt sich in ihrer Verwendung, in ihrem Gebrauch. Transzendentale Bedingungen haben die stark klebende Eigenschaft, daß wir sie nicht loswerden können. Wir müßten sie aber erst loswerden, um sie zu einem Gegenstand, über den wir etwas sagen können, zu machen. Die Welt oder die Logik, in der wir transzendentale Bedingungen loswerden könnten, kann nicht die unsere sein. Also müßten wir uns in einer anderen Welt als der unseren aufhalten, wenn wir etwas über die logische Form sagen wollten.

Damit löst sich die scheinbare Paradoxie auf, daß wir über die logische Form sprechen, ohne etwas über sie zu sagen. Wir können in der Tat nichts über die logische Form sagen, was jenseits ihrer Domäne, ihres Bereichs, läge. Sie ist bei allem, was wir sagen, vorausgesetzt. Wir können sie daher nicht zu einem Außen, zu einem Gegenstand, zu einem Gehalt jenseits dessen machen, was wir sagen können. In allem, was wir über die Wirklichkeit sagen, zeigt sie sich. Wirklich in allem, was wir sagen? Nein, nicht in allem Beliebigen, sondern nur in dem, was wir aufgrund der logischen Form sagen können. Freilich ist das für Wittgenstein überhaupt nur das, was sich sagen läßt.

b) Der logische Spiegel

Wittgenstein verwendet dann die Metapher der Spiegelung zur Erläuterung der logischen Form. Spiegel und Spiegelung haben in der Philosophie eine lange Tradition als Metaphern des Denkens und Erkennens. Sie werden aber nicht nur als Metaphern verwendet. Das Denken – verstanden als Spekulation – gebraucht die Spiegelung unmittelbar. Denn das Wort ‚Spekulation‘ läßt sich nicht nur indirekt von ‚spectare‘ (schauen, beurteilen), sondern direkter von ‚speculum‘ (Spiegel) ableiten. Letzteres ist deswegen sinnvoll, weil das erkennende Sehen sich nicht direkt auf seine Gegenstände richtet, sondern indirekt über Begriffe und Sätze. Diese spiegeln die Dinge.[44] Es ist also nicht außergewöhnlich, Denken spekulativ zu verstehen und mit Hilfe des Spiegels zu beschreiben. Wir müssen aber acht geben und genau hinsehen, wie diese Metapher von Wittgenstein verwendet wird.

Es gibt einen leichter erkennbaren oberflächlichen und einen schwierigeren, verstellteren oder „spekulativen" Sinn der Metapher.[45] Zunächst verstehen wir die Metapher – oberflächlich – so, als wäre der Satz selbst ein Spiegel. Dies würde bedeuten: Der Satz ist ein Spiegel der logischen Form. Dies ist auch durchaus sinnvoll. Denn so wie ein Spiegel nicht das ist, was er spiegelt, sagt der Satz auch nicht, was er zeigt. Was wir im Spiegel sehen, was sich in ihm zeigt, ist aber auch nicht der Spiegel selbst. Der Spiegel spiegelt also weder sich selbst, noch ist er das, was er spiegelt. Er hat kein reflexives Verhältnis zu dem, was er spiegelt. Was sich in Sätzen zeigt, so können wir die Analogie zwischen Sätzen und Spiegeln deuten, sind keine Sätze, sondern ihre Form. Wir werden sehen, daß sich nach dieser einfacheren, oberflächlichen Lesart der Spiegel-Metapher noch anderes in Sätzen zeigt. Die Metapher ist in ihrer oberflächlichen Deutung keineswegs unsinnig.

Die Spiegel-Metapher darf aber nicht nur in dieser oberflächlichen Weise verstanden werden. Denn der Satz spiegelt zwar, wie es heißt, die logische Form. Die Frage ist aber, wie er sie spiegelt. Die Frage ist, anders ausgedrückt, *was* sich *wie worin* spiegelt. In Spiegeln sehen wir gewöhnlich Sachverhalte und nicht deren Form. Denn die Form sehen wir gerade nicht. Wir dürfen uns nicht irreführen lassen von der Spiegel-Metapher. Sie sagt nicht, daß sich in Sätzen die logische Form so ähnlich zeigt wie in einem Spiegel – zumindest kann sie dies nicht sagen, weil es falsch wäre. Gerade das ist nämlich nicht der Fall, daß sich die logische Form in Sätzen wie in einem Spiegel erkennen läßt. Sätze sind in keinem direkten Sinn Spiegel der logischen Form. Denn dann müßten wir die logische Form direkt von den Sätzen ablesen können. Die logische Analyse wäre in diesem Fall überflüssig. Wenn sie aber überflüssig wäre, wären die Sätze so, wie wir sie sprechen und lesen, schon analysiert. Dann würden wir nie Scheinsätze verwenden. Außerdem wäre es überflüssig, sich über die logische Analyse Gedanken zu machen.

Der Spiegel kann als Metapher nicht dem Verständnis des Zeigens dienen, wenn wir nicht schon verstanden haben, wie sich die logische Form zeigt. Der Satz spiegelt die logische Form nicht direkt, sondern – hier müssen wir Wittgenstein ganz wörtlich nehmen – die logische Form spiegelt sich im Satz. Wie sie das tut, ist damit noch nicht gesagt. Die logische Form zeigt sich im Satz erst dann direkt, wenn er logisch-symbolisch analysiert ist. Trotzdem spiegelt sich indirekt die logische Form schon im Satz, bevor er analysiert ist. Das wissen wir aber erst im nachhinein. Wittgenstein sagt, der Satz weise die logische Form der Wirklichkeit auf. Es ist kein Aufweis im Sinn von ‚Nachweis‘ oder gar ‚Beweis‘, sondern ein Aufweis im Sinn einer Spur oder eines Kennzeichens. Es kann zum Beispiel in einem Krimi heißen „Das Schloß weist Spuren von Gewalt auf". Damit meint der Autor vielleicht, das Schloß wurde allem Anschein nach nicht mit dem passenden Schlüssel, sondern mit einem Schraubenzieher geöffnet. Daß ein Satz die logische Form der Wirklichkeit aufweist, bedeutet lediglich: Wenn wir genau hinsehen, d. h. logisch genau analysieren, erkennen wir die logische Form. Sie zeigt sich nach der Analyse und dann direkt, aber nicht dem bloßen Auge vor der Analyse. Das Resultat dieser Gedankengänge ist: Die Wirklichkeit sehen wir nicht unmittelbar, sondern nur im Spiegel, spekulativ über ihre logische Form im Satz.

Dieser verstelltere, spekulative Sinn der Spiegel-Metapher ist wichtig, weil wir ohne ihn nicht verstehen könnten, wie Wittgenstein zwischen ‚logischer Form‘ und ‚Sinn‘ unterscheidet. Denn es heißt im *Tractatus*:

4.021 Der Satz ist ein Bild der Wirklichkeit: Denn ich kenne die von ihm dargestellte Sachlage, wenn ich den Satz verstehe. Und den Satz verstehe ich, ohne daß mir sein Sinn erklärt wurde.
4.022 Der Satz *zeigt* seinen Sinn.
Der Satz *zeigt*, wie es sich verhält, *wenn* er wahr ist. Und er *sagt, daß* es sich so verhält.

Würde sich im Satz alles in gleicher Weise zeigen oder spiegeln, wären logische Form und Sinn ein und dasselbe. Wir könnten dann auch, wie wir gleich sehen werden, nicht zwischen Sinnhaftem und Sinnlosem unterscheiden. Zunächst geht es aber um das Sinn-Verstehen im Unterschied zum Erkennen der logischen Form. Der Sinn zeigt sich im Satz direkt, quasi dem bloßen unanalytisch lesenden Auge. Wenn wir den Sinn des Satzes verstanden haben, kennen wir einen möglichen Sachverhalt.[46] Wir wissen (sofern der Satz wahr ist), wie sich etwas verhält, was der Fall ist. Um dies zu verstehen, müssen wir die logische Form nicht kennen. Schon vor der logischen Analyse verstehen wir den Satz. Sinn-Verstehen ist daher unabhängig vom Erkennen der logischen Form, geht diesem Erkennen in der Regel aber zeitlich voraus, sonst könnten wir gar nicht logisch analysieren.[47] Sinn-Verstehen ist aber abhängig von dem, was der Satz sagt. Erst muß der Satz etwas sagen, damit sich sein Sinn zeigen kann.

Wenn wir den Sinn verstanden und die logische Form des Satzes sichtbar gemacht haben, zeigt sich das, was wirklich ist. Die logische Form spiegelt die Wirklichkeit. Wittgenstein spricht von der „allumfassenden, weltspiegelnden Logik“, in der sich alle logischen Elemente „zu einem unendlich feinen Netzwerk, zu dem großen Spiegel“ verbinden (TLP 5.511). Die Logik ist der fein gesponnene große Spiegel, in dem wir die Wirklichkeit der Welt sehen. Die Logik zeigt die Welt. Dies ist das spekulative Zeigen, dessen Feinstruktur wir nun genauer ansehen.

c) Logische Form

Wittgenstein verwendet den Begriff ‚logische Analyse‘ nicht. Er spricht von „logischer Klärung" von Gedanken und Sätzen (TLP 4.112). Die Klärung erfolgt mit Hilfe der logischen Form. Insofern können wir das, was die logische Form zeigt, als ‚logische Analyse‘ bezeichnen. Das begriffsschriftliche, also das formale Instrumentarium, über das sie verfügt, wird nicht neu eingeführt, sondern mit den bereits angesprochenen Veränderungen verwendet. Die formalen Begriffe sind mit den Gegenständen, die unter sie fallen, „bereits gegeben" (TLP 4.12721). Das unterscheidet Wittgenstein von Frege und Russell. Wittgenstein will einen Zirkel bei der Einführung formaler Begriffe vermeiden (TLP 4.1273). Der Symbolismus, den er für Funktionsausdrücke oder Variablen verwendet, ist zunächst kein anderer als der Freges oder Russells. Es geht ihm aber darum, mit dem Symbolismus selbst keine besonderen formalen Gegenstände anzunehmen, die neben oder jenseits der gewöhnlichen existieren (TLP 4.1274). Die Analyse von Sätzen, die der Symbolismus ermöglicht, unterscheidet sich bei Wittgenstein technisch nur wenig von dem, was Frege und Russell entwickelten.

Kehren wir zum Unterschied zwischen Sagen und Zeigen zurück. Das Zeigen des Sinns ist im Satz – wie wir eben sahen – abhängig vom Sagen. Wenn der Satz nichts sagt, wenn er nicht sagt, daß etwas sich so und so verhält, kann er keinen Sinn zeigen. Und in eben diesem Sinn sagt Wittgenstein:

4.461 Der Satz zeigt, was er sagt,. . .

Er zeigt den Sinn dessen, was er sagt. Und er zeigt seinen Sinn direkt nur durch das, was er sagt. Der Satz zeigt seinen Sinn nicht, indem er seine logische Form zeigt. Nur das Sinnlose zeigt sich, wie es in derselben Passage des *Tractatus* heißt, direkt durch seine logische Form:

4.461 Der Satz zeigt, was er sagt, die Tautologie und die Kontradiktion, daß sie nichts sagen.
Die Tautologie hat keine Wahrheitsbedingungen, denn sie ist bedingungslos wahr; und die Kontradiktion ist unter keiner Bedingung wahr.
Tautologie und Kontradiktion sind sinnlos.

Tautologie und Kontradiktion[48] zeigen ihre Sinnlosigkeit direkt durch ihre logische Form. Es bedarf keines Satz-Verstehens, sondern lediglich der Kenntnis ihrer logischen Form. Nur das Sinnlose ist also direkt durch logische Form erkennbar. Das Sinn-Verstehen setzt dagegen das voraus, was Sätze sagen. Diesen Unterschied zwischen Sinn und Sinnlosem, zwischen dem Verstehen des einen und des anderen, können wir im *Tractatus* nur klären, wenn wir zwischen unterschiedlichen Arten des Zeigens unterscheiden. Das Zeigen des Sinns entspricht dem oberflächlichen Sinn der Spiegel-Metapher. Der Sinn des Satzes ‚Die Rose ist rot‘ zeigt sich unmittelbar durch das, was er sagt. Das Zeigen der logischen Form ‚$\exists x R(x)$‘[49] dieses Satzes läßt sich dagegen nur anhand des verstellten Sinns der Spiegel-Metapher begreifen. Es bedarf der logischen Analyse, um die logische Form sichtbar zu machen. Erst die logische Analyse zeigt die logische Form; und die ist bei ‚Die Rose ist rot‘ dieselbe wie bei ‚Der Hase ist tot‘. Sie wird von Sätzen nur indirekt – über die Analyse – gespiegelt. Wenn die logische Analyse dann aber durchgeführt ist, zeigt sich die logische Form ebenso direkt dem bloßen Auge wie der Sinn der unanalysierten Sätze. Wir sehen den Existenzquantor ‚$\exists$‘, der etwas, symbolisiert durch ‚x‘, als dasjenige festlegt, worüber etwas, das Rotsein ‚R‘, ausgesagt wird. Der logische Bereich, die Domäne des Prädikats ‚R‘, wird exakt für mindestens ein Ding, die Rose, festgelegt. Es ist eine logische, keine reale Festlegung. Es wird weder die Existenz des Dinges, noch etwas über seine Beschaffenheit behauptet. Es kann um ‚rote Rosen‘, ‚tote Hasen‘ oder ‚tote Hosen‘ gehen. Die Unterscheidung zwischen den Arten des Zeigens beleuchtet das Verhältnis zwischen Sinn und logischer Form. Es ist ein Verhältnis relativer Unabhängigkeit. Die logische Analyse verändert den sprachlichen Sinn nicht, sondern zeigt nur dessen logisches Gerüst. Die logische Form birgt also keinen eigentlichen oder tieferen Sinn von Sätzen. Die logische Analyse hat keinen reformistischen oder revisionistischen Zweck. Sie soll unser Sinnverstehen nicht verbessern oder korrigieren. Hat Wittgenstein aber nicht doch mit der Logik eine korrigierende Absicht gegenüber der Sprache? Er spricht doch über die Unsinnigkeit philosophischer Aussagen und wirft mit ironischem Unterton den Philosophen vor:

4.003 ... Die meisten Fragen und Sätze der Philosophen beruhen darauf, daß wir unsere Sprachlogik nicht verstehen.
(Sie sind von der Art der Frage, ob das Gute mehr oder weniger identisch sei als das Schöne.)

Dann formuliert Wittgenstein, alle Philosophie sei Sprachkritik (TLP 4.0031). Geht es ihm also nicht doch um eine Korrektur und Reform der Sprache? Nein. Es geht ihm nur darum, den falschen logischen Schein philosophischer Aussagen zu entlarven. Es gibt keinen falschen sprachlichen Schein, nur einen falschen logischen. ,Sprachkritik' bedeutet nicht Veränderung der Sprache, sondern Veränderung unseres logischen Verständnisses der Sätze, die wir gebrauchen, besonders der philosophischen. Beispiele sind Identitätsaussagen mit der Form ,a = a' (TLP 5.534). Sie sind Scheinsätze, weil das Gleichheitszeichen logisch funktionslos ist. Es ist nicht Teil der Begriffsschrift, sagt Wittgenstein in Frege'scher Manier (TLP 5.533). In seltener Klarheit sagt er, warum es keines Gleichheitszeichens bedarf:

5.53 Gleichheit des Gegenstandes drücke ich durch Gleichheit des Zeichens aus, und nicht mit Hilfe eines Gleichheitszeichens. Verschiedenheit der Gegenstände durch Verschiedenheit der Zeichen.

Aber nicht nur Identitätsaussagen sind Scheinsätze. Scheinsätze entstehen auch, wenn wir zum Beispiel eine gebundene Variable nicht wie einen formalen Begriff, sondern wie den Namen eines Gegenstandes verwenden (TLP 4.1272). Wir lesen dann z.B. einen Existenzquantor ,∃' so, als ob er in ,∃ x' für ein tatsächlich existierendes Ding stehen würde. Scheinaussagen haben immer einen logischen Schein, tun etwas, was logisch nicht möglich ist. Wir maßen uns mit solchen Aussagen sprachlich etwas Logisches an. Diese logische Anmaßung müssen wir sprachkritisch durchschauen. Dann hören wir vielleicht mit ihr auf. Die Sprache oder ihre Sätze werden deshalb aber nicht verändert. Was sich ändert, ist allein unser logisches Verständnis von Sätzen und unser logischer Sprachgebrauch.

Die Logik ist für Wittgenstein keine Syntax unserer Natursprache und kann die Grammatik, die wir kennen, auch nicht ersetzen. Die Logik ist für ihn auch keine Semantik, die uns etwas über den sprachlichen Sinn und die Bedeutung (Referenz) von Wörtern und Sätzen lehrt. Die Logik zeigt uns nur, warum bestimmte Sätze etwas logisch Sinnloses sagen. Sie erklärt uns, welche Sätze Scheinsätze sind, warum wir etwas nicht sagen, sondern nur zeigen können. Die Logik bietet keinen Ersatz für unsere häufig verwirrte und irregeleitete Sprache an. Sie lehrt uns nur, wann wir mit Sätzen Dinge tun, die wir mit ihnen logisch nicht tun können. Im übrigen muß die Sprache aber genauso für sich selbst sorgen wie die Logik. Beide, Sprache und Logik, spiegeln mit ihren Mitteln die Wirklichkeit, bieten uns Bilder der Welt an. Die Sprache kann die Wirklichkeit spiegeln, weil sie mit ihr die logische Form gemeinsam hat.

Dennoch spiegeln Sprache und Logik nicht dieselben Bilder, weil ein Bild weder in der Sprache noch in der Logik sich selbst abbilden kann. Das Abbildende kann nicht Teil seiner selbst sein. Deswegen können wir keine Identität von Bildern der Sprache und Logik behaupten. Wir können nicht sagen: ,Dieses sprachliche Bild hat denselben Gehalt wie dieses logische Bild.' Kein Bild enthält sich selbst, aber jedes Bild kann etwas zeigen, also einen Gehalt spiegeln, oder es kann etwas zeigen, was das Zeigen selbst betrifft.

Letzteres ist die besondere und alleinige Aufgabe der logischen Bilder. Sie sind in der Sprache oder in Sätzen unmittelbar nicht sichtbar. Dennoch ist die Sprache mit der Logik ähnlich verbunden wie die Welt. Wie ist aber die Logik mit der Welt verbunden? Diese Frage können wir, wenn wir Wittgenstein folgen wollen, nur durch Zeigen, nicht durch Sagen, beantworten. Wie zeigt die Logik, daß sie mit der Welt verbunden ist? Es geht um eine umfassende, unüberbietbare, absolute Behauptung:

6.13 Die Logik ist keine Lehre, sondern ein Spiegelbild der Welt. Die Logik ist transzendental.

Wie die Logik Spiegelbild der Welt ist, zeigen die Sätze der Logik. Da alle Sätze der Logik Tautologien sind (TLP 6.1), sind es die Tautologien, in denen sich die Logik als Spiegelbild der Welt zeigt (TLP 6.22). Ob ein Satz eine Tautologie ist, zeigt er selbst (TLP 6.127); und daß die Sätze der Logik Tautologien sind, *„zeigt* die formalen – logischen – Eigenschaften der Sprache, der Welt" (TLP 6.12). Schließlich sind es eben diese formalen Eigenschaften, die die Sätze der Logik befähigen, das „Gerüst der Welt" darzustellen (TLP 6.124).

Wittgenstein verwendet den Gedanken des Zeigens für die Beziehung zwischen Logik und Welt auf grundlegende Weise. Dahinter oder darunter gibt es nichts mehr, was fundamentaler wäre. Das logische Zeigen zeigt sich selbst, ist sein eigener letzter Grund. Mehr als das, was Tautologien über das Verhältnis zwischen Logik und Welt zeigen, läßt sich nicht zeigen. Denn das Instrument des Zeigens, die Tautologien, zeigen sich selbst als das, was sie sind. Sie sagen alle dasselbe, nämlich nichts (TLP 5.43). Das Zeigen ist die Weise, in der sich die Grundlagen der Logik präsentieren und in der Wittgenstein das Logische im *Tractatus* darstellt. Tautologien zeigen das, was sie sind, selbst, ohne Zusätze und fremde Hilfe.

Wie zeigen Tautologien, daß sie Tautologien sind? Allein durch ihre formale, symbolische Gestalt. Die Verknüpfung der Sätze ,p' und ,¬ p'[50] zu ,¬ (p ∧ ¬ p)' ergibt – wie Wittgenstein beispielhaft erklärt (TLP 6.1201) – eine Tautologie. Sie zeigt, daß die beiden Sätze sich widersprechen. Eine andere Tautologie ist z.B. ,((p → q) ∧ p) → q'.[51] Sie zeigt, daß – dem *modus ponens* entsprechend – aus dem Konditional ,p → q' und ,p' unmittelbar ,q' folgt.[52] Folgerungen dieser Art sind also ebenfalls Tautologien. Sie zeigen ihre formalen Eigenschaften durch die Notation, den Symbolismus, und sind dann als Sätze der Logik mit dem bloßen Auge erkennbar (TLP 6.122). Natürlich erkennen wir nicht ohne weiteres einen komplizierten Ausdruck als Tautologie. Dazu benötigen wir dann einen Beweis. Der ist aber, in Wittgensteins Augen, „nur ein mechanisches Hilfsmittel zum leichteren Erkennen der Tautologie, wo sie kompliziert ist" (TLP 6.1262).

d) Das Gerüst der Welt

Es ist offensichtlich, daß Wittgenstein das, was Tautologien zeigen, als fundamental betrachtet. Diesem Zeigen liegt kein weiteres zugrunde. Tautologien sind die spekulativen Grundformen des logischen Denkens im *Tractatus*. Der logische Bau der Wirklichkeit zeigt sich auf diese Weise. Wir fragen uns, wie Sätze, die nichts sagen, etwas so Fundamentales zeigen können. Sie sollen etwas, den Bau der Wirklichkeit[53], mit nichts zeigen. Das mutet merkwürdig an. In einer der wichtigsten Passagen zur Logik im *Tractatus* sagt Wittgenstein:

6.124 Die logischen Sätze beschreiben das Gerüst der Welt, oder vielmehr, sie stellen es dar. Sie „handeln" von nichts. Sie setzen voraus, daß Namen Bedeutung und Elementarsätze Sinn haben: Und dies ist ihre Verbindung mit der Welt. Es ist klar, daß es etwas über die Welt anzeigen muß, daß gewisse Verbindungen von Symbolen – welche wesentlich einen bestimmten Charakter haben – Tautologien sind. Hierin liegt das Entscheidende.

Die Sprache ist also – nach dieser Passage – insgesamt vorausgesetzt, wenn die Logik das Gerüst der Welt zeigt. Was zeigen aber Tautologien über die Welt an? *Es* müsse etwas über die Welt anzeigen, daß bestimmte symbolische Verbindungen Tautologien seien, so heißt es. Wir fragen uns, was da über die Welt gezeigt wird. Die Antwort kann nur stereotyp die sein, die wir kennen: Tautologien zeigen über die Welt das an, was sie als logische Formen zeigen. Sie zeigen, daß die Struktur der Wirklichkeit genauso ist, wie Tautologien *es* zeigen. Dann bleibt aber noch die Frage, wie sie mit der Wirklichkeit, der Welt verbunden sind. Auch hier ist Wittgensteins Antwort denkbar einfach und bereits aus vielem, was er davor sagt, be-

111

kannt. Die logischen Sätze, das logische Gerüst, sind mit der Welt durch das verbunden, was die Sätze voraussetzen, daß Namen Bedeutung und Elementarsätze Sinn haben. Also ist dieses ‚Daß' die entscheidende, aber unerforschliche Verbindung der Logik zur Welt. Denn diese Präsupposition, diese Bedingung dafür, daß es überhaupt ein logisches Gerüst der Welt geben kann, ist selbst kein Thema *innerhalb* der Welt. Ob Namen Bedeutung und Sätze Sinn haben können, ist keine sinnvolle Frage. Denn der Sinn der Welt liegt, wie Wittgenstein uns metaphysisch erklärt, nicht in der Welt (TLP 6.41). In diesem Sinn sagt er dann:

6.44 Nicht *wie* die Welt ist, ist das Mystische, sondern *daß* sie ist.

Es ist klar, wie die Welt beschaffen ist, nämlich kontingent. Alles Geschehen und Sosein sei zufällig (TLP 6.41). Die Welt hat aber bei aller Kontingenz eine logische Struktur, die transzendental und *a priori* ist. Wenn Namen Bedeutung und Elementarsätze Sinn haben, wenn sich also in dem, was die Sätze sagen, ihr Sinn zeigt, dann hat die Logik eine Verbindung mit der Welt, und wenn diese Verbindung gegeben ist, dann zeigen Tautologien die logische Struktur der Welt. Das eine hängt mit dem anderen nur dadurch zusammen, daß es die Welt überhaupt gibt. Eben dies ist aber nicht weiter zu *er*gründen oder zu *be*gründen. Es bleibt unseren Fragen entzogen und ist insofern *mystisch*. Aber auch das Mystische zeigt sich, nämlich als das, was sich *nicht sagen* läßt (TLP 6.522). Nicht mystisch ist dagegen die Verbindung zwischen Logik und Welt. Die Logik handelt von nichts, heißt es in der zitierten Passage (TLP 6.124). Sie fügt dem kontingent Gegebenen, also dem, was so oder anders sein kann, nichts hinzu, nimmt ihm aber auch nichts weg, korrigiert die Welt nicht, regiert nicht in sie hinein. Die Logik kann Kontingentes nicht bewegen, wird umgekehrt aber auch von Kontingentem nicht bestätigt oder verworfen. Dennoch hat sie eine Verbindung zum Kontingenten durch die Gegebenheit dessen, was Sätze sagen können. Aus der Möglichkeit, daß etwas Sinnvolles gesagt werden kann, daß Aussagen Sinn haben und Sätze ihren Sinn zeigen können, haben wir die Möglichkeit, die logische Form dieser Sätze zu erkennen. Wir verstehen die logische Form als Möglichkeit von Sätzen über die Wirklichkeit. Und was wir als logische Form von Sätzen erkennen, können wir dann als logische Form der Wirklichkeit deuten. Diese Form ist keine eigene oder andere Wirklichkeit. Sie hat keinen eigenen, vom Wirklichen unterschiedenen Gehalt. Sie zeigt uns aber, wie das *logische Gehäuse* der Wirklichkeit aussieht. Die Wirklichkeit zeigt ihren logischen Charakter.

Was die Tautologien zeigen, ist also das Wie, die Art und Weise, wie wir die Welt verstehen können. Wir können sie nur logisch verstehen. Dies besagt aber nur, daß wir die Welt nur denkend erfassen können. Wir bilden sie denkend ab mit Hilfe der Projektionsmethode, die Wittgenstein als „Denken des Satz-Sinnes" (TLP 3.11) bezeichnet. Den Satz-Sinn denken wir zuerst. Dann können wir zur logischen Form, einem tieferen Verstehen der Wirklichkeit weitergehen. Aus der gedachten, dann hörbar ausgedrückten und schließlich logisch analysierten Projektion gewinnen wir dann unser Bild der Welt. Jeder gewinnt, genau genommen, das Bild seiner Welt. Die Tautologien zeigen uns, was wir mit unserem Denken gegenüber der Wirklichkeit tun, nämlich nichts. Was wir tun, ist Denken und Sprechen, Zeigen und Sagen. Wir tun aber nichts an der Wirklichkeit oder für sie. Und was wir tun, ist – soweit es wahrnehmbar ist – selbst in der Welt.

Das Zeigen hat, wenn wir zurückschauen auf die unterschiedlichen Arten, die Wittgenstein uns vorstellt, einen hinweisenden Charakter. Wir werden auf die Grundlage unseres Verständnisses von Welt, Sprache und Logik hingewiesen. Zunächst erkennen wir, daß sich der Sinn von Sätzen in dem zeigt, was sie sagen. Dann durchschauen wir, daß sich der Sinn nur zeigen kann, wenn es eine Gemeinsamkeit zwischen den Sätzen und der Welt gibt: die logische Form. Diese zeigt sich durch die logische Analyse. Weiterhin zeigt sich die Logik – spekulativ – als das, was wir zur Analyse der Wirklichkeit benötigen, inhaltsleer in Form von Tautologien. Und diese zeigen schließlich, wie die Welt sich unserem Denken zeigt.

Sie zeigt sich, wenn es sie gibt, nur indirekt, als logisches Gerüst. Mehr sehen wir von der Wirklichkeit nicht. Nur das Logische, das Gedachte, können wir von der Welt sehen in den Bildern, die wir uns von ihr machen. Zur Wirklichkeit haben wir ein spekulatives Verhältnis.

Das Zeigen weist auf die Wirklichkeit hin; es macht evident und ohne weiteres Zutun von sich aus einsichtig, was wirklich ist. Auf seiner Grundlage können wir dann erst sagen, was wahr oder falsch ist. Sagen ist nur innerhalb der Domäne des Zeigens möglich. Wahrheit setzt also im *Tractatus* Evidenz voraus. An dieser Abhängigkeit der Wahrheit von Bedingungen der Evidenz hält Wittgenstein, wie wir sehen werden, auch später fest. Er ist dabei nicht der einzige. Die Abhängigkeit der Wahrheit von den Bedingungen der Evidenz gehört zu den Grundüberzeugungen des sogenannten Antirealismus, den Michael Dummett vorgeschlagen hat (vgl. Kap.VIII).

Wir haben gesehen, daß Wittgenstein das Zeigen als etwas logisch Fundamentales versteht. Es ist sinnvoll, die Bedeutung, die wir mit dem Ausdruck ‚fundamental' verbinden, noch etwas genauer anzusehen. Es gibt da nämlich ein Problem. Wenn wir über das Zeigen nachdenken und seinen fundamentalen logischen Charakter – anhand der Tautologien – verstehen, tun wir etwas, was nicht selbst unter den Bedingungen der Logik steht. Wir kommen, bildhaft gesprochen, bei den Tautologien mit unserer Einsicht nicht zu einem Ende. Im Gegenteil, wir bewegen uns gedanklich weiter frei und verwenden dabei das, was wir wissen. Wir denken zum Beispiel über die Evidenz nach, die die Tautologien bieten, und sagen eine Menge darüber. Wittgenstein tut dies auch, obwohl er es in gewisser Weise nicht tun will. Die Evidenz sollte eigentlich das Letzte sein, bevor wir schweigen, weil es einfach nichts mehr zu sagen gibt. Im logischen Sinn ist sie das Letzte, aber offenbar nicht im kognitiven Sinn. Die Tautologien sind, anders ausgedrückt, lediglich logisch, nicht aber kognitiv fundamental. Konkret bedeutet dies, daß wir zum Beispiel wissen müssen, *was* eine Tautologie sein kann. Was wir über den *modus po-*

nens und andere Argumentformen sagen können, ist vorausgesetzt, wenn wir einsehen und verstehen wollen, was der logische Punkt von Tautologien gegenüber der Wirklichkeit ist. Wir müssen also schon verstehen, worum es bei diesem Verhältnis gehen kann, wenn wir die *zeigende* Rolle des Symbolismus verstehen wollen. In diesem Sinn ist das Zeigen kognitiv, nicht fundamental für unser Denken und Verstehen. Wir werden später (Kap. XII) sehen, weshalb es für Wittgenstein in der Philosophie keine Grundlegung geben kann. Gleichzeitig werden wir in der Praxis der Sprachspiele eine Art von Grundlage unseres Verstehens finden, die tatsächlich keine weiteren kognitiven Bedingungen voraussetzt. Wittgensteins späteres Denken ist, was seinen Verzicht auf jede Art Grundlegung angeht, kompromißloser als das frühe.

4. Logischer Raum und Wirklichkeit

‚Wirklichkeit‘ hat im *Tractatus* zwei Aspekte, einen ontologischen und einen logischen. Beide hängen zusammen wie Satz und Welt. Ontologisch ist dasjenige ‚wirklich‘, was wir wahrnehmen und in den Sätzen unserer Sprache abbilden.[54] Logisch ist dasjenige ‚wirklich‘, was sich aufgrund der logischen Analyse der Sätze als mögliche Wirklichkeit zeigt. Das Logische und Ontologische läßt sich nicht einfach trennen. Schließlich zeigt sich das Logische erst in den Bildern der Wirklichkeit, die die Sätze sind. Es handelt sich aber um zwei Aspekte des Wirklichen im *Tractatus*, von denen der logische insofern einen Vorrang vor dem ontologischen hat, als dieser in jenen integriert ist. Das bedeutet, daß der logische Begriff der Wirklichkeit sagt, was es heißt, daß etwas existiert. Die Ontologie des *Tractatus* ist eine logisch mögliche, so wie die Bilder der Wirklichkeit logisch mögliche Bilder sind. Schließlich hat die Logik nicht nur einen Vorrang vor der Ontologie, sondern ist gänzlich autonom. Meine Erläuterungen legen daher ein besonderes Augenmerk auf das Logische als Möglichkeit des Wirklichen.

a) *Logischer Rationalismus und Realismus*

Wittgenstein ist kein Positivist, der den Begriff des Wirklichen allein durch die wissenschaftlich quantifizierbare Erfahrung bestimmt. Er ist auch kein Empirist, der die Wahrnehmung als Quelle der Begriffe und ihrer Wahrheit deutet. Er ist im *Tractatus* ein logischer Rationalist. Ein Rationalist versteht die erfahrbare Welt allein durch seine Begriffe, die nicht aus der Erfahrung selbst stammen. Ein logischer Rationalist versteht die erfahrbare Wirklichkeit logisch, er benötigt dazu keinen besonderen Erfahrungsbegriff, geschweige denn eine Theorie der Erfahrung. Der logische Rationalist setzt zum einen die logische Struktur der Wirklichkeit für das Verstehen der wahrnehmbaren Welt voraus, zum andern legt er unabhängig von der Welt fest, was wahre und falsche Sätze, wahre und falsche Beschreibungen der Welt sind. Er entnimmt also den Begriff ‚Wirklichkeit' nicht der wahrnehmbaren Welt, versteht aber die Welt dennoch als den Gehalt dieses Begriffs. Typisch für diese Überzeugung sagt Wittgenstein, daß „die Wahr- oder Falschheit *jedes* Satzes etwas am allgemeinen Bau der Welt" verändert (TLP 5.5262). Unsere rationale logische Konstruktion der Welt wird durch den Wahrheitswert der Sätze beeinflußt. Andererseits hat „die Logik nichts mit der Frage zu schaffen. . ., ob unsere Welt wirklich so ist oder nicht" (TLP 6.1233). Der logische Rationalist trennt in schizophren anmutender Manier Logik und reale Welt, behauptet dann aber, daß es nur eine Wirklichkeit gibt. Kein Satz der Logik könne durch eine mögliche Erfahrung widerlegt oder bestätigt werden (TLP 6.1222). Wir fragen uns natürlich, wie in einem solchen logisch-rationalen System Begriffe Inhalte haben können, die etwas mit der realen Welt zu tun haben. Es erscheint uns unklar, wie sich Begriff und Gehalt ohne zwei jeweils voneinander unabhängige Kriterien unterscheiden lassen, zum Beispiel ein logisches Kriterium für ‚Begriff' und ein empirisches für ‚Gehalt'. Solche Kriterien gibt es im *Tractatus* nicht. Das eine wird doch nur am anderen klar, ähnlich wie Wollen und Gewolltes. Dahinter verbirgt sich aber kein Problem. Denn wir unterscheiden vielfältig ohne unabhängige Kriterien zwischen einem Begriff und seinem Gehalt, etwa zwischen dem Begriff ‚Zeitpunkt' und einem tatsächlichen Zeitpunkt, oder dem Begriff ‚Größe' und einer bestimmten Menge von Eigenschaften oder Dingen. Dies sind Beispiele für epistemische Begriffe, also Begriffe, mit deren Hilfe wir Wissen aus der Erfahrung oder aus anderen Begriffen gewinnen können.

Wittgensteins Begriff der Wirklichkeit ist kein epistemischer, sondern ein logischer. Er versteht Wirklichkeit nicht wie Kant als die Summe des begrifflich möglichen Wissens von der Welt.[55] Wittgensteins logischer Begriff der Wirklichkeit dient nicht der Bestimmung von möglichem Wissen. Er dient vielmehr der Bestimmung des Raumes, in dem dieses Wissen möglich ist. Der Anspruch des logischen Begriffs der Wirklichkeit ist allgemeiner, inhaltsloser und insofern umfassender als der des epistemischen Begriffs. Die Bedingungen des möglichen Wissens bestimmen zwar auch die möglichen Gegenstände des Wissens[56], aber nicht die unmöglichen. Eben dies tut der logische Begriff der Wirklichkeit. Er setzt das voraus, was unwirklich ist. Das Unwirkliche, logisch Unmögliche, bildet die Grenze des Wirklichen. Dies läßt sich auch umdrehen: das Wirkliche wird aus und mit dem Unwirklichen bestimmt.[57] Dieser absoluten Bestimmung der Wirklichkeit dient Wittgensteins Begriff des logischen Raums.

Der *Tractatus* ist häufig mit dem Etikett ‚Realismus' versehen worden.[58] Ein typischer Realist ist Frege. Er glaubt *erstens*, daß die Bedeutung eines Namens oder einer Beschreibung der Gegenstand ist, der damit bezeichnet wird, auf den sich der Name bezieht (referiert). Knapper gesagt: Der Realist glaubt, daß *Bedeutung gleich Referenz* ist. Er glaubt *zweitens*, daß das Wahre und Falsche als die beiden möglichen Bedeutungen von Sätzen existieren. Das Wahre und das Falsche sind *logische Gegenstände*, die es in der Logik, aber nicht in der erfahrbaren Welt gibt. Wahrheit und Falschheit sind zeitlos. Wir kennen, meint Frege, häufig den Sinn von Sätzen, aber nicht deren Bedeutung, weil wir nicht wissen, ob sie wahr oder falsch sind. Für den Realisten gibt es zum Beispiel richtige Lösungen mathematischer oder wissenschaftlicher Probleme, bevor sie gefunden sind, ja bevor sie überhaupt als Probleme bekannt sind; und sollte es keine Lösungen geben, steht auch das fest, bevor es jemand entdeckt. Lange bevor jemand entdeckte, daß der Abendstern mit dem Morgenstern identisch ist, war es wahr, daß die Bedeutung beider Namen der Planet Venus ist.[59] Fassen wir zusammen. Der Realist à la Frege glaubt, daß Bedeutung Referenz ist und daß es logische Gegenstände gibt.

Schon ein kurzer Blick auf Freges Denken zeigt, daß wir ihn – wie Wittgenstein – einen ‚logischen Rationalisten‘ nennen können, weil er eine empirische Herkunft der Begriffe der Logik, des Denkens und Erkennens ablehnt. Wir müssen aber umgekehrt fragen, ob Wittgenstein – zumindest im *Tractatus* – ein Realist wie Frege ist. Als Realist ist man notgedrungen auch logischer Rationalist, aber das Umgekehrte ist nicht der Fall. Wenn wir die Antwort auf die Frage, ob der *Tractatus* realistisch ist, danach entscheiden, ob Wittgenstein – wie Frege – an die Existenz des Wahren und Falschen im Sinn logischer Gegenstände glaubt, dann ist Wittgenstein kein Realist. Wittgenstein sagt eindeutig ‚nein‘ zur „Frage nach der Existenz eines formalen Begriffes" (TLP 4.1274). „Logische Gegenstände", lesen wir, *gibt es nicht* (TLP 5.4).[60] Entscheidend ist aber, daß er ausdrücklich Freges Wahrheitsbegriff und die Auffassung des Wahren und Falschen als Gegenstände ablehnt (TLP 4.431).

Wie steht es mit der realistischen These, daß Bedeutung gleich Referenz ist? Wittgenstein vertritt auch diese These nicht, obwohl es häufig so aussieht, als verträte er sie. Er spricht davon, daß man das logische Bild mit der Wirklichkeit vergleichen müsse, um dessen Wahrheit oder Falschheit festzustellen (TLP 2.223). Dies klingt so, als wäre mit dem Bezug zur Wirklichkeit die Referenz auf die empirische Welt gemeint. Tatsächlich erfahren wir aber, daß ‚Wirklichkeit‘ gerade nicht die empirische Welt bedeutet. Die Wirklichkeit entspricht vielmehr dem, was der logische Raum an möglichen Sachlagen bietet. Es kann also nur eine logische Referenz, eine Beziehung auf einen logisch konstruierten Gegenstand, gemeint sein, keine empirische. Gleichwohl schreibt Wittgenstein immer wieder Sätze, die durch und durch realistisch klingen. Sagt er nicht doch dasselbe wie Frege?

3.203 Der Name bedeutet den Gegenstand. Der Gegenstand ist seine Bedeutung. („A" ist dasselbe Zeichen wie „A".)

Hier sehen wir aus der Klammer, daß es nicht um Referenz im realistischen Sinn gehen kann. Es heißt nicht: ‚Der Name steht für einen empirischen Gegenstand, der seine Bedeutung ist'; es heißt dem Sinn nach vielmehr: ‚Die Namen haben als einfache Zeichen Bedeutung' oder ‚Die Bedeutung der Namen ist, einfache Zeichen im analysierten Satz zu sein'. Zuvor erläutert Wittgenstein, wie er ‚Namen' versteht. Es sind „einfache Zeichen" (TLP 3.202) und als solche „Elemente des Satzzeichens" (TLP 3.2). „Satzzeichen" nennt er „Tatsachen" (TLP 3.14), und im Satzzeichen verhalten sich die Elemente „auf bestimmte Art und Weise zueinander" (TLP 3.14).

Auch die Erläuterung dieser ‚Tatsachen' klingt realistisch. Man müsse sich im Satzzeichen statt der Schriftzeichen räumliche Gegenstände vorstellen. Er nennt „Tische, Stühle, Bücher" (TLP 3.1431). Unter derselben Numerierung heißt es dann: „Die gegenseitige räumliche Lage dieser Dinge drückt dann den Sinn des Satzes aus." Besagt dies nicht, daß die räumliche Ordnung der Dinge und die Dinge selbst im Satz abgebildet werden? Würde Wittgenstein nicht gleich anschließend klarmachen, daß diese Tische, Stühle, Bücher nicht die Gegenstände sind, die die Namen bedeuten, wäre er wohl oder übel Realist à la Frege.

b) Logische Analyse im Tractatus

Wittgenstein ist aber kein Realist. Dies zeigt sein Verständnis von logischer Analyse. Namen oder Urzeichen spielen nur logisch-analytisch eine Rolle. Schauen wir noch einmal den Hinweis auf das Verhältnis von Tischen, Stühlen und Büchern an. Was meint er wirklich damit? Er will das logische Verhältnis der Elemente im Satz klären. Das Niveau, auf dem er dies tut, ist das des Satzes, der bestimmte Sachlagen beschreibt. Dieser Satz ist ein logisches Bild[61] und kein natursprachlicher Satz mit Subjekt und Prädikat und mit Worten, die wie ‚Tisch‘, ‚Stühle‘, ‚Bücher‘ empirisch identifizierbare Gehalte haben. Es geht um den Satz im logischen Raum, nicht um den Satz im empirischen Raum. Die Sachlagen werden im Satz nicht „*benannt*“, sondern beschrieben, wie er ausdrücklich sagt (TLP 3.144), und zwar rein formal beschrieben. Diese formale Beschreibung ist das, was Wittgenstein im *Tractatus* unter logischer Analyse versteht. Die Elemente des Satzes im logischen Raum referieren also nicht. Auch die logischen Konstanten, d. h. die Junktoren, Quantoren etc., vertreten nicht. Wittgenstein nennt dies seinen „Grundgedanken“ (TLP 4.0312).[62] Es geht allein darum, wie die Zeichen, zum Beispiel die Variablen ‚a‘ oder ‚b‘, miteinander zusammenhängen, wenn sie etwas logisch beschreiben. Wenn es etwa um die Sachlage geht, *daß* a in der Beziehung R zu b steht, dann wird diese Beziehung durch aRb beschrieben (TLP 3.1432). Der Satz ‚aRb‘, der diese Sachlage beschreibt, ist „vollständig analysiert“ (TLP 3.201), weil er die Konfiguration der Namen, der „Urzeichen“ (TLP 3.26) zeigt. Vollständig ist jede Analyse des Satzes im logischen Raum, wenn sie nur noch undefinierte Namen als Elemente und eine logische Beschreibung ihres wechselseitigen Verhältnisses mit Hilfe von logischen Konstanten enthält. In diesem Sinn sagt Wittgenstein dann:

3.25 Es gibt eine und nur eine vollständige Analyse des Satzes.

‚Logische Analyse‘ bedeutet im *Tractatus*, daß die Namen als Elemente in ihrem wechselseitigen Verhältnis zueinander im Satz formal eindeutig beschrieben werden. Die Elementarsätze bestehen nur als „Funktion der Namen“ (TLP 4.24) bzw. als „Verkettung der Namen“ (TLP 4.22). Sie enthalten keine Junktoren, sind also nicht von der Wahrheit oder Falschheit anderer Sätze abhängig. Wittgenstein nennt den Elementarsatz „Wahrheitsfunktion seiner selbst“ (TLP 5.01). Die Elementarsätze sind die Argumente von Sätzen, und jeder Satz „ist eine Wahrheitsfunktion der Elementarsätze“ (TLP 5).[63] Jeder Satz hat eine entsprechende logische Beschreibung oder Analyse. Davon gibt es pro Satz aber nicht nur ein einziges Exemplar. Daß es „eine und nur eine vollständige Analyse" gibt, heißt nicht, daß es nur einen einzigen formalen Ausdruck dafür gibt. Es gibt nur eine einzige Form der Analyse, die allerdings in einer Reihe von formalen Ausdrücken, in einer „Formenreihe" (TLP 4.1252) darstellbar ist. Was ist an der Formenreihe nun das Singuläre? Singulär ist der formale Begriff der internen Relation. Einfacher gesagt, es gibt nur bestimmte Struktureigenschaften pro Satz. Diese sind einander in einer bestimmten Struktur zugeordnet. Diese Struktur kann aber unterschiedlich aufgeschrieben werden. Wie sieht dies konkret aus? Das Verhältnis der Namen zueinander wird begriffsschriftlich ausgedrückt. Wittgenstein gibt dafür ein Beispiel mit der Nachfolgebeziehung. Wenn ‚b ist ein Nachfolger von a' analysiert werden soll, sieht die begriffsschriftliche Beschreibung dieser Beziehung so aus: „aRb [oder], (∃ x): aRx.xRb [oder], (∃ x,y): aRx.xRy.yRb, . . ." (TLP 4.1273). Jede dieser drei Schreibweisen der Analyse von ‚b ist ein Nachfolger von a' erfolgt nach dem gleichen Muster. Es wird ein „allgemeines Glied der Formenreihe", nämlich die Nachfolgebeziehung, durch die Variable ‚R' ausgedrückt. Es handelt sich um eine einzige, singuläre interne Relation, also um eine, von der es „undenkbar ist"[64], daß a und b sie nicht haben. Es ist eine strukturelle, logische und insofern rein formale Eigenschaft. Entsprechendes gilt, wie eben gesagt, wenn ein Satz mehrere Struktureigenschaften hat. Sie sind einander selbst wieder in einer bestimmten Struktur zugeordnet. Wie diese ausgedrückt und aufgeschrieben wird, ist gleichgültig.

Im logischen Raum gibt es – anders als im empirischen – nur eine einzige Struktur einer wahren Beschreibung einer Sachlage. Im empirischen Raum läßt sich ein Sachverhalt, zum Beispiel die Ermordung Cäsars, mit strukturell unterschiedlichen Sätzen beschreiben: ‚Cäsar wurde von Brutus ermordet', ‚Brutus tötete Cäsar', ‚Brutus fügte Cäsar einen der dreiundzwanzig Dolchstiche zu, die ihn töteten' etc. In solchen natursprachlichen Sätzen, die den empirischen Raum beschreiben, stehen die Namen *für* wirkliche Gegenstände. Sie referieren. Nicht so im logisch analysierten Satz. Wenn Wittgenstein also sagt, daß der Name im Satz den Gegenstand vertrete (TLP 3.22), meint er nicht das Verhältnis der Referenz. Denn dieses Verhältnis ist nicht singulär. Es gibt viele natursprachliche Namen, die für einen einzigen empirischen Gegenstand stehen. Was besagt dann aber im logischen Raum, daß der Name im Satz den Gegenstand *vertritt*? *Was* substituiert der Name? Er steht für ‚Gegenstand‘, ohne daß etwas Wirkliches, Gegenständliches hinter diesem Wort stünde. Der Name substituiert also *nichts Reales*. Der Name, das Urzeichen, ist eine Variable, und nur dafür steht er im analysierten Satz.[65] Dies bedarf der Erläuterung. Wittgenstein sagt, der Name zeige, daß er einen Gegenstand bezeichne (TLP 4.126), und erklärt wenig später, daß der „variable Name ‚x‘ das eigentliche Zeichen des Scheinbegriffes *Gegenstand*“ sei. Unter derselben Numerierung heißt es dann:

4.1272 Wo immer das Wort „Gegenstand“ („Ding“, „Sache“, etc.) richtig gebraucht wird, wird es in der Begriffsschrift durch den variablen Namen ausgedrückt.
Zum Beispiel in dem Satz „es gibt 2 Gegenstände, welche...“ durch „(∃ x,y)...“ Wo immer es anders, also als eigentliches Begriffswort gebraucht wird, entstehen unsinnige Scheinsätze.

Anders ausgedrückt, ‚Gegenstand‘ ist kein Begriff wie ‚Buch‘ und hat deswegen – so können wir sagen – auch keine Vorkommnisse. Es gibt nichts, was unter ‚Gegenstand‘ fällt. Wittgenstein nennt ihn deswegen einen Scheinbegriff, und Sätze, in denen er vorkommt – z.B. Sätze über ‚Alle Gegenstände...‘ –, sind entsprechend Scheinsätze. Lediglich logisch beschreiben quantifizierte Sätze über ‚alle‘, ‚einige‘ oder ‚einen Gegenstand‘ etwas, was logischen Sinn hat. Da die Begriffe, mit denen sie dies tun, formale sind (TLP 4.1273), gibt es nichts empirisch Wirkliches, wofür sie stehen. Die Sätze stehen nicht für das Wahre oder Falsche, und die Namen in ihnen stehen nicht für Sachen. Wittgenstein ist kein Realist. Er hat, um einen Vergleich Donald Petersons zu variieren, die Sätze ähnlich in formale Bestandteile aufgelöst wie die abstrakte Kunst die gegenständliche Welt.[66] Wie die abstrakten Formen der Kunst für nichts anderes stehen, stehen auch die Namen im *Tractatus* für nichts anderes.

c) Modale Wirklichkeit, Tautologie und Kontradiktion

Kehren wir zum Thema des logischen Raums zurück. Nehmen wir dazu den Faden wieder bei Wittgensteins fundamentalem, spekulativem Zeigen auf. Wittgenstein ist im *Tractatus* ein Konstruktivist eigener Art.[67] Er will dem logischen Raum und damit auch der Wirklichkeit ein Fundament geben. Es ist ein modales Fundament, kein reales. Er konstruiert den logischen Raum mit Hilfe von Tautologie und Kontradiktion. Die Tautologien zeigen etwas, nämlich den Raum, in dem sich die Wirklichkeit logisch ausdehnen kann. Die Tautologien zeigen modal auf die Wirklichkeit; d.h. sie bestimmen die Möglichkeit des Wirklichen. Sie sagen nichts über die Sätze, die den Raum ausfüllen, bestimmen also keine Orte im logischen Raum. Die Tautologien zeigen aber, wie sich die Wirklichkeit unserem Denken zeigen kann. Wahre oder falsche Sätze sind keine Evidenz des Wirklichen, sondern lediglich dessen Gehalt. Wahre Sätze haben einen Ort im Wirklichen, sind aber nicht dessen Träger. Der logische, modale Begriff der Wirklichkeit nimmt mit der Tautologie direkt Bezug auf die wahren Sätze, denn die Tautologie „läßt *jede* mögliche Sachlage zu" (TLP 4.462). In diesem Sinn ist die Tautologie eine logische Bedingung aller wahren Sätze. Als logische Bedingung der Wirklichkeit ist die Tautologie keine Bedingung der Darstellung der Wirklichkeit in Sätzen. Sie steht, wie Wittgenstein sagt, in keiner „darstellenden Beziehung zur Wirklichkeit" (TLP 4.462), bildet sie nicht ab, sondern bestimmt die logische Möglichkeit ihrer Abbildung. In diesem Sinn sagt Wittgenstein:

4.463 Die Tautologie läßt der Wirklichkeit den ganzen – unendlichen – logischen Raum; . . .

Wirklichkeit, so Wittgenstein, ist möglich im logischen Raum. Nicht daß der logische Raum die Wirklichkeit wäre;

das wäre unsinnig, nicht nur, weil wir uns im logischen Raum keine Beulen holen können, sondern weil dann das Wirkliche das Mögliche wäre und wir zwischen beidem nicht mehr unterscheiden könnten. Der logische Raum ist die notwendige Bedingung der Wirklichkeit, aber für nichts Wirkliches hinreichend. Wittgenstein will über die Wirklichkeit zweierlei sagen: Zum einen ist nur das, was auch logisch möglich ist, wirklich; und entsprechend ist, was wirklich ist, auch logisch möglich. Zum andern steht alles Wirkliche im Raum des logisch Möglichen. Ersteres bezieht sich auf jeden einzelnen Satz, letzteres auf alle möglichen. Die Wirklichkeit kann sich als das Ganze aller wahren Sätze im logischen Raum – spekulativ – ausdehnen. Dieser Raum ist nicht endlich, weil die Menge möglicher wahrer Sätze nicht-endlich ist. Die Welt ist zwar endlich, nicht aber die Möglichkeiten, wie sie sein kann. Wirklich ist zu jedem Zeitpunkt eine endliche Menge wahrer Sachverhalte. Diese Menge vermehrt sich aber in einem nicht-endlichen Raum. Daß dieser Raum nicht-endlich ist, heißt, jeder einzelne wahre Satz kann falsch und jeder einzelne falsche Satz kann wahr werden. Dies macht bei raum-zeitlich bestimmten Sachverhalten keine Schwierigkeiten; deren Wahrheitswert kann sich beliebig ändern. Es muß aber ein Kriterium geben, das die Beliebigkeit der Wahrheitswertverteilung, also der Zuordnung der Wahrheitswerte ‚wahr' und ‚falsch' zu den möglichen Sätzen, eingrenzt. Ein Satz kann nicht gleichzeitig wahr und falsch sein. Es muß also geregelt sein, daß das kontradiktorische Gegenteil eines wahren Satzes nicht zur Menge aller Sätze zählt.

In Parenthese sei hier angemerkt: Es geht bei der Eingrenzung der Wahrheitswertverteilung nicht darum, daß es Sätze geben kann, deren Wahrheitswerte sich nicht ändern würden. Solche Sätze gibt es in der Wirklichkeit nicht, da sie sinnlos wären. Es wären Tautologien. Sie verschwinden, wie Wittgenstein einprägsam sagt, „innerhalb aller Sätze" und bilden deren „substanzlosen Mittelpunkt" (TLP 5.143).

Die Aufgabe der Eingrenzung hat der Widerspruch, die Kontradiktion. Sie legt fest, was nicht möglich ist. Sie markiert den Punkt, wo die Beliebigkeit der Möglichkeiten aufhört. Die Kontradiktion gehört wie die Tautologie zu den logischen Bedingungen der Wirklichkeit. Diese logischen Bedingungen der Wirklichkeit grenzen – wie ich eben in Abhebung vom epistemischen Begriff der Wirklichkeit sagte – das Wahre vom Unwahren, das Wirkliche vom Unwirklichen ab. Dies ist nur mit Hilfe der Kontradiktion möglich. Über sie sagt Wittgenstein:

4.463 . . . ; die Kontradiktion erfüllt den ganzen logischen Raum und läßt der Wirklichkeit keinen Punkt.

Diese recht kondensierte Feststellung ist einesteils leicht verständlich, wenn wir daran denken, daß eine Kontradiktion ein unmöglicher, also kein Satz ist. Es ist nicht möglich, daß ein Satz der Form ‚p ∧ ¬ p‘ wahr ist. Er hat keinen Ort in der Wirklichkeit. Wie ist aber zu verstehen, daß die Kontradiktion den ganzen logischen Raum erfüllt? Dies ist ebenfalls leicht nachzuvollziehen, wenn wir das, was Wittgenstein über die Tautologie sagt, mitbedenken: Sie lasse der Wirklichkeit den ganzen, unendlichen logischen Raum. Dies heißt, daß wir in dem Raum der Möglichkeiten, in dem wir die wahren Sätze finden, keine Tautologien finden. Die Tautologien halten den Wirklichkeits-Raum frei, frei von sich selbst sozusagen, also frei von allem Inhaltsleeren, Sinnlosen. Das Gegenteil tun die Kontradiktionen. Sie halten diesen Raum geschlossen, undurchschaubar und dunkel. Wenn wir zum besseren Verständnis einen Farbkontrast zuhilfe nehmen wollen, dann den zwischen Schwarz und Weiß. Nehmen wir gegen den normalen Farbraum an, wir haben entweder nur Weiß oder nur Schwarz, aber nicht beides zusammen. Kontradiktionen machen den Raum des Wirklichen schwarz. Wir können vor lauter Widersprüchen nichts mehr sehen. Das Widersprüchliche ist das Unwirkliche. Das Unwirkliche ist – um in der Farbanalogie zu bleiben – schwarz und damit unsichtbar. Tautologien machen den Raum weiß. Wir können keine Tautologien sehen, aber alles andere, sofern es nicht widersprüchlich ist; wir sehen alle anderen Farben außer Schwarz. Wo immer wir also Kontradiktionen finden, ist es unmöglich, etwas Wirkliches, also wahre Sätze, bestehende Sachverhalte, zu finden. So sagen uns Tautologie und Kontradiktion zwar nichts über die Wirklichkeit, sind keine Bilder der Wirklichkeit (TLP 4.462), dennoch grenzen sie die Wirklichkeit ab gegen das Sinnlose, das, was immer wahr ist, und gegen das Unwirkliche, das, was nie wahr ist. Auf indirekte Weise bestimmen sie also doch „irgendwie", gegen Wittgensteins eigene Behauptung, die Wirklichkeit, soweit sie sich als Welt sagen und beschreiben läßt.[68] Die Abgrenzung des Wirklichen gegen das Unwirkliche formuliert Wittgenstein ausdrücklich als Aufgabe der Kontradiktion:

5.143 ... Die Kontradiktion ist die äußerste Grenze der Sätze, ...

Die Bedingung, unter der Sätze immer falsch und damit unmöglich sind, grenzt das Mögliche gegen das Unmögliche und das Wirkliche gegen das Unwirkliche ab. Sätze, die mögliche Sachverhalte ausdrücken, können nicht jenseits dieser Grenze liegen. Die Vorstellung, die wir mit dem Ausdruck ‚logischer Raum' assoziieren, darf nicht träge und auf einen bleibenden, platonischen, fest umrissenen geometrischen Raum fixiert sein.[69] Sie muß dynamisch sein wie ein Farbraum, dessen Untergrund nur Weiß oder Schwarz ist. In einem solchen Raum sehen wir entweder – im Fall Weiß – keine Begrenzung trotz der vielen farbigen Gegenstände in diesem Raum, oder wir sehen – im Fall Schwarz – gar nichts. Dieser Schwarz-Weiß-Farbraum ist nicht statisch, sondern dynamisch, weil er keine fixierten Grenzen hat. Lediglich die Prinzipien der Grenzen sind – durch den alternativen Untergrund – festgelegt, nicht aber ihr Verlauf. Diese Schwarz-Weiß-Alternative paßt zum Begriff des logischen Raums. Es ist der Raum der Möglichkeiten, der Raum möglicher Sachverhalte, der sich beständig verändern kann. Betrachten wir dies aus zeitlicher Sicht: Was möglich war, ist nicht mehr möglich, was möglich sein wird, ist noch nicht möglich, was möglich ist, wird nicht mehr möglich sein. Die modale Dynamik von grenzenlosem Weiß (Tautologien) und blindem Schwarz (Kontradiktion) hält den logischen Raum offen und damit in Bewegung. Nur wenn wir beides, Schwarz und Weiß, gleichzeitig sehen würden, gäbe es keine Bewegung. So sehen wir entweder gar nichts oder unbegrenzt vieles.

d) Holismus, nicht Atomismus

Diese Schwarz-Weiß-Dynamik des logischen Raums paßt nicht zum üblichen Bild des logischen Atomismus. Danach müßte der logische Raum so fixiert sein, daß jedem Elementarsatz sein Ort zukommt. So selbstverständlich paßt das dynamische Bild in der Tat nicht zu jedem Gedanken des *Tractatus*. Wie ist – aus der dynamischen Perspektive – zum Beispiel zu verstehen, daß Wittgenstein den logischen Raum nach dem Kontext-Prinzip deutet und den Ort jedes einzelnen Satzes vom Ganzen des logischen Raums abhängig macht? Spricht dies nicht für den starren logischen Atomismus?

3.42 Obwohl der Satz nur einen Ort des logischen Raumes bestimmen darf, so muß doch durch ihn schon der ganze logische Raum gegeben sein.
(...)
(Das logische Gerüst um das Bild herum bestimmt den logischen Raum. Der Satz durchgreift den ganzen logischen Raum.)

Das Kontext-Prinzip, das Wittgenstein hier für die Wahrheit jedes einzelnen Satzes vorschlägt, müssen wir *modal* flexibel und nicht atomistisch starr verstehen. Der ganze logische Raum ist keine reale, sondern eine potentielle Größe, nämlich die Menge möglicher wahrer (bestehender) oder falscher (nichtbestehender) Sachverhalte. Die Wahrheitswertverteilung für diese Menge an Sachverhalten beträgt 2 (für die Wahrheitswerte ‚wahr‘ und ‚falsch‘) potenziert mit der Zahl möglicher Sachverhalte.[70] Diese Menge ist – ohne daß Wittgenstein dies feststellen oder erörtern würde – nicht-endlich (überabzählbar groß). Sie soll nun, wie Wittgenstein sagt, „durch" den Satz und seinen Ort im logischen Raum gegeben sein.

Der Satz als logischer Ort ist bestimmt durch den Satz als „Satzzeichen" und durch die „logischen Koordinaten" (TLP 3.41) des Satzes, d.h. durch seine möglichen Wahrheitswerte.

Der Gedanke des Satzes und seine möglichen Wahrheitswerte bilden also einen Ort im logischen Raum, legen diesen Ort fest. Wie soll durch diese Merkmale eines Satzes der ganze logische Raum gegeben sein? Er kann nur durch dessen Sinn, durch dessen Gedanken, der mit dem Satz verbunden ist, und durch dessen Wahrheitswert gegeben sein. Weil nur so, wie der logische Ort eines Satzes bestimmt wird, der Ort jedes möglichen anderen Satzes bestimmt werden kann.

Nehmen wir den Satz ‚Die Rose ist rot‘; dann bildet der Gedanke des Rotseins der Rose und der Wahrheitswert ‚wahr‘ den logischen Ort dieses Satzes. Wie ist durch diesen Satz der ganze logische Raum gegeben? Es ist der ganze logische Raum durch das bloße Bauprinzip dieses Raumes gegeben. Der logische Raum ist ja nirgends anwesend, es gibt ihn lediglich modal, als mögliche Menge von Sachverhalten. Jeder Satz steht als Elementarsatz ganz für sich allein im logischen Raum. Kein Elementarsatz ist mit einem anderen logisch verbunden. Wittgenstein erklärt warum:

3.42 . . . (Sonst würden durch die Verneinung, die logische Summe, das logische Produkt, etc. immer neue Elemente – in Koordination – eingeführt.)

Es existieren also nur diejenigen Sachverhalte, die einen Ort im logischen Raum haben, und nicht etwa die logischen Verknüpfungen dieser Sachverhalte untereinander. Wenn also der Sachverhalt ‚Die Rose ist rot‘ existiert, dann hat der Sachverhalt ‚Die Rose ist nicht rot‘ keinen Ort im logischen Raum; es existiert auch nicht der Sachverhalt ‚Die Rose ist rot oder das Gras ist grün oder die Blume blüht oder. . .‘; dasselbe gilt für das logische Produkt oder andere Verknüpfungen von Elementarsätzen.[71] Auf diese Weise ist also der ganze logische Raum durch den Satz ‚Die Rose ist rot‘ gegeben.[72]

Nun können wir auch verstehen, was Wittgenstein meint, wenn er sagt, das logische Gerüst um das Bild herum bestimme den logischen Raum (TLP 3.42). Das logische Gerüst der Welt sind die Sätze der Logik. Sie bilden ein formales, inhaltsleeres Gerüst. ‚Gerüst‘ bedeutet soviel wie ‚Konstruktionsweise'. Tautologie und Kontradiktion sind dieses Gerüst bzw. die Konstruktionsweise des logischen Raums. Diese beiden Typen von Sätzen der Logik sind die negativen Bedingungen für alle möglichen Sachverhalte. Es scheint so, als ob auch Negation, logische Summe oder Produkt und alle wahrheitsfunktionalen Verknüpfungsformen dazugehören.[73] Die Sätze der Logik dürfen nicht mit den Sachverhalten in Berührung kommen. Jeder elementare Satz ist Logik-frei; d.h. in keinem Elementarsatz finden wir logische Partikel wie ,wenn-dann' oder ,nicht'. Aber jeder elementare Satz wird von den Sätzen der Logik umschlossen. Die Sätze der Logik bestimmen, was der Satz nicht sagt.

Zum einen sollen die wahrheitsfunktionalen Formen verhindern, daß es mehr Elemente gibt, als tatsächlich existieren. Sie tun dies, besser gesagt, sollen sie dies nach Wittgensteins Vorstellung tun, indem logische Elementarsatz-Verknüpfungen ausgeschlossen werden.[74] Wesentlich ist, daß die Kontradiktion verhindert, daß ein Satz jenseits der Grenze des Wirklichen und Sinnvollen liegt. Schließlich zeigen die Tautologien die Struktur der Wirklichkeit; sie geben uns einen Begriff von der modalen Beschaffenheit des logischen Raumes. Die Sätze der Logik, Tautologien und Kontradiktion umgürten als logisch undurchdringlicher Panzer jeden einzelnen sinnvollen Elementarsatz. Sie fixieren deswegen aber nicht das Ganze aller Elementarsätze. Das Kontext-Prinzip, das Wittgenstein für Elementarsätze verwendet, ist nicht atomistisch, aber in einem bestimmten Sinn holistisch. Es ist nicht in dem Sinn holistisch, nach dem die Wahrheit eines Elementarsatzes logisch von allen wahren Elementarsätzen abhängig wäre. Für einen Holismus, etwa so wie W.V.O.Quine ihn versteht, ist es typisch, daß die Wahrheit eines Satzes von der ganzen Wahrheit einer Theorie oder Sprache geborgt, entliehen ist. Kein Satz ist für sich allein wahr, weil es Evidenz nicht für einen Satz allein, sondern immer nur für eine ganze Theorie oder Sprache gibt. Für die Art Holismus, die Quine favorisiert, ist es entscheidend, daß der Unterschied zwischen den synthetischen, also den aus der Erfahrung stammenden, und den analytischen, a priori zur Logik gehörenden Begriffen aufgegeben wird.[75] Diesen Unterschied kann Wittgenstein aber gerade nicht aufgeben, weil er sonst die Wirklichkeit nicht mit dem logischen Raum strukturieren könnte. Für sich allein wahr sind die Sätze allerdings auch nach dem Verständnis Wittgensteins nicht, weil sie zu einem Weltbild gehören, das zu jedem Ich, zu jedem „Mikrokosmos" (TLP 5.63) gehört. Es ist deshalb mißverständlich, ihn als ‚logischen Atomisten' zu bezeichnen. Die Welt zerfällt nicht in lauter Elementarsätze, im Gegenteil, sie wird durch die Sätze der Logik gerade eingegrenzt und zusammengehalten. Dieser Zusammenhalt, den die Sätze der Logik gewährleisten, charakterisiert Wittgensteins Holismus.[76] Wie hält die Logik die Welt zusammen? Die Wahrheit eines Elementarsatzes ist, nach Wittgensteins Verständnis, nicht von diesem allein abhängig. Seine Vorstellung ist nicht, daß ein Blick in die Welt zeigt, ob ein Elementarsatz wahr ist. Die Frage, ob der Satz einen Ort im logischen Raum hat, entscheidet allein darüber, ob es möglich ist, daß er wahr ist. Der logische Ort verbindet den Sinn des Satzes mit einem Wahrheitswert. Die logische Möglichkeit dieser Verbindung ist aber erst gegeben durch den logischen Raum, in dem der logische Ort liegt. Und dieser Raum entscheidet, ob der Satz überhaupt einen logischen Ort haben kann oder nicht. Der logische Raum offeriert also die möglichen Wahrheitswerte für Sätze. Der logische Raum macht Sätze in ähnlicher Weise wahr oder falsch wie der Gerichtssaal, in dem über die Wahrheit von Aussagen entschieden wird.

e) Elementarsatz und Satzform

Ob etwas ein Sachverhalt ist, hängt also davon ab, um welchen Elementarsatz es sich handelt und was er sagt. Seine Gegebenheit ist logisch von der Gegebenheit anderer Elementarsätze unabhängig; das ist das eine. Zum andern hängt die Existenz des Sachverhalts davon ab, ob er im logischen Raum möglich ist oder nicht. Über diese Möglichkeit entscheiden die Sätze der Logik, allerdings ohne den Sinn der Sätze zu beeinflussen.

Bei alledem dürfen wir nicht vergessen, daß die Existenz sprachlicher und logischer Zeichen nicht identisch ist mit der Existenz von Sachverhalten. Wittgenstein faßt das so zusammen:

5.557 Die *Anwendung* der Logik entscheidet darüber, welche Elementarsätze es gibt.
Was in der Anwendung liegt, kann die Logik nicht vorausnehmen.
Das ist klar: Die Logik darf mit ihrer Anwendung nicht kollidieren.
Aber die Logik muß sich mit ihrer Anwendung berühren.
Also dürfen die Logik und ihre Anwendung einander nicht übergreifen.

Die Logik regiert nicht in die Welt hinein. Sie bestimmt aber, ob ein Elementarsatz, den es schon gibt, logisch möglich ist; und wenn er logisch möglich ist, hat er einen Ort im logischen Raum. Die logische Möglichkeit eines Elementarsatzes wird nicht durch seine Vorhandenheit präjudiziert, sonst wäre das, was ein unsinniger Satz sagt, schon allein dadurch, daß er gesagt ist, logisch möglich. Die Logik schließt die Gegebenheit und Vorhandenheit von Unsinn nicht aus, weil sie keine tatsächlichen Zustände der Welt bestimmt.[77] Die Logik schließt aber die logische Möglichkeit von Unsinn aus. Nur das logisch Unmögliche ist in einer Weise sinnlos, die wir nicht einmal denken können. In diesem Sinn von *a priori* bestimmter logischer Möglichkeit können wir auch nicht unlogisch denken (TLP 5.4731).

Das Verhältnis des logischen Raums zur Wirklichkeit führt unweigerlich zu der Frage, wie sich das, was logisch möglich ist, zu dem verhält, was real ist. Im *Tractatus* heißt es dazu:

5.5561 Die empirische Realität ist begrenzt durch die Gesamtheit der Gegenstände. Die Grenze zeigt sich wieder in der Gesamtheit der Elementarsätze.

Real sind die Gegenstände, ihre Gesamtmenge ist endlich und bildet die erfahrbare Wirklichkeit.[78] Dann gibt es also – nach Wittgenstein – eine endliche, ontologisch bestimmte Wirklichkeit und eine nicht-endliche, modal bestimmte Wirklichkeit? So jedenfalls sieht das Verhältnis des empirisch Realen zum logisch Möglichen aus. Ist es aber sinnvoll, zwei Begriffe der Wirklichkeit zu haben? Nach Wittgenstein ist aber nicht von zwei Begriffen der Wirklichkeit die Rede, nicht einmal ausdrücklich von zwei unterschiedlichen Perspektiven auf ein und dasselbe. Vielmehr setzt unser Verständnis des empirisch Realen den logisch möglichen Begriff der Wirklichkeit voraus. Das empirisch Wirkliche ist in das logisch Mögliche integriert. Die nicht-endliche Menge möglicher Orte im logischen Raum ist eine Bedingung dafür, daß wir das empirisch Reale als endliche Menge von Gegenständen verstehen. Das Endliche setzt, was unser Verständnis der Wirklichkeit angeht, das Nicht-Endliche voraus.[79] Der ontologische Begriff des Wirklichen setzt den logisch-modalen voraus. Es handelt sich also nicht um zwei Varianten der Wirklichkeit, sondern um wechselseitig abhängige Bedingungen unseres Verständnisses, unserer Deutung der Wirklichkeit. Im Denken hat die Logik Vorrang vor der Welt, das logisch Mögliche vor dem Realen. Wir erkennen diese Abhängigkeit aber nur, weil wir zunächst die Bilder unserer Welt in Form von Sätzen haben. Sie sind ebenso gegeben wie das, was sie abbilden. Deswegen ist die logische Analyse ihrerseits abhängig vom wirklich Gegebenen. Beides, das wirklich Gegebene (die bestehenden Sachverhalte) und das logisch Mögliche bilden in den Sätzen unserer Sprache ein Amalgam. Das Reale und das Logische berühren sich, und daraus entsteht eine eigene Struktur, die Struktur der Welt. Wittgenstein beschreibt dieses Amalgam in seiner Version des Holismus:

5.5563 Alle Sätze unserer Umgangssprache sind tatsächlich, so wie sie sind, logisch vollkommen geordnet. – Jenes Einfachste, was wir hier angeben sollen, ist nicht ein Gleichnis der Wahrheit, sondern die volle Wahrheit selbst.
(Unsere Probleme sind nicht abstrakt, sondern vielleicht die konkretesten, die es gibt.)

Zunächst können wir – holistisch – annehmen, daß das, was Wittgenstein als „die volle Wahrheit selbst" bezeichnet, die „Gesamtmenge der Elementarsätze" ist, von der er zwei Paragraphen früher spricht. Er verwendet hier aber die imperativische Formulierung „was wir hier angeben sollen". Er kann tatsächlich im Rahmen seines logischen Systems die Gesamtmenge der Elementarsätze angeben, deshalb soll er es auch. Wenn er die Form eines einzigen Satzes angibt, der aus Elementarsätzen gebildet ist, gibt er die Form aller Sätze an. Die Angabe aller Elementarsätze ist formal also indirekt möglich durch die allgemeine Form des Satzes (TLP 6). Wohlgemerkt, die allgemeine Satzform ist nicht die Form der Elementarsätze selbst; denn diese haben keine Form. Es geht allein um die Form der Sätze, die aus Elementarsätzen gebildet sind. Was mit der allgemeinen Satzform angegeben werden soll, ist „die volle Wahrheit selbst", die Wittgenstein als „jenes Einfachste" apostrophiert. Vom Einfachsten spricht er auch zwischendurch. Es ist die Tatsache, daß es Elementarsätze gibt. So sagt er:

5.5562 Wissen wir aus rein logischen Gründen, daß es Elementarsätze geben muß, dann muß es jeder wissen, der die Sätze in ihrer unanalysierten Form versteht.

Dies ist das Einfachste und dabei nicht nur ein Gleichnis, sondern die volle Wahrheit und nichts als die Wahrheit. Das Pathos, mit dem Wittgenstein spricht, zeigt, daß es ihm hier nicht nur um Erläuterungen zum logischen Formalismus geht, sondern um eine Grundwahrheit, einen fundamentalen Anspruch des *Tractatus*. Aber wissen wir etwa aus logischen Gründen, daß es Elementarsätze gibt? Kennen wir aus logischen Gründen diese eine Tatsache? Diese Fragen bleiben hier zunächst offen. Ich werde später auf ihre Schwierigkeiten eingehen.

Jenes Einfachste, zu dessen Angabe sich Wittgenstein verpflichtet sieht, ist nicht bloß die Tatsache, daß es Elementarsätze gibt, sondern wie die allgemeine Satzform, in der sie immer in logisch verbundener Gemeinschaft auftreten, wie also das Wesen des Satzes aussieht. Mit der allgemeinen Satzform kann er tatsächlich die Gesamtheit der Elementarsätze angeben; mit der Form gibt er an, wie Elementarsätze nur auftreten können. Ein einzelner Elementarsatz allein kann gar nicht auftreten. Wir sehen die Möglichkeit des Auftretens der Elementarsätze, wenn wir die Paragraphen 5 und 6 des *Tractatus* miteinander verbinden, indem wir sie hintereinander lesen:

133

5 Der Satz ist eine Wahrheitsfunktion der Elementarsätze.
(Der Elementarsatz ist eine Wahrheitsfunktion seiner selbst.)

6 Die allgemeine Form der Wahrheitsfunktion ist: $[\bar{p}, \bar{\xi}, N(\bar{\xi})]$.
Dies ist die allgemeine Form des Satzes.

6.001 Dies sagt nichts anderes, als daß jeder Satz ein Resultat der successiven Anwendung der Operation $N(\bar{\xi})$ auf die Elementarsätze ist.

Das logische System des *Tractatus* ist in diesen Paragraphen zusammengefaßt. Zunächst geht es um den Satzbegriff. Die Auffassung, daß Sätze Wahrheitsfunktionen von Elementarsätzen sind, bedeutet im Ergebnis nichts anderes, als daß die Wahrheit eines Satzes von der Wahrheit der Elementarsätze abhängig ist, aus denen er besteht. Wie diese Abhängigkeit aussieht, sagt uns die Wahrheitstafel für die Werte, die die Sätze haben. Die Form, in der die Elementarsätze miteinander zu einem Satz verknüpft sind, zeigt uns die Wahrheitstafel nicht.

Wie diese Verknüpfung aussieht, zeigt die allgemeine Satzform. Sie beschreibt, wie aus Elementarsätzen verknüpfte Gebilde, Sätze, werden. Ein Satz kommt danach so zustande: Auf eine vollständige Liste von Elementarsätzen, die wahrheitsfunktional verknüpft ist, wird die N-Operation (Negation) angewandt. Die Liste der Elementarsätze ist ausgedrückt durch die Variable p. Mit dem Strich über dem $\bar{p}$ steht die Variable für alle Elementarsätze. Die wahrheitsfunktionale Verknüpfung wird durch ξ ausgedrückt. Dieses Zeichen ist eine Satzvariable; es steht für den Klammerausdruck, der alle Werte der Variablen p enthält. Auf diese Satzvariable wird der N-Operator angewandt. Diesen Operator erläutert Wittgenstein:

5.51 Hat ξ nur einen Wert, so ist $N(\bar{\xi}) = {\sim}p$ (nicht p), hat es zwei Werte, so ist $N(\bar{\xi}) = {\sim}p.{\sim}q$ (weder p noch q).

Wir können – mit Wittgenstein – N (p,q) als Konjunktion der Negation der Glieder p und q verstehen. Er selbst zieht dieser Lesart die adjunktive Auffassung der Glieder des Klammerausdrucks ξ vor, wie folgende Passage zeigt:

5.52 Sind die Werte von ξ sämtliche Werte einer Funktion fx für alle Werte von x, so wird $N(\bar{\xi}) = {\sim}(\exists x).fx$.

Wittgenstein schlägt damit – wie Matthias Varga von Kibéd interpretiert[80] – vor, die negierte Existenzquantifikation als Anwendung des Operators N auf eine Satzliste (fa, fb, fc, . . ., fi) zu verstehen. N (fx) lesen wir dann als Negation dieser Satzliste: ‚nicht (fa oder fb oder fc oder. . .fi)‘; dies ist äquivalent mit ‚nicht fa und nicht fb und nicht fc und. . .nicht fi‘. (Die negierte Satzliste ist nur vollständig, wenn sie nicht unendlich lang ist.)

Nach diesem Muster kann die Gesamtmenge aller Elementarsätze angegeben werden. Es ist insofern das Einfachste, weil es einen einzigen Variablen-Ausdruck für alle Sachverhalte angibt. Insofern dieser Ausdruck für alle Elementarsätze steht, enthält er die *ganze* Wahrheit. In diesem und nur in diesem Sinn ist Wittgenstein Holist. Er macht nicht die Wahrheit der Elementarsätze vom Ganzen der Wahrheit abhängig, sondern gibt dieses Ganze als Ergebnis einer Operation an, die sich immer wieder auf Wahrheitsfunktionen anwenden läßt und dabei immer wieder Wahrheitsfunktionen erzeugt (TLP 5.3).

Auf diese Weise sind alle Sätze unserer Umgangssprache logisch geordnet, und zwar vollständig. Denn jedem einzelnen umgangssprachlichen Satz liegen Elementarsätze zugrunde, die in Satzlisten enthalten sind, die jeweils Wahrheitsfunktionen bilden. Und auf diese kann die N-Operation angewandt werden. Es gibt für jeden möglichen Elementarsatz eine Satzliste. Damit stehen diese Satzlisten der logischen Form nach auch für die umgangssprachlichen Sätze, denen die Elementarsätze zugrunde liegen.

V. Grammatik und Wirklichkeit

Die allgemeine Form des Satzes ist also das „Einfachste" und dabei die „volle Wahrheit selbst" (TLP 5.5563). Sie erfaßt als Form alle möglichen wahren Sätze, beschreibt die Wirklichkeit modal. Genauer gesagt, beschreibt die allgemeine Satzform den Raum, in dem Elementarsätze die Wirklichkeit logisch beschreiben. Das Verhältnis, das Wittgenstein zwischen den Elementarsätzen und der Wirklichkeit im *Tractatus* annimmt, setzt das voraus, was der Wirklichkeit und den Sätzen, den Verbindungen der Elementarsätze, gemeinsam ist: die logische Form. Aus der Voraussetzung, daß die Wirklichkeit und die Elementarsätze diese Gemeinsamkeit haben, und aus der weiteren Voraussetzung, daß sich die Gemeinsamkeit im logischen Symbolismus zeigt, entwickelt Wittgenstein im *Tractatus* die allgemeine Satzform als modale Bestimmung der Wirklichkeit. Im Rahmen dieses Denkens zeigt uns die Logik in Gestalt der Satzform, wie wir Wirklichkeit *denken* können. Die allgemeine Satzform kann uns aber nur zeigen, wie wir ‚Wirklichkeit' denken, weil sie alle möglichen logischen Formen zusammenfaßt, die die Analyse von Sätzen zutage fördern kann. Die Satzform kann uns nicht zeigen, was Wirklichkeit *ist*. Die Satzform ist, wenn man so will, ontologisch blind.

Letztlich hängt die Darstellbarkeit der Form aller möglichen Sätze von jener ersten Voraussetzung ab, daß Satz und Wirklichkeit die logische Form gemeinsam haben. Wir erinnern uns, daß sich dieses Gemeinsame als logische Form symbolisch zeigt. Und dieses Zeigen durch logische Symbole zeigt seinen fundamentalen Charakter noch einmal in den Tautologien. Ich unterschied deswegen auch zwischen dem oberflächlichen, dem verstellteren und dem fundamentalen Zeigen und Spiegeln. Es handelt sich um drei Ebenen des Zeigens, die aufeinander aufbauen, aber doch voneinander zu unterscheiden sind. Das Zeigen hat auf jeder dieser Ebenen jeweils einen anderen Gehalt.

1. Abschied vom *Tractatus*

Den Abschied Wittgensteins vom *Tractatus*-Denken können wir an einem einzigen Punkt deutlich machen, und zwar an der veränderten Bedeutung des Zeigens. Er kassiert das verstelltere, spekulative und das fundamentale Zeigen. Es gibt nach dem Abschied vom *Tractatus* nurmehr das oberflächliche Zeigen, also das, was die Sprache, die wir sprechen, zeigt. Aus dieser Veränderung folgen eine Reihe weiterer. Die weitreichendste unter ihnen ist die veränderte Auffassung der Wirklichkeit. Er versteht Wirklichkeit nicht mehr modal. Und weil er sie nicht mehr modal versteht, vertritt er auch keinen logischen Begriff der Wirklichkeit mehr. Wittgenstein denkt Wirklichkeit in der zweiten Phase seines Philosophierens allein als sprachlich gegebene Wirklichkeit. Er gibt uns mit seinen Gedanken nach seiner Rückkehr nach Cambridge einen Hinweis, worin er sich im *Tractatus* geirrt hat. Seine Auffassung von logischer Analyse sei falsch gewesen. Er habe gemeint, die Elementarsätze seien voneinander logisch unabhängig. Aus ‚a ist jetzt rot' folge aber ‚a ist jetzt nicht grün'.[1]

In den „Bemerkungen über logische Form" hatte Wittgenstein schon am Beispiel zweier Farbsätze gezeigt, daß sich Elementarsätze zwar nicht widersprechen, aber doch ausschließen können.[2] Zur logischen Unabhängigkeit von Elementarsätzen gehört aber, daß sie sich nicht ausschließen können. Dies erweist sich nun als Irrtum. Der Irrtum sitzt aber tiefer. Er hat zwei Wurzeln. Die eine ist die Überzeugung, daß Sprache und Wirklichkeit in der logischen Form übereinstimmen, daß sie darin ihr Gemeinsames haben. Die zweite Wurzel ist die Auffassung von logischer Analyse. Natürlich hängen diese beiden Wurzeln seines Irrtums miteinander eng zusammen. Der Irrtum Wittgensteins – er spricht selbst wiederholt von „Irrtum"

– ist kein Fehler. Was er im *Tractatus* sagt, ist nicht einfach falsch. Sein Irrtum ist subtil. Genau genommen handelt es sich um eine Übertreibung, die von einer Fehlorientierung bewirkt wurde. Wittgenstein hat das, was mit logischer Analyse möglich ist, zu weit getrieben, weil er ihr die entscheidenden Kräfte zur Beseitigung von Irrtümern zumaß. In diesem Sinn gesteht er:

Meine Auffassung in der *Logisch-philosophischen Abhandlung* war falsch: 1) weil ich mir über den Sinn der Worte ‚in einem Satze ist ein logisches Produkt *versteckt*‘ (und ähnlicher) nicht klar war, 2) weil auch ich dachte, die logische Analyse müsse verborgene Dinge an den Tag bringen (wie es die chemische und physikalische tut). (PhG 210)

Dies ist die eine Wurzel seines Irrtums. Er meinte, die logische Analyse fördere mit Hilfe des Symbolismus unter der Oberfläche der Natursprache Verborgenes zutage, nämlich die logischen Verbindungen zwischen den Elementarsätzen der logischen Sprache, ausgedrückt in der allgemeinen Satzform. Er wirft sich nun vor, daß auch er so dachte wie Russell, Ramsey und viele andere Analytiker eben auch. Die Leistungsfähigkeit der logischen Analyse wird dabei überschätzt, ihre Reichweite übertrieben. Aus einem Irrtum der logischen Analyse folgen dann auch andere, zum Beispiel aus dem Glauben an Elementarsätze der Irrtum über Farbsätze als logische Produkte. Die Einsicht in diesen Irrtum markiert den Abschied von der Logik des *Tractatus*, den Übergang von der logischen Analyse zur grammatischen. Dieser Übergang wird ganz besonders anschaulich in dem sogenannten *Big Typescript* (vgl. BT 475).[3]

Die andere Wurzel von Wittgensteins Irrtum betrifft die Übereinstimmung von Sprache, Denken und Wirklichkeit. Er sieht nun, daß seine Voraussetzung, daß Denken, Sprache und Wirklichkeit ihrer logischen Form nach übereinstimmen, nicht tragfähig ist. Nicht daß es falsch wäre, eine Übereinstimmung der Form nach anzunehmen. Wittgenstein erkennt nun aber, daß eine solche Übereinstimmung für unser Verständnis dessen, was wirklich ist, nicht verantwortlich sein kann. Was wir verstehen, verstehen wir allein durch Sprache. Wir denken sprachlich und nur sprachlich, und nicht logisch. Und was wir denken, wenn wir sprachlich denken, zeigen allein die Sätze, die wir gebrauchen, nicht eine ihnen zugrundeliegende Form. Diesen Grundgedanken formuliert er in der *Philosophischen Grammatik*:

Die Übereinstimmung von Gedanken und Wirklichkeit liegt darin, daß, wenn ich fälschlich sage, etwas sei rot, es doch immerhin nicht *rot* ist. Und wenn ich Einem das Wort „rot" im Satze „das ist nicht rot" erklären will, ich dazu auf etwas Rotes zeige. (PhG 163)

Diese Passage zeigt, daß Wittgenstein noch ein gutes Stück von den späteren *Philosophischen Untersuchungen* entfernt ist. Dort vermeidet er den empiristischen Unterton dieser Passage. Sie klingt so, als hätte die empirische Evidenz nun die Rolle des Zeigens übernommen, die früher die logische Form hatte. Wittgenstein könnte bei oberflächlichem Verständnis unterstellt werden, er habe eine verifikationistische Zwischenphase gehabt. Er hat den Ausdruck ‚Verifikation' tatsächlich in seinen Manuskripten Ende der 20er und Anfang der 30er Jahre benutzt. Einen Verifikationismus, wie er im Wiener Kreis vertreten und diskutiert wurde, hatte Wittgenstein – wie wir sehen werden – allerdings nie im Sinn. Es geht ihm darum, die Übereinstimmung zwischen Denken und Wirklichkeit nicht mehr an einem logischen Bild festzumachen. Es liegt ihm aber fern, statt dessen ein empirisches Kriterium der Übereinstimmung anzugeben. Der Abschied von der logischen Analyse des *Tractatus* geschieht in Raten und langsam.[4] Der gedankliche und begriffliche Duktus des Erstlings herrscht zunächst noch vor. Er erprobt den Begriff der Grammatik als Nachfolger der logischen Form. ‚Grammatik' ist nicht logische Syntax, aber auch nicht natursprachliche Grammatik. Unter ‚Grammatik der Sprache' versteht Wittgenstein die Struktur des Sprachgebrauchs, des Denkens und der Wirklichkeit, die sich in den Sätzen unserer normalen Sprache zeigt. Noch kürzer gesagt ist die Grammatik das, was unser Sprechen, unseren Gebrauch der Sprache verständlich und richtig macht. Die

Grammatik ist das, was uns erlaubt, über die Wirklichkeit auf verständliche und sinnvolle Weise zu sprechen.

Zunächst – in den *Philosophischen Bemerkungen* und in der *Philosophischen Grammatik* – ist die Grammatik der Logik nahe verwandt. Er nennt die Grammatik „theory of logical types" und denkt dabei vor allem an die Regeln, nach denen wir Wirkliches sprachlich darstellen.[5] Er denkt aber auch an logische Regeln, wenn er von der Grammatik des Existenzquantors ($\exists$ x) oder der logischen Junktoren spricht (PhG 265, 269). Wittgenstein spricht auch von der Arithmetik als einer Grammatik, nämlich einer Grammatik der Zahlen (PhB 129). Eine Grammatik finden wir in Logik, Mathematik, Syntax, Pragmatik und Semantik, je nachdem, um welchen Aspekt der Sprache es geht – um die natursprachlichen Formen, die Funktionen, Zwecke und Bedeutungen der sprachlichen Zeichen oder um den Zusammenhang der Sätze mit dem Ganzen einer Sprache. Wie nahe die Auffassung von ‚Grammatik' zunächst mit den Gedanken des *Tractatus* verwandt ist, zeigt diese Passage:

Wie alles Metaphysische ist die Harmonie zwischen Gedanken und Wirklichkeit in der Grammatik der Sprache aufzufinden. (PhG 162)

Die Grammatik – nicht die logische Form – zeigt also nun das Gemeinsame von Sprache, Denken und Wirklichkeit. In der Grammatik finden wir den metaphysischen Kitt zwischen den Sätzen und der Welt. Metaphysisch ist er, weil die Harmonie, die Wittgenstein zwischen Denken und Wirklichkeit annimmt, ebenso unsagbar, unerklärbar und undurchsichtig ist wie die Verbindung zwischen Sprache und Welt im *Tractatus*. Die Verbindung ist – in der Sprache des *Tractatus* – nichts innerhalb der Welt, sondern gehört in den Bereich, in den Logik, Ethik, Ästhetik und Religion gehören, in die Metaphysik.

Wittgenstein will die grundlegende Intuition noch nicht aufgeben, daß es ein Gerüst, eine Struktur gebe, die dem Denken die Verbindung zur Wirklichkeit sichert. Er will aber nicht mehr von einer Übereinstimmung der Form sprechen, weil diese Übereinstimmung beliebig sein kann. Abbildungsverhältnisse geben uns keine Sicherheit im Verhältnis zwischen Denken und Wirklichkeit, weil – wie er sagt – alles ein Bild von allem sein könne; wir müßten dazu nur den Begriff des Bildes entsprechend weit fassen (PhG 163). Dann kann tatsächlich alles ein Bild von allem und jedem sein. (Beim Regelbegriff taucht später ein analoges Problem auf.)

a) Autonomie der Grammatik

Wichtige Gedanken des *Tractatus* überträgt Wittgenstein in die neuen Zusammenhänge, zum Beispiel denjenigen von der *Autonomie* der Logik. Er spricht nun von der Autonomie der Grammatik und der Autonomie der Sprache. Die Sprache müsse für sich selbst sprechen, sagt er (PhG 40, 63). Die Sprache zeigt ihre Autonomie mit ihren Regeln, in der Grammatik. Die Grammatik ersetzt, was die Verbindung zwischen Sprache und Wirklichkeit angeht, die Logik. Wie die Grammatik dies tut, beschreibt er so:

Man möchte zwischen Regeln der Grammatik unterscheiden, die „eine Verbindung von Sprache und Wirklichkeit" herstellen, und solchen, die es nicht tun. Eine Regel der ersten Art ist: „diese Farbe heißt ‚rot'", – eine Regel der zweiten Art: „~~p = p". Über diesen Unterschied besteht ein Irrtum; die Sprache ist nicht etwas, dem eine Struktur gegeben, und das dann der Wirklichkeit aufgepaßt wird. (PhG 89)

Regeln der Grammatik beschreiben den Gebrauch von Wörtern oder Sätzen. Sie zeigen, wie etwas in welchem realen Zusammenhang gemacht wird, wie zum Beispiel das Wort ‚rot' bei der Beschreibung von etwas Rotem verwendet wird. Regeln der Logik legen dagegen etwas für die Logik und nur für sie fest, zum Beispiel daß eine doppelte Verneinung äquivalent mit einer Bejahung ist (~~p = p). Diese Regel wird aber nicht auf die Sprache wie eine äußere, ihr eigentlich fremde Struktur übertragen. Da die Sprache autonom ist, sagen die Regeln der Logik nichts über den Gebrauch der Sprache, im Gegenteil. Sie führen sogar in die Irre, wenn wir meinen, daß sie der Sprache Regeln geben. Anders als im *Tractatus* glaubt Wittgenstein nun nicht mehr, daß der Sprache und ihrer Fähigkeit, die Wirklichkeit zu beschreiben, eine logische Struktur zugrundeliegt. Er ist kein logischer Fundamentalist und kein Konstruktivist mehr. Vielmehr durchschaut er den Glauben an ein logisches Fundament der Sprache als szientistischen Irrglauben.

Die Feststellung, daß die doppelte Verneinung eine Bejahung ergebe, klinge wie ‚Kohle und Sauerstoff gibt Kohlensäure‘. Sie täusche so etwas wie eine physikalische Tatsache vor (PhG 52). Es ist offensichtlich, daß Wittgenstein damit sein früheres Verständnis von logischer Analyse kritisiert. Denn ‚Analyse‘ deutet ebenfalls eine Art von Auflösung an, die an physikalische oder chemische Prozesse erinnert. Die logische Analyse kann aber vor allem aus einem anderen Grund nicht mehr die Aufgabe haben, die Verbindung zwischen Sprache und Wirklichkeit zu klären. Wenn nämlich der Gebrauch eines Wortes, wie Wittgenstein jetzt lapidar sagt, seine Bedeutung ist (PhG 60), erübrigt sich jede weitere logisch-analytische Untersuchung. Jedenfalls hat es dann keinen Sinn mehr, Strukturen der Bedeutung unterhalb des seh- und hörbaren Gebrauchs von Wörtern und Sätzen zu suchen.

Die Grammatik sagt uns, wie die Sprache verwendet wird, nachdem sie bereits verwendet wurde. Sie zeigt uns, wie gesprochen wird. Beschreibung tritt an die Stelle analytischer Erklärung (PhG 66). Es gibt keine logischen Geheimnisse im Innern der Sprache mehr. Die Grammatik ist eine Wissenschaft der Spielregeln, die wie ein Geschäftsbuch die „tatsächlichen Transaktionen der Sprache" (PhG 87) aufzeichnet. In diesem Buch können wir die ganzen Zusammenhänge und Netze nachschlagen, in denen Worte und Sätze stehen (PhG 149, § 102). Wittgenstein beginnt, die Sprache „unter dem Gesichtspunkt eines Spiels, das nach Regeln vor sich geht" (PhG 63, 77) zu betrachten. Der Vergleich des Sprechens und der Sprache mit Spielen beherrscht das ganze weitere Werk.[6]

Es ist nicht nur eine methodologische Veränderung, wenn die Grammatik und ihre Spielregeln an die Stelle der Logik treten. Es verändern sich damit auch die Gehalte der Begriffe ‚Sprache‘, ‚Denken‘, ‚Wirklichkeit‘. Wenn die Bedeutungen der

Wörter und Sätze vom Gebrauch bestimmt sind, gibt es keine Wirklichkeit jenseits des Sprachgebrauchs. Die Verbindung ‚Sprache und Wirklichkeit' werde „durch die Worterklärungen gemacht" (PhG 97). Einen doppelten logischen Boden hinter der Sprache gibt es nicht. Dann gibt es auch kein Denken jenseits der Sprache. Wittgenstein sagt dies von nun an:

Wenn ich in der Sprache denke, so schweben mir nicht neben dem sprachlichen Ausdruck noch Bedeutungen vor; sondern die Sprache selbst ist das Vehikel des Denkens. (PhG 161, § 112)

Denken ist Operieren mit der Sprache (PhG 106). Wittgenstein will damit nicht leugnen, daß es geistige Vorgänge, kognitive Prozesse gibt. Seine kategorische Einschränkung des Denkens auf die Bedeutung dessen, was wir mit der Sprache tun, hat eine anti-analytische Spitze. Er bestreitet den Anspruch der Logik, das Paradigma des Denkens schlechthin zu sein. Im *Tractatus* heißt ‚Denken' noch soviel wie ‚logisch operieren und analysieren'. Es kann deswegen auch kein unlogisches Denken geben (TLP 5.4731). Jetzt heißt ‚Denken' soviel wie ‚Sprache nach Regeln gebrauchen'. Regeln können aber richtig und falsch gebraucht werden. Deswegen können wir falsch und verwirrt in unserer Sprache denken. Der Reichweite der Regeln können wir aber auch beim falschen Gebrauch nicht entfliehen. Die Logik und ihre Sätze bildeten im *Tractatus* einen ehernen, starren Rahmen für das Denken. Die Regeln des Sprachgebrauchs sind dagegen fließend, nicht unverbrüchlich; sie haben eine Geschichte. Wittgenstein nennt sie „willkürlich" (PhG 185). Er meint damit, daß sie keine Wurzeln jenseits des Sprachgebrauchs selbst haben. Sie sind deswegen auch keiner Wirklichkeit jenseits der Sprache „Rechenschaft schuldig" (PhG 184).

Es liegt nahe, Wittgensteins Regelverständnis ‚konventional'[7] zu nennen. Allerdings kommt es darauf an, was wir unter ‚Konventionen' verstehen. Regeln des Sprachgebrauchs sind für ihn keine Konventionen, wenn wir darunter ‚frei gewählte Vereinbarungen' verstehen. Solche Vereinbarungen sollten wir auch besser ‚Institutionen' nennen. ‚Konventionen' können wir aber, so wie David Lewis[8], spieltheoretisch als eine bestimmte Art von Interessen-Gleichgewichten beim Gebrauch von Symbolen verstehen. Konventionen entstehen nicht planvoll und absichtlich, sind nicht Ergebnis von Absprachen oder Entscheidungen. In diesem Punkt kommt der spieltheoretische Begriff von Konventionen Wittgensteins Verständnis von Regeln nahe. Er selbst lenkt unsere Aufmerksamkeit auf den Vergleich mit Konventionen, indem er die beiden synonym gebraucht. Er erläutert sein Verständnis von Regeln als Konventionen indirekt und negativ. Eine Darstellung nach bestimmten Regeln sei nicht konventional, wenn sie sich durch eine Übereinstimmung mit der Wirklichkeit rechtfertigen lasse (PhG 186).[9]

Der konventionale Charakter von Regeln ist nicht von der Übereinstimmung oder Nicht-Übereinstimmung von Sätzen mit Gegebenem abhängig. Regeln beziehen sich zwar auf das Verhältnis zwischen Sprache und Wirklichkeit, aber nicht im Sinn einer Korrespondenz, nicht als wechselseitige Entsprechung zwischen zwei voneinander unabhängigen Seiten. Regeln beziehen sich auf das Verhältnis der Sprache zur Wirklichkeit innerhalb der Sprache selbst; so versteht Wittgenstein den konventionalen Charakter der Regeln. Es gibt keine Außenverhältnisse der Sprache. Denken und Wirklichkeit sind sprachlich verfaßt. Was sie bedeuten und sind, sagt die Sprache. Insofern gibt es sie nur *in* einer Sprache.

Dies kann irritieren. Wenn ich auf etwas deute und sage, daß es rot ist, heißt dies offensichtlich nicht, daß das rote Ding ein Teil des sprachlichen Laut- oder Zeichensystems ist. Das rote Ding existiert nicht als Laut- oder Zeichenmenge. *Was* das Ding aber ist und *daß es rot ist*, sagen nicht das Ding und seine Farbe, sondern Sätze einer Sprache. Die Bedeutung und Existenz von Dingen ist nur denkbar, verstehbar und mitteilbar durch Sprache. In diesem Sinn gibt es nichts außerhalb der Sprache. Weil es nichts jenseits der Sprache gibt, müßte die Rechtfertigung einer Übereinstimmung eines Satzes mit der Wirklichkeit das, was der Satz darstellt, noch einmal darstellen. Die Rechtfertigung wäre also reflexiv. Die Beschreibung des Satzes würde selbst beschrieben. Wir würden das, was wir sprachlich getan haben, noch einmal tun, vielleicht anders, aber ohne daß damit tatsächlich auf unabhängige Weise das, was wir zuerst taten, gerechtfertigt würde. Keine Regel kann eine andere korrigieren. Richtig oder falsch ist der Gebrauch einer Regel allein durch ihren Gebrauch, durch nichts anderes. Dies ist mit ‚Autonomie der Grammatik‘ gemeint.

b) Der sprachliche Raum

Mit der Abhängigkeit der Wirklichkeit und des Denkens vom Gebrauch der Sprache radikalisiert Wittgenstein die Sprachlichkeit des Denkens und Erkennens. Es gibt kein außersprachliches Grundmuster des Denkens und der Wirklichkeit mehr. Der Raum des Denkens und der Wirklichkeit ist die Sprache. Wir denken im sprachlichen Raum. Auch die Wirklichkeit gibt es nur im sprachlichen Raum. Die Sprache ist aber ständig in Bewegung, ihre Regeln und die Bedeutungen der Wörter und Sätze sind nicht ein für allemal fixiert. Einerseits ist diese Radikalisierung des Verhältnisses zwischen Sprache und Denken ein Bruch mit dem *Tractatus*, andererseits setzt sie dessen Linie fort.

Der Bruch wurde schon deutlich. Er besteht darin, daß Denken und Wirklichkeit nicht mehr durch das Grundmuster der Logik bestimmt werden. Die Kontinuität einiger Gedanken des *Tractatus* ist aber ebenso offensichtlich. Wittgenstein führt vor allem den Gedanken fort, daß nur das, was es innerhalb der Welt gibt, thematisierbar, sagbar und wißbar ist. Dieses ‚innerhalb der Welt‘ heißt jetzt allerdings ‚innerhalb der Sprache‘. Das Grundmodell der Unterscheidung zwischen der Transparenz des Inneren der Wirklichkeit und der Undurchschaubarkeit dessen, was jenseits dieser Wirklichkeit – im Metaphysischen – liegt, ist geblieben. Das Modell hat nur eine andere begriffliche und methodische Ausstattung erhalten. Noch entschiedener als bisher sagt er nun, daß es keine Metaphysik gibt (BT 1). Sie gehört nicht zu unserer Sprache.

Wittgenstein führt noch einen weiteren Gedanken fort. Es ist der Gedanke, daß sich das, was wirklich ist und was wir denken, sprachlich zeigt. Diese Überzeugung gibt er nicht auf. Er modifiziert sie nur. Das Wirkliche ist sprachlich gegeben und das Sprachliche ist nunmehr das Wirkliche, so wie es ist, nicht mehr so, wie es möglich ist. Die Veränderung besteht darin, daß es keine transzendentalen Bedingungen der Wirklichkeit mehr gibt. Die Sprache zeigt ohne Logik, allein, autonom das Wirkliche. Was wirklich ist, zeigt sich im sprachlichen Raum.

2. Übereinstimmung von Satz und Wirklichkeit

In der *Philosophischen Grammatik* lesen wir Sätze wie: „Die Bedeutung eines Wortes ist das, was die Erklärung der Bedeutung erklärt" (PhG 59). Es heißt zwar unmittelbar davor, der „Ort eines Wortes in der Grammatik" sei „seine Bedeutung". Dennoch fragen wir uns, wie die Erklärung aussieht, mit der das Wort seinen Ort in der Grammatik findet. Wittgenstein setzt sich klar von Frege ab und erklärt, die Bedeutung eines Namens sei nicht das, worauf wir zeigen, wenn wir ihn erklären (PhG 63 f.). Wenn wir Bedeutungen hinweisend, ostensiv, erklären, identifizieren wir unwillkürlich das Wort mit dem, worauf wir zeigen. Wir sagen ‚Knopf' und zeigen auf einen Knopf. Wir entkommen scheinbar doch nicht der identifizierenden Erklärung der Bedeutungen, wie Frege sie lehrt. Wittgenstein gibt aber nicht nach. Die Identifikation, die wir vornehmen, ist keine Gleichsetzung eines – zunächst noch bedeutungsfreien – Wortes mit einem Gegenstand, der die Leere dann ausfüllt, nach dem Muster: ‚Dies ist es, was „Knopf" bedeutet'. Das Wort ‚Knopf' wäre dann eine Art Kopie eines Knopfes. Das wäre etwa das Gegenteil dessen, was Wittgenstein will, und nicht nur er. Nach seiner Vorstellung geht es um eine Projektion, um die Übertragung einer – vorläufig – fertigen, in der Grammatik verfügbaren Bedeutung auf einen Gegenstand. Es geschieht häufig, daß die Bedeutung dann doch eine andere ist, als wir annahmen. Die Grammatik ist zwar autonom; das bedeutet aber nicht, daß sie der wahrnehmbaren Wirklichkeit gegenüber blind wäre. Wir prüfen grammatische Regeln im Gebrauch und sehen dann, wie tauglich sie vis à vis der wahrgenommenen Wirklichkeit sind. Solange ihre Tauglichkeit nicht in Frage steht, gilt: Der Ort des Wortes in der Grammatik entspricht dem Ort des Gegenstandes in der Wirklichkeit.

a) Knöpfe und ‚Knöpfe' – ein Pseudoproblem

Dieses Bild des Verhältnisses der Sprache zur Wirklichkeit entspricht den Autonomie-Ansprüchen der Grammatik. Es ist aber noch nicht klar genug und gibt Anlaß zu Mißverständnissen. Die Ansprüche der Grammatik, in Sachen Bedeutung einen Vorrang vor der Wirklichkeit zu haben, können mißverstanden werden, und zwar so, als wäre die Wirklichkeit ein Bild der Grammatik. Solche Ansprüche könnten gegen gute Sitten verstoßen, wenn wir – jenem Vorrang entsprechend – versuchten, Hosentüren grammatisch zu schließen statt wie üblich. Eine bloße Projektion der Grammatik in die Wirklichkeit liefe auf eine bloße Verkehrung der Identifikation des Wortes mit einem Gegenstand hinaus, die Wittgenstein an Frege kritisiert. Was für ein Gegenstand etwas ist, würde dann von einer Art Bedeutungsfüllung des Gegenstandes durch ein Wort entschieden. Der Gegenstand wäre eine Kopie des Wortes. So kann es auch nicht sein.

Manövriert sich Wittgenstein mit der Autonomie der Grammatik nicht in ein mögliches Dilemma? Es wäre ein Dilemma, wenn die Wirklichkeit tatsächlich zu einem Bild der Grammatik würde. So ist es zwar nicht, aber es gibt dennoch ein Problem. Es hängt mit der Frage zusammen, wie die Dinge zu ihren Bedeutungen und wie die Bedeutungen zu den Dingen kommen. Es ist dies eine einzige, aber januskörfige Frage. Frege entschied sich so, daß die Bedeutungen mit den Dingen zusammenhängen und ihren Gehalt von den Dingen haben. Demgegenüber ist die fiktionalistisch anmutende Umkehrung des Abhängigkeitsverhältnisses leicht im Nachteil, nicht nur wegen der guten Sitten. Sie wirft nämlich stärker als die Frege'sche Lösung die Frage auf, wie wir darauf kommen, daß ‚Knopf' zu Knöpfen und ‚Zopf' zu Zöpfen paßt und nicht ‚Knopf' zu Zöpfen und ‚Zopf' zu Knöpfen.

Wittgenstein denkt über das Verhältnis zwischen Sprache und Wirklichkeit in Manuskripten nach, die den Namen *Big Typescript* (BT) erhielten.[10] Einige Teile dieses Manuskripts wurden in die *Philosophische Grammatik* aufgenommen. Sie zeigen aber nicht deutlich genug, wie intensiv Wittgenstein tatsächlich über das Verhältnis zwischen Sprache und Wirklichkeit nachdachte. Das *Big Typescript* zeigt klarer als die *Philosophische Grammatik*, daß Wittgenstein keineswegs Freges Identifikation der Bedeutung des Namens mit dem Gegenstand einfach auf den Kopf stellen will. Wittgenstein glaubt nicht, daß die Frage, wie die Bedeutung zum Gegenstand und der Gegenstand zur Bedeutung kommt, überhaupt richtig gestellt ist. Es stellt sich heraus, daß diese Frage irreführend ist; ihr Problem ist ein Pseudoproblem. Es ist nämlich denkbar, daß es unabhängig voneinander die Welt mit ihren Dingen und die Sprache mit ihren Bedeutungen gibt. Und davon geht Wittgenstein aus. Wenn es aber die Sprache und die Wirklichkeit gibt und beide autonom sind, entsteht das Problem, wie die beiden voneinander unabhängigen Mengen von Dingen so miteinander verbunden werden, daß wir die Wirklichkeit mit unserer Sprache richtig verstehen.

In diesem Problem steckt allerdings noch etwas von jenem Pseudoproblem. Letzteres taucht jetzt als Frage auf, wie wir entscheiden können, ob wir mit unserer Grammatik die Wirklichkeit *richtig* beschreiben und verstehen. Wittgenstein nimmt an, daß wir das Verhältnis zwischen Sprache und Wirklichkeit nur als Vergleich auffassen können. Er sieht aber sofort das damit verbundene Problem:

Aber womit soll man die Wirklichkeit vergleichen, als mit dem Satz? (BT 89)

Im *Tractatus* tritt in diesem Zusammenhang keine Unsicherheit auf, weil der Satz dort als Bild der Wirklichkeit direkt bis zu ihr reicht (TLP 2.1511) und „wie ein Maßstab an die Wirklichkeit angelegt" ist (TLP 2.1512). Es kann im Verhältnis der Sprache zur Wirklichkeit gar kein Problem auftreten, weil die Form der Abbildung selbst zum Bild gehört. Das Verhältnis der Sprache zur Wirklichkeit ist selbst ein Teil des Bildes. Das Verhältnis der Abbildung besteht im *Tractatus* aus „Zuordnungen der Elemente des Bildes und der Sachen" (TLP 2.1514). Diese Zuordnungen machen die Form der Abbildung aus, die *im* Bild und gleichzeitig *in* der Wirklichkeit deren Gemeinsames ist. Starrer als durch die logische Form können Bild und Wirklichkeit nicht miteinander verkoppelt sein.

b) Der Satz als Maßstab

Erst nachdem Wittgenstein dieses logisch starre Verhältnis zwischen Sprache und Wirklichkeit aufgibt, wird das Verhältnis zu einem Problem. Das Problem, um das es geht, ist das des Vergleichsmaßstabes. Wie wissen wir, ob der Vergleich des Satzes mit der Wirklichkeit angemessen ist oder nicht? Wittgenstein sieht, daß es wenig hilfreich wäre, auf die Frage, wie wir wissen, ob der Satz der Wirklichkeit angemessen ist, zu antworten, er werde ja mit der Wirklichkeit verglichen. Erklärungen dieser Art drehen sich im Kreis, wenn der Vergleichsmaßstab nicht fixiert ist. Im *Tractatus* ist die logische Form fixiert, aber nicht als Vergleichsmaßstab, sondern als das Gemeinsame von Bild und Abgebildetem. Nachdem diese Gemeinsamkeit entfallen ist, muß der Satz selbst als Maßstab stehen wie das Urmeter in Paris. Er darf sich im Vergleich nicht bewegen, darf nicht justiert werden, während er benutzt wird. Wittgenstein will den Satz als Maßstab verwenden, aber ohne mit dem Problem konfrontiert zu sein, woher der Maßstab seine Berechtigung hat.

Eine Rechtfertigung des Satzes als Maßstab erübrigt sich, wenn er nicht auf Dauer gelten muß. Dies ist dann der Fall, wenn der Maßstab vor dem Vergleich nicht existiert und danach nicht mehr nötig ist. Das hört sich wie ein fauler Trick an. Es ist aber kein Trick. Wittgenstein identifiziert nämlich den Satz als Maßstab mit dem Satz als Fall:

Ich sagte, der Satz wäre wie ein Maßstab an die Wirklichkeit angelegt: Aber (Und) der Maßstab ist, wie alle Gleichnisse des Satzes, ein besonderer Fall eines Satzes. Und auch er bestimmt nichts, solange man nicht mit ihm mißt. Aber Messen ist Vergleichen (und muß heißen, Übersetzen). (BT 88)

Der Maßstab existiert nur im Messen. Das heißt, der Satz übersetzt einen aktuellen Ausschnitt der Wirklichkeit in die Sprache. Dieser Gedanke ist ausgesprochen einfallsreich. Sein Erfolg steht aber nicht nur auf eigenen Füßen. Wenn wir diese Identifikation des Maßstabes mit dem gemessenen Fall nämlich atomistisch – also isoliert von Fall zu Fall – verstehen würden, hätten wir nichts gewonnen für die Frage nach der Richtigkeit unserer Beschreibung der Wirklichkeit. Wir könnten dann mit ‚Zöpfen‘ genauso die Hosen schließen wie mit ‚Knöpfen‘. Es könnte ja im einen Fall richtig, im anderen falsch sein. Unter atomistischen Voraussetzungen würde sich die Identifikation des Maßstabs und des gemessenen Falls schlimm auswirken. Wir hätten genau genommen überhaupt keinen Maßstab für den Vergleich zwischen Sprache und Wirklichkeit. Der Vergleich wäre willkürlich. Wittgenstein lehnt das atomistische Verständnis daher mit guten Gründen ab und wählt – hier wie im *Tractatus* – die holistische Alternative zum Atomismus. Er integriert das Verstehen des Satzes als einzelnen Fall – ähnlich dem Frege'schen Kontextprinzip[11] – in das Verstehen einer ganzen Sprache (BT 93). In sie eingebettet können Maßstab und Fall zusammenfallen. Das Ganze der Sprache erlaubt dann die Entscheidung, daß der Satz das beschreibt, was wirklich ist. Eine *Entscheidung* muß aber getroffen werden (vgl. BT 93). Sie hat zwei Seiten. Zum einen muß der Satz zu dem passen, was er beschreibt; zum andern muß er richtig gebildet sein. Der Satz muß daher in gewisser Weise ein Doppelmaß sein, für sich selbst, d.h. für seine grammatische Gestalt, und für seinen Inhalt.

Es darf unserer Aufmerksamkeit nicht entgehen, daß der Holismus das Ganze der Sprache nur als plausible Hypothese aus dem Hut zaubert, wenn wir nicht wissen, wie dieses Ganze mit dem Maßstab/Fall des Satzes zusammenhängt. Es gibt aber keine theoretische Erklärung dieses Zusammenhangs. Den Zusammenhang zwischen Satz und Sprache müssen wir – nach Wittgensteins Überzeugung – lernen. Was wir lernen, sind Wörter und Regeln ihrer Verwendung. Erst nach dem Lernen sind die Regeln theoretisch-linguistisch rekonstruierbar. Vor dem Lernen der Sprache gibt es keine Sprache, auch nicht als angeborener mentaler Mechanismus, wie zum Beispiel N. Chomsky annimmt.[12] Wir lernen den Zusammenhang zwischen den Wörtern und Dingen und zwischen den Wörtern und der Sprache durch Abrichten. Eine Sprache wird durch hinweisende Erklärungen und Gesten gelehrt (vgl. PhG 97; BT 173). Wittgenstein hält in seinem restlichen Œuvre daran fest, daß Menschen Sprachen durch Abrichten lernen, und zwar Stück für Stück, nicht auf einmal. So wie wir die Sprache nicht auf einmal lernen – wir schlucken die Grammatik nicht auf einmal hinunter (BT 157) –, ist sie auch nie in ihrer Gesamtheit präsent. Es reicht, wenn der engere oder weitere Kontext eines Satzes präsent ist.

Wittgenstein teilt übrigens mit Frege nicht nur das Kontextprinzip, sondern auch den Antipsychologismus. Beide glauben, daß das Verhältnis zwischen Wörtern und Gegenständen kein psychologisches ist (BT 173).[13] Es gibt also auch keinen psychischen Mechanismus, der den Zusammenhang zwischen Wörtern, Sätzen, Sprache und Wirklichkeit ähnlich regeln würde wie der Appetit das Eßverhalten. Die Sprache ist zwar – auch nach Wittgensteins Urteil – ein sozial wirksamer Mechanismus, weil mit ihrer Hilfe Menschen und das, was sie tun, beeinflußt werden können; aber der soziale Zweck dieses Mechanismus ist – wie er betont – für die Grammatik und damit für die Bedeutung der Wörter und Sätze irrelevant.[14]

c) Regeln als holistisches Maß

Wenn wir uns davon überzeugen lassen, daß Sätze jeweils im Ganzen einer Sprache Maß und Fall des Verhältnisses zwischen Sprache und Wirklichkeit sind, interessiert uns, wie der Maßcharakter dieses Maßes beschaffen ist. Wie mißt das Satzmaß die Wirklichkeit? Die Antwort scheint einfach: mit Regeln. Heißt das dann aber nicht, daß jeder Satz eine Regel ist? Ja und nein. Nein, weil eine Regel selbst kein Erfahrungssatz sein kann, sonst könnte sie der Bildung von Erfahrungssätzen nichts vorschreiben. In diesem Sinn kann ein Maß nicht so beschaffen sein wie das Gemessene. Die Antwort muß aber auch ‚ja‘ sein, weil nur der aktuelle Regelgebrauch im Satz ein Maß an die Wirklichkeit anlegen kann. Wittgenstein drückt dieses ‚ja und nein‘ so aus:

> Die Regel ist die Festsetzung der Maßeinheit… und der Erfahrungssatz sagt, wie lang ein Gegenstand ist. (BT 240)

Im Satz manifestiert sich das Maß einer Regel. Dies klingt geheimnisvoll und unklar. Gemeint ist dies: Der Satz ist selbst das Maß, das an die Wirklichkeit angelegt wird. Daß sich die Regel im Satz manifestiert, heißt, daß sie in ihm in gewisser Weise aufgesogen oder aufgebraucht wird. Die Regel fügt der Bedeutung des Satzes nichts hinzu. Sie ist semantisch redundant (vgl. BT 241). Nicht eine Regel teilt etwas mit, sondern ein Satz, der nach einer Regel gebraucht wird. Wenn ich auf etwas zeige und sage ‚Dies ist rot‘, formuliere ich z.B. eine Regel – von vielen – für das Farbwort ‚rot‘. Mit der Regelfestlegung sage ich aber nichts, was über die Beschreibung der Farbe des Gegenstandes hinausgeht. Ich beschreibe auch nichts mit der Regel als Regel. Natürlich kann ich die Regelfestlegung von ihrer Anwendung begrifflich unterscheiden. Ich muß es sogar, weil eine Regel eben keine Beschreibung ist und weil es falsch wäre zu sagen, Regel und Anwendung seien dasselbe. Ich sehe aber erst dann, wenn ich die Regel ‚Dies ist rot‘ verwende, wie ich sie anwenden kann; und erst dann verstehe ich sie. Das Maß der Regel zeigt sich im Messen, in der Beschreibung eines roten Gegenstandes.

Wir können dieses Maßverständnis des Satzes in Wittgensteins holistische Deutung des Verhältnisses zwischen Sprache und Wirklichkeit integrieren. Das Maß des Satzes kann zum Fall einer richtigen Beschreibung werden, weil sich die Maßeinheit nur in der Beschreibung zeigt. Für Wittgensteins Holismus der Bedeutung gelten also drei Bedingungen: 1. Eine Regel kommt nicht anders als durch ihren Gebrauch im Satz zum Vorschein. 2. Der Satz ist aus diesem Grund ein Maßstab der Wirklichkeit. 3. Eine Regel ist keine Beschreibung, deswegen müssen wir begrifflich klar zwischen Regel und Anwendung unterscheiden. Wie zeigt sich nun aber das Ganze der Sprache in diesem Verhältnis des Satzes zur Wirklichkeit? Das Ganze der Sprache ist im jeweiligen Zusammenhang präsent durch die Regeln. Wittgenstein denkt ausdrücklich holistisch, „daß erst *alle* Regeln das Spiel, die Sprache, charakterisieren" (BT 234). Wir müssen allerdings, wenn wir die Sprache gebrauchen, nicht alle Regeln präsent haben. Es genügen die Regeln für die Züge im Spiel, die wir gerade machen.

3. Verifikation

In der Tradition des logischen Positivismus ist das Verhältnis zwischen einem Satz und der Wirklichkeit, die er beschreibt, erst dann ein objektives, wenn die Bedeutung des Satzes als wahr bestätigt werden kann. Die Objektivität, Bestätigung und Wahrheit eines Satzes sind wechselseitig voneinander abhängig. Der Satz ist erst wahr, wenn er verifiziert wurde. ‚Der Abendstern ist die Venus' ist z. B. erst wahr, seit die Astronomie dies bestätigt hat. Die Verifikation dieses Satzes in einem naturwissenschaftlichen Verfahren zeigte, daß das, was wir abends am Himmel – manchmal – so klar leuchten sehen und was seit Menschengedenken als ‚Abendstern' besungen wurde, der Planet Venus ist, also das Gestirn, das von alters her als ‚Morgenstern' bekannt war. Dieser Planet ist das, was ‚Abendstern', ‚Morgenstern' und ‚Venus' bedeuten. ‚Verifikation' bedeutet also nicht nur, daß mit naturwissenschaftlichen Mitteln festgestellt wird, daß das, was ein Satz sagt, tatsächlich so ist. Das, worum es geht, ist vielleicht für das bloße Auge zu klein (wie Mikroben) oder zu weit entfernt (wie Planeten) oder überhaupt nur mit viel theoretischem Aufwand erkennbar (wie Quarks). In solchen Fällen ist die Verifikation eines Satzes ohne wissenschaftliche Hilfsmittel nicht möglich. ‚Verifikation' bedeutet in all diesen Fällen, daß der wahre Gehalt des Satzes ein empirischer ist. ‚Verifikation' bezeichnet daher nicht nur eine wissenschaftliche Methode der Bestätigung, sondern bringt eine ganze Bedeutungstheorie auf den Punkt. Und diese Theorie behauptet, daß Bedeutung einen empirischen Charakter hat, der sich in einem wissenschaftlichen Prozeß darstellen läßt. Dieser Prozeß entscheidet dann, was ‚Bedeutung' im Einzelfall heißt. Die Bedeutung eines Satzes ist danach abhängig von der Methode, mit der er verifiziert wird.

Dies scheint nicht weiter problematisch. Im Gegenteil, die Methode der Verifikation erwies sich als außerordentlich robustes Instrument, die Bedeutung eines Satzes festzustellen. Die Methode der Verifikation als Quelle der Bedeutung ist aber nicht über jeden Zweifel erhaben. Einige Konsequenzen aus diesem Verständnis von ‚Bedeutung' sind unsinnig. Die strenge Abhängigkeit der Bedeutung von der Methode der Verifikation führt dazu, daß sich dann, wenn sich die Methode ändert, zwangsläufig auch die Bedeutung ändern muß. Dies ist nicht in jeder Hinsicht sinnvoll. Die Verifikation eines unsichtbar kleinen Lebewesens mit Hilfe eines Mikroskops liefert uns zwar mehr Informationen, zeigt zum Beispiel, wie das Lebewesen aussieht. Hat es aber Sinn zu sagen, es erhalte dadurch eine andere Bedeutung? War dieses Lebewesen vor der Verwendung des Mikroskops nicht die Bedeutung von ‚der Erreger der Malaria'? Entweder ist bekannt, daß ein kleines Lebewesen dieser Erreger ist, dann ist er die Bedeutung dieses Ausdrucks; oder es ist nicht bekannt, dann wird die Bedeutung – wie beim Abendstern – erst entdeckt. In jedem Fall ist die Bedeutung – im Sinn Freges – objektiv dieses Lebewesen, und zwar unabhängig davon, wann dies wie bekannt wird. Vorher kannten wir eben die Bedeutung nicht. Es wäre aber unsinnig zu sagen, die Bedeutung von ‚der Erreger der Malaria' habe sich verändert. Der Begriff der Verifikation kommt mit Freges Begriff der Bedeutung ins Gehege. Die Identifikation von ‚Methode der Verifikation' mit ‚Bedeutung' entspricht nicht Freges Bedingungen der Objektivität der Bedeutung eines Ausdrucks.

a) Verifikation innerhalb der Sprache

Nach allem, was wir bei Wittgenstein über das Verhältnis zwischen Sprache und Wirklichkeit lesen, wissen wir, daß er die Bedeutungstheorie Freges ablehnt. Dasselbe trifft auf die mit ihr zusammenhängenden Ansprüche der Objektivität von Bedeutungen zu. Neigt er deswegen schon dem logisch-positivistischen Begriff der Verifikation zu? Ganz und gar nicht. Wittgenstein versteht unter ,Verifikation' etwas anderes als eine wissenschaftliche Methode. Er lehnt Verifikation nicht generell ab, sondern versucht, ihr einen Sinn zu geben. Verifikation ist für Wittgenstein kein empirischer Prozeß. Sie ist abhängig von der Sprache und nicht von einer Wissenschaft oder einem wissenschaftlichen Verfahren. Es geht ihm bei der Verifikation also nicht um die Bestätigung eines Satzgehalts durch eine ihm äußerliche Instanz, sondern um das Verstehen eines Satzes durch Menschen, die die Sprache insgesamt schon verstehen. Die Verifikation eines Satzes sei ein Beitrag zu seiner Grammatik, sagt er und fährt fort:

Man kann nicht die Möglichkeit der Evidenz mit der Sprache überschreiten. -
Die Frage nach der Verifikation ist nur eine besondere ... Form der Frage „wie meinst Du das?" / „Was tut man mit diesem Satz?" (BT 265)

Der Grund, aus dem Verifikation kein empirischer, wissenschaftlicher Prozeß sein kann, ist, daß wir – selbst dann, wenn wir wollten – die Grenzen der Sprache mit der Sprache nicht überschreiten können. Wenn wir wissen wollen, ob das, was der Satz ,Diese Knöpfe sind für ein Hemd' sagt, zutrifft, müssen wir den Satz selbst ansehen und überlegen, was seine gewöhnliche Verwendung ist. Das, was man normalerweise mit ihm tut, etwa die Funktion bestimmter Knöpfe – im Unterschied zu anderen – beschreiben, ist seine Bedeutung. Aber wie wissen wir, daß es tatsächlich die Knöpfe für ein Hemd sind, über die wir sprechen? Wenn jemand darüber im Zweifel sein sollte, werden wir ihm sagen ,Es sind diese Knöpfe hier, die gemeint sind'. Damit zeigen wir, daß wir wissen, was der

Satz ‚Diese Knöpfe sind für ein Hemd' bedeutet. Wir verwenden einen Erfahrungssatz, um die Bedeutung des Satzes zu erklären.

Wittgenstein unterscheidet im *Big Typescript* zwei Möglichkeiten der Verifikation, eine physikalische und eine logische (BT 267, 728). Die physikalische habe ich eben vorgeführt. Sie verwendet einen Erfahrungssatz zur Bestätigung eines Satzgehalts. Die logische Möglichkeit greift auf den Kalkül der Sprache zurück. Sie liefert – wie wir heute sagen würden – eine holistische Erklärung der Bedeutung. Es ist übrigens nicht so, daß Sätze mit empirischem Gehalt immer empirisch, durch Erfahrungssätze, bestätigt werden. Sätze wie ‚Ich werde nie einem Menschen mit zwei Flügeln begegnen' sehen wie empirische aus und erheben auch einen empirischen Anspruch. Für den gibt es aber – in Fällen wie dem unseren – keine empirische Evidenz. Es würde auf eine Verwechslung der logischen mit der physikalischen Verifikation hinauslaufen, wollte ich zum Beispiel alle – potentiell unendlich viele – Glieder des Produkts ‚Dieser Mensch hat keine zwei Flügel & dieser Mensch hat keine zwei Flügel & dieser Mensch ...etc.' durchgehen und auf ihre Richtigkeit prüfen (vgl. BT 728). Ich muß daher auf die logische Möglichkeit der Verifikation zurückgreifen. Sie sagt mir, daß ich mir zwar einen Menschen mit zwei Flügeln vorstellen kann, daß diese Vorstellung aber nicht mit den Begriffen übereinstimmt, die ich mit Menschen verbinde. Der ‚Mensch mit zwei Flügeln' paßt nicht in meine Grammatik. Die logische, holistische Verifikation hat also Vorrang vor der physikalischen. Reicht es aber - nur holistisch – nachzuprüfen, ob eine Vorstellung den Tatsachen entspricht?

Wittgenstein überspringt auch diese wichtige Frage nicht. Er fragt, was es heißt, sich eine Vorstellung von etwas zu machen, die der Wirklichkeit entspricht, und spielt diese Frage mit Napoleon durch.

Es muß uns klar sein, daß der Zusammenhang unseres Gedankens mit Napoleon nur durch diesen selbst und durch kein Bild (Vorstellung etc.) und sei es noch so ähnlich, gemacht werden kann. Anderseits ist

Napoleon für uns in seiner Abwesenheit nicht weniger enthalten, als in seiner Anwesenheit. (BT 289)

Wittgenstein will sagen, daß die Wirklichkeit dessen, was Inhalt einer Vorstellung ist, nur durch den Inhalt bestimmt wird und nicht etwa durch andere Vorstellungen oder Bilder. Wenn eine Vorstellung von Napoleon dafür verantwortlich wäre, daß das, was wir über ihn denken, der Wirklichkeit entspricht, hätten wir das Problem, diese Vorstellung auf ihren realen Gehalt zu prüfen. Die Not der noch offenen Bestätigung nähme kein Ende. Nach Wittgensteins Ansicht macht es keinen Unterschied, ob wir nach der Wirklichkeit unserer Vorstellung von Napoleon oder von uns selbst fragen. Woher weiß ich, daß ich es bin, der gerade in den Spiegel schaut? Ist es nicht die Ähnlichkeit des Gesichts im Spiegel mit mir, die mich davon überzeugt, daß ich es bin? Gewöhnlich ist es wohl so. Darauf sollte ich mich aber nicht verlassen. Das Bild kann mir täuschend ähneln, aber in Wirklichkeit ein „schlechtes Portrait eines Anderen sein" (BT 291). Ich und mein Spiegelbild kommen in nichts Drittem überein, was die Realität des Bildes bestätigen würde. Ich selbst bin auch in meiner Vorstellung kein Bild meiner selbst.

Eine Vorstellung kann weder die Wirklichkeit einer anderen Vorstellung noch die Wirklichkeit eines Satzgehalts bestätigen. Der Satz selbst muß bestimmen, „welche Realität ihn wahr macht" (BT 375). Emphatisch wiederholt Wittgenstein immer wieder:

In der Sprache wird alles ausgetragen. (PhG 143; BT 379, 381, 383, 387 Rückseite)

Nichts geschieht jenseits der Sprache. Gibt es aber nicht doch eine Bewegung zwischen sprachlichen Zeichen und Realität, die der Verifikation dient? Ja, aber diese Bewegung findet innerhalb der Sprache statt. Die Harmonie oder das Gemeinsame von Welt, Denken und Sprache sei nicht beschreibbar (BT 370); deswegen kann es auch nicht näher untersucht werden. Das Verhältnis der Beschreibung zum Beschriebenen kann damit in Wittgensteins Augen nicht selbst Gegenstand der Beschreibung sein. Es gibt keine Meta-Beschreibung, die über dem Verhältnis der Beschreibung zum Beschriebenen stünde und dessen Richtigkeit prüfte, sowenig wie es – für Wittgenstein – eine Metalogik oder eine Metamathematik gibt. Reflexive Verhältnisse dieser Art bleiben – wie im *Tractatus* – verboten. Allerdings kann die Sprache beschrieben werden als Instrument der Beschreibung. Sonst wäre es nicht möglich, die Grammatik zu untersuchen. Der Sprachgebrauch kann beschrieben werden. Sätze können andere Sätze beschreiben. Eben dies geschieht bei der physikalischen und logischen Verifikation. Aber diese Beschreibung leistet nicht mehr und nicht weniger als die Sprache selbst (PhG 159; BT 375). Deren Domäne können wir nicht verlassen.

Das Reflexionsverbot, das Wittgenstein seit dem *Tractatus* aufrecht erhält, ist ein Verbot der unberechtigten Verdoppelung. Muß ich aber nicht notgedrungen Doppelungen vornehmen, wenn ich zwischen mir und meinem Spiegelbild oder zwischen Napoleon und meiner Vorstellung von ihm unterscheide? Das ist doch der Punkt meines Verständnisses von Wirklichkeit, daß ich diesen Unterschied mache. Eben dies will Wittgenstein nicht bestreiten. Nur sind meine Unterscheidungen jeweils keine Verdoppelungen desselben. Ich verdopple nicht nach dem Muster ‚der wirkliche Napoleon = der Napoleon in meiner Vorstellung‘ die Wirklichkeit Napoleons, wenn ich ihn mir adäquat vorstelle. Ich verdopple mich auch nicht selbst im Spiegel. Der wirkliche Napoleon wird weder sprachlich aufgehoben noch in meine Gedanken aufgenommen. Er kommt darin nicht vor. Es geht allein um Beschreibungen, um Bilder, vielleicht auch um „Schatten" der Realität (BT 375). Die „prästabilierte Harmonie" (BT 381) zwischen Welt und Gedanken, Wirklichkeit und Sprache schafft – trotz ihres metaphysischen Anspruchs – keine doppelte Wirklichkeit.[15]

Wir machen uns eine typische Vorstellung von Verifikation, wenn wir annehmen, daß ein Satz zu einem bestimmten Zeitpunkt noch nicht und zu einem späteren Zeitpunkt dann tatsächlich bestätigt ist. Dies ist ein Verhältnis von Erwartung und Erfüllung. Die Sätze ‚Der Knopf da wird nicht mehr lange halten' und ‚Es gibt mindestens eine größere Primzahl als die größte bisher bekannte' drücken zum Beispiel Erwartungen aus, sind eine Art Prognosen. Sie werden irgendwann eintreffen. Wir wissen jetzt schon, daß es immer eine größere Primzahl als die größte jeweils bekannte gibt. Und von dem Knopf wissen wir, er wird definitiv bald abgehen, weil kein Knopf ewig hält. Wenn das, was wir vermuten, dann eintrifft, hat sich jeweils das bewahrheitet, was die Sätze behaupten. Die Verifikationen der Sätze sind abgeschlossen. Wenn wir das Verhältnis zwischen Erwartung und Erfüllung nach dem Muster von ‚Bedeutung ist die Methode ihrer Verifikation' verstehen, ist die Bedeutung der Erwartung das Ereignis ihrer Erfüllung. In Parenthese gesagt, können wir – in Freges Sprache – zunächst nur vom Sinn, nicht von der Bedeutung einer Erwartung sprechen. Deswegen müssen wir etwas genauer formulieren und sagen, daß das Ereignis der Erfüllung die Wahrheit der Erwartung bestätigt.[16] Das Ereignis der Erfüllung ist etwas jenseits der Sprache. Man könnte meinen, es ist neben der Erwartung und der erwarteten Erfüllung etwas Drittes, was zu beidem hinzukommt und dem Ganzen dann erst Bedeutung und Wahrheit verleiht.

Wittgenstein lehnt genau dieses Verständnis der Erfüllung einer Erwartung als eines Dritten, eines außersprachlichen Geschehens, das verifizierend wirkt, ab (BT 384 f., 389 f.). Aus der Wirklichkeit eines Ereignisses kann die Bedeutung und Wahrheit eines Satzes, wie er glaubt, nicht erschlossen werden. Sowenig man aus der Wirklichkeit der Zahnschmerzen schließen kann, daß man sie hat (BT 393), kann man aus der Wirklichkeit der Erfüllung einer Erwartung auf deren Bedeutung und Wahrheit schließen. Die Erwartung eines Ereignisses ist dasselbe wie die „Erwartung der Erfüllung dieser Erwartung" (BT 385).[17] Eine Erwartung und ihre Erfüllung ereignen sich zu unterschiedlichen Zeitpunkten. Diese zeitliche Differenz schließt aber keine Differenz der Bedeutungen ein. Wenn etwas eintritt, was ich nicht erwartete, hatte ich eine falsche Erwartung. Damit unterscheiden sich aber die Bedeutungen von Erwartung und Erfüllung nicht, weil ja etwas anderes eintrat, als ich erwartete. Es bleibt dabei, die Bedeutung der Erwartung ist nicht ihre Erfüllung; und es gibt kein Drittes neben Erwartung und Erfüllung, was beidem Bedeutung geben würde. Aus beiden Gründen zusammen wäre es unsinnig, die Bedeutung der Erwartung aus der Erfüllung zu schließen. Was eine Erwartung erfüllt, sagt sie selbst. Was einen Satz verifiziert, sagt er selbst. Tatsachen sind nur in der Sprache als Tatsachen erkennbar.

Daß in der Sprache alles ausgetragen wird, ist – auf Anhieb – nicht so plausibel wie das herkömmliche, empiristische Verständnis von Verifikation. Wir neigen zum Beispiel in Rechtsfragen dazu, einem unbeteiligten Dritten eher die Kompetenz, Recht zu sprechen, zuzubilligen als jemandem, der Kläger oder Beklagter ist. Und das ist gut so. Und wenn es darum geht festzustellen, ob der Satz ,Dies ist ein Kilo Äpfel' wahr ist, nehmen wir eine Waage und keine Sätze oder Äpfel zuhilfe. Auch eine Waage ist eine Art unbeteiligter Dritter. Ist – angesichts solcher Beispiele – eine dritte Instanz nicht generell unverzichtbar für zuverlässige Entscheidungen? Benötigen wir nicht auch für die Bestätigung von Sätzen eine von diesen Sätzen und schließlich von der Sprache unabhängige Instanz? Die Grammatik ist diese Instanz, und sie ist nicht unzuverlässig, weil sie selbst zur Sprache gehört. Schauen wir uns doch die Beispiele, die so eindeutig für eine dritte Instanz sprechen, genauer an. Dann werden wir feststellen, daß die dritten Instanzen ähnlich in das integriert sind, was sie beurteilen, wie die Grammatik. Die Richterin ist Teil des Rechtssystems, in dem es erst Kläger und Beklagte geben kann. Die Waage ist Teil der Konvention, die wir zum Beispiel für die dezimale Messung von Gewichten in Kilogramm anerkennen. Wir legen an eine Menge Äpfel in ähnlicher Weise diesen Maßstab des Gewichts an wie wir – allgemein – an die Wirklichkeit einen Satz anlegen und – falls wir dessen Bedeutung nicht richtig kennen – an diesen Satz andere Sätze, die den Maßstab der Grammatik bilden. Ob wir dabei Sätze verwenden, die beschreiben, was wir nur mit dem Mikroskop sehen oder nur aufgrund komplizierter Theorien feststellen können, spielt dabei keine Rolle.

Vielleicht wendet nun jemand ein, der Maßstab sei doch in solchen Fällen selbst sprachlich, während der Maßstab der Waage nichts Apfelartiges sei. Es gehe doch genau um diesen Punkt: Ein zuverlässiger Maßstab könne nur sein, was gerade das nicht mit einer Sache gemein habe, was er an ihr beurteile; denn sonst würde sich der Maßstab ja selbst messen. Kein vernünftiges Maß sei deshalb mit dem vermischt, was es messe. Dies ist zwar richtig, aber kein wirklicher Einwand gegen Wittgensteins Einsicht, daß in der Sprache alles ausgetragen wird. Denn der Satz ‚Dies ist ein Kilo Äpfel‘ enthält nichts Apfelartiges, ist also nicht mit der Wirklichkeit vermischt, an die er als Maß angelegt wird. Und die Sätze der Grammatik, die uns über den Gebrauch eines Satzes wie ‚Dies ist ein Kilo Äpfel‘ aufklären, werden nicht als Beschreibungen der Wirklichkeit gebraucht. Sie enthalten keine wahren oder falschen Behauptungen über die Wirklichkeit, sondern über den Gebrauch von Wörtern und Sätzen, und sind – was ihren Gebrauch angeht – inhaltlich auch nicht mit dem vermischt, was sie beurteilen.

Ein letzter Versuch, Löcher in Wittgensteins Einsicht zu bohren, sei noch erlaubt. Es hieß oben, daß das Maß des Verhältnisses zwischen Satz und Wirklichkeit der Satz selber sei, und daß der Satz nur beim Messen seinen Maßstabcharakter zeige. ‚Dies ist ein Kilo Äpfel‘ ist jetzt zum Beispiel kein Maßstab, weil es hier am Schreibtisch – im Augenblick – keine Äpfel gibt. Gehen wir zum Obststand an der Ecke. Die Obsthändlerin spricht dort jenen Satz, nachdem sie die Äpfel ausgewogen hat. Würde ich ihr beim Auswiegen zusehen, bräuchte sie nichts mehr zu sagen. Was soll dann noch die Behauptung, jener Satz zeige oder erweise seinen Maßstabcharakter nur beim Messen? Ich benötige doch nur die Waage, die immer dasselbe tut.

Das ist richtig, spricht aber nicht dagegen, daß der Satz nur im Messen Maßstab der Wirklichkeit ist. Denn dies bedeutet zweierlei, einmal, daß der Satz ‚Dies ist ein Kilo Äpfel‘ erst beim Einkauf am Obststand einen Realitätsbezug hat; zum anderen bedeutet es, der Satz ist dabei in dem Sinn Maßstab, daß er an das angelegt wird, was wir kaufen wollen. Damit wird aber der Unterschied zwischen der festgelegten Maßeinheit und ihrer Anwendung nicht aufgehoben. Die Maßeinheit ist als Regel von allem, was mit ihr gemessen wird, unabhängig. Deswegen dürfen Maß und Gemessenes inhaltlich auch nicht vermischt werden.

Wittgenstein denkt beim Satz als Maß nicht in erster Linie an langfristig fixierte Regeln wie etwa Maß- oder Gewichtseinheiten. Er will beliebige Sätze als Maßstäbe der Wirklichkeit verstanden wissen. Der Sinn dieser künstlich anmutenden Übung ist, daß wir lernen, das Verhältnis zwischen Sprache und Wirklichkeit aus der sprachlichen Perspektive zu denken. Wenn ich nun nicht verstehe, was es heißt, daß der Satz ein Maß der Wirklichkeit sei, und diesem Maßstabcharakter mißtraue, schlägt Wittgenstein als vertrauensbildende Maßnahme vor, die Gegenprobe zu machen und zu sehen, ob der Satz als Maßstab taugt:

Wenn ich die Wirklichkeit daraufhin prüfen will, ob sie mit dem Satz übereinstimmt, so kann ich das auch so machen, daß ich sie nun beschreibe und sehe, ob der gleiche Satz herauskommt. (BT 204)

Um den Maßstabcharakter des Satzes zu testen, nehme ich einfach einen anderen Satz für denselben Ausschnitt der Wirklichkeit. Wenn die beiden Sätze übereinstimmen, ist der erste ein taugliches Maß. Ich prüfe also innerhalb der Sprache den Maßcharakter eines Satzes. Der Satz, den ich als Maß verwende, zeigt seinen Maßcharakter beim tatsächlichen Gebrauch, also beim Anlegen an die Wirklichkeit. Und dieses Maß wird nicht an der Wirklichkeit überprüft. Wir wenden es – wenn man so will – grammatisch geprüft und geeicht an. Es bleibt dabei, daß alles in der Sprache ausgetragen wird. Wenn dies für den Satz als Maßstab gilt, dann um so mehr für die Grammatik und ihre Regeln:

Die Regeln der Grammatik lassen sich nicht dadurch rechtfertigen, daß man zeigt, ihre Anwendung führe zu einer Übereinstimmung der Darstellung mit der Wirklichkeit. Denn diese Rechtfertigung müßte das Dargestellte selbst beschreiben. (PhG 186)

Damit – so können wir fortfahren – beschreiben wir nur in der Sprache, was wir zuvor mit ihr gemacht haben. Eine externe Rechtfertigung ist nicht möglich, selbst wenn sie gewünscht würde. ‚Verifikation‘ bedeutet ‚die Erklärung der Übereinstimmung von Wörtern und Sätzen mit der Wirklichkeit innerhalb einer Sprache‘. Damit ist nicht gemeint, daß die Wirklichkeit ihre Unabhängigkeit verliert und nur als sprachlich repräsentierbare Wirklichkeit existiert. Die Wirklichkeit bleibt unabhängig von der Sprache und denen, die sie gebrauchen. Auf sie Bezug nehmen können wir aber nur sprachlich. Nur mit den Mitteln der Sprache können wir die wirkliche Welt beschreiben. Nur sprachlich ist eine Übereinstimmung mit der Wirklichkeit möglich. Ein externes Kriterium dieser Übereinstimmung gibt es nicht.

b) Beschreibung – Wittgenstein gegen Russell und den Logischen Positivismus

Manch einer mag Wittgensteins Überlegungen nach anfänglichem Zaudern überzeugend finden und vielleicht meinen, daß sie letztlich nicht sehr weit vom Hauptstrom des analytischen Denkens entfernt sind. Wittgenstein selbst hält in seinen Aufzeichnungen fest, daß das, was er unter ‚Verifikation‘ verstehe, dem verwandt sei, was Russell mit seiner Theorie der Beschreibung (*Theory of Description*) wollte, nämlich eine direkte Kenntnis der Dinge ohne Schleich- und Umwege. Russell habe aber alles wieder mit seiner Idee des indirekten Wissens verschleiert (BT 266). Seinen berühmten Aufsatz „On Denoting" (1905)[18] eröffnet Russell mit einem Gedanken, dem Wittgenstein zweifellos zustimmen kann. Es heißt bei Russell, ein Ausdruck bedeute allein etwas aufgrund seiner Form (OD 415). Er versteht Bedeutung dabei so wie Wittgenstein als unmittelbare Leistung einer Beschreibung.

Russell beläßt es aber nicht bei diesem einfachen Begriff von Bedeutung. Er unterscheidet vielmehr zwischen Fällen der Beschreibung, die – je nachdem, wie wir von ihnen wissen – unterschiedliche Bedeutungen haben. Ausdrücke können etwas beschreiben, was es gar nicht gibt, wie ‚der gegenwärtige König von Frankreich'. Wenn sie direkten Bezug auf solche nicht vorhandenen Objekte nehmen, sind Beschreibungen mit solchen Ausdrücken gehaltlos und – nach Russell – falsch (OD 425).[19] Dann gibt es Ausdrücke, die einen bestimmten Gegenstand bezeichnen wie ‚die gegenwärtige Königin von England'. Sie beschreiben etwas und sind gehaltvoll. Schließlich gibt es Ausdrücke, die etwas auf vieldeutige Weise beschreiben wie ‚ein Mensch', die aber in Kontexten gebraucht werden können, in denen sie eine wahre – oder eine falsche – Bedeutung haben. Entscheidend für den Status der Beschreibung ist, ob wir eine unmittelbare Kenntnis (*immediate acquaintance*) oder nur ein Wissen über (*knowledge about*) den Gegenstand haben, der beschrieben wird. Wenn uns ein Gegenstand unmittelbar bekannt ist, enthält der beschreibende Ausdruck die Entität, die er beschreibt, wirklich. Im anderen Fall, in dem der beschreibende Ausdruck keine direkte Bekanntschaft mit dem Gegenstand voraussetzt, ist der Gegenstand auch kein Bestandteil der Beschreibung (OD 427). Dies ist Russells Ergebnis. Er hat dem, was ‚referentielle Bedeutung' heißt, eine klare und sehr einflußreiche Deutung gegeben.

Wittgenstein ist mit Russell einig, daß es Beschreibungen sind, die Bedeutungen liefern. Alles, was über diesen Punkt hinausgeht, lehnt Wittgenstein aber ab. Russells Wissenstheorie, die er mit der Theorie der Beschreibung verbindet, sagt indirekt, daß nicht die Beschreibung, sondern das Wissen von einem Gegenstand für die Bedeutung eines Satzes verantwortlich ist. Eben dies ist der Punkt der Trennung von Russell. Wittgenstein ist konsequent: Entweder sind die Bedeutungen, die wir verstehen, von Beschreibungen abhängig oder nicht. Wenn sie es sind, kann es jenseits der Beschreibungen keine Quelle der Bedeutungen geben. Wittgenstein trennt Beschreibung und Wissen nicht. Er kann daher Russells Theorie der Beschreibung nicht akzeptieren. Was ganz gegen Wittgensteins Begriff der Beschreibung geht, ist Russells Vorstellung, daß ein wahrer Satz eine Entität tatsächlich enthalte. Wie soll die Sprache etwas enthalten können, was nicht selbst sprachlich ist?

Der Dissens mit Russell hat einen weiteren interessanten Aspekt, der mit dem eben Erläuterten zusammenhängt. Nach Russells Theorie der Beschreibung sind Äußerungen wie ‚Mir ist heiß‘, ‚Dies ist lauter als das‘ unmittelbare Beschreibungen.[20] Er macht die Kenntnis der Bedeutung der Worte solcher Äußerungen von der Klärung des Verhältnisses zwischen der Erfahrung ihrer Bedeutung und ihrer Äußerung abhängig.[21] So weit kann ihm Wittgenstein zustimmen. Einigkeit zwischen beiden herrscht auch – bei wohlwollender Einstellung – über die „verbale Definition" der Wörter und über das Lernen der Wörter durch unmittelbare Konfrontation mit dem, was sie bedeuten. Was Wittgenstein aber entschieden ablehnt, ist der Folgerungscharakter der Kenntnis von bestimmten Bedeutungen. Russell meint, zwischen den Aussagen (p) ‚Da ist ein schwarzer Fleck‘, (q) ‚Ich sagte: „Da ist ein schwarzer Fleck"‘, (r) ‚Ich sagte: „Da ist ein schwarzer Fleck", weil da ein schwarzer Fleck ist‘ herrsche eine Folgerungsbeziehung. Sie wird durch das ‚weil‘ im Satz (r) ausgedrückt. Von einer Kenntnis der Bedeutung der Aussage (p) im Sinn von ‚Wissen‘ könne erst die Rede sein, wenn die Folgerung von (p) und (q) nach (r) möglich sei.[22] Wittgenstein lehnt den Folgerungscharakter der Kenntnis von Bedeutungen ab, weil wir – wie er meint – die Bedeutung eines Satzes nicht aus Tatsachen und auch nicht aus zufälligen, mehr oder weniger bewußten Äußerungen schließen. Insofern ist Wittgensteins Lob für Russells Auffassung der direkten Beschreibung von Erfahrung letztlich irreführend. Die Differenzen zwischen beiden sind größer als die Gemeinsamkeiten.

Für Friedrich Waismanns Auffassung von Verifizierbarkeit gilt dies letztere nicht.[23] Er geht wie die Philosophen des Wiener Kreises davon aus, daß die Bedeutung einer Aussage die Methode ihrer Verifikation ist. Wie problematisch die theoretische Verpflichtung ist, die die Logischen Positivisten mit dieser Identifikation von ‚Bedeutung‘ mit ‚Methode der Verifikation‘ eingehen, sahen wir bereits. Waismann übernimmt diese theoretischen Verpflichtungen des Logischen Positivismus nicht, jedenfalls nicht in vollem Umfang. Was er unter ‚Methode der

Verifikation' versteht, schließt zwar – ähnlich wie die Auffassung Russells und des Wiener Kreises – Folgerungsbeziehungen ein. Wir können zum Beispiel von Aussagen, die eindeutig auf jenes unsichtbar kleine Lebewesen deuten, und dem, was wir unter dem Mikroskop sehen, auf den Erreger der Malaria schließen. Waismann zeigt aber, daß er – mit Wittgensteins Worten – die Autonomie der Sprache anerkennt. Es geht ihm nicht um naturwissenschaftliche Methoden der Verifikation. Ohne Wittgenstein allerdings zu erwähnen, spricht Waismann davon, daß die Wirklichkeit nicht – so wie Pflanzen aus Zellen – aus Fakten bestehe. Vielmehr trage die Sprache zur Bildung und Konstitution von Tatsachen bei, ohne sie unmittelbar zu machen.[24] Waismann drückt sich, wie er selbst bemerkt, recht kantianisch aus. Seine Gedanken sind allerdings unübersehbar Wittgenstein verpflichtet.

Eine grundlegende Funktion hat die Verifikation, wie ich bereits am Anfang dieses Kapitels sagte, für die Philosophie des Wiener Kreises, den Logischen Positivismus. Verifikation ist hier das Kriterium, mit dem entschieden werden kann, ob ein Satz eine Bedeutung hat oder nicht. Eine populäre Version dieses Kriteriums finden wir in Alfred Ayers *Sprache, Wahrheit und Logik*.[25] Nach Ayer ist ein Satz genau dann verifizierbar, wenn aus ihm und bestimmten weiteren Voraussetzungen ein Wahrnehmungssatz abgeleitet werden kann (SWL 17). Wie Ayer im Vorwort zur zweiten Auflage seines Buches sagt, ist das Kriterium in dieser Version zu weit gefaßt, weil es offensichtlich jedem Satz Bedeutung verleiht. Aus jedem beliebigen Satz S folgt danach ein Wahrnehmungssatz W nach dem Muster ,wenn S, dann W'. Seine Beispiele für S „Das Absolute ist faul" und für O „Dies ist weiß" erlauben den unsinnigen Schluß „Wenn das Absolute faul ist, dann ist dies weiß" (SWL 17/18).[26] Ayer korrigiert das Kriterium: Ein Satz sei dann mittelbar verifizierbar, wenn er, erstens, in Verbindung mit bestimmten anderen Prämissen eine oder mehrere andere Aussagen zur Folge habe, die aus diesen Prämissen allein nicht ableitbar seien, und wenn, zweitens, diese anderen Prämissen keinen Satz enthalten, der nicht entweder analytisch bzw. unmittelbar verifizierbar sei oder als mittelbar verifizierbar unabhängig begründet werden könne (SWL 19/20). Dies ist – in Ayers Augen – eine Definition, keine Hypothese, die selbst verifiziert werden kann. Schließlich sind analytische Sätze wie ‚Ein Junggeselle ist ein unverheirateter Mann', sofern es analytische Sätze überhaupt gibt,[27] immer wahr. Solche Sätze sind unmittelbar als wahr erkennbar, und zwar allein aus den Begriffen, die in ihnen verwendet werden. Aus solchen Sätzen allein sind keine anderen ableitbar. Wenn sie aber mit Wahrnehmungssätzen verknüpft werden und zum Beispiel die Begriffe in solchen Sätzen bestimmen, können andere Sätze abgeleitet werden. Die Kombination zwischen Wahrnehmungssätzen und analytischen soll unsinnige Folgerungen verhindern. Die richtigen Begriffe der analytischen Sätze kontrollieren den Gebrauch von Begriffen in synthetischen Wahrnehmungssätzen. Dies ist die Idee von Ayers Verifikationsprinzip. Er beschränkt sich schließlich auf das Kriterium der Verifizierbarkeit von Sätzen, die einen empirischen Gehalt und damit Bedeutung haben. Es geht dabei lediglich darum zu wissen, unter welchen Bedingungen welche Wahrnehmungen es erlauben, bestimmte Sätze als wahr oder als falsch festzustellen.[28] Dies ändert aber nichts an der allgemeinen positivistischen Überzeugung, daß die Bedeutung eines Ausdrucks identisch ist mit der Methode seiner Verifikation und daß diese Methode es erforderlich macht, die Sprache zu verlassen und in die Empirie zu gehen.

Es ist nicht die Auffassung, daß Verifikation eine Methode ist, die Wittgenstein vom Logischen Positivismus trennt, sondern der Dissens über die Methode selbst und ihren Einfluß auf die Bedeutung von Ausdrücken und Sätzen. Ein Verlassen der Sprache oder gar ein Sprung in die Empirie ist für Wittgenstein undenkbar und unsinnig. Auch ein wissenschaftliches Experiment verläßt die Sprache nicht, soweit es um die Bedeutung von Sätzen geht, die erwiesen oder widerlegt werden sollen. Es wäre in seinen Augen naiv zu meinen, daß wir mit apparativen Vorkehrungen, Messungen oder anderen Mitteln die Grenzen der Sprache überschreiten. Wir können uns nicht einmal vorstellen, was dies hieße. Denn alles, was wir verstehen, auch Experimente und Messungen, ist innerhalb der sprachlichen Grenzen, im Bereich des Verstehbaren. Trans-sprachliche Bedeutungen kann es für Wittgenstein nicht geben. An der Grenze der Sprache trennen sich die Wege von Wittgenstein und den Logischen Positivisten. Er bleibt dabei, daß sich nur in der Sprache die Wirklichkeit abbilde und zeige. Diese Überzeugung erscheint uns eher akademisch harmlos, wenn wir sie isoliert betrachten. Tatsächlich hat sie recht brisante Konsequenzen. Wittgenstein lehnt nicht nur das positivistische Verständnis der Verifikation ab, sondern – wie wir gleich sehen werden – auch das wissenschaftliche Weltbild, das hinter dem Verifikationismus steht.

VI. Szientismus und Pessimismus

Wittgenstein hält an der wissenschaftskritischen Einstellung des *Tractatus* fest, verschärft sie sogar. Er bleibt dabei, daß unser Verständnis der Welt als ganzer nicht wissenschaftlich sein kann. Der Glaube an den Kausalnexus sei der Aberglaube, heißt es im *Tractatus* (TLP 5.1361). Wenn wir glauben, daß unser Weltverständnis von wissenschaftlichen Erklärungen kausaler Zusammenhänge getragen wird, dann glauben wir an den Kausalnexus. Dies ist der Aberglaube, weil wir meinen, wir könnten etwas über das Ganze der Welt sagen. Es ist auch ein Aberglaube, weil er sich seines metaphysischen Charakters nicht bewußt ist, sondern sich einbildet, nach wissenschaftlicher Manier etwas Wirkliches über die Welt zu wissen.

Es wäre ein Mißverständnis, Wittgensteins Ablehnung des Szientismus im *Tractatus* selbst metaphysische Motive zu unterstellen. Es geht ihm nicht um die Rettung einer Metaphysik. Die ganze Anlage seines Denkens nötigt ihn, sich gegen den Szientismus zu wenden. Wesentlichen Anteil daran hat seine Lehre von den Elementarsätzen. Aus einem Elementarsatz läßt sich, so heißt es, kein anderer folgern (TLP 5.134). Wenn vom Bestehen einer Sachlage nicht auf das Bestehen einer anderen geschlossen werden kann, die von ihr ganz verschieden ist (TLP 5.135), dann läßt sich zwischen zwei Sachlagen – logisch – auch keine kausale Beziehung behaupten. Denn alles Folgern geschieht a priori (TLP 5.133). Die kausale Beziehung zwischen Ereignissen ist kontingent, und Kontingenz ist weder Thema des *Tractatus* noch der logischen Analyse. Kontingente Beziehungen können für Wittgenstein keinen logischen Status haben. Sie existieren nicht im modalen Raum der Wirklichkeit. Der Glaube an den Kausalnexus ist also genau genommen ein Aberglaube, weil er dem, was aus kontingenten Gründen möglich ist, einen Status zubilligt, den nur Sachverhalte im logischen Raum haben können. Der kausale Aberglaube entsteht also aus ähnlichen Gründen, aus denen in Kants erster Kritik Antinomien entstehen; dort werden Begriffe der Vernunft – in der Dialektik – so verwendet, als könnten wir durch sie etwas Reales erkennen. Reales erkennen wir aber nur mit Begriffen des Verstandes in einem modalen Rahmen. In ähnlicher Weise billigt uns auch der Autor des *Tractatus* nur eine Erkenntnis von Sachverhalten im modalen Rahmen der logischen Form zu. Was wir ohne Rücksicht auf diese Bedingung über die Welt glauben, ist Aberglaube.

So wie Kant war auch Wittgenstein im *Tractatus* kein Gegner der Naturwissenschaften. Wie könnte er sonst die Menge aller wahren Sätze als „die gesamte Naturwissenschaft" (TLP 4.11) bezeichnen. Wittgenstein lehnt auch den Begriff der Kausalität nicht ab. Er versteht Kausalität – auch hier wie Kant – nicht als Gesetz, sondern als Form eines Gesetzes (TLP 6.32). Schließlich nimmt die Mechanik als „Form der Weltbeschreibung" (TLP 6.341) in Wittgensteins Weltbild einen vornehmen Platz ein. Denn mit der Mechanik läßt sich die Welt leichter beschreiben als mit einem anderen System der Weltbeschreibung. Wittgenstein räumt ausdrücklich die Möglichkeit eines Kausalitätsgesetzes ein. Er sagt, dieses Gesetz könnte lauten „Es gibt Naturgesetze" (TLP 6.36). Allerdings läßt sich eben dies nicht sagen, es zeigt sich. Damit ist das Gesetz der Kausalität der theoretischen Betrachtung entzogen.

Wittgenstein kritisiert also nicht die modernen Naturwissenschaften, wenn er den Szientismus kritisiert. Der Szientismus ist keine Wissenschaft, sondern eine wissenschaftliche Weltanschauung. Diese ideologische Gestalt wissenschaftlichen Denkens lehnt Wittgenstein ab:

6.371 Der ganzen modernen Weltanschauung liegt die Täuschung zugrunde, daß die sogenannten Naturgesetze die Erklärungen der Naturerscheinungen seien.

Es geht ihm also in seiner Szientismus-Kritik um den Mißbrauch naturwissenschaftlichen Wissens zu weltanschaulichen, ideologischen Zwecken. Diesen Mißbrauch hat er mit zunehmender Schärfe kritisiert. An dieser Kritik änderte sich auch nichts, nachdem er die Lehre von den Elementarsätzen aufgegeben hatte.

Die Zurechnung von Logik, Naturgesetzen, Ethik und Religion in dasselbe metaphysische Jenseits zu dieser Welt spricht selbst schon gegen eine Interpretation des *Tractatus* als eines szientistischen oder positivistischen Manifests. Nach seiner Rückkehr nach Cambridge verschärft Wittgenstein seine wissenschaftskritische Haltung. Im Vorwort zu den *Philosophischen Bemerkungen* (1930)[1] schreibt er:

Dieses Buch ist für solche geschrieben, die seinem Geist freundlich gegenüberstehen. Dieser Geist ist ein anderer als der des großen Stromes der europäischen und amerikanischen Zivilisation, in dem wir alle stehen.

Wittgenstein kritisiert dann den technisch-wissenschaftlichen Fortschritt. Er sagt, daß dieser Fortschritt dem Geist entgegenstehe, den er selbst vertrete. Er vertritt den Geist, der „nach Klarheit und Durchsichtigkeit welcher Strukturen immer" strebt. Der Geist des Fortschritts ist dagegen oberflächlich, bleibt an der Peripherie, dringt nicht in die Tiefe, versteht daher nichts vom Wesen der Welt. Wollte er nicht Mißverständnisse vermeiden, würde er sogar sagen, „dieses Buch sei zur Ehre Gottes geschrieben".

Ganz offensichtlich nimmt Wittgenstein spätestens hier selbst eine weltanschauliche Position ein, die sich einer bestimmten Erscheinung des Modernismus entgegenstellt. Das optimistische Maschinenzeitalter steht in der Gefahr, sich in oberflächlicher Vielfalt zu verlieren. Das Wissen der Wissenschaften nimmt rasant zu. Proportional zu diesem Wachstum sinkt die Übersicht. Aus der Forderung nach Übersicht erwächst Wittgensteins eigene Weltanschauung. In den „Bemerkungen über Frazers Golden Bough" schreibt er:

Der Begriff der übersichtlichen Darstellung ist für uns von grundlegender Bedeutung. Er bezeichnet unsere Darstellungsform, die Art, wie wir die Dinge sehen. (Eine Art der ‚Weltanschauung', wie sie scheinbar für unsere Zeit typisch ist. Spengler.)[2]

Nur durch übersichtliche Darstellung durchschauen wir Zusammenhänge, entdecken wir Verbindungen, die wir sonst nicht sehen. Spenglers pessimistische Übersicht über den Niedergang der abendländischen Kultur nimmt Wittgenstein ernst. Wenn Wittgenstein nach dem Ende des Zweiten Weltkriegs die Gottlosigkeit des Zeitalters beklagt, versteht er Gottlosigkeit auch als Kulturverlust, als Mangel an Tiefe und Einsicht.

Am Ende des Ersten Weltkriegs veröffentlichte Oswald Spengler die beiden Bände von *Der Untergang des Abendlandes*[3]. Es ist eine Geschichte des schicksalhaften Verfalls der Kultur seit der griechisch-römischen Klassik. Dieser Verfall erreicht in der westeuropäisch-amerikanischen Kultur ihren Höhepunkt. Aus der vergangenen Geschichte will Spengler die künftige vorhersagen. Er spricht von „der Philosophie der Zukunft" (DUdA 6), mit der er die „westeuropäisch-amerikanische Lage" (DUdA 36) der letzten zwei Jahrhunderte des zweiten Jahrtausends „morphologisch" beschreiben will. Es kommt hier nicht an auf die Vergleiche, die Spengler zwischen vergangenen und gegenwärtigen Kulturentwicklungen anstellt, und die Schlüsse, die er aus ihnen zieht.

Wittgensteins Haltung gegen den Szientismus kann sich durchaus an Spengler orientieren. Spengler spricht davon, daß „der faustische Mensch zum Sklaven seiner Schöpfung geworden" (DUdA 1190) sei, versklavt von der Maschine, die ihre „teuflische geheime Macht erst jetzt entfaltet" (DUdA 1191). Wittgenstein spricht 1947 von der „apokalyptischen Ansicht der Welt", davon, daß es nicht unsinnig sei „zu glauben, daß das wissenschaftliche und technische Zeitalter der Anfang vom Ende der Menschheit" sei (VB 529). Mit Hilfe der „ekelhaften seifenwäßrigen Wissenschaft" (VB 518 f.), die die Atombombe baute, sei der Blick auf das Ende und die Zerstörung möglich geworden. Es bleibe wohl auf lange Sicht ein Traum, daß Wissenschaft und Industrie zusammenbrechen, denn sie könnten – wie er bedauernd und resignierend sagt – das „Bleibendste der heutigen Welt" sein (VB 538). Es sei aber möglich, daß Wissenschaft und Industrie die Welt „nach und mit unendlichem Jammer" einigen werden; dann werde in der *einen* Welt aber „alles eher als Friede wohnen" (VB 539). Wittgenstein steht Spengler, was Zeitkritik und kulturellen Pessimismus angeht, nicht nach. Er will Spengler aber nicht nachahmen, sowenig er selbst nachgeahmt werden will (VB 536). Er sieht Spenglers Schwächen, attestiert ihm etwa Dogmatismus (VB 486) und einen Mangel an kritischer Einsicht in die eigene Person (VB 516). Wittgenstein will nicht ungerecht seiner Zeit gegenüber sein, will ihr nicht dogmatisch ein Ideal aufzwingen. Er vergleicht und mißt nur mit Hilfe eines Ideals, was er in seiner Zeit sehen kann, ohne der Zeit einen Vorwurf zu machen, wenn sie dem Ideal nicht entspricht.[4]

Die zeitkritische Klage Wittgensteins ist keine Anklage, eher ein Bedauern und eine Weise zu trauern. Auch die philosophischen Entwicklungen geben ihm keinen Anlaß zur Freude. Er beklagt einen Verlust an Klarheit und Übersicht. In diese Richtung gehen seine Vorwürfe gegen die Philosophie der Mathematik, die sich in dem Paradies, das Cantor geschaffen hat, ihren Illusionen hingibt, „alle Grenzen überschreiten" kann und so die Übersicht verliert.[5] Den ganzen Zustand der professionellen Philosophie in England beklagt er.[6] Sein allgemeiner Pessimismus macht auch nicht vor der ehrwürdigen Institution Halt, der er selbst angehört, der Universität Cambridge. Er verläßt sie und gibt seinen Lehrstuhl enttäuscht auf.[7]

Wittgenstein ist, was seinen Geschmack, seine Lebensauffassung, seine Vorstellung von Kultur, von Gesellschaft und menschlichen Verhältnissen angeht, ein Konservativer. Bei Brahms hört Wittgenstein bereits die Mechanik der modernen Musik. Tolstoi und Dostojewski sind nach seinem Geschmack. An Trakl verehrt er mehr die Person und ihr Leben als das Werk. Wittgenstein ist kein Moderner, vor allem kein Modernist. Da ist aber auch seine anfängliche Begeisterung für die Sowjetunion.[8] Da ist auch seine Ablehnung Churchills nach dem Zweiten Weltkrieg. Beide Einstellungen passen wiederum nicht in das Bild eines Konservativen.

Ausdrücke wie ,konservativ' oder ,nicht modernistisch' haben die unangenehme Eigenschaft von Ideologie-Wörtern. Sie schreiben positiv oder negativ Weltanschauungen zu, ob man will oder nicht. Wer konservativ ist, ist nicht modern, und umgekehrt. Das Unangenehme an solchen Ideologie-Wörtern ist, daß sie Personen in Lager und Gruppen einordnen. Die Individuen verlieren dabei ihre Individualität. Auf Wittgenstein können solche Wörter deswegen nur wenig zutreffen. Denn ihm geht es in keiner seiner Einstellungen um die Zugehörigkeit zu einer bestimmten Gruppe. Er ist Einzelgänger im Leben wie im Denken. Es geht ihm immer nur um das, was *er* denkt, erkennt, sieht, tut und empfindet, als praktischer Solipsist, wenn man so will.

VII. Solipsismus

Vordergründig und moralisierend betrachtet erscheint die eben beschriebene Einstellung egoistisch. Allerdings setzt der Egoismus, wenn er als moralischer Vorwurf berechtigt ist, voraus, daß ich etwas für mich will und beanspruche, was nicht mir, sondern anderen zusteht. Egoismus ist immer eine Besitzanmaßung, deren Berechtigung zumindest zweifelhaft ist. Entscheidend für den Vorwurf des Egoismus ist, daß ich auf meinen Anspruch zugunsten eines anderen verzichten sollte und könnte. Ich nehme die Position der ersten Person ein, obwohl ich die der dritten Person einnehmen sollte. Ich möchte etwas für mich haben, ungeachtet, ob dies ein anderer nötiger hat.

Wittgensteins Selbstbezogenheit ist kein Egoismus. Seine Selbstbezogenheit hat nämlich keine Alternative. Er kann nicht darauf verzichten, Klarheit über sich zu suchen, weil alle Klarheit über die Welt Klarheit über ihn selbst voraussetzt. Dies klingt cartesianisch, also so, als ob das ‚Ich‘ die erste Klarheit böte, weil es ein unmittelbares Bewußtsein des ‚Ich denke‘ gibt.

Wittgenstein ist aber Anti-Cartesianer. Im Gespräch mit seinen Studenten sagt er, er habe „gerade das Gegenteil von Descartes' Betonung des ‚ich‘ überzeugend darzulegen versucht".[1] Seine Beschäftigung mit dem eigenen Selbst stellt das ‚Ich‘ nicht in den Mittelpunkt, macht die eigene Selbstwahrnehmung nicht zum Kriterium der Klarheit, im Gegenteil. Das ‚Ich‘ ist kein Prüfstein des Wissens, die Selbstwahrnehmung kein Kriterium der Fremdwahrnehmung. Wie das ‚Ich‘ kein Gegenstand im eigenen Gesichtsfeld ist, ist es auch kein Objekt philosophischer Untersuchung und Bestimmung. ‚Selbstbestimmung‘ ist kein Thema Wittgensteins. Wie ist dann aber seine Selbstbezogenheit zu verstehen?

Wittgenstein ist Solipsist insoweit, als er sich immer wieder dessen Perspektive zueigen macht, um Probleme besser zu verstehen. Sein Solipsist – häufig er selbst – ist jemand, der weiß, daß er zum Selbstbezug verurteilt ist, daß er sich nicht dafür oder dagegen entscheiden kann, daß er die Welt nur als seine Welt, die Sprache nur als seine Sprache, die Wirklichkeit nur als seine Wirklichkeit begreifen kann. Er glaubt nicht, daß er zu sich selbst einen direkteren, einen privilegierteren Zugang hat als andere. Er glaubt auch nicht, daß es das ‚Ich‘ oder das ‚Selbst‘ so gibt wie die Dinge der wahrnehmbaren Welt. Nach seiner Überzeugung haben wir zum eigenen Ich kein beobachtendes, kein empirisches Verhältnis. Ich weiß von mir selbst nicht so, wie ich von anderen weiß, weil ich mir nicht gegenüberstehe. Wenn ich aber durch Beobachtung, also empirisch, nicht mehr von mir selbst als einer Person weiß als von anderen Personen, was ist dann noch unter ‚Solipsismus‘ zu verstehen? Wittgensteins Solipsismus ist nicht immer derselbe geblieben. Im *Tractatus* können wir von einem metaphysischen Solipsismus sprechen. Er wandelt sich im *Blauen Buch* zu einem grammatischen Solipsismus. Dabei verändert sich nicht der Solipsismus, sondern sein philosophisches Erscheinungsbild.

1. Der metaphysische Solipsist

Wittgenstein nimmt in Fragen des Lebens, der Kultur und Philosophie einen eigenwilligen, oft merkwürdig eigensinnigen, manchmal schwer nachvollziehbaren Standpunkt ein. Dies entspricht ganz seinem Solipsismus, seiner besonderen Selbstbeziehung. Er kann ihren Konsequenzen nicht ausweichen, auch wenn sie bisweilen egoistisch erscheinen. Im *Tractatus* finden wir einen Solipsismus, dessen logische und metaphysische Aspekte scharfkantig hervortreten.[2] Was heißt überhaupt ‚Solipsismus‘?

Das Wort ‚Solipsismus‘ legt nahe, daß der Solipsist glaubt, es gebe nur ihn. Dies ist jedenfalls das, was Russell unter einem ‚Solipsisten‘ versteht.[3] Es scheint so, als sei eine solche Überzeugung wenig tauglich für eine ernsthafte Argumentation. Der Schein trügt. David Bell zeigt, daß der Solipsismus ganz und gar philosophisch salonfähig ist, und zwar unter drei Bedingungen. Die erste ist die empirische Korrektheit; die solipsistische Theorie darf „keine empirisch falsche Aussage behaupten oder implizieren".[4] Die zweite Bedingung ist die Widerspruchsfreiheit.[5] Die dritte Bedingung ist schließlich, daß der Solipsismus philosophisch interessant sein müsse.[6] Wittgenstein erfüllt diese drei Bedingungen.

Wie er sie erfüllt, wird erst klar, wenn wir genau sehen, was er selbst unter ‚Solipsismus' versteht. Zunächst fällt der Solipsismus – im *Tractatus* – unter das, was sich nicht sagen, sondern nur zeigen läßt. In den Paragraphen 5.6 bis 5.641 charakterisiert Wittgenstein seinen Solipsismus ausführlich. Hier sind einige Ausschnitte:

5.6 *Die Grenzen meiner Sprache* bedeuten die Grenzen meiner Welt.
5.61 ... Was wir nicht denken können, das können wir nicht denken; wir können also auch nicht *sagen*, was wir nicht denken können.
5.62 Diese Bemerkung gibt den Schlüssel zur Entscheidung der Frage, inwieweit der Solipsismus eine Wahrheit ist.
Was der Solipsismus nämlich *meint*, ist ganz richtig, nur läßt es sich nicht *sagen*, sondern es zeigt sich.
Daß die Welt *meine* Welt ist, das zeigt sich darin, daß die Grenzen *der* Sprache (der Sprache, die allein ich verstehe) die Grenzen *meiner* Welt bedeuten.
5.63 Ich bin meine Welt. (Der Mikrokosmos.)

Diese Gleichsetzung von Ich und Welt charakterisiert Wittgensteins metaphysischen Solipsismus. ‚Metaphysisch' ist er, weil er über die Grenze des Sagbaren, des Physischen, hinaus auch das einschließt, was gezeigt werden kann. Dieses Ganze des Sagens und Zeigens, die Welt, hat im *Tractatus* einen metaphysischen Status. Weil dieses Ganze auch das ist, was der Solipsist selbst ist – er *ist* seine Welt –, nenne ich diesen Solipsismus den *metaphysischen*. Er geht, wie wir sehen werden, nahtlos in den grammatischen über.

Nach der eben zitierten Textstelle heißt es dann weiter, daß es das denkende, vorstellende Subjekt nicht gebe (TLP 5.631), daß das Subjekt nicht zur Welt gehöre, sondern eine Grenze der Welt sei (TLP 5.632), daß der Solipsismus – „streng durchgeführt" – mit dem Realismus zusammenfalle und das Ich des

Solipsismus „zu einem ausdehnungslosen Punkt" zusammenschrumpfe (TLP 5.64), schließlich daß das philosophische Ich
kein Mensch, sondern das metaphysische Subjekt sei, das nur
dadurch in die Welt komme, daß „die Welt meine Welt ist"
(TLP 5.641).

Wittgenstein versteht unter ‚Solipsismus' – wie diese Passagen zeigen – nicht jene abstruse, von Russell beschriebene Einstellung, nach der nur der Solipsist existiert. In Wittgensteins
Solipsismus verschwindet das Ich, auch dasjenige des Solipsisten.[7] David Bell nennt ihn deswegen „Ich-tilgenden Solipsismus".[8] Er charakterisiert damit einprägsam, was Wittgenstein
mit dem zur Ausdehnungslosigkeit schrumpfenden Ich des Solipsismus meint. Es gibt keine subjektive Innenwelt, die sich
von der Außenwelt unterscheiden ließe. Vielmehr ist alles außen, alles jedem Menschen, auch dem Solipsisten, zugänglich.
Einen Bereich, der nur einem Subjekt allein transparent, allen
anderen aber opak wäre, gibt es nicht. Deswegen verändert
Wittgensteins Solipsismus nichts in der Welt. Er erfüllt die erste Bedingung Bells, weil er keine empirisch falschen Aussagen behauptet oder impliziert.

Wittgensteins Solipsismus ist auch widerspruchsfrei, weil es
keine opaken, undurchsichtigen Bereiche etwa des Denkens
oder Fühlens gibt, über die Aussagen der ersten Person Singular wie ‚Ich denke an Dodo' mit solchen der dritten Person
wie ‚Er denkt an Dodo' unvereinbar wären; eine Unvereinbarkeit gäbe es, wenn ich zu meinen eigenen Gedanken einen besonderen Zugang hätte und ein anderer deshalb über meine
Gedanken nicht dasselbe sagen könnte wie ich selbst. Subjekte
konkurrieren nicht mit unterschiedlichen Privilegien des Wissens und Erkennens. Es gibt zwischen den einzelnen Subjekten überhaupt keine Differenzen, was ihre Wahrnehmung, ihren Zugang zur Welt und ihr Wissen von ihr anlangt. In der
Welt gibt es keine subjektiven Standpunkte. Dies ist die paradox erscheinende Konsequenz von Wittgensteins Behauptung,
daß die Welt meine Welt ist. Eben deswegen ist sie für jeden
dieselbe. Es gibt nur die erste Person Singular als Wissenssub-
jekt und keine dritten Personen. Deshalb ist meine Welt keine

andere als Dodos Welt. Dies bedeutet aber nicht, daß jeder nur seine eigene Welt habe und seine eigene Sprache spreche. Es bedeutet nur, daß die Differenzen zwischen diesen Weisen, die Welt oder die Sprache zu haben, nirgends aufscheinen. Die Differenzen, die ich mir vielleicht vorstelle, können nicht festgestellt werden. Es sind keine Tatsachen. Zwischen dem Subjektiven und Objektiven können wir keinen Unterschied anhand von Tatsachen machen.

Was ist philosophisch interessant oder attraktiv an Wittgensteins Solipsismus? David Bell meint, daß der Hauptanreiz zum Solipsismus die Unzufriedenheit mit der traditionellen Unterscheidung zwischen Subjektivität und Objektivität sei.[9] Wittgensteins Solipsismus ist attraktiv, weil er die Innen-Außen-Differenz aufhebt. Denn für diese Differenz gibt es keine Evidenz. Die Grenze zwischen dem Inneren und Äußeren scheint frei erfunden, dazu außerordentlich lästig, außerdem eine Quelle von Scheinproblemen und deshalb bei genauer Betrachtung unhaltbar. Dabei ist die Innen-Außen-Differenz eine Art heiliger Kuh der neuzeitlichen Philosophie des Geistes.

Eine der klassischen Weisen, die Innen-Außen-Differenz zu charakterisieren, ist das Problem des Fremdpsychischen.[10] Es ist eine der Folgen von Descartes' metaphysischer Auffassung des Ich, der Auffassung nämlich, daß das Ich in seinem Kern die Denksubstanz, die *res cogitans*, sei. Die Denksubstanz ist – was mich und meine Zustände betrifft – das einzig absolut Gewisse. Außerdem ist sie wie jede Substanz einfach, ausdehnungslos und von allen besonderen Bestimmungen unabhängig. Was ‚Denksubstanz' bedeutet, können wir am besten mit ‚Ich bin denkend' übersetzen.[11] Zunächst sind die Vorteile von Descartes' Auffassung des ‚Ich bin denkend' offensichtlich. Wenn ich zuallererst mir selbst – meinen Gedanken und Empfindungen – gegenüber uneingeschränkt Klarheit haben kann, habe ich einen festen und nicht irritierbaren Ausgangspunkt für alles weitere Wissen. Natürlich finde ich dann auch nur relativ zu mir selbst etwas über andere und über die Welt heraus. Die Außenwelt kann nur relativ zu mir selbst transparent werden. Und zur Außenwelt gehört eben auch das, was andere Personen tun und sagen. Ein anderes Ich – seine Gedanken und Empfindungen – bleiben mir aber verschlossen. Ich kann vom anderen Ich nur wissen, wie es in der Welt erscheint, nicht wie es ist. Das ist eine Folge von Descartes' Auffassung des Ich für das Verstehen des Fremdpsychischen. Das Problem ist, ich kann gegenüber dem anderen Ich niemals dieselbe Gewißheit haben wie gegenüber dem eigenen. Wie kann ich dann überhaupt etwas von anderen wissen? Woher weiß ich etwas Zuverlässiges über andere Personen? Dies sind die Fragen, die das Problem des Fremdpsychischen charakterisieren. Was hat aber der Solipsismus mit diesem Problem zu tun? Er scheint das Problem eher zu verstärken als zu lösen.

Dieser Eindruck ist zumindest für Wittgensteins Solipsismus falsch. Denn der löst das Problem des Fremdpsychischen als Scheinproblem auf. Er spricht das Problem zwar nicht namentlich an, setzt sich aber mit seinem Gehalt auseinander. Er tut dies etwa in seinen „Vorlesungen über ‚privates Erlebnis' und ‚Sinnesdaten'".[12] Wittgenstein untersucht die Tragfähigkeit der Innen-Außen-Differenz am Beispiel von Empfindungen und Farbwahrnehmungen. Wenn wir über das, was wir wissen, sehen und empfinden, sprechen, scheint es so, als ob wir manchmal indirekt über das, was andere wissen, sehen und empfinden, etwas erfahren. Es scheint dann so, als würden wir einen Blick hinter die Kulissen des anderen, in dessen eigenes Inneres tun. Wir wüßten dann, zum Beispiel, welche Farbe er sieht, welchen Schmerz er fühlt etc. Wittgenstein versucht schon im *Tractatus*, vor allem aber auch in seinen späten Schriften, zu zeigen, wie absurd diese Vorstellung und die dahinter stehende Innen-Außen-Differenz ist. Er nennt das ‚Innere' sogar in aller Klarheit „eine Täuschung",[13] und zwar – wie wir in seiner *Philosophie der Psychologie* sehen werden – nicht aus erkenntnistheoretischen, sondern aus grammatischen Gründen.

Wittgenstein will weder bestreiten, daß wir selbst innere Empfindungen haben, noch daß es andere Personen mit Bewußtsein und Empfindungen gibt. Er will auch nicht leugnen, daß wir gegenüber den „seelischen Vorgängen" anderer unsicher sind und sie zu erraten versuchen.[14] Was er zeigen will, ist, daß wir in unserer Sprache nichts für uns allein sagen oder beanspruchen können. Der Grund dafür ist, daß wir nicht Anhängsel eines Ichs sind. Die Vorstellung „von dem Ich, das in einem Körper wohnt" (Aufz. 55) sei abzuschaffen, meint er. Den Gebrauch des Wortes ‚ich' verteilt Wittgenstein „auf alle menschlichen Körper" (Aufz. 54), um das Privileg der ausschließlichen Verwendung aufzuheben.

Es wäre also absurd, Wittgenstein zu unterstellen, er leugne private Empfindungen oder Bewußtseinszustände. Es geht ihm allein darum, was ich darüber denken und sagen kann. In einem Selbstgespräch sagt er zu sich, wenn er ganz ehrlich sein soll, müsse er sagen, daß er etwas habe, was sonst niemand habe; dann folgt aber die Frage: „Wer ist denn ich?" (Aufz. 56). Wir können diese Frage zuerst als eine grammatische Frage, dann als eine ontologische auffassen. Grammatisch sei die Stellung des ‚ich' so, daß es „keinen Nachbarn hat" (a. a. O.). Dies ist das eine; das andere ist, daß auch mein persönliches Erlebnis keinen Nachbarn hat.

Wittgenstein deutet die fehlende Nachbarschaft als entscheidendes Hindernis dafür, daß wir etwas über private Erlebnisse aussagen können (Aufz. 67 f.). Es gibt keine Bedingungen der Wiedererkennbarkeit solcher Erlebnisse; und wir können – wie Wittgenstein meint – den Unterschied zwischen zwei privaten Erlebnissen auch nicht an einem weiteren privaten Erlebnis erkennen (a. a. O.). Alles, was wir über Zustände und Ereignisse in der Welt sagen können, setzt die Nachbarschaft ähnlicher anderer Zustände und Ereignisse voraus. Die Welt und wir selbst als Subjekte haben aber keine Nachbarn und keine Alternativen.

Auch vom „Reich der Vorstellungen" sagt Wittgenstein, es habe keinen Nachbarn (Aufz. 72). Es gehört so wie das Subjekt nicht zur Welt, sondern bildet mit ihm – nachbarfrei – eine Grenze der Welt. ‚Welt' werde definiert durch das, „was ich tue", und nicht durch eine Vorstellung (a. a. O.). Was ich tue, was ich sage, was ich zeige, bestimmt die Welt, und nicht das, was ich mir dazu vielleicht noch denke oder vorstelle. Es gibt keine Innen-Außen-Differenz, die sich zwischen das, was ich tue, und das, was die Welt ist, schiebt. Wittgenstein sieht, daß die Aufhebung dieser Differenz so erscheint, als werde damit das Bewußtsein von der Welt vernachlässigt. Er beseitigt diesen falschen Schein in folgender Passage (Aufz. 73):

Müßte ich meiner Sprache die Welt hinzufügen, müßte es für das Ganze der Sprache ein und dasselbe Zeichen sein, so daß man dieses Zeichen auch fortlassen könnte.

Wir können im Sinn des metaphysischen Solipsismus des *Tractatus* fortfahren: Meine Sprache ist aber meine Welt, deswegen brauche ich jenes Zeichen nicht. Es müßte, wenn ich es bräuchte, ein einziges Zeichen sein, das ich wie einen Notenschlüssel auch weglassen könnte, ohne daß sich an meiner Sprache etwas verändern würde.

Wittgenstein kämpft gegen die falschen Signale der Sprache, und zwar nicht aus einer vorgefaßten Meinung über das Ich, sondern weil er bei genauer Analyse des Sprachgebrauchs keinen Grund für eine besondere Rolle dieses Indexes für Subjekte bei der Beschreibung der Welt finden kann. Die Wirklichkeit ist, so wie sie sich uns in der Sprache zeigt, von keinem Ich und keinem seiner privaten Erlebnisse abhängig. Wir folgen, auf der Suche nach dem Ich privater Erlebnisse, den verwirrenden Indikatoren der Sprache, die solchen Erlebnissen scheinbar Gehalt geben. Wenn wir dann aber genau hinsehen, finden wir nur das, was wir schon wissen. ,Ich habe Schmerzen' ist dann nicht verborgener oder unverständlicher als ,Ich habe fünf Schilling' (Aufz. 79). Wittgenstein kommt zu dem Ergebnis:

Das „private Erlebnis" ist eine degenerierte Konstruktion unserer Grammatik (in gewissem Sinne der Tautologie und der Kontradiktion vergleichbar). Und dieses grammatische Monstrum hält uns zum Narren; sobald wir es loswerden wollen, scheint es, als bestritten wir das Vorhandensein eines Erlebnisses, etwa der Zahnschmerzen. (Aufz. 93)

Es mutet wie ein grotesker Kampf gegen Windmühlen an, wie Wittgenstein die Scheinevidenz privater Erlebnisse entlarvt, ohne damit einen dauernden Erfolg verbuchen zu können. Die Einsichten sind an Beispieltypen gewonnen und deshalb subtil, fragil und verfallen im Sprachgebrauch rasch.

Denn immer wieder gebrauchen wir einen Ausdruck, der nahelegt, ich sei doch im Besitz von etwas, was kein anderer haben kann. Wir gehen mit diesen Überlegungen bereits ohne weitere Zwischenschritte zum grammatischen Solipsismus über. Für diese Variante des Solipsismus ist es charakteristisch, daß wir nicht mehr das Ganze des Welt thematisieren, sondern ausschließlich die Grammatik von ‚ich' und all der Wörter und Ausdrücke, die Zustände wie Schmerzen, Denken, Glauben, Hoffen etc. beschreiben.

2. Der grammatische Solipsist

Die Umgebung, in der Wittgensteins Gedanken über den Solipsismus nach 1929 stehen, ist seine *Philosophie der Psychologie*. Sie gehören in den Umkreis der Frage, was ‚seelische Vorgänge oder Zustände' sind. Diese Frage beschäftigt Wittgenstein besonders intensiv im zweiten Teil der *Philosophischen Untersuchungen*. Die Themen der *Philosophie der Psychologie* sind für ihn seit Beginn der 40er Jahre zunehmend wichtig. Die Darstellung von Wittgensteins Solipsismus mündet ohne Übergang in Fragen seiner *Philosophie der Psychologie*. Eben dies zeigt sein grammatischer Solipsismus. Man könnte meinen, der grammatische Solipsismus und seine Philosophie der Psychologie seien im Ansatz mehr oder weniger dasselbe. Das eine hängt freilich eng mit dem anderen zusammen. Vor allem ist es nicht so, wie einige Interpreten annehmen, daß Wittgenstein den Solipsismus in seiner Spätphilosophie aufgibt, etwa aufgrund von Überlegungen, die unter dem Namen ‚Privatsprachenargument' bekannt wurden.[15] Zum einen hält Wittgenstein am Solipsismus fest, zum andern sind das Privatsprachenargument und seine Philosophie der Psychologie nur auf solipsistischem Hintergrund verständlich.

Was bedeutet nun ‚grammatischer Solipsismus'? Ich bezeichne damit den Solipsismus, der mit Hilfe einer bestimmten sprachlichen Vereinbarung ganz normale, jedermann verständliche Feststellungen erlaubt. Im Hintergrund dieses Solipsismus steht nach wie vor der Gedanke des *Tractatus*, daß die Welt meine Welt ist. Dieser Gedanke äußert sich nun aber ohne metaphysische Ansprüche etwa so: Der Solipsist sagt: „Nur ich fühle wirklich Schmerzen". Wittgenstein wirbt um Verständnis für den Solipsisten und schlägt vor, ihm sein eigenes Bezeichnungssystem zu gestatten. Die sprachliche Vereinbarung, die dazu getroffen werden müßte, ist einfach. Statt ‚Schmidt (der Solipsist) hat Zahnschmerzen' müßte es heißen ‚Es gibt wirklich Zahnschmerzen'.[16] Bevor wir uns näher um diesen merkwürdigen Solipsismus und seine Aspekte kümmern, wollen wir uns darauf verständigen, unter ‚grammatischem Solipsismus' diese Vereinbarung zu verstehen: *Dem Solipsisten wird sein Bezeichnungssystem mit der eben vorgeschlagenen Übersetzungsregel gestattet.* Es fällt uns nach dieser Vereinbarung nicht weiter auf, daß der Solipsist glaubt, nur er habe wirklich Schmerzen. Wir können uns mit ihm problemlos verständigen.

Mancher wird sich nun fragen, ob diese Variante des Solipsismus nicht noch verrückter ist als der metaphysische. Es scheint so, als würde nun – quasi durch die Hintertür – doch noch der Russell'sche Solipsist lebendig und sein Unwesen treiben. Dem ist nicht so. Der grammatische Solipsist ist ein ganz vernünftiger Mensch. Wittgenstein stellt ihn uns so vor: Wenn er sage, nur seine eigenen Erfahrungen seien wirklich, streite er damit nicht über eine Tatsachenfrage mit uns,

er sagt nicht, daß wir simulieren, wenn wir über Schmerzen klagen, er bemitleidet uns ebenso wie jeder andere, und gleichzeitig will er den Gebrauch des Titels ‚wirklich' auf das einschränken, was wir seine Erfahrungen nennen würden... (BlB, 96).

Der Solipsist ist also kein unangenehmer Mensch, aber eben einer, der mit dem Prädikat ‚wirklich' eigenwillig umgeht. Können wir ihm nicht mit einem guten Argument beibringen, daß er sich täuscht oder etwas beansprucht, was so keinen Sinn hat?

Solche Belehrungen taugen nichts. Es sei nutzlos, so Wittgenstein, dem Solipsisten entgegenzuhalten, warum er uns überhaupt sage, nur seine Erfahrungen seien wirklich, wenn er ohnehin nicht glaube, daß wir dies wirklich hören können (BlB 95). Mit solchen Argumenten des gesunden Menschenverstands sei ein philosophisches Problem ohnehin nicht lösbar, sagt Wittgenstein im selben Zusammenhang. Was ist überhaupt das philosophische Problem, um das es hier geht? Am besten ist, wir sehen uns erst einmal das, was der Solipsist glaubt, genauer an. Wir werden dann am Ende sehen, wie schwer wir es weiterhin mit dem Solipsisten haben. Der glaubt nämlich, so wie Wittgenstein ihn beschreibt:

,Ich kann nur wissen, daß *ich* persönliche Erfahrungen habe, und nicht daß irgendjemand anders welche hat.' (BlB 80)

Wichtig ist, daß wir diese Feststellung nicht als verifizierbare oder falsifizierbare Behauptung auffassen. Es handelt sich also um keine Hypothese, die zu beweisen oder zu widerlegen wäre. Warum? Weil das, was der Solipsist glaubt, nicht zum Bereich unserer Erfahrung gehört. Es ist dem, was wir wahrnehmen und feststellen können, entzogen. Deswegen lehnt sich der Solipsist zu Recht, wie Wittgenstein ihm zubilligt, gegen die Anwendung von gewöhnlichen empirischen Kriterien auf seine Äußerungen über seine eigenen Gefühle auf (BlB 92). Worüber er spricht, ist nicht etwas, was man wie ein wahrnehmbares Ding feststellen kann. Was ist es aber dann, worüber der Solipsist spricht? Ein Phantom, eine Illusion? Das kann es auch nicht sein. Denn Wittgenstein hält auch dem Solipsisten zugute, daß er Mitleid mit einem Menschen haben könne, der unter Schmerzen leidet. Er hält jene Schmerzen ja nicht für Einbildungen, sonst wäre sein Mitleid geheuchelt. Nein, so wie wir glauben, daß jener Mensch wirklich Schmerzen hat, tut dies auch der Solipsist. Was für eine Art Glaube ist das, fragt Wittgenstein, ein „metaphysischer Glaube" (BlB 80)? Eben diese Frage stellt der Solipsist, und zwar auf ganz vernünftige und kritische Weise:

In Wahrheit fragt der Solipsist: „Wie können wir glauben, daß der andere Schmerzen hat; was bedeutet es, das zu glauben? Wie kann der Ausdruck einer solchen Annahme sinnvoll sein?" (BlB 80)

Der Ausdruck ‚Ich glaube, daß der andere Schmerzen hat‘ kann zum Beispiel sinnvoll sein, wenn es darum geht, Mitleid auszudrücken. Unter dieser Voraussetzung verwendet der Realist oder Idealist den Ausdruck nicht anders als der Solipsist (vgl. BlB 80). Letzterer ist aber seinen metaphysischen Konkurrenten überlegen, weil er kritischer ist als sie. Der Realist überspringt die Schwierigkeiten (BlB 81), die der Solipsist mit seiner Frage zum Thema macht. Es sind Schwierigkeiten der Grammatik, und zwar der Grammatik der Ausdrücke ‚Schmerzen haben‘ oder ‚Schmerzen spüren‘ auf der einen und ‚sich Schmerzen vorstellen‘ auf der anderen Seite. Diese Ausdrücke spielen unterschiedliche Rollen und stehen entsprechend in unterschiedlichen Zusammenhängen.

Der Solipsist unterscheidet diese Zusammenhänge – wie jeder vernünftige Mensch übrigens – und differenziert zwischen zwei Arten von Sätzen, zwischen metaphysischen und empirischen. Sich Schmerzen, die ein anderer hat, vorzustellen, setzt die metaphysische Überzeugung voraus, daß jemandes Sinnesdaten privat sind und entsprechend nur ihm zugänglich (BlB 89). Sätze, die diese Überzeugung voraussetzen oder zum Ausdruck bringen, sind nach Wittgensteins Urteil metaphysische. Und solche Sätze führen, wie wir von Wittgenstein wissen, zu Verwirrung, zu falschen Überzeugungen und zu sogenannten philosophischen Problemen wie zum Beispiel dem des Fremdpsychischen. Dagegen sehen Sätze wie der des Solipsisten, daß *nur seine* Schmerzen wirklich seien, wie Erfahrungssätze aus. Sie scheinen seine und nur seine Erfahrungen zum Ausdruck zu bringen. Solche Sätze können wir aber nicht als Erfahrungssätze im üblichen Sinn zulassen. Denn solche Sätze sind potentiell durch jedermann bestätigbar oder verwerfbar. Diese allgemeine Auffassung entspricht der eben erwähnten Ansicht, daß die Sätze des Solipsisten keine Hypothesen sind, daß er sich nicht mit uns „über irgendeine Tatsachenfrage“ (BlB 96) streiten will. Können wir dem Solipsisten aber zugestehen, Erfahrungssätze zu benützen, die keine Tatsachenbehauptungen sind? Natürlich müssen wir ihm dazu zunächst einmal Erfahrungen zubilligen, die nur er haben kann. Aber bewegen wir uns damit nicht schon wieder auf metaphysischem Terrain? Entspricht das, was wir dem Solipsisten zubilligen, nicht einer metaphysischen Aussage wie dieser: ‚Die Sinnesdaten des Solipsisten sind privat und daher nur ihm zugänglich'? Ja und nein. Ja, denn wenn wir über die Erfahrungen des Solipsisten sprechen, tun wir so, als könnten wir etwas über sie wissen, ohne daß dies wirklich der Fall ist. Dazu benutzen wir, ohne damit wirklichen Sinn zu verbinden, jenen metaphysischen Satz. Nein, denn wir sollen jenen Satz über private Sinnesdaten nicht verwenden, wenn es uns darum geht, herauszufinden, worum es dem Solipsisten geht. Dies ist ein Dilemma, weil wir genau genommen gar keinen Satz verwenden können, der die Erfahrungen des Solipsisten zum Gegenstand hat. So ist es. Nur der Solipsist kann über seine Erfahrungen sprechen, aber eben nur so, daß ihn keiner verstehen kann. Um den Solipsisten verstehen zu können, müssen wir Wittgensteins Rat folgen und die Regel des Bezeichnungssystems in Kraft setzen, nach der ‚Der Solipsist hat Schmerzen' gleichbedeutend ist mit ‚Es gibt wirklich Schmerzen'.

Was ist nun aber – diese Frage ist noch immer unbeantwortet – das philosophische Problem, das hinter diesem Dilemma steckt? Das Problem ist, daß wir auch in dem Bezeichnungssystem, in dem der Solipsist seinen Platz findet, nicht näher an seine Schmerzen herankommen als ‚Es gibt wirklich Schmerzen'. Warum ist dies ein Problem, wo es doch die Lösung eines Problems ist? Es ist einerseits die Lösung des Problems, wie wir Äußerungen des Solipsisten über seine Schmerzen verstehen können. Andererseits ist es keine Lösung, weil das Dilemma bestehen bleibt, daß wir das, was der scheinbare Erfahrungssatz des Solipsisten ausdrückt, nicht als Tatsachenbehauptung verstehen und letztlich gar nicht verstehen können. Eben dies fordert Wittgenstein sogar ausdrücklich. Der Anspruch des Solipsisten, daß nur das, was er sieht, fühlt und denkt, wirklich gesehen, gefühlt und gedacht ist, solle – trotz der Privilegien, die das Bezeichnungssystem dem Solipsisten einräumt – von niemand anderem wirklich verstanden werden können (BlB 103). Es solle sinnlos, aber nicht falsch sein, zu sagen, jemand anderer verstehe den Solipsisten (BlB 104). Wenn wir nicht gleich wieder bei der metaphysischen Behauptung landen wollen, daß Sinneseindrücke und Gedanken privat und daher für andere unzugänglich seien, müssen wir hier Wittgensteins antithetische Methode anwenden. Er wendet sie häufig an, um den Unterschied zwischen sinnlosen und falschen Sätzen klar zu machen. Die Methode besteht darin, das antithetische Gegenstück eines Satzes zu bilden. Ist dieses Gegenstück unsinnig, muß es auch seine Vorlage sein. Wenn wir diese Methode in unserem Fall anwenden, stellen wir fest, daß es unsinnig ist, zu sagen, jemand anderer verstehe den Solipsisten *nicht*. Beide Behauptungen sind unsinnig: daß er ihn verstehe und daß er ihn nicht verstehe. Der Grund ist, daß es logisch unmöglich (vgl. BlB 104) ist, den Solipsisten zu verstehen. Was bedeutet hier ‚logisch unmöglich'? In heutiger Diktion können wir dies so formulieren: ‚Es gibt keine mögliche Welt, die wir mit dem Solipsisten teilen.' Dies bedeutet, es ist nicht denkbar, daß das, was der Solipsist „wirklich *meint*" (BlB 103), von irgend einem anderen verstanden werden kann.

Heißt dies aber nicht am Ende, daß jeder von uns ein Solipsist ist? Zweifellos, denn keiner von uns kann wissen und entscheiden, wer Solipsist ist und wer nicht. Wir haben kein Kriterium für diese Entscheidung. Ist damit jeder von uns – potentiell – hoffnungslos vereinsamt? In gewisser Weise ja, aber nicht so, daß es irgendwie bemerkbar wäre oder beim Gebrauch unserer Sprache eine Rolle spielte. Denn wir gebrauchen schon das solipsistische Bezeichnungssystem. Aus diesem und keinem anderen Grund haben wir keine andere Wahl, als uns auf den Gebrauch von Wörtern und Sätzen zu konzentrieren, wenn es darum geht zu verstehen, was sie bedeuten. Wenn wir – unter der metaphysischen Prämisse der Privatheit von Sinnesdaten und Gedanken – das Verstehen von Ausdrücken von dem abhängig machten, wie sie jeweils ‚wirklich gemeint' sind, würden wir nie zu einer bestimmten, klaren und zuverlässigen Bedeutung gelangen. Jeder sprachliche Ausdruck würde dann nämlich nur vermeintlich etwas mitteilen und könnte alle möglichen Bedeutungen haben. Jeder sprachliche

Ausdruck wäre unter jener metaphysischen Prämisse des Fremdpsychischen letztlich selbst ein metaphysischer und damit hoffnungslos vieldeutig (vgl. BlB 104).

Der grammatische Solipsismus ist keine Marotte Wittgensteins und alles andere als bizarr oder absurd. Im Gegenteil, er ist die entscheidende Voraussetzung seiner Überzeugung, daß die Bedeutung von Wörtern und Ausdrücken ihr Gebrauch in der Sprache ist und nichts Psychisches dahinter oder davor. Was immer der Solipsist meint, wenn er sagt ‚Nur das, was ich fühle, ist wirklich gefühlt‘, ist für die Bedeutung dessen, was er über seine Gefühle sagen kann und was wir verstehen können, unerheblich. Es hat auf den Gebrauch von Ausdrücken wie ‚Ich habe Schmerzen‘ oder ‚Ich hoffe, er kommt bald‘ keinen Einfluß.

Wittgenstein hält an der metaphysischen Position des Solipsismus fest, weil nur sie die kritische Distanzierung von dem metaphysischen Glauben erlaubt, daß das, was wir verstehen, psychologische Wurzeln im privaten Meinen, Denken, Wahrnehmen und Fühlen habe. Der Solipsismus setzt dem Verstehen nach innen – also in Richtung des Psychischen – unüberwindliche, absolute Grenzen. Sie erzwingen die Öffentlichkeit der Bedeutung, indem sie jede Alternative verhindern. Diese Grenzen halten die Bedeutung dessen, was Menschen sagen, im Äußeren, im Mitteilbaren. Die Grenzen sind nicht willkürlich, sondern sinnvoll, und sie geben ein klares Bild des sprachlichen Verstehens. Gleichwohl ist der grammatische Solipsismus keine Begründung des Verstehens oder des Sprachgebrauchs. Er rechtfertigt unser solipsistisches Bezeichnungssystem nicht (vgl. BlB 105). Es gibt für unseren Sprachgebrauch ohnehin – wie Wittgenstein immer wieder erklärt – keine Rechtfertigung, keine Begründung oder Grundlegung. Die Leistung des grammatischen Solipsismus ist aber auch ohne eine solche Grundlegung wichtig. Wittgenstein schafft mit diesem Solipsismus den Raum für unseren Sprachgebrauch. Er *macht Platz* für unser gemeinsames Verstehen der Sprache. Wenn wir von den Bedingungen des grammatischen Solipsismus ausgehen, gibt es nämlich keine Privatheit des Verstehens, keinen singulären, nur einem einzigen Menschen verständlichen Sprachgebrauch. Wir sind im Hinblick auf unsere wirklichen Empfindungen, Wahrnehmungen und Meinungen mit uns allein. Deswegen spielt deren Wirklichkeit keine Rolle für andere. Ich kann nicht sagen, was es wirklich ist, was ich empfinde. Es ist nicht einmal sinnvoll, den Versuch zu machen, dies zu sagen. Es ist auch nicht sinnvoll, von der ‚Wirklichkeit der Empfindungen, die nur ich habe‘ zu sprechen. Auch eine private Wirklichkeit gibt es nicht so, daß wir über sie sinnvoll sprechen könnten. Dagegen werden Dichter und Therapeuten, Verliebte und Verzweifelte Protest einlegen, vorschnell, wenn wir genau sein wollen. Über wirkliche Gefühle ist es möglich zu sprechen, aber eben nur nach dem Muster ‚Es gibt wirklich Gefühle‘, nicht nach dem ‚Nur ich habe Gefühle‘. Die grammatische Perspektive der dritten Person erlaubt es, über die Wirklichkeit zu sprechen, und zwar über die ganze, also über Gefühle ebenso wie über Gegenstände und Ereignisse. Noch einmal, der grammatische Solipsismus Wittgensteins ist keine Marotte, sondern eröffnet den Raum des Sprachgebrauchs, und zwar so, daß es nur den öffentlichen, nicht den privaten Sprachgebrauch geben kann. Ähnlich wie für Kant das Ding an sich nicht erkennbar ist, ist für Wittgenstein die Ich-Wirklichkeit des Solipsisten nicht verstehbar und kein Gegenstand des Sprachgebrauchs. Der Solipsist verschwindet aus der Öffentlichkeit. Er hat Taktgefühl und macht keine sinnlosen Versuche, verstanden zu werden.

Nun wird der enge Zusammenhang zwischen den drei Themen- und Problembereichen Solipsismus, Philosophie der Psychologie und Privatsprachenargument erkennbar. Der Solipsismus löst die Innen-Außen-Differenz auf. Deshalb haben die psychischen Phänomene, denen Wittgenstein soviel Aufmerksamkeit schenkt, nämlich „Denken, Schmerz, Zorn, Freude, Wunsch, Furcht, Absicht, Erinnerung etc."[17] keine Domäne jenseits der grammatischen. Sie zeigen sich in vielfältiger Weise, ihre Bedeutung zeigen und haben sie aber nur im Sprachgebrauch. Und das Privatsprachenargument sagt, warum dies so ist. Ich kann nicht nur ein einziges Mal einer Regel folgen, sagt Wittgenstein im § 199 der *Philosophischen Untersuchungen*. Auf die scheinbar opaken Erlebnisse angewandt, heißt dies: Wenn ich sie verstehen will, müssen sie Bedeutung haben; dies haben sie, wenn sie sich sprachlich ausdrücken lassen; solche Ausdrücke folgen bestimmten Gepflogenheiten; sie zu verstehen, heißt „eine Sprache verstehen" (a. a. O.). Es gibt keine psychologischen Sachlagen, es sei denn, sie lassen sich wie jede andere Sachlage beschreiben. Es gibt nur eine Wirklichkeit, und sie zeigt sich sprachlich. So können wir den Zusammenhang zwischen Solipsismus, Philosophie der Psychologie und Privatsprachenargument beschreiben.

Wir werden uns noch mit dem Privatsprachenargument beschäftigen (Kap. X). Hier geht es darum, die systematische Verklammerung der großen Themenbereiche durch den Solipsismus zu begreifen. Der Solipsismus Wittgensteins bringt das Ich als Träger und Quelle der Bedeutung von Äußerungen zum Verschwinden. Das psychologische Ich leugnet er damit aber keineswegs, im Gegenteil, der Solipsist besitzt allein wirkliche Gefühle und Gedanken. Es ist nur nicht möglich – aus logischen Gründen –, sie zu verstehen. Wittgensteins Solipsismus bringt all das, was traditionell Subjekten an Gedanken und Empfindungen zugeschrieben wurde, in die Öffentlichkeit der Sprache. Die Kriterien der Verständlichkeit dessen, was Subjekte fühlen und denken, sind nicht Gefühle und Gedanken, sondern die Bedingungen der Grammatik. Übrigens ist der grammatische Solipsismus von dem, was gewöhnlich unter ‚Solipsismus' verstanden wird, nicht sehr weit entfernt. Der Russell'sche Solipsist meint, nur er, sein Ich, existiere. Der Wittgenstein'sche Solipsist denkt, nur das, was er fühlt, sei wirklich gefühlt. Der kleine, aber entscheidende Unterschied zwischen dem Vulgärsolipsisten Russells und dem kritischen Solipsisten Wittgensteins ist, daß letzterer eben *nicht glaubt*, nur er existiere. Er unterscheidet sich, was seine empirischen und epistemischen Gepflogenheiten angeht, in nichts von einem Realisten. Er sieht andere Menschen und zweifelt nicht, daß es sie gibt. Er versteht, wenn andere über ihre Gefühle und Gedanken sprechen. Er weiß aber, daß es über diese Gefühle und Gedanken nicht mehr zu erfahren und zu wissen gibt als das, was die Äußerungen über sie sagen. Der Solipsist lebt metaphysisch anspruchslos. Er gibt seinen metaphysischen Überzeugungen, also all dem, was er über die Wirklichkeit von Gedanken und Gefühlen glaubt, keine aktuelle Bedeutung im Sprachgebrauch. Demgegenüber macht der Realist starke metaphysische Annahmen, wenn er glaubt, daß Sätze über Gedanken und Gefühle wirklichen psychischen Entitäten entsprechen. Der Solipsist lebt ein frugales metaphysisches Leben, das anspruchsloseste, das denkbar ist.

Im *Tractatus* wird der metaphysische Solipsismus formuliert: Das Subjekt ist nichts in der Welt, kein empirisch erfaßbarer Gegenstand. Dies bleibt Wittgensteins Überzeugung. Wir werden in seiner Philosophie der Psychologie sehen, daß das Ich und alles, was ihm an Bestimmungen zugeordnet wird, für den, der zu sich selbst ,ich' sagt, kein wahrnehmbarer Gegenstand ist. Der grammatische Solipsismus ergänzt und verändert den metaphysischen, indem er die Folgen des metaphysischen Solipsismus für den Sprachgebrauch beschreibt. Der grammatische Solipsismus ist – wenn man so will – der metaphysische plus Sprachgebrauch minus die für den *Tractatus* typische Gesamtsicht auf Welt, Logik, Denken und Wirklichkeit. Wittgensteins Solipsismus ist ein Ich-Exorzismus. Er zeigt zweierlei, einmal daß das, was wir an Erfahrungen in der Welt machen, niemandem von uns in irgendeinem interessanten oder relevanten Sinn allein gehört; zum andern, daß die Inhalte der Erfahrungen von keinem einzelnen Ich abhängig sind. Nicht nur das Ich schrumpft zur Ausdehnungslosigkeit, auch der Unterschied zwischen dem Subjektiven und dem Objektiven. Wenn es keine subjektiven Erfahrungen gibt, hat es keinen Sinn, von objektiven zu sprechen. Der Anspruch der Objektivität kann nur gegen die Subjektivität bestimmt werden. Wenn die Subjektivität fehlt, hat Objektivität keinen Punkt. Es gibt für den Wittgenstein des *Tractatus* nur eine Welt, keine Innenwelt und keine Außenwelt. Dieses Einweltlertum gibt er später nicht auf, sondern stellt es mit dem grammatischen Solipsismus nur moderater dar, als Einsprachlertum. Es gibt nur eine Sprache, nämlich unsere, ohne weitere Gründe. Und diese Sprache ist für uns alle gleich, ohne Unterschied.

3. Solipsismus, reiner Realismus und Idealismus

Im *Tractatus* sagt Wittgenstein, der Solipsismus falle, wenn er „streng durchgeführt" werde, mit dem „reinen Realismus" zusammen (TLP 5.64). Er erläutert im selben Passus, wie er dies meint. Wenn das Ich des Solipsismus nämlich zum „ausdehnungslosen Punkt" zusammenschrumpfe, bleibe „die ihm koordinierte Realität". Heißt dies, wenn wir aus der Wirklichkeit das Subjekt des Erkennens und Wissens und mit ihm alles Subjektive ausklammern, ist die Wirklichkeit so, wie sie ist, also die wirkliche Wirklichkeit? Ein rein realistischer Realismus wäre das Resultat der Ich-Schrumpfung. Dies kann er so nicht glauben, weil es dann – vor der Schrumpfung – eine Wirklichkeit mit und – nachher – eine ohne Subjekt gäbe. Es wäre nicht nachvollziehbar, wie wir als Subjekte überhaupt von einer Wirklichkeit *mit* zu einer *ohne* Subjekt kommen könnten. Schließlich wüßten wir – per definitionem – nicht, wie die Wirklichkeit nachher aussieht; denn wir können uns von uns selbst ja nicht einfach verabschieden. Und wenn wir es könnten, wüßten wir nur von der Wirklichkeit, bevor wir uns aus ihr entfernten. Eine Reinigung der Wirklichkeit von allem Subjektiven bliebe ein uneinlösbares Postulat, solange wir es sind, die diese Reinigung vornehmen müßten. Die Ich-lose Wirklichkeit wäre eine bloße Fiktion eines Subjekts, das sich selbst durch Abstraktion und Illusion, aber nicht wirklich, von der Wirklichkeit löst. Diese Art von Ich-loser Wirklichkeit kann Wittgenstein nicht meinen. Ziel seiner solipsistischen Streichung des Ich kann keine Fiktion der Wirklichkeit sein. Denn die wäre ja gerade nicht real. Was meint er aber dann?

Zunächst sollten wir uns an zweierlei erinnern, einmal, daß Wittgenstein kein Realist im üblichen Sinn dieser Bezeichnung ist.[18] Zum andern dürfen wir nicht vergessen, daß Wittgenstein im *Tractatus* einen Holismus vertritt. Alle wahren Elementarsätze beschreiben die Welt vollständig (TLP 4.26); die „Wahrheitsmöglichkeiten der Elementarsätze" entsprechen den Möglichkeiten, nach denen Sachverhalte bestehen oder nicht (TLP 4.3); schließlich ist die „allumfassende, weltspiegelnde Logik" mit ihrem „unendlich feinen Netzwerk" (TLP 5.511) der Spiegel der Realität. Denn die Bilder, die die Sätze von der Wirklichkeit geben, sind mit ihr unmittelbar verknüpft. Die Bilder reichen bis zur Wirklichkeit, sagt Wittgenstein (TLP 2.1511). Entscheidend ist aber, daß er an die Gegebenheit der ganzen Wahrheit glaubt.

Wenn ein Gott eine Welt erschafft, worin gewisse Sätze wahr sind, so schafft er damit auch schon eine Welt, in welcher alle ihre Folgesätze wahr sind. (TLP 5.123)

Vor dem Hintergrund dieses Holismus steht der ‚reine Realismus'. Wittgenstein gibt den ‚reinen Realismus' des *Tractatus* insoweit auf, als er die Wahrheit der Sätze nicht mehr an ihre logische Vorgegebenheit knüpft. Er glaubt, daß ein Prozeß, in dem das Erkennen, Wahrnehmen und Wissen von subjektiven Einschränkungen befreit und objektiviert wird, nicht zur wirklichen Wirklichkeit führt. Die ‚objektive Wirklichkeit' ist eine Konstruktion, deren Richtigkeit wir nicht entscheiden können. Da wir ihr Verhältnis zur Wirklichkeit nicht genau kennen, wissen wir nie, wie nahe wir mit der ‚Objektivität' der Wirklichkeit tatsächlich kommen. Wir könnten ebenso nahe wie sehr fern von ihr sein. Sie kann genauso gut real wie fiktiv sein.

Mit der wirklichen Wirklichkeit meint Wittgenstein die Welt, wie ‚ich sie vorfinde' (vgl. TLP 5.631), in der es in einem bestimmten Sinn kein Subjekt gibt. Es gibt in dem Sinn kein Subjekt, daß vom Subjekt und nur von ihm allein in meiner Weltbeschreibung keine Rede ist. Es handelt sich also um keine objektive Beschreibung, sondern um eine *subjektive ohne Subjekt*, um eine solipsistische also. Diese Wirklichkeit ist keine Fiktion, sondern die, die ich wirklich wahrnehme und erlebe, aber eben nur ich (allein). Das Ich verändert dabei die Wirklichkeit nicht. Es macht sie weder subjektiv noch objektiv, weder zu einer Wirklichkeit für alle, noch zu einer für sich allein. Die Welt bleibt „unabhängig von meinem Willen" (TLP 6.373). Wenn ich sie so lasse, wie ich sie antreffe, ist die Welt wirklich das, was sie ist. Das ist Wittgensteins ‚reiner Realismus'. Er entspricht dem metaphysischen Solipsismus, in dessen Welt-Beschreibung das Subjekt nicht vorkommt.

Von diesem reinen Realismus, der mit dem metaphysischen Solipsismus übereinstimmt, weicht Wittgenstein nicht gänzlich ab. Er modifiziert ihn lediglich so wie den metaphysischen zum grammatischen Solipsismus. Das Ergebnis ist überraschend. Aus dem reinen Realismus wird eine Art Idealismus. Dieser Wandel erscheint uns nur paradox, wenn wir meinen, der ‚reine Realismus' sei ein Realismus, der mit begrifflichen oder wissenschaftlichen Mitteln einer objektiven Realität gerecht werden will. Dieser Realismus ist das erklärte Gegenteil des Idealismus. Es ist hier nicht der Ort, auf die unterschiedlichen Spielarten von Realismus und Idealismus einzugehen. Verbreitet ist die Vorstellung, der Idealist glaube, daß er die Wirklichkeit schaffe, indem er sie denke. Mir ist kein Vorbild für diesen offensichtlich unsinnigen Glauben bekannt. Es genügt, wenn wir unter ‚Idealismus' die Überzeugung verstehen, daß die Bedeutung eines Ausdrucks davon abhängig ist, was wir unter ihm verstehen.[19] ‚Realismus' würde dementsprechend heißen, daß die Bedeutung eines Ausdrucks von der Existenz dessen abhängig ist, worauf er sich bezieht. Der Unterschied liegt in der Abhängigkeit der Bedeutung von unseren sprachlichen und begrifflichen Voraussetzungen (Idealismus) bzw. in ihrer Unabhängigkeit von solchen Voraussetzungen (Realismus). Wir haben bereits den Realismus Freges kennengelernt. Er versteht unter der Bedeutung eines Namens den Gegenstand, den er bezeichnet. Die Gründe, die für den späten Wittgenstein gegen diesen Realismus sprechen, müssen wir hier nicht wiederholen. Es genügt, wenn wir uns erinnern, daß er kein Realist dieser Art sein kann. Was für ein Idealist könnte er aber sein? Zunächst hätte er nichts einzuwenden gegen unsere einfache Lesart des Idealismus, nach der die Bedeutung eines Ausdrucks von dem abhängt, was wir unter ihm verstehen. Allerdings taucht bei einer so vagen Bestimmung sofort das Mißverständnis auf, daß dieses ‚was wir unter ihm verstehen‘ dem entspricht, was jeder einzelne damit meint und welche mentalen Bestimmungen er mit dem Ausdruck verbindet. Nun wissen wir bereits, daß Wittgenstein diesen Subjektivismus ebenso ablehnt wie den Mentalismus. Sein Solipsismus schützt ihn vor diesen unerwünschten Mißverständnissen sprachlicher Bedeutung.

Der Idealismus, den Wittgenstein avisiert, ist wie der reine Realismus mit dem Solipsismus verwandt. Der Solipsismus ist eine Art Verbindungsstück zwischen reinem Realismus und Idealismus. Im *Big Typescript* (486–501) wird die Verwandtschaft erkennbar. Das idealistische Verhältnis zwischen Satz und Wirklichkeit ähnelt – wenn auch „undeutlich" – dem solipsistischen zwischen Ich und Wirklichkeit (BT 499). Diese Analogie veranlaßt Wittgenstein zunächst zu der Warnung, nicht den Fehler des Solipsismus zu wiederholen und zu meinen, jenes Verhältnis sei ein „unmittelbares" (BT 494).[20] Das Positive an der vagen Analogie zwischen Solipsismus und Idealismus ist, daß beide – so wie er sie versteht – den Subjektivismus und Mentalismus ausschließen. Das Ergebnis seiner Überlegungen ist:

Das Wahre am Idealismus ist eigentlich, daß der Sinn des Satzes aus seiner Verifikation *ganz* hervorgeht. (BT 500)

Dies ist es, was es für Wittgenstein heißt, daß die Bedeutung eines Ausdrucks von dem abhängt, was wir unter ihm verstehen. Es ist das, was uns die Grammatik über seine Bedeutung sagt. Denn unter ‚Verifikation‘ versteht Wittgenstein – wie wir sahen – die Übereinstimmung von Wörtern und Sätzen mit der Wirklichkeit innerhalb der Sprache. Wir können den Gehalt eines Satzes nur sprachlich verifizieren. Ob er wahr oder falsch ist, hängt davon ab, ob sich die Übereinstimmung eines Satzes mit der Wirklichkeit durch die Beschreibung der Wirklichkeit mit anderen Sätzen zeigt oder nicht. Der Nachweis findet innerhalb der Sprache statt. Das ist der Punkt von Wittgensteins Verständnis von ‚Verifikation'. Im *Tractatus* lesen wir:

4.024 Einen Satz verstehen, heißt, wissen was der Fall ist, wenn er wahr ist.
(Man kann ihn also verstehen, ohne zu wissen, ob er wahr ist.)

Wittgenstein sagt hier nur scheinbar etwas anderes als in der Passage aus dem *Big Typescript*. Man könnte den eben zitierten Satz des *Tractatus* so deuten, daß der Satzsinn jenseits der Verifikation liegt. Dieses ‚jenseits der Verifikation' würde der Verifikations-Transzendenz und damit Dummetts Kennzeichen des Realismus entsprechen. Diese Deutung würde aber Wittgensteins Verständnis von Verifikation ignorieren und ihm – fälschlich – unterstellen, daß er im *Tractatus* einen empiristischen Verifikationismus vertritt. Dabei kommt es ihm in beiden Fällen ganz auf die Bedingungen des Verstehens an, die wir als Mitglieder einer Sprachgemeinschaft mitbringen. Im *Tractatus* ist der Übergang vom reinen Realismus zum Idealismus schon vorbereitet. Dort wird die vom Satz gezeigte Wirklichkeit nämlich als Konstruktion verstanden, als Konstruktion „mit Hilfe eines logischen Gerüsts" (TLP 4.023). Diese Konstruktion beschreibt die „internen Eigenschaften" der Wirklichkeit in einer Weise, die dem späteren Idealismus der Verifikation nahekommt.

Dieser Idealismus Wittgensteins ist nur ein anderer Name für seinen grammatischen Solipsismus. Es ist kein Ich-Idealismus, der die Welt aus sich heraus schafft. Denn das Ich ist jenseits dessen, was der Gehalt von Erfahrungssätzen sein kann. Nur in metaphysischen Sätzen kommt das Ich vor. Solche Sätze schließt der Solipsismus aber von der Verifikation aus. In der Sprache, sagt Wittgenstein, gibt es keine metaphysischen Subjekte (BT 508). In ihr herrscht Gleichberechtigung. Asymmetrien sind ausgeschlossen. Die Sprache bevorzugt keinen Körper (BT 516), kein Ich, keine Gefühle und keine Gedanken. Was ich über meine Vorstellungen sage, muß ich auch über Ihre sagen können, und umgekehrt. Wir nehmen alle auf gleiche Weise an der Sprache teil. Idealistisch an diesen Ansichten ist, daß die Bedeutung der Wörter und Sätze innerhalb der Sprache gegeben ist. Was wir unter einem Satz in unserer Sprache verstehen, ist das, was er bedeutet.

Der reine Realismus des *Tractatus* wird von diesem Idealismus nicht wesentlich verändert, schon gar nicht aufgehoben, sondern nur aus anderem Blickwinkel formuliert. Der Blick auf die Wirklichkeit ist weniger anspruchsvoll. Die grammatische Perspektive ist schlanker als die metaphysische. Es ist nicht mehr von der Welt ‚wie ich sie vorfinde‘ die Rede, sondern lediglich von der Welt, wie wir sie intern, grammatisch richtig beschreiben. Daß ich sie so vorfinde, wie sie ist, wird nicht in Frage gestellt. Es verbietet sich nur aus grammatischen Gründen, dieses ‚wie ich sie vorfinde‘ zum Thema zu machen. Was immer ich über die Welt, wie ich sie vorfinde, sagte, es wäre unverständlich. Deshalb schweige ich darüber. Der Idealismus hebt also den reinen Realismus nicht auf, sondern bringt ihn zum Schweigen.[21]

Umso überraschender ist, daß Wittgensteins vermeintlicher Realismus neuerdings wieder Beachtung findet. Hilary Putnam fordert in seinen Dewey Vorlesungen[22] eine Rückbesinnung auf einen „direkten Realismus" und beruft sich u. a. auf Wittgenstein als Vorbild (DL 469). Er findet beim späten Wittgenstein eine Art „zweite Naivität" im Hinblick auf den „begrifflichen Zugang zu den Dingen, über die wir sprechen und nachdenken, verbunden mit einer enorm verfeinerten Darstellung der unterschiedlichen Zugangsweisen"(DL 489). Tatsächlich können wir das Verhältnis zur Wirklichkeit, das die Sprache bei Wittgenstein hat, nur dann als ‚naiv‘ bezeichnen, wenn dieses Wort soviel bedeutet wie ‚rein sprachlich‘, und das ist alles andere als naiv. Putnam meint mit ‚naiv‘ gerade nicht ‚rein sprachlich‘, sondern eher ‚rein empirisch‘. Die Verfeinerungen des Verhältnisses zur Wirklichkeit, von der er spricht, finden wir allein in der Grammatik, in den vielfältigen Beispielen, die Wittgenstein grammatisch untersucht, in sonst nichts.

Es wäre aber voreilig, Putnams Interesse an Wittgensteins Realismus gleich als Mißverständnis abzuweisen. Putnam deutet das Verhältnis zwischen Sprache und Wirklichkeit nämlich ähnlich, wie wir es oben im Kapitel „Sprache und Wirklichkeit" kennenlernten. Er betont, daß Wittgenstein zwischen die Dinge und unsere Gedanken über sie keine mentalen Bilder als Schnittstellen zwischen dem Inneren und Äußeren schiebe (DL 490f.). Dies ist eine Einsicht, die Wittgenstein gerecht wird. Wir sahen schon am Beispiel Napoleons, daß es – für Wittgenstein – zwischen dem, was wir über eine Person (einschließlich der eigenen) oder über ein Ereignis denken, und der Person oder dem Ereignis selbst nichts Drittes gibt, was dem Denken und der Wirklichkeit als gemeinsamer Nenner dient. Ein solcher Nenner ist nicht nötig, im Gegenteil; er wäre von Übel, weil er den Zugang zur Wirklichkeit behindern würde. Putnam beschreibt dies ähnlich und betont, es sei ein zentrales Element in Wittgensteins Denken seit dem *Tractatus*, daß wir dann, wenn wir sagen ‚Dies-und-dies ist der Fall' nicht kurz vor der Wirklichkeit haltmachen, sondern schlicht und einfach meinen ‚Dies ist so' (DL 492/93).[23] Dieser „Common-sense-Realismus" (DL 499) der Bedeutung steht – nach Putnam – im Gegensatz zu „wissenschaftlichen" Deutungen der Sprache als eines Codes, in den Gedanken übersetzt und dann in Gestalt von Geräuschen mitgeteilt werden.[24]

Putnam geht der Frage aus dem Weg, inwieweit Wittgensteins direkter Realismus ein Solipsismus ist. Tatsächlich läßt sich diese Frage nicht problemlos beiseite stellen. Denn der Realismus selbst, auch der direkte, hat – wie Wittgenstein glaubt – eine Schwäche; er überspringe die Schwierigkeiten, die seine Gegner sehen, löse sie aber nicht (BlB 81). Die Schwierigkeiten, um die es hier geht, hängen mit Fragen der Art zusammen, wie das, was ich denke, jemand anderer verstehen kann, und wie ich zum Beispiel glauben kann, daß ein anderer Schmerzen hat. Wittgenstein wirft dem Common-sense-Philosophen vor, daß er so tue, als würden diese Fragen nicht die Schwierigkeiten bieten, die der Solipsist sieht. Dieser Vorwurf trifft auch Putnam. Er meint es mit seinem Plädoyer für einen direkten Realismus ernst mit der Naivität, die Wirklichkeit einfach so zu nehmen, wie wir über sie sprechen und denken. Er überspielt damit gerade das, was meinen Zugang zur

Wirklichkeit vom Zugang anderer unterscheidet. Putnam tut damit so, als ob Menschen untereinander keine systematischen Schwierigkeiten hätten, sich und das Verhältnis der Sprache zur Wirklichkeit zu verstehen. Wittgenstein sieht eben hier das Problem. Wir können über die Wirklichkeit nicht so sprechen, als ob es ausgemacht wäre, daß jeder von uns dasselbe sehen, hören, denken und sagen kann und auch sagt. Der reine Realismus Wittgensteins hat eben seinen Solipsismus zur Voraussetzung, mit dem die unüberwindlichen Differenzen zwischen meiner und Ihrer Wirklichkeit ausgeklammert werden. Dadurch, daß das Ich in meinem Verständnis der Wirklichkeit keine Rolle spielt, macht der Solipsismus für den reinen Realismus Platz. Deshalb sehe ich die Welt, wie ich sie sehe, ohne dabei den Unterschied zwischen meiner subjektiven und einer objektiven Wirklichkeit zu berücksichtigen. Ich kann diese Differenz weder berücksichtigen noch überwinden, weil es sie in meiner und Ihrer Welt nicht gibt. Wie weit mein Verständnis der Wirklichkeit auch für Sie gilt, ist und bleibt offen. Der Realist tut so, als könnten wir diese solipsistischen Voraussetzungen übergehen, als würden sich die Schwierigkeiten unseres Verhältnisses zur Wirklichkeit über den Verstand, den wir miteinander gemein haben, von selbst regeln. Es ist also Vorsicht geboten vor allzu schnellen Koalitionen, die direkte Realisten wie Putnam mit Wittgenstein in Anspruch nehmen. Für Wittgenstein ist ein Realismus ohne Solipsismus tatsächlich naiv; aber das ist es sicher nicht, was Putnam mit ‚naivem Realismus‘ meint.

Putnam sucht für seinen direkten Realismus beim späten Wittgenstein und nicht bei dem des *Tractatus* Unterstützung. Dabei scheint er, wenn überhaupt, dann mit dem frühen eher als mit dem späten Erfolg zu haben. Meine Kenntnis der Welt ‚wie ich sie vorfinde‘ scheint eine direkt-realistische zu sein. Nach Wittgensteins Verständnis von ‚Grammatik‘ ist meine direkt-realistische Kenntnis der Welt zwar nicht verboten, aber als Thema ein Flop oder „non-starter". Weil sie kein Thema werden kann, sollten wir auch nicht den Versuch machen, über den direkten Realismus des späten Wittgenstein so zu sprechen, als wäre dies eine Alternative zu anderen Auffassungen der Wirklichkeit.

VIII. Grundlagen der Mathematik

1. Alternativen

a) Gegen Fundamentalismen

Um Fragen des Realismus geht es auch in den *Bemerkungen über die Grundlagen der Mathematik*. Der Realist oder Platonist ist ebenso wie der Mentalist Wittgensteins Widerpart. Der Platonist vertritt die Überzeugung, daß mathematische Aussagen wahr oder falsch sind unabhängig davon, ob wir ihre Wahrheitswerte wissen. Die Wahrheit oder Falschheit hängt davon ab, ob die Aussagen im Reich der mathematischen Entitäten existieren oder nicht.[1] Der Mentalist meint, es gebe geistige Entitäten oder allgemein zugängliche mentale Prozesse, die zeigen, ob mathematische Aussagen korrekt sind oder nicht. Es geht Wittgenstein darum zu zeigen, daß weder der Realist noch der Mentalist die Grundlagen der Mathematik überzeugend klären können. Übersetzt in die Überzeugungen dieser Gegner heißt dies, daß der Mathematik weder zeitlos gültige, universale noch geistige Entitäten oder Prozesse zugrunde liegen. Es liegt durchaus nahe, solche oder ähnliche Grundlagen für Leistungen anzunehmen, die zuverlässig und richtig sein sollen. Wenn ich etwa einen Übergang von einer Zahl zu einer anderen nach einer bestimmten Formel machen soll, sind viele individuelle Hemmnisse denkbar, die verhindern, daß ich den Übergang richtig mache. Zur Sicherung des Übergangs neigen wir dazu, unveränderliche, absolut zuverlässige Grundlagen oder bestimmte, bei allen richtig rechnenden Menschen vorhandene geistige Voraussetzungen anzunehmen. Wir neigen quasi von Natur aus zum Platonismus oder Mentalismus. Dagegen nimmt Wittgenstein an, daß wir die Aufgabe – einen Übergang von einer Zahl zu einer anderen zu machen –

nach einer bestimmten Formel, ohne solche Voraussetzungen lösen. Denn der Übergang, den wir machen sollen, ist durch die Formel selbst bereits klar. Es bedarf keines zusätzlichen mentalen Aktes, der zu dem, was die Formel sagt, hinzukommen müßte, damit der Übergang gemacht werden kann (vgl. BGM I, § 1). So wie Ockhams Rasiermesser empfiehlt, nicht mehr Entitäten anzunehmen, als wir für eine Erklärung benötigen, legt Wittgenstein nahe, ökonomisch zu denken. Es geht ihm aber nicht nur um Sparsamkeit, sondern darum, falsche metaphysische Prämissen zu vermeiden. Weder die Mathematik noch das Regelfolgen allgemein haben metaphysische Voraussetzungen. Sein Verständnis von Formeln entspricht dem von Regeln. Was eine Regel sagt, geht auf keine Regel an sich zurück und bedarf auch keiner Deutung durch ein geistiges Bild, an dem wir uns bei der Befolgung der Regel orientieren. Wenn wir unsicher wären, wie wir die Anweisung ‚Addiere zu jeder natürlichen ganzen Zahl eine 1‘ ausführen sollten, könnte uns weder der Platonist noch der Mentalist helfen. Wir müssen nur wissen, wie es gemacht wird. Wenn uns dies die Regel nicht schon sagt, muß uns die Technik beigebracht werden, mit der wir sie befolgen. Danach wissen wir dann, wie es geht. Dann genügt der Gebrauch der Additionsregel oder einer anderen Rechentechnik für die Klärung dessen, was wir tun sollen. Weder der Mentalist noch der Platonist kann, wie Wittgenstein zeigen will, die Frage klären, wie eine Regel richtig befolgt wird.

Die Beispiele, die zeigen sollen, wie wenig Platonisten bzw. Realisten und Mentalisten zur Klärung der Grundlagen der Mathematik beitragen, sind bewußt einfach gewählt. Wittgenstein will sich nicht in die Mathematik selbst einmischen, will sie nicht korrigieren oder revidieren. Es geht ihm allein darum, Mißverständnisse über den Charakter und die philosophischen Ansprüche der Mathematik aufzuklären. Mathematische Beweise stellen wir uns als sehr genau und als „unerbittlich" geltend vor. Die Unerbittlichkeit der Mathematik (BGM I, § 4) benötigt aber kein platonistisches oder mentalistisches Fundament. Es werden nur die Regeln eines Kalküls richtig angewandt, dann ist der Beweis richtig. Hinter den Regeln gibt es keine Instanz, die die Richtigkeit der Regelanwendung garantierte.

Wittgenstein geht sogar so weit, die Richtigkeit eines logischen Schlusses nicht in einem zeitlosen Sinn von einem Kalkül, sondern vom Schließen selbst abhängig zu machen. Er läßt dem Platonisten keine Chance, der vielleicht einwenden könnte, daß die Richtigkeit des Schlusses vom Kalkül bereits vorweg garantiert sei. Nicht daß er diese platonistische Überzeugung widerlegen würde, nein, er zeigt nur, daß sie nicht zählt, weil es darum geht, daß sich ein Schluß ohne irgendwelche Zwischenglieder oder Zwischeninstanzen „tatsächlich aus den Prämissen ableiten *läßt*" (BGM I, § 6). Die Ableitungsregel wird unmittelbar und nicht nach einer weiteren Regel angewandt. Es gibt auch keine verborgene, tiefer liegende Realität, mit der die Ableitung übereinstimmt. Wittgensteins Überlegungen sind konsequent anti-fundamentalistisch, dabei häufig ironisch, manchmal auch polemisch. Er will zeigen, daß es keine irreduziblen, letzten Grundlagen des Schließens, Rechnens und Regelfolgens gibt.

b) Konventionalismus

Seine Position können wir, wenn wir Dummett folgen wollen, als radikal konventionalistisch bezeichnen.[2] Charakteristisch für diesen Koventionalismus ist es, nach Dummett, jede logische Notwendigkeit bzw. Wahrheit als unmittelbaren Ausdruck einer sprachlichen Konvention zu betrachten.[3] ‚Konvention' bedeutet hier nicht ‚nach allgemeinem Konsens festgelegte Regularität'. Es bedeutet ‚Dies gilt hier als Beweis und damit als neues Kriterium, Paradigma oder Muster der Wahrheit (Notwendigkeit)' oder ‚Ich erkenne diesen Schluß als gültig an'. Die Mathematik bewege sich zwar „in den Regeln unserer Sprache" (BGM I, § 165), schaffe dabei aber „immer neue und neue Regeln" (BGM I, § 166). Wie ein Verkehrsminister das Straßennetz baut sie das Regelnetz aus. Wittgenstein hat mit dem Straßennetz einen anschaulichen Vergleich gewählt, der sein antiplatonisches Denken bildhaft verständlich macht.

Zum Bau neuer Straßen muß nichts Neues entdeckt werden, was bisher verborgen war. Es wird nur etwas erweitert, was es schon gibt, und zwar mit Mitteln, die bekannt sind, aber vielleicht so noch nie verwendet wurden. Straßenbauer benötigen immer wieder Erfindungen, die es ermöglichen, schwieriges Gelände zu überwinden. Mathematiker seien Erfinder, keine Entdecker, sagt er (BGM I, § 168). Der Platoniker denkt in entgegengesetzter Richtung, weil für ihn die bereits festliegende Wahrheit nicht erfunden, sondern höchstens durch erinnerndes Nachdenken entdeckt werden kann.

Wittgensteins Konventionalismus[4] ist alles andere als problemlos. Es soll nur das als wahr oder als notwendig gelten, was wir aufgrund eines neuen Musters bzw. Beweises als wahr und notwendig anerkennen. Dem Realisten oder Platonisten sträuben sich die Haare. Denn dieses neue Kriterium erweckt den Eindruck, als würden wir unsere beschränkten menschlichen Möglichkeiten zum Maßstab des Richtigen aufwerten. Trifft dies zu? Die Konvention, das neue Muster ist ohne Zweifel anthropomorph[5], aber im Sinn von ‚logomorph'. Was wir in unserer Sprache als Beweis anerkennen können, ist gültig. Genau genommen können wir die Grenzen der Sprache auch dann nicht überschreiten, wenn wir Logik oder Mathematik treiben. Wahrheit und Notwendigkeit *in* unserer Sprache und nicht jenseits von ihr ist dabei das Prinzip. Wir verwenden vielleicht einen Formalismus, aber was wir mit ihm tun, verstehen wir *in* unserer Sprache. Das heißt nicht, daß die Wortsprache der Mathematik Bedeutung gibt. Dafür ist die Wortsprache zu grob. Eine Rechnung kann „ein grelles Licht auf den Wortausdruck" werfen (vgl. BGM II, § 7). Die Rechnung und die Wortsprache sind aber Teil unserer Sprache, Teil dessen, was Bedeutung haben kann. Insofern gehört auch die Mathematik in unsere Sprache.

In den §§ 28 bis 74 der *Bemerkungen über die Grundlagen der Mathematik* macht uns Wittgenstein mit seiner Sicht der logomorphen Verhältnisse beim Beweisen, Zählen und Rechnen vertraut. Er tut es, indem er Phänomene beschreibt, die durch ihre bloße Ansicht zeigen sollen, was er sagen will. Im

§ 42 wählt er als Beispiel seiner Phänomenbeschreibung das Geduldspiel, aus mehreren Stücken (Dreiecken) ein Rechteck zusammenzusetzen. Jemand setzt dann vier Dreiecke zu einem Rechteck zusammen, und zwar in einer Weise, an die er vorher nicht dachte. Er erfindet diese bestimmte Zusammensetzung in dem Geduldspiel. Nun variiert Wittgenstein dieses Spiel mit einem Gedankenexperiment. Das Experiment hat zwei Schritte. Wir sollen im ersten annehmen, daß genau die eben erreichte Lösung aus physikalischen Gründen bisher nicht zustandekommen konnte. Die Lösung war bisher so ausgeschlossen, als „wäre hier ein ,blinder Fleck', etwa in unserm Gehirn" (BGM I, § 44). Nach diesem ersten Schritt kommt der zweite: Plötzlich löst sich die „Verhexung" wie ein Bann auf und wir sehen die bisher verstellte Lösung. Der blinde Fleck wird durch die Anordnung der vier Dreiecke zum Rechteck gefüllt. Der Sinn dieses Gedankenexperiments ist, uns die *Spontaneität* der Lösung des Geduldspiels vorzuführen. Sie tritt uns vor Augen wie eine veränderte Geometrie, wie eine „neue Dimension des Raumes. (Wie wenn man einer Fliege den Weg aus dem Fliegenglas zeigte.)" (BGM I, § 44).

Den in Klammern zitierten Text kennen wir aus den *Philosophischen Untersuchungen*: „Was ist dein Ziel in der Philosophie? – Der Fliege den Ausweg aus dem Fliegenglas zeigen" (PhU § 309).[6] Es geht in dem Gedankenexperiment zwar nicht unmittelbar um das Ziel von Wittgensteins Philosophie. Das Überraschende, Spontane der Lösung zeigt aber direkt, wie er sich die Einsicht und die darauf folgende Anerkennung eines Beweises, und indirekt, wie er sich seine Arbeit als Philosoph vorstellt. Eine Erfindung oder eine überraschende Einsicht befreit jeweils von der bisherigen Blindheit einer Lösung gegenüber. Er zeigt die Lösung und mit ihr den Weg aus dem Fliegenglas, in das die Fliege kam, weil sie im wörtlichen Sinn auf den Leim ging. Wir sind einer bestimmten Lösung eines Problems gegenüber blind, weil wir einer Pseudolösung auf den Leim gehen.[7] Aus dieser Blindheit führt nicht die lineare Fortsetzung des bisherigen Weges, sondern nur ein spontaner Durchbruch:

Die neue Lage ist wie aus dem Nichts entstanden. Dort, wo früher nichts war, dort ist jetzt auf einmal etwas. (BGM I, § 46)

Es gibt für dieses Neue kein Vorbild, sondern es ist selbst eins. Wir anerkennen das Neue, das wir spontan fanden, „unbedingt" (BGM I, § 33). Denn davor gibt es keine Bedingungen, die wir für die Anerkennung jetzt beanspruchen könnten. Die Anerkennung des Beweises als neues Paradigma hat keine Geschichte und keine Entwicklung. Sie kommt schlagartig. Die Entscheidung, einen Beweis als neues Kriterium gelten zu lassen, und die Anerkennung einer Regel zeigen nicht nur den spontanen Charakter des radikalen Konventionalismus. Sie zeigen auch, daß der Notwendigkeit des Beweises und seiner Unerbittlichkeit nichts anderes als der Beweis selbst zugrundeliegt. In diesem Sinn sind der Beweis und die anerkannte Regel normativ. „Die Mathematik bildet ein Netz von Normen" (BGM VII, § 67, S. 431), heißt es lapidar. Aber diese Normen oder Regeln haben keinen universalen Charakter. Sie gelten nicht für alle Fälle eines bestimmten Typs. Es sind keine *types*, sondern *token*. Sie gelten für den jeweiligen Fall, um den es geht. Wir erinnern uns an die gleiche Art von Geltung im Zusammenhang der Frage nach der Übereinstimmung von Sprache und Wirklichkeit. Wir sahen, daß Sätze selbst die Maßstäbe der Wirklichkeit sind. Auch sie haben keinen universalen Charakter. Maßstab und Fall lassen sich beim Verhältnis zwischen Sprache und Wirklichkeit nicht unterscheiden. Diese Deckungsgleichheit von Maßstab und Fall, von Individuellem und Realem erscheint durch und durch nominalistisch.

Tatsächlich lehnt Wittgenstein die Existenz universaler Entitäten ebenso ab wie Ockham. Es hat Sinn, Wittgenstein mit Ockham zu vergleichen[8], lenkt uns an dieser Stelle aber von der vordringlichen Aufgabe ab, zu verstehen, wie etwas ein neues Paradigma sein kann und dennoch nicht universal gelten soll. Die Frage, um die es geht, ist, wie die Mathematik *a priori*, d. h. nicht-empirisch, sein kann, ohne daß ihre Beweise universal für alle künftigen Fälle des vorliegenden Typs gelten. Wenn der Beweis für diesen Fall nicht auch für alle künftigen des gleichen Typs gilt, drückt er nach unserem gewöhnlichen

Verständnis von Apriorität keine Gesetzmäßigkeit aus. Wie kann etwas *a priori* gelten, aber keine Gesetzmäßigkeit des Denkens oder Rechnens sein, die immer gilt? Dies ist eine drängende Frage des Platonisten, auf die wir noch keine Antwort gehört haben.

c) Der logische Zwang

Der Platonismus scheint Wittgenstein und seinen radikalen Konventionalismus in dieser Frage in Bedrängnis bringen zu können. Er könnte es zumindest, wenn die Apriorität der Mathematik, an der Wittgenstein festhält, in seinen Überlegungen nicht plausibel wäre. Apriorität ohne Gesetzmäßigkeit und damit ohne universale Geltung erscheint aber unplausibel. Wir sollten daher zusehen, ob dies so ist oder nicht. Es gibt zwei sich ergänzende Wege, dem ‚Schach‘ des Platonisten in der Frage der Apriorität der Mathematik zu entgehen. Der eine führt über die Unterscheidung zwischen „Beweis“ und „Experiment“, der andere über den „logischen Zwang“.

Wenn wir uns an das Beispiel mit dem Geduldspiel und an das Gedankenexperiment erinnern, können wir den Unterschied zwischen Experiment und Beweis leicht erkennen. Wir experimentieren mit den vier Dreiecken. Was wir dabei tun, ist einfach. Wir stellen sie ihren äußeren, figürlichen Eigenschaften entsprechend zusammen, bis wir schließlich eine paradigmatische Zusammenstellung der Dreiecke zu einem Rechteck gefunden haben. Diese Zusammenstellung, die wir plötzlich und ohne Vorbild finden, anerkennen wir als Lösung der Aufgabe des Spiels. Der Übergang vom Experiment zum Beweis, den dieses Beispiel beleuchten soll, ist ein Übergang von den externen Eigenschaften der Dreiecke zu ihren internen Eigenschaften, die die Bildung des Rechtecks ermöglichen.

Vom *Tractatus* her wissen wir, was externe und interne Eigenschaften oder Relationen sind. Die Eigenschaft einer Struktur nennt Wittgenstein dort eine interne; dagegen sind die „eigentlichen Relationen“ externe (TLP 4.122). Für die internen Eigenschaften eines Gegenstandes gilt, daß es „undenkbar ist, daß ihr Gegenstand sie nicht besitzt" (TLP 4.123). So ist die Zahlenreihe nach einer internen Relation geordnet (TLP 4.1252). Externe Relationen sind dagegen kontingent. Dieses Verständnis externer und interner Eigenschaften wendet Wittgenstein in den *Bemerkungen über die Grundlagen der Mathematik* an. Die Zahl der Töne einer Melodie ist eine interne, die Zahl der Blätter eines Baumes eine externe Eigenschaft (BGM I, § 77). Wie die vielfältigen Äußerungen zu diesem Paar von Eigenschaften zeigen, sind die internen zeitlos, notwendig, *a priori*, die externen dagegen kontingent und empirisch.[9] Letztere charakterisieren Experimente, erstere Beweise.

Eben sagte ich, das Beispiel des Geduldspiels zeige den Übergang von externen Eigenschaften des Experiments zu internen Eigenschaften des Beweises. Dies kann nun nicht so gemeint sein, als ob auf geheimnisvolle Weise aus externen plötzlich interne Eigenschaften würden. Nicht die Eigenschaften selbst verändern sich, sondern unser Verständnis. Auf phänomenalem Weg, über die äußeren Eigenschaften erreichen wir einen Punkt, an dem wir plötzlich etwas sehen, was wir vorher nicht sahen. Wir sehen auf einmal die internen Eigenschaften des Beweises. Die Ableitbarkeit eines Satzes aus einem anderen wird quasi experimentell, durch die externen Eigenschaften der Sätze festgestellt; dabei „darf ich kein Zeichen übersehen". Die Ableitung selbst verdankt sich aber nicht diesen externen Eigenschaften, sondern „gewissen Paradigmen", nach denen ich die Zeichenfolge hinschreibe (BGM I, § 157). Die Paradigmen enthalten die internen Relationen der Zeichen und sorgen für die Struktur des Beweises. Seine Richtigkeit wird aber nicht nur von den internen, sondern auch von den externen Relationen bewirkt. Diesen subtilen, für den radikalen Konventionalismus typischen Zusammenhang zwischen internen und externen Eigenschaften beleuchtet diese Passage:

Aber inwiefern mache ich ein Experiment, wenn ich dem schon hingeschriebenen Beweis nur *folge*? Man könnte sagen: „Wenn du diese Kette von Umformungen ansiehst, – *kommt es dir nicht auch so vor, als stimmten sie* mit den Paradigmen?" (BGM I, § 158)

Würde ich den Paradigmen, den internen Eigenschaften des Beweises nur folgen, würde ich kein wirkliches Experiment machen; ich wäre vielmehr Platonist. Würde der Beweis allein von den externen Eigenschaften abhängen, wäre ich Empirist. Die Balance zwischen internen und externen Eigenschaften, zwischen Beweis und Experiment, schafft die Geltung und läßt mich den Beweis anerkennen. Das Apriorische des Beweises muß ergänzt werden durch die Richtigkeit der Phänomene, sonst sehe ich nicht, daß der Beweis stimmt. *Stimmigkeit* ist das Wort für dieses sich wechselseitig ergänzende Verhältnis zwischen Apriori und Empirie. Was ich am Ende von Experiment plus Beweis anerkenne, ist weder allein der Beweis noch allein das Experiment, sondern ihr gemeinsames Produkt.

Man könnte sagen: Das Resultat des Experiments ist dies, daß ich, am Ende, beim Resultat des Beweises angelangt, mit Überzeugung sage: „Ja, es stimmt". (BGM I, § 160)

Wesentlich für mein Überzeugtsein ist das, was ich sehen kann, das Ergebnis des Experiments, die externen Eigenschaften. Wittgenstein denkt ganz phänomenologisch, in einem wörtlichen Sinn.[10] Entscheidend für meine Überzeugung, daß der Beweis gelungen ist, ist das, was ich sehen kann. Das Sichtbare ist aber nicht das Paradigma in seiner internen Struktur, sondern das, was sich aufgrund dieser Struktur zeigen kann.

An dieser Stelle verbinden sich Wittgensteins Überlegungen zu Beweis und Experiment nun nahtlos mit denjenigen zum logischen Zwang. Der Punkt des Übergangs zwischen diesen Themen ist seine Überzeugung, daß „unseren logischen Gesetzen sehr allgemeine Tatsachen der täglichen Erfahrung" entsprechen (BGM I, § 118). Die Tatsachen, die er hier meint, machen es uns möglich, „jene Gesetze immer wieder auf einfache Weise (mit Tinte auf Papier z. B.) zu demonstrieren" (a. a. O.). Wie wir eben bei der wechselseitigen Ergänzung interner und externer Eigenschaften, von Apriori und Empirie, sahen, entsprechen die Tatsachen unserer menschlichen Erfahrung in bestimmter Hinsicht den logischen Gesetzen. Er will nicht wie David Hume die logischen Gesetzmäßigkeiten als menschliche

Gewohnheiten deuten und ihnen damit ihren Anspruch auf Gewißheit streitig machen. Es geht ihm nicht um die Herkunft und Geltung logischer Gesetze. Wittgenstein hat aber dennoch wie Hume das Anliegen, Denken und Logik auf dem Niveau des Normalen, des Gewöhnlichen anzusiedeln.

Die logischen Gesetze sind allerdings der Ausdruck von ‚Denkgewohnheiten‘, aber auch von der Gewohnheit *zu denken*. D.h., man kann sagen, sie zeigten: wie Menschen denken und auch, *was* Menschen „denken“ nennen. (BGM I, § 131)

Die logischen Gesetze sind nicht in einem Olymp jenseits des gewöhnlichen Denkens. Sie zeigen vielmehr dessen Struktur, das Wie, und dessen Gehalt, das Was, anhand beliebiger Gedanken. Ein Zitat aus Freges *Grundgesetzen der Arithmetik* (1893, XVII) im folgenden Paragraphen zeigt, was Denkgewohnheiten sind. Frege sagt, den Menschen sei es unmöglich, einen Gegenstand als von ihm selbst verschieden anzuerkennen. Er nennt dies „ein Gesetz des menschlichen Fürwahrhaltens“. Ein ähnliches Gesetz ist Bischof Butlers Motto, ein Ding sei nur das, was es sei, und nicht ein anderes Ding.[11] Wir können uns nicht denken, daß ein Gegenstand von sich selbst verschieden ist. Einen anderen Gegenstand können wir uns leicht denken, aber nicht ein und denselben mit sich identisch und nicht identisch. Sätze, die solche logischen Unmöglichkeiten festhalten, sind Denkgesetze. Sie bringen „das Wesen, die Technik des Denkens zum Ausdruck“ (BGM I, § 133). Diese Technik müssen wir uns aber nicht erst mühsam aneignen. Wir lernen sie mit unserer Sprache.

Deswegen ist die „Härte des logischen Muß“, der logische Zwang, der uns härter vorkommt als „das kausale Muß, das einen Maschinenteil zwingt“ (BGM I, § 121), doch nicht so hart. Wir lassen uns durch unsere eigenen Vorstellungen von logischen Möglichkeiten dazu verführen, ihre Wirklichkeit mechanistisch mißzuverstehen. Dabei vergessen wir, daß die Logik in gewisser Weise in die menschliche Kommunikations- und Lebenspraxis eingebettet ist.[12] Die Logik ist keine Maschine, die uns gegen unseren Willen zwingt, etwas Bestimmtes und nicht etwas anderes zu denken. Wie fest auch immer die Verbindung zwischen Sätzen in der Logik sei, es ist „immer eine Verbindung in der Grammatik" (BGM I, § 128). Wir dürfen aber nicht meinen, daß logisches Schließen aus diesem Grund nun weniger zuverlässig oder streng sei. Wenn die mechanistische Vorstellung vom logischen Zwang sich als falsch erweist, bedeutet dies nicht, daß nun – nach dem Cole-Porter-Paul-Feyerabend-Motto – alles geht.[13] Fehler bleiben Fehler. Solange wir denken, etwas kann nur so und nicht anders sein, ziehen wir logische Schlüsse.

Die Schritte, welche man nicht in Frage zieht, sind logische Schlüsse. Aber man zieht sie nicht darum *nicht* in Frage, weil sie ‚sicher der Wahrheit entsprechen' – oder dergl. – sondern, dies ist eben, was man ‚Denken', ‚Sprechen', ‚Schließen', ‚Argumentieren', nennt. (BGM I, § 156)

Das, worauf uns logische Schlüsse verpflichten, ihr logischer Zwang, gilt a priori, weil wir es so beurteilen. Es ist uns nichts bekannt, was dagegen spräche. Wir können uns nicht denken, daß es anders wäre. Der logische Zwang eines Beweises oder eines Schlusses gilt, solange wir kein neues Paradigma für dieselbe Sache erfunden haben. Es kann sein, daß wir für ein Schlußverfahren nie ein anderes Paradigma finden. Denkbar ist aber, daß wir für manche anderen Verfahren Alternativen finden.

d) Die andere Mentalität

Wir sehen, Wittgenstein wird vom Platonisten nicht mattgesetzt. Denn er erhebt keine widersprüchlichen Ansprüche. Er stellt nicht in Frage, daß es Gesetzmäßigkeiten *a priori* in Logik und Mathematik gibt. Er weicht den Begriff der mathematischen oder logischen Gesetzmäßigkeit auch nicht auf und trennt ihn auch nicht vom Begriff der Apriorität. Im Unterschied zum Platonisten unterläßt es Wittgenstein aber, Garantien über eine zeitlose Dauer und Intensität von Gesetzmäßigkeiten zu geben. Wir verstehen auch die Gründe, die Wittgenstein zu dieser Zurückhaltung veranlassen. Er sieht zum einen, daß wir nicht wie die Platonisten das Nichtempirische völlig vom Empirischen trennen können. Wir müssen, um einen Beweis anerkennen zu können, *sehen*, wie er geführt wird.[14] Seine Gültigkeit muß uns ins Auge springen, mit einem Schlag erfaßbar sein. Von diesem kontingenten Element von Experimenten, das an externe Eigenschaften geknüpft ist, können wir nicht abstrahieren, wenn wir Beweise führen. Die Welt der internen Eigenschaften existiert nicht ohne diejenige der externen. Die dritte Welt der Gedanken, die Frege annahm, ist eng an die Welt der Empfindungen gebunden. Das ist das eine.

Ein anderer Grund für Wittgensteins Ablehnung platonistischer Ansprüche entspricht seiner philosophischen Mentalität. Er hat etwas gegen ewig geltende Ansprüche, weil sie in Logik und Mathematik mit abstraktem Begriffsgeklapper auftreten. Im Teil II der *Bemerkungen über die Grundlagen der Mathematik* bringt Wittgenstein seine antiplatonische Mentalität in seiner Kritik an Cantors Diagonalmethode zum Ausdruck. Worum geht es dabei? Nicht alle Mengen sind auflistbar oder abzählbar, und zwar einfach deswegen, weil sie zu groß sind. Dies gilt zum Beispiel für die Menge der reellen Zahlen, von der Cantor mit Hilfe seiner Diagonalmethode zeigt, daß die Annahme, ihre Elemente ließen sich in einer Liste anordnen, zu einem Widerspruch führt.[15] Die Menge der Mengen aller natürlichen Zahlen ist gleichmächtig mit der Menge aller reellen Zahlen. Nennen wir diese Menge P^*. P^* enthält als Teilmenge jede endliche und jede unendliche Menge natürlicher Zahlen, d.h. die leere Menge, die Menge aller natürlichen Zahlen und jede Menge zwischen der leeren Menge und der Menge aller natürlichen Zahlen. Cantor zeigt nun mit seiner Diagonalmethode, daß P^* nicht abzählbar ist. Wir wenden diese Methode auf jede beliebige Liste L von Mengen natürlicher Zahlen an, um eine bestimmte Menge D(L) der natürlichen Zahlen zu entdecken, die in der Liste nicht enthalten ist. Wenn wir diesen Mangel der Liste beheben wollen, indem wir ihr D(L) als neue Teilmenge hinzufügen, finden wir nach demselben Verfahren, diesmal angewandt auf die erweiterte Liste L', eine andere Menge D(L'), die nicht in der erweiterten Liste enthalten ist, etc. Cantor zeigt schließlich in seinem Beweis, einer „reductio ad absurdum", daß die Annahme, daß D(L) irgendwo in der Liste L erscheint, zu einem Widerspruch führt.

Wittgenstein versucht nicht, Cantors Beweis in Frage zu stellen. Es scheint so, als würde er den Beweis selbst ganz bewußt ignorieren; so wie er sich später vornimmt, nicht über Gödels Beweis, „sondern an ihm vorbei zu reden" (BGM, VII § 19, S. 383).[16] Er stellt Cantors Beweis auch nicht dar; vor allem geht er nicht darauf ein, daß es sich beim Nachweis der Unabzählbarkeit der reellen Zahlen um den Beweis eines Widerspruchs handelt. Aus dem, was Wittgenstein über die Diagonalmethode sagt, wird daher nicht ersichtlich, worum es Cantor eigentlich geht. Stattdessen will Wittgenstein zeigen, daß die Diagonalmethode trivial ist, weil sie etwas klärt, was wir schon vorher wußten.[17] Er unterstellt Cantor, sich in einem mathematischen „Sprachnetz" verfangen zu haben und mit seinem Verfahren nicht die Grammatik von ‚unabzählbar' zu klären. Wenn wir von der Frage absehen, inwieweit Cantors Diagonalmethode adäquat behandelt wird oder nicht, bleibt eben jene antiplatonische Mentalität übrig, mit der Wittgenstein leeres, formales Geklapper als „Hokus Pokus" (BGM II, § 22) bekämpft. Es ist fraglich, ob er sich mit Cantor den richtigen Kandidaten aussuchte. Klar ist jedenfalls, daß er große Zweifel am Sinn und an der mathematischen Substanz der Mengenlehre hat. Ebenso klar ist aber auch, daß er diese Zweifel nicht so formuliert, daß sie Mathematikern plausibel erscheinen müßten. Mancher Autor hat einen antireligiösen Affekt, Wittgenstein dagegen einen antimathematischen. Er soll allerdings nur die Platonisten, die mathematischen Logiker und Grundlagentheoretiker treffen. In keiner religiösen Konfession sei „soviel durch den Mißbrauch metaphysischer Ausdrücke gesündigt worden, wie in der Mathematik", schreibt er 1929 (VB 451). Es liegt ihm fern, die Mathematik generell zu verdammen. Er sieht lediglich in der Suche nach mathematischen Grundlagen einen Irrweg. Die Mathematik braucht nach seinem Urteil keine Grundlegung. Die sei ebenso überflüssig wie die Analyse von Sätzen über Sinnesdaten. Was sie brauche, sei eine „Klarlegung ihrer Grammatik" (BGM VII § 16, S.378). Mathematik ist demnach selbst keine Grammatik. An anderer Stelle sagt er dies auch (BGM IV, § 18, S.234). Manches Mißverständnis seiner Anliegen geht auf unvollständiges und damit sinnentstellendes Zitieren zurück, ein Fehler, den Politiker gerne Journalisten vorwerfen, an den aber niemand so recht glaubt. Hier haben wir nun einmal ein Beispiel, wie ein Zitat das entstellen kann, was wirklich geschrieben steht. Dummett nennt es „plainly silly", also offensichtlich blödsinnig, wenn Wittgenstein sage, die mathematische Logik habe das Denken von Philosophen völlig verdreht und verdorben.[18] Was er tatsächlich sagt, ist etwas anderes:

> Die ‚mathematische Logik' hat das Denken von Mathematikern und Philosophen gänzlich verbildet, indem sie eine oberflächliche Deutung der Formen unserer Umgangsprache zur Analyse der Strukturen der Tatsachen erklärte. Sie hat hierin freilich nur auf der Aristotelischen Logik weiter gebaut. (BGM V, § 48, S.300)

Dies ist keine pauschale oder blödsinnige Beschuldigung. Es ist ein Vorwurf, der ernsthaft diskutiert werden könnte, wenn man wollte. Es geht hier darum, daß zum Beispiel die logisch-mathematische Verwendung des Existenzquantors suggeriert, er drücke dasselbe aus wie ‚es gibt...'. Wittgenstein kritisiert nicht die logische Verwendung des Existenzquantors, sondern die naive Übertragung des umgangssprachlichen Verständnisses von ‚es gibt' auf logische Zusammenhänge und die daran anschließende, doppelt naive, Rückübertragung in die Umgangsprache. Unter der Hand verändert sich nämlich die Grammatik von ‚es gibt', weil ich nun nicht mehr frage, was das ‚es gibt' bedeutet, obwohl ich dies fragen müßte, „wenn ich keine Möglichkeit habe zu finden, wo es existiert" (BGM V, § 46, S.299). Ich gehe also anders mit dem ‚es gibt' um als gewöhnlich. Substitutionelle und referentielle Verwendungen von ‚es gibt' können durcheinander gehen, ohne daß ich die Folgen absehe. Deshalb sollten wir fragen, „ob ein Existenzbeweis, der keine Konstruktion ist, ein wirklicher Existenzbeweis ist" (a.a.O.). Wenn ich diese Frage nicht kläre, meine ich vielleicht, ich könne jeden umgangssprachlichen Satz logisch-mathematisch notieren. Damit übertrage ich aber nur die „vage gewöhnliche Prosa" (a. a. O.) in die mathematische Logik. Wittgenstein beharrt mit Recht darauf, daß wir – um solche Verwirrungen zu vermeiden – erst klären, was wir eigentlich mit einem Satz machen können, in dem ‚es gibt' vorkommt. Denn diese Frage nach dem, was wir mit einem Satz machen können, ist für ihn das grammatische Kriterium seiner Bedeutung. Erst wenn wir diesem Kriterium entsprochen haben, können wir davon ausgehen, daß wir den Satz verstanden haben. Wir haben ihn also nicht „von vornherein" (a. a. O.) verstanden.

Wittgenstein polemisiert also, recht besehen, nicht pauschal gegen Mathematik und Logik. Er will, im Gegenteil, die mathematische Logik davor schützen, daß umgangssprachliche Bedeutungen auf sie übertragen werden, ohne daß zuvor deren Grammatik geklärt wird. Wer solche Übertragungen von Ausdrücken vor der Klärung ihrer Grammatik vornimmt, verbildet – wie Wittgenstein sagt – Mathematiker und Philosophen. Denn er gebraucht, besser gesagt, er mißbraucht auf diese Weise ungeklärte umgangssprachliche Formen „zur Analyse der Strukturen von Tatsachen" (BGM V, § 48, S. 300). Dieser Vorwurf ist nicht abwegig, sondern stimmt mit dem überein, was Wittgenstein von der Klärung der Grammatik von Sätzen als Kriterium ihrer Bedeutung fordert.

2. Antirealismus und Gewißheit

a) Dummetts Antirealismus

Die klare Ablehnung des Realismus oder Platonismus bei gleichzeitigem Festhalten am apriorischen Charakter der Mathematik scheint nur eine Option offen zu lassen, den Antirealismus. Der Erfinder dieser Bezeichnung und Interpret der mit ihr verbundenen Metaphysik ist Michael Dummett.[19] Wie wir schon öfter hörten, glaubt der Realist, daß Sätze[20] einen objektiven Wahrheitswert haben, unabhängig davon, ob wir ihn wissen. Das Wahre und das Falsche existieren unabhängig von uns. Deshalb verfügen wir – nach Meinung des Realisten – auch nicht darüber, was als Evidenz für die Wahrheitswerte und die Bedeutungen von Sätzen gelten kann. Der Antirealist ist gegen diese Abkoppelung der Wahrheitswerte und ihrer Evidenzbedingungen von denjenigen, die sie wissen. Er geht von der Devise aus, daß *Wahrheit gleich Erkennbarkeit* ist. Der Antirealist glaubt, daß wir die Wahrheitswerte von Sätzen nur unter direkter Bezugnahme auf das wissen können, was wir als Evidenz für die Bedeutung der Sätze gelten lassen. Der Antirealist lehnt ein von uns unabhängiges, drittes Reich des Wahren und Falschen ab, ebenso auch die Vorstellung, daß die Wahrheitswerte und Bedeutungen jenseits dessen liegen, was wir hier und jetzt verifizieren können.

Um uns ein besseres Bild dieser Optionen machen zu können, sehen wir uns zwei Beispiele an. Nehmen wir etwa die notorische Schlacht bei Issos, bei der Alexander der Große im Herbst des Jahres 333 v. Chr. den Perser Darius III. endgültig besiegt haben soll. Für den Realisten ist der Satz ‚Alexander besiegte Darius 333 v. Chr.‘ wahr oder falsch. Der Antirealist[21] würde den Satz dann als wahr anerkennen, wenn es hinreichende Bedingungen für *unser Wissen* davon gäbe, daß Alexander Darius tatsächlich besiegte. Die gibt es jetzt vielleicht noch oder es gibt sie nicht mehr. Der Existenzquantor ‚es gibt‘ hat nach Meinung des Antirealisten eine Reichweite, die sich mit der Zeit relativ zu unserem Wissen ändert. Wir stehen als Sprecher einer Sprache nicht außerhalb der Zeit; wer wollte das bestreiten. ‚Es gibt den Sieg Alexanders über Darius‘ mag immer denselben Sinn haben, aber unmöglich immer dieselbe Bedeutung. Es erscheint fast ungerecht, daß die armen Schüler das Datum trotzdem wissen müssen. Der Antirealist nimmt seine Auffassung, daß ein Satz genau dann wahr ist, *wenn es etwas gibt*, aufgrund dessen er wahr ist, wörtlich. Nehmen wir ein anderes Beispiel, die Goldbach'sche Vermutung. Nach dieser Vermutung ist jede gerade Zahl, die größer als 2 ist, als Summe zweier Primzahlen darstellbar. Der Realist ist überzeugt, daß die Vermutung entweder wahr ist oder falsch. Der Antirealist kann dieser Vermutung erst dann einen Wahrheitswert zuschreiben, wenn der Satz ‚Es gibt einen Beweis für Goldbachs Vermutung' mathematisch bestätigt oder widerlegt worden ist. Noch gibt es keinen allgemein akzeptierten Beweis. Das kann sich in Kürze aber ändern; doch auch da ist noch Vorsicht geboten, wie der angebliche Beweis der Fermat'schen Vermutung zeigt.[22] Dann wird die Vermutung wahr sein – oder nicht. Genaues kann der Antirealist nicht sagen, weil für ihn Sätze der Form ‚X wird wahr sein' weder wahr noch falsch sind.

Es geht nun nicht darum, was für oder gegen diese metaphysischen Einstellungen spricht, ob es, wie der Realist meint, nur zwei Wahrheitswerte geben kann oder nicht. Uns interessiert, ob und mit welchem Recht Wittgenstein als Antirealist gelten kann. Immerhin gibt es, etwa nach Ansicht Crispin Wrights, im Spätwerk „mehrere Stellen", die als „Evidenz der Sympathie" Wittgensteins für „antirealistische Ideen" sprechen.[23] Er fügt vorsichtig an, die Spätphilosophie sei deswegen nicht schon in ihrer Gesamtheit antirealistisch.[24] Auch der radikale Konventionalismus, den Dummett bei Wittgenstein sieht, kann für dessen antirealistische Sympathien in Anspruch genommen werden.

Nehmen wir einfach die zuletzt untersuchten Überlegungen, in denen Wittgenstein die Klärung der Grammatik von ‚es gibt' zur Bedingung der Verwendung des Existenzquantors macht. Hat der Antirealist mit dem Issos-Beispiel und der Goldbach'schen Vermutung, allgemein bei Sätzen über die hinreichend weit entfernte Vergangenheit und die Zukunft nicht ein ähnliches Anliegen? Er will doch sagen, die Evidenzbedingungen für jeden es-gibt-Satz verbieten es, den Satz ‚Es gibt Alexanders Siege gegen Darius' und jeden Satz über weit zurückliegende vergangene oder künftige Ereignisse als wahr im absoluten Sinn zu behaupten. Eben dies meint Wittgenstein mit seinem Plädoyer gegen die Verwendung von ‚es gibt', „wenn ich keine Möglichkeit habe zu finden, wo es existiert" (BGM V, § 46, S. 299). Er will keine Bedingungen der Evidenz akzeptieren, die jenseits unserer Reichweite liegen. Dies spricht ohne

Zweifel für Wittgensteins Sympathie für bestimmte antirealistische Überzeugungen.

In diese Richtung scheint auch eine Passage in den *Philosophischen Untersuchungen* zu gehen.[25] Es geht um die etwas exzentrische Frage, wie jemand „über das Wiederkehren einer gewissen Empfindung ein Tagebuch führen" kann. Wittgenstein bezeichnet die Empfindung – naheliegend – mit „E". Der Tagebuchführer soll mit diesem Zeichen seine Empfindung so assoziieren können, daß er sich *richtig* an seine Verbindung mit der Empfindung erinnert. Er prägt sich diese Verbindung ein. Dann heißt es:

„Ich präge sie mir ein" kann doch nur heißen: dieser Vorgang bewirkt, daß ich mich in Zukunft *richtig* an die Verbindung erinnere. Aber in unserm Falle habe ich ja kein Kriterium für die Richtigkeit. Man möchte hier sagen: richtig ist, was immer mir als richtig erscheinen wird. Und das heißt nur, daß hier von ‚richtig' nicht geredet werden kann. (PhU § 258, S. 362)

Warum hat der Tagebuchführer kein Kriterium der Richtigkeit von „E" für seine Empfindung? Weil er nicht unterscheiden kann zwischen der Empfindung, die er wirklich hatte, und der, an die er sich mit „E" jetzt erinnert und künftig erinnern wird. Wenn er zwischen diesen Bedeutungen unterscheiden könnte, hätte er ein Kriterium der Richtigkeit. Dann könnte er eine falsche Erinnerung jetzt und künftig der wahren früheren Empfindung anpassen. Genau dies ist unmöglich, weil er nicht mehr hat als seine jetzige Assoziation mit „E", von der er nicht mehr weiß, als daß er sie eben hat und nicht eine andere. Nach Crispin Wrights Urteil will Wittgenstein damit sagen, daß es real und objektiv keine Unterscheidung zwischen der Empfindung und dem, was mit „E" assoziiert wird, gibt, wenn wir eine solche Unterscheidung effektiv nicht machen können. Im Übergang von dieser Unmöglichkeit einer Unterscheidung für uns zur Behauptung, daß es die Unterscheidung nicht gebe, weise Wittgenstein einen objektiven Wahrheitsbegriff zurück.[26]

Tatsächlich vertritt Wittgenstein an einigen Stellen seines Spätwerks – in heutiger Diktion – eine redundanz- oder disquotationstheoretische Auffassung von Wahrheit.[27] Eine solche Auffassung von Wahrheit besagt, daß „‚Der Schnee ist weiß' ist wahr" nicht mehr sagt als ‚Der Schnee ist weiß'. Der Zusatz ‚ist wahr' ist redundant, weil er der Bedeutung des Satzes nichts hinzufügt, was er nicht schon hat. Die Anführungszeichen (‚. . .') des Satzes können gestrichen, er kann disquotiert werden. Diese Wahrheitsauffassung kann im Sinn Wrights als anti-objektiv gelten. Sie just an der eben angesprochenen Stelle zu bemühen, ist aber unpassend. Wittgenstein will uns lediglich klarmachen, daß es keine Richtigkeit oder Unrichtigkeit gibt, wenn kein Unterschied gemacht werden kann zwischen einer Empfindung und dem, was mit einem Zeichen für die Empfindung assoziiert wird. Damit sagt er nichts anderes als in der berühmten Passage, in der es heißt, daß man einer Regel nicht ‚privatim' folgen könne, weil „sonst der Regel zu folgen glauben dasselbe wäre, wie der Regel folgen" (PhU § 202). Wenn der Tagebuchführer mit „E" eine Empfindung assoziiert, folgt er keiner Regel. Er tut etwas, dessen Richtigkeit oder Falschheit er niemandem klarmachen kann, nicht einmal sich selbst; deswegen kann das, was er tut, auch kein Regelfolgen sein. „E" enthält keine mitteilbare Bedeutung, deswegen überhaupt keine Bedeutung. Deswegen kann er nur so tun, als würde er einer Regel folgen. Und das ist unter diesen Umständen vom Regelfolgen nicht unterscheidbar. Er kann alles mögliche mit „E" assoziieren. Es fehlen also die notwendigen Voraussetzungen dafür, ‚richtig' von ‚falsch' zu unterscheiden. Wenn Wittgenstein aus dem Fehlen dieser Voraussetzungen schließt, es könne von Richtigkeit keine Rede sein, bedeutet dies aber noch nicht, wie C. Wright pauschalierend und sprunghaft annimmt, daß es dann auch keinen Wahrheitsbegriff gebe, der objektiven Ansprüchen genügt.[28] Das wäre ähnlich absurd, als würde er aus der Unmöglichkeit, privatim einer Regel zu folgen, schließen, es gebe keinen Begriff des Regelfolgens, der allgemeinen Ansprüchen genügt. Weil es einen solchen Begriff unter den Bedingungen der Mitteilbarkeit, des Sprachgebrauchs als sozialer Praxis, gibt, ist es möglich, zwischen scheinbarem und realem Regelfolgen zu unterscheiden.

Und unter diesen Bedingungen kann jemand zum Beispiel sagen, daß sie eine Mutter und einen Vater hatte, obwohl sie – wie Wittgenstein in *Über Gewißheit* sagt – keine guten Gründe dafür hat (ÜG § 282). Er hält eine gegenteilige Überzeugung nur für möglich, wenn sie uns gelehrt worden wäre. Es ist also nicht die mangelnde Evidenz, die die Frau davon abhält, es für wahr zu halten, daß sie Eltern hatte. Sie hat es einfach so gelernt. Die Praxis füllt den Raum möglicher Skepsis mit Gewißheit aus.

b) Wittgenstein – ein Antirealist?

Der Antirealist schießt für Wittgensteins Geschmack weit über das Ziel hinaus. Was für einen Sinn könnten etwa die antirealistischen Überzeugungen für Wittgenstein haben, daß die hinreichend weit entfernte Vergangenheit und Zukunft keine Realität haben, daß sich die Gesamtheit der Tatsachen beständig und kontinuierlich verändert und daß die Welt in einem dauernden Werden ist?[29] Wenn 100 Jahre weit genug entfernt wären, könnten wir fragen, ob die Welt vor mehr als 100 Jahren schon existierte. Wittgenstein meint dazu, er würde diese Frage deswegen nicht verstehen, weil er nicht wüßte, was wir als Evidenz gelten ließen und was nicht (ÜG § 231). Es ist ähnlich wie beim scheinbaren Regelfolgen: Wenn wir nicht klar zwischen dem, was als Evidenz zählt, und dem, was nicht zählt, unterscheiden können, gibt es keine Evidenz; dann hat es auch keinen Sinn, sie einzufordern. Wenn die Evidenz fehlt, kann das Weltbild helfen. Das kann sich zwar genauso ändern, wie ein Fluß seinen Lauf ändert (ÜG §§ 97, 99). Aber diese Änderungen wirken sich nicht unmittelbar auf unseren Sprachgebrauch aus. Sie setzen sich allmählich, für uns unmerklich durch. Für das, was wir glauben und wie wir unsere Sprache gebrauchen, sind die Änderungen des Weltbildes unerheblich. Entscheidend ist, daß ich für mein Weltbild keine Evidenz habe und keine benötige. Es ist der „überkommene Hintergrund, auf welchem ich zwischen wahr und falsch unterscheide" (ÜG § 94). Der Hintergrund ist ein System von Überzeugungen (ÜG § 102), das wir ständig voraussetzen.

Natürlich kann der Antirealist sagen, er meine mit der ständigen Veränderung der Gesamtheit der Tatsachen dasselbe, was Wittgenstein mit den Änderungen des Weltbilds meint. Das mag so sein, aber er zieht daraus ganz andere Konsequenzen als Wittgenstein. Der Antirealist meint nämlich, daß diese Veränderungen Einfluß auf die Bedeutungen und Evidenzbedingungen unserer Sätze haben. Das ist Wittgenstein zu pauschal und letztlich unverständlich. Er bestreitet nicht, daß es für vergangene und künftige Ereignisse keine hinreichende Evidenz gibt. Im Unterschied zum Antirealisten fordert er sie aber genau dann nicht, wenn es eine andere Gewißheit gibt als diejenige durch unmittelbare Evidenz und Verifikation. Wenn die Praxis unserer Sprachspiele und das Weltbild, in das sie eingebettet ist, eine Überzeugung vernünftig erscheinen lassen, ist sie für Wittgenstein gültig. Das klingt pragmatistisch und soll es auch, richtig verstanden, sein (vgl. ÜG § 422). Wir sind aufgefordert zu unterscheiden, welche Art von Evidenz für welche Art von Sätzen wir tatsächlich benötigen. Eine anspruchsvolle antirealistische Forderung nach Bedingungen, die jetzt dazu geeignet sind, etwas als wahr erscheinen zu lassen, ist zwar unter normalen Evidenzbedingungen nützlich. Sie bringt uns aber dann unter einen unvernünftigen Verifikationsdruck, wenn die Evidenzbedingungen von der Normalität abweichen. Auf diese Weise kann der Antirealismus mehr kosten als nützen. Er kann die pragmatisch nüchterne Überzeugung kosten, daß es Ereignisse in einer hinreichend weit zurückliegenden Vergangenheit gibt, die wir für ebenso gewiß halten wie ein bestimmtes, unausweichliches Ereignis, von dem jeder hofft, daß es möglichst weit in der Zukunft liegt.

Der Antirealist mag nun einwenden, Wittgensteins Gewißheit sei vielleicht nützlich, verursache aber unerträglich hohe Kosten. Denn diese Gewißheit sei kein wirklich zuverlässiges Kriterium der Wahrheit. Die Wahrheit eines Satzes wie ‚Die Erde ist ein Planet‘ werde in die Mythologie eines Weltbildes eingebettet und nicht verifiziert, also nicht zurückgeführt auf absolut gültige Sätze über das Sonnensystem. Die Verankerung von Überzeugungen im Weltbild sei eine Illusion, biete nur eine scheinbare Gewißheit. Das Schlimmste sei aber, daß der Wahrheitsbegriff vage und unklar werde. Statt einer Verifikation von Sätzen, die Wahrheit beanspruchen, also anstelle einer strengen Reduktion[30] dieser Sätze auf andere, die schon verifiziert sind, verweise Wittgenstein auf das nicht verifizierbare Weltbild.

Wittgenstein kann solche Anschuldigungen nicht entkräften. Er kann nur seine vernünftigen Überlegungen zu bedenken geben und vor unsinnigen methodischen Forderungen warnen. Seine Auffassung von Gewißheit taugt in der Tat nicht als Kriterium der Wahrheit. Das hat Vor- und Nachteile. Der Vorteil ist, daß überzogene Ansprüche allzu starker Überzeugungen abgefedert werden. Es ist denkbar, daß wir zum Beispiel den Tod als das Ende des Lebens im Rahmen unseres wissenschaftlichen Weltbildes für absolut gewiß halten, aber dennoch irren. Wittgenstein will und kann diesen Irrtum nicht ausschließen, sondern federt die harte szientistische Überzeugung mit seinem offenen Gewißheitsbegriff ab. Der Antirealist muß dagegen den Irrtum über den Tod als Ende des Lebens ausschließen. Denn für ihn kann es nicht mehr als die jetzt verfügbaren wissenschaftlichen Evidenzen geben, und die sprechen eindeutig für den Tod als absolutes Ende des Lebens. Der Vorteil des Antirealisten ist, daß er ein eindeutiges Wahrheitskriterium hat. Der Nachteil Wittgensteins ist, daß er genau dies nicht hat. Seine Ansprüche an den Begriff ‚Gewißheit' sind wahrheitstheoretisch eher belanglos. Er verzichtet bewußt auf wahrheitstheoretische Ansprüche zugunsten praktischer:

Ich will eigentlich sagen, daß ein Sprachspiel nur möglich ist, wenn man sich auf etwas verläßt. (Ich habe nicht gesagt „auf etwas verlassen kann".) (ÜG § 509)

Was er hier in Klammern sagt, ist ein deutlicher Verzicht auf wahrheitstheoretische Ansprüche. Wir benötigen, wie er meint, keine durch Evidenzen verbriefte Sicherheit im Sprachspiel. Es genügt, daß wir uns faktisch und praktisch darauf verlassen, wie wir es spielen. Wir spielen das Spiel blind, nehmen es ohne Rechtfertigung hin (vgl. PhU, S. 529). Deswegen geraten wir dann auch in die Schwierigkeit, die „Grundlosigkeit unseres Glaubens" (ÜG § 166) einzusehen und mit ihr zurechtzukommen, wenn uns zum Beispiel Realisten oder Antirealisten mit ihren Ansprüchen herausfordern.

c) Gewißheit

Nicht nur die Gewißheiten, die ungeprüften, überkommenen Überzeugungen bilden ein System, sondern auch „meine Zweifel" (ÜG § 126). Auch das Zweifeln haben wir gelernt und müssen es so hinnehmen. Aber meine Zweifel habe nur ich, genauso wie meine Schmerzen oder Hoffnungen. Das System meiner Zweifel kann ich ebensowenig verlassen wie das meiner Überzeugungen. Beide Systeme gehören wie Vorder- und Rückseite zusammen. Wittgenstein ist kein Antirealist, auch wenn es bei ihm Sympathien für antirealistische Überzeugungen gibt. Die Geister scheiden sich spätestens bei seiner wahrheitstheoretisch anspruchslosen Auffassung von Gewißheit. Wenn denn schon geschieden wird, dann ganz. Die völlige Trennung ist dann fällig, wenn der Antirealist erkennt, daß Wittgensteins Gewißheit eine solipsistische ist. Dabei ist nur der Solipsismus konsequent, wenn es um die Gewißheit des Regelfolgens geht. Wenn es keine bestätigte, zuverlässige Sicherheit gibt, auf die sich jeder verlassen kann, bleibt nur meine eigene Gewißheit als vernünftiger, von keinem Zweifel behelligter Glaubenssockel:

Ich handle mit *voller* Gewißheit. Aber diese Gewißheit ist meine eigene. (ÜG § 174)

Gleich im folgenden Paragraphen trennt er, unerträglich für Realisten wie Antirealisten, zwischen Gewißheit und Rechtfertigung. Die Gewißheit meines Glaubens ist absolut, die Rechtfertigung null. Später stellt er den Begriff ‚objektive Gewißheit' überhaupt in Frage. Wenn es ihn gäbe, müßte der Irrtum logisch ausgeschlossen sein (ÜG § 194). Es wäre aber unsinnig, die Möglichkeit des Irrtums auszuschließen. Wenn dies unsinnig ist, dann ist es auch die Forderung nach mehr als nur subjektiver Gewißheit. Ich benötige keine objektive Wahrheit, um subjektive Gewißheit zu haben. Damit stellt Wittgenstein den Begriff der objektiven Wahrheit nicht zur Disposition. Er rechnet ihn nur nicht zu den notwendigen und hinreichenden Bedingungen des Regelfolgens.

Die solipsistische Gewißheit, die sich in ein Weltbild eingebettet weiß, ist weder einsam noch sprachlos. Im Gegenteil, sie ist der Grund meines naiven, glaubensstarken Regelfolgens und meines Bewußtseins, daß die anderen dasselbe glauben wie ich. Ich glaube jedenfalls, daß sie dasselbe glauben (vgl. ÜG § 288). Und dieser Glaube hat öffentliche Kriterien. Denn das, was wir glauben, „hängt von dem ab, was wir lernen" (ÜG § 286). Was wir gelernt haben, unterscheidet uns von dem, was andere gelernt haben. Sie mögen geglaubt haben, „es sei möglich, auf den Mond zu kommen", als wir noch glaubten, es sei ein Irrtum. Bei Wittgenstein liest sich diese Geschichte um 1950 noch zu Lasten derer, die an die Mondreise glaubten. Heute sieht die Geschichte anders aus. Auch Irrtümer ändern sich und können Wahrheiten werden. In jedem Fall wissen wir aber, was für uns ein Irrtum ist, relativ zu dem, was wir gelernt haben und permanent lernen.

Es hat wenig Sinn, diese solipsistische Einstellung zur Wahrheit, die sich nach außen hin pragmatisch gibt, mit antirealistischen Ansprüchen in Frage zu stellen. Und es hat noch weniger Sinn, sie mit dem Antirealismus zu harmonisieren oder zu vereinigen. Denn Wittgensteins Ansichten gehen am Wahrheitsbegriff der Antirealisten vorbei, ohne von dessen Ansprüchen ernsthaft Notiz zu nehmen. Gleichzeitig teilt Wittgenstein bestimmte antirealistische Ansichten. Deren gemeinsamer Nenner ist das, was ich oben als Idealismus beschrieben habe, nämlich die Überzeugung, daß die Bedeutung von Ausdrücken und Sätzen davon abhängt, was *wir* unter ihnen verstehen. Der Antirealist präzisiert dies, indem er für das, was wir unter Sätzen verstehen, klare und scharfe Bedingungen der Evidenz fordert. Wir sind diejenigen, die verifizieren, also diejenigen, die dann wissen, was die Bedeutungen von Sätzen sind, wenn die Sätze tatsächlich wahr sind, und zwar unter jetzigen Verhältnissen, nicht unter möglichen anderen. Wittgenstein führt das, was wir unter Sätzen verstehen, auch auf das zurück, was wir jetzt unter ihnen verstehen. Aber dies sind keine exakten, logisch-semantischen Wahrheitsbedingungen. Es sind die wechselhaften, von Sprachspiel zu Sprachspiel verschiedenen pragmatischen, praktischen Verhältnisse der menschlichen Verständigung. Die Antirealisten vertreten einen bestimmten Reduktionismus. Sie führen das, was noch nicht klar verstanden wurde, auf Sätze zurück, deren Wahrheitsbedingungen bereits bekannt sind. Wittgenstein ist ganz und gar kein Reduktionist. Er hat einen Horror vor solchen logisch-semantischen Verfahren. Wenn er das Verstehen von Sätzen auf etwas reduziert, also auf etwas anderes zurückführt, dann ist es das solipsistische Verstehen. Dabei wird das, was wir wahrscheinlich alle unter Sätzen und anderen Äußerungen verstehen, auf das zurückgeführt, was ich ganz sicher selbst und allein so verstehe. Wenn man will, kann man diese Verankerung unseres Verstehens in meinem eigenen als solipsistische Reduktion bezeichnen. Diese Bezeichnung ist aber eher verwirrend, weil sie Gemeinsamkeiten mit dem Antirealismus vortäuscht, die es gar nicht gibt. Der Gegensatz zwischen Antirealismus und Solipsismus ist scharf und unversöhnlich. Realismus und Antirealismus sind Wittgensteins Gegner. Sie gehören beide zu einer Auffassung von akademischer Philosophie, von der er sich in den letzten zwanzig Jahren seines Lebens immer mehr distanziert.

Wittgenstein hatte ursprünglich vor, nach den ersten 189 Paragraphen der *Philosophischen Untersuchungen* mit seinen Überlegungen zur Philosophie der Mathematik fortzufahren. Der jetzige Teil I der *Bemerkungen zu den Grundlagen der Mathematik* sollte der zweite Teil der *Untersuchungen* werden. Er kam aber zu der Überzeugung, daß das, was er eigentlich zur Mathematik sagen wollte, in die Philosophie der Psychologie gehört. Einige Stücke der *Bemerkungen* sind mehr oder weniger wörtlich in die weiteren Teile der *Untersuchun-*

gen aufgenommen worden.[31] Es ist gut, einen Augenblick inne-zuhalten und sich an die ursprünglichen Pläne Wittgensteins und an deren Änderung zu erinnern. Denn es hat nun – aus der Perspektive der Philosophie der Psychologie – den An-schein, als würden seine Gedanken zur Philosophie der Mathe-matik nirgendwohin führen.

Tatsächlich setzt er aber nur konzentrierter das fort, was er in der Philosophie der Mathematik immer wieder versucht hat, nämlich das zu verstehen, was wir tun, wenn wir Gedan-ken erfassen und ausdrücken. Mathematische Gedanken eig-nen sich auf den ersten Blick besonders gut für diese Klärung, weil sie in Sätzen und Beweisen konzis, unerbittlich und klar sein sollen. Es zeigt sich dann aber, daß gar nicht so klar ist, was mathematische Sätze und ergo Gedanken sind. Wittgen-stein erkennt, daß der Gehalt dieser Gedanken von dem ab-hängt, wie sie zum Ausdruck gebracht werden, und er sieht, nicht ohne Bitterkeit der etablierten Mathematik gegenüber, daß eine Klärung der Grammatik mathematischer Sätze not tut, bevor es um ihre Gehalte, die Gedanken, geht. Es gibt ma-thematische Gedanken nicht pur oder an sich, wie die Realisten meinen. Wittgenstein muß sich in weiten Teilen seiner *Bemer-kungen* mehr mit den Fragen des angemessenen sprachlichen Ausdrucks dieser Gedanken beschäftigen als mit der Frage, wie wir sie erfassen. Er findet dabei nicht zu der Klarheit, die er sich wünscht. Stattdessen verbeißt er sich in Dinge wie die Diagonalmethode. Das Tentative seines Bemühens ist unüber-sehbar.[32]

Manche seiner Überlegungen erinnern an Kants Versuch in der „Einleitung" der *Kritik der reinen Vernunft*, den synthe-tisch-apriorischen Charakter mathematischer Begriffe zu klä-ren. Kant geht es freilich nicht um die Grammatik dieser Be-griffe, sondern darum, wie wir z.B. Zahlen bei der Addition verstehen. Er glaubt, daß wir den Satz ‚7 + 5 = 12' nicht rein analytisch verstehen können. Der Begriff der Zwölf sei keines-wegs schon dadurch gedacht, daß „ich mir bloß jene Vereini-gung von Sieben und Fünf denke". Die Zerlegungen, in sei-nem Sinn also Analysen, von Sieben und Fünf führten nicht zur Zwölf. Ohne eine synthetische, also inhaltlich von Sieben und Fünf unabhängige Vorstellung von der Zwölf können wir – nach Kant – jene Addition nicht rechnen (B15).

Wittgenstein denkt über den apriori-synthetischen Charakter mathematischer Sätze ähnlich. Er versucht dies am Auftreten von Primzahlen deutlich zu machen. Die Verteilung dieser Zahlen sei nicht analytisch zu erhalten, sondern nur *synthetisch a priori* (BGM IV, § 43, S. 246 f.). Was er meint, wird im *Big Typescript* klar. Er erinnert dort an Kants Rechenexempel und macht sich das, was Kant mit ‚synthetisch a priori‘ meint, wörtlich zu eigen. Dabei geht es Wittgenstein nicht um den Charakter von Zahlen, sondern – ähnlich wie beim Auftreten von Primzahlen – um die „Entdeckung der Periodizität“, die die Konstruktion eines neuen Zeichens oder Kalküls erforderlich mache (BT 672). Die Periodizität zeige nur sich selbst, sagt er später (BT 675). Wir können für sie einen Kalkül konstruieren, weil wir die Periodizität erfaßt haben. Wir haben ihren Gedanken begriffen und können ihn deswegen mit einem mathematischen Satz ausdrücken.

Es wäre zu wünschen, daß diese Linie seiner Überlegungen, die die Beziehung zwischen mathematischen Gedanken und Sätzen betreffen, genauer untersucht wird. Zu ihr gehören auch seine beständigen Fragen seit dem *Big Typescript* zur Art, wie die Mathematik mit dem Unendlichen umgeht (vgl. BT 728 ff.). Hier erkennen wir die unmittelbare Verwandtschaft und die gemeinsame Wurzel seiner Gedanken zu Mathematik und Psychologie. Immer wieder will er zeigen, daß die seelischen Vorgänge, die den Gebrauch mathematischer Symbole begleiten, für deren Gebrauch ohne Bedeutung sind (BT 531). Wenn man dies einsieht, kann man das Wort ‚unendlich‘ nicht wie ein Zahlwort verwenden (BT 742), als könnte man mit ihm wie mit jedem beliebigen Zahlwort tatsächlich ein Ziel erreichen. Es ist an solchen Beispielen klarer als an anderen, daß es nicht um Fragen der Evidenz und Gültigkeit mathematischer Gedanken geht, sondern darum, wie, mit welchen Mitteln und unter welchen grammatischen Voraussetzungen wir sie erfassen. Nicht die Verifikation, sondern – viel weniger anspruchsvoll – das Erfassen der Gedanken ist sein Thema.

Wittgensteins Entschluß, den ersten Teil der *Untersuchungen* mit den Ergebnissen seiner Gedanken zur Philosophie der Psychologie fortzuführen, ist fruchtbar, aufschlußreich und deswegen glücklich. Er bewegt sich nun sicher und ohne große Umwege auf die Fragen zu, die ihn am meisten interessieren und ihm am wichtigsten sind. Seine Arbeit zur Philosophie der Psychologie knüpft dort an, wo sie mit der Philosophie der Mathematik einen gemeinsamen Ursprung hat, beim Solipsismus.

IX. Das Seelische – Philosophie der Psychologie

Wie eng Wittgensteins Solipsismus und seine Philosophie der Psychologie miteinander verknüpft, ja wechselseitig voneinander abhängig sind, zeigen seine Überlegungen zum Ort von Schmerzen. Der Punkt dieser Überlegungen ist, daß das psychologische Subjekt ebensowenig Einfluß auf die Bedeutung von Äußerungen hat wie das solipsistische. Dieses Ergebnis erreicht Wittgenstein auf zunächst etwas umständlich erscheinendem Weg. Seine Strategie ist uns aber bereits bekannt. Er geht vom solipsistischen Subjekt aus und versucht klar zu machen, welche Überzeugungen es über Schmerzen und deren Ort hat. Er beleuchtet auf diese Weise aus solipsistischer Perspektive, quasi von innen, die Grammatik unserer Schmerzäußerungen. Am Ende steht die – antithetisch formulierte – Einsicht, daß wir zwei Möglichkeiten haben: Wir lassen entweder Sätze wie „Ich habe (oder spüre) *meine* Zahnschmerzen'" zu; dann müssen wir aber auch Sätze zulassen wie „Ich habe seine Schmerzen'" (BlB 89); oder wir schließen Sätze der letzteren Art aus, dann aber auch solche der ersteren. Beides ist denkbar. Wir müssen nur grammatisch konsequent sein. Unmöglich und grammatisch inkonsequent ist, daß wir ‚Ich habe meine Schmerzen' für richtig, ‚Ich habe seine Schmerzen' aber für falsch halten.

Wittgenstein akzeptiert die naive Trennung von Seelischem und Körperlichem nicht. Es ist für ihn aus grammatischer Sicht nicht einfach ausgemacht, daß Geist und Körper immer parallel erscheinen nach dem Motto ‚Jedem Geist sein und nur sein eigener Körper'. Ebensowenig plausibel ist ihm – wiederum im grammatischen Sinn – die Identitätsthese, daß das Seelische im Grunde dasselbe wie das Körperliche und Materielle ist. Weder dieser materialistische Monismus noch der psychophysische Parallelismus leuchten ihm ein. Ganz unplausibel erscheint ihm Descartes' Dualismus, der besagt, daß es zwei voneinander gänzlich verschiedene Zustände in der Welt gibt, die seelischen und die körperlichen (materiellen).[1] Was ihn von dieser Lösung abstößt, ist die hervorgehobene und privilegierte Rolle, die das ‚Ich' darin spielt. Sehen wir uns Wittgensteins Überlegungen im einzelnen an.

1. Ich und der Ort meiner Schmerzen

Wir erinnern uns an den grammatischen Unterschied zwischen ‚Schmerzen haben' bzw. ‚Schmerzen spüren' auf der einen und ‚sich Schmerzen vorstellen' auf der anderen Seite. Dieser Unterschied ist nicht ohne weiteres klar und wird erst verständlich, wenn wir sehen, vor welchem Hintergrund er gemacht wird. Im Hintergrund steht der Unterschied zwischen metaphysischen Sätzen und Erfahrungssätzen. Eine metaphysische Aussage ist zum Beispiel „Ich kann seine Schmerzen nicht spüren'". Ein Beispiel für einen Erfahrungssatz ist dagegen „Wir können (in der Regel) nicht Schmerzen im Zahn eines anderen haben'" (BlB 81). Was den Ort von Schmerzen angeht, neigen wir – wie Wittgenstein kritisiert – dazu, zwischen diesen beiden Arten von Aussagen falsche Analogien herzustellen. Wie ist dies zu verstehen?

Wittgenstein betrachtet die Beispielsätze ‚A hat einen goldenen Zahn' und ‚A hat Zahnschmerzen'. Wenn wir nun eine Analogie zwischen diesen beiden Sätzen herstellen, machen wir den Fehler, den wir eben kennenlernten. Wir tun dann so, als hätte der Schmerz des anderen in ähnlicher Weise einen Ort wie sein goldener Zahn. Wir geben dabei dem Seelischen einen materiellen Erscheinungsort. Zu dieser unsinnigen seelisch-materiellen Analogie verführt uns die scheinbare Gleichheit der Bedeutung des Wortes ‚haben' in ‚Schmerzen haben' und ‚einen Zahn haben'. Wir bilden dann analog dazu weitere Aussagen wie ‚Ich kann den Zahn des anderen nicht haben' und ‚Ich kann die Schmerzen im Zahn des anderen nicht haben'. Unmerklich schleicht sich der grammatische Fehler der falschen Analogie ein. Wir begehen einen Fehler, weil wir nicht merken, daß wir metaphysische Sätze wie Erfahrungssätze bzw. Sätze über Sinnesdaten und Seelisches wie Sätze über physikalische Gegenstände verstehen. Deshalb meinen wir, die Zahnschmerzen des anderen hätten einen Ort, den wir auf ähnliche Weise nicht sehen wie den Zahn in seinem geschlossenen Mund.

a) Grammatische Kriterien für Schmerzen

Tatsächlich lassen wir uns von solchen falschen Analogien zwischen Metaphysischem und Empirischem verwirren. Wenn wir der Verwirrung entgehen wollen, müssen wir die grammatischen Unterschiede verstehen, mit denen wir grammatisch so unterschiedlichen Dingen wie Gegenständen und Gefühlen jeweils Orte zuschreiben. Es geht also nicht um psychologische Behauptungen und Hypothesen, sondern um grammatische Kriterien. Wittgenstein wählt ein scheinbar absurdes Beispiel, um diese Kriterien zu erläutern:

Es ist denkbar, daß ich einen Schmerz im Zahn im Mund eines anderen spüre; und der, der sagt, daß er des anderen Zahnschmerzen nicht spüren kann, leugnet das nicht ab. (BlB 81)

Weshalb ist es nicht absurd, sondern denkbar, daß wir Empfindungen im Körper anderer Menschen oder in Gegenständen wie Möbeln haben (BlB 83), daß meine Hand mit dem Körper eines anderen verbunden ist (BlB 82)? Wie ist so etwas denkbar? Es ist aus rein grammatischen Gründen denkbar. Wenn ich – im Sinn von Erfahrungssätzen – sagen kann, daß ich in meinem Körper Schmerzen spüre, kann ich auch sagen, daß ich im Körper des anderen Schmerzen spüre. Würde ich den Ort meiner Schmerzen auf meinen Körper beschränken, würde ich einem metaphysischen Glauben Ausdruck geben. Wittgenstein gibt sich Mühe, was den Ort von Schmerzen oder anderen Empfindungen angeht, Grammatik und Evidenz auf einen Nenner zu bringen. Er geht zum Beispiel von der denkbaren Möglichkeit aus, daß die Tast- und die Bewegungsempfindungen mit den visuellen gekoppelt sind.

Nehme ich diesen Gedanken probehalber auf, ist es für mich denkbar, daß ich mein Kitzelgefühl dort spüre, wo mein Finger hinzeigt. Wenn ich z. B. auf die Nase meiner Nachbarin zeige, spüre ich dort ein Kitzeln. Mein Empfinden wandert dabei mit meinem Zeigefinger. Dann kann ich dies auch mit dem Erfahrungssatz ‚Ich spüre in der (oder auf der) Nase meiner Nachbarin ein Kitzeln‘ beschreiben. Sie wird es mir vielleicht nicht glauben und sich verbitten, daß ich mit diesem Ansinnen auf ihre Nase deute. Ich versichere ihr dann – beruhigend –, ich sei Solipsist und normalerweise überzeugt, daß niemand tatsächlich Kitzeln im Körper eines anderen spüren könne. Dies bedeute aber nicht, daß ich – als Solipsist – *leugne*, daß jemand doch – wie ich eben unter diesen besonderen visuell-kinästhetisch-taktilen Bedingungen – Kitzeln im Körper eines anderen spüren könne. Es handle sich dabei aber in keinem Fall um ihr Kitzelgefühl, sondern allein um mein eigenes, ergänze ich beschwichtigend.

Diese Episode wird dem gerecht, was Wittgenstein dem Solipsisten an Überzeugungen über den Ort seiner Gefühle zuschreibt (vgl. BlB 86/87). Es wäre nun allerdings absurd zu meinen, daß Wittgenstein allen Ernstes die Möglichkeit, Schmerzen oder andere Gefühle im Körper anderer Menschen zu haben, als empirische Hypothese propagieren wollte. Es ist ihm um die solipsistische Perspektive zu tun, die uns zeigen kann, wie die Grammatik von Schmerzäußerungen zu verstehen ist. Wir dürfen nicht vergessen, daß der Solipsist über seine Gedanken und Empfindungen keine bestätig- oder bestreitbaren Tatsachenbehauptungen aufstellt (vgl. BlB 96). Was Wittgenstein aus solipsistischer Sicht klar machen will, ist einmal die antithetische Symmetrie[2] oder Spiegelbildlichkeit von Sätzen wie ‚Ich habe Schmerzen in meinem Körper‘ und ‚Ich habe Schmerzen im Körper eines anderen‘. Die antithetische Symmetrie-Bedingung erlaubt uns ebenso zu sagen ‚Die Schmerzen in meinem Körper sind die Schmerzen in seinem Körper‘ als auch zu sagen ‚Die Schmerzen in meinem Körper sind nicht die Schmerzen in seinem Körper‘. Wenn wir keine falschen Analogien zwischen metaphysischen und Erfahrungssätzen herstellen, können wir Symmetrien dieser Art nicht bestreiten. Dies ist das eine.

b) Ich im Subjekt- und Objektgebrauch

Das andere ist, daß das Ich kein Träger von Bedeutungen ist. Am Ich können wir keine Bedeutungen festmachen, die Ausdrücke, in denen Ich als Subjekt nicht vorkommt, nicht haben. Der Ausdruck ‚Schmerzen haben' verändert seine Bedeutung nicht zwischen den Ausdrücken ‚Ich habe Schmerzen' und ‚Er hat Schmerzen'. Das Ich ist keinem bestimmten Körper zugeordnet, ebensowenig wie die Schmerzempfindungen. Zur Klärung dieses letzten Punktes unterscheidet Wittgenstein zwischen dem Objekt- und dem Subjekt-Gebrauch des Ich. Beim Objekt-Gebrauch sage ich etwas – aus der Perspektive der dritten Person – Erfahrbares über mich, zum Beispiel könnte ich statt ‚Ich habe eine Beule' auch sagen ‚Hier ist eine Beule'. Typisch beim Objekt-Gebrauch des Ich ist, daß ein Irrtum möglich ist, der von jedermann als Irrtum erkannt werden kann. Beim Objekt-Gebrauch des Ich sind die Beschreibungen entweder verifizierbar oder nicht. Der Gebrauchszusammenhang ist klar durch den Bezug, die Referenz, des ‚Ich' auf einen bestimmten Körper. Beim Subjekt-Gebrauch des Ich sage ich dagegen nichts Erfahrbares oder Verifizierbares dieser Art, sondern zum Beispiel ‚Ich habe Zahnschmerzen'; ich könnte auch sagen ‚Ich habe keine Schmerzen'. Ein Irrtum, den jedermann als solchen erkennen könnte, ist beim Subjekt-Gebrauch des Ich nicht möglich (vgl. BlB 106). Es gibt nichts zu bestätigen oder zu verwerfen. Das ‚Ich' steht in keinem Bezug zu einem Körper. Es referiert nicht.

Wir müssen nun genau sehen, was am Subjekt-Gebrauch des Ich unbrauchbar ist. Wie beeinflußt das Ich des Subjekt-Gebrauchs die Bedeutung von Äußerungen? Vergleichen wir die Sätze ‚Ich habe Zahnschmerzen' und ‚Er hat Zahnschmerzen'. Im letzten Fall werden mir oder einer anderen Person aus der grammatischen Perspektive der dritten Person Schmerzen zugeschrieben. Wer immer dies tut, weiß, wem er was zuschreibt. Der referentielle Zusammenhang ist klar. Er weiß auch, daß er sich irren kann. Diese Möglichkeit der Zuschreibung von etwas wie Schmerzen entspricht dem Ich des Objekt-Gebrauchs. Ich kann mir aber selbst nichts in vergleichbarer Weise zuschreiben, weil ich grammatisch gesehen zu mir selbst kein Verhältnis der dritten Person habe. Ich habe zu mir selbst kein referentielles Verhältnis. Ein Irrtum wie beim Objekt-Gebrauch ist weder aus meiner Perspektive noch aus derjenigen anderer Personen möglich.

Wenn aber nur Zuschreibungen sinnvoll sind, die die Möglichkeit des Irrtums enthalten, haben meine Selbstzuschreibungen von Schmerzen keinen Sinn. Selbstzuschreibungen dieser Art sind sinnlos. Es geht hier übrigens nicht darum, wie Schmerzen verifiziert werden können oder wie geheuchelte von echten unterscheidbar sind. Es geht allein um die Grammatik, um Sinn und Unsinn von Schmerzzuschreibungen.

Wenn Sätze, in denen ‚Ich' im Subjekt-Gebrauch auftritt, Bedeutung haben und weder falsch noch sinnlos sind, liegt dies nicht an meinem Ich. Das solipsistische Ich hat – in Wittgensteins Diktion – keinen Nachbarn. Das heißt nicht, daß es im faktischen Sinn nur ein einziges Ich, nämlich meines, gibt. Es bedeutet lediglich, daß das Ich „in meiner Grammatik *keinen Nachbarn* hat" (BlB 113). Es referiert nicht. Es bezieht sich, wenn ich ‚ich' sage, grammatisch nicht auf etwas so, wie wenn ich ‚er' sage.[3] Das Ich hat grammatisch für Wittgenstein durchaus ein Du, aber damit kein anderes Ich neben sich. Das Ich, das absolute und reine – solipsistische – Ansprüche an Gewißheit in allem hat, was es im Subjektsinn sagt oder tut, gibt es immer nur einmal. Wenn ich also etwas über mich selbst sage, zum Beispiel was ich jetzt sehe, fühle, denke, ist es – mit Wittgensteins Worten –

wesentlich, daß jeder, zu dem ich das sage, außerstande sein müßte, mich zu verstehen. . . . Von mir aus aber soll es *logisch* unmöglich sein, daß er mich verstehen kann; in anderen Worten, zu sagen, daß er mich versteht, soll sinnlos, nicht falsch sein. (BlB, 103/04)

Ich kann also in allem Selbstbezüglichem von niemandem außer mir selbst verstanden werden. Was immer ich aber an Selbstbezüglichem allein verstehe, ist und bleibt mein Geheimnis. Ich kann es niemandem verständlich sagen.

Die Konsequenz aus dieser solipsistischen Verfassung des Ich ist eine zweifache: Zum einen ist die Bedeutung von Äußerungen, in denen das Ich im Subjektsinn gebraucht wird, nicht mitteilbar. Zum andern ist alles, was ich selbst im Subjektsinn über mein Inneres sage, weder zu bestätigen noch zu verwerfen. Es sind keine Erfahrungssätze, die ich über mich sage. Wenn ich sage ,Ich spüre Schmerzen', beschreibe ich keine Erfahrung, die ich in mir oder mit mir mache. Auch mit ,Ich denke' sage ich nichts, was irgendwie bestätigbar wäre. Es wäre wohlfeil, würde jemand dem letzten Satz – auf meine Kosten – gleich beipflichten. Ich könnte den Satz allerdings auch nicht widerlegen, weil mir selbst nicht im empirischen Sinn klar sein kann, ob ich denke oder nicht. (Dies gilt auch für das, was sich mancher jetzt beim Lesen denken mag.) ,Sie denkt' und ,Er hat Schmerzen' sind dagegen bestätigbar. Aus der Perspektive der dritten Person Singular ist eine Bestätigung oder Widerlegung von Äußerungen über Seelisches möglich. Im Hinblick auf die Verifikation oder Falsifikation innerer Zustände oder Ereignisse herrscht daher zwischen der ersten und der dritten Person Singular eine Asymmetrie.[4] Deswegen erweist sich dann auch die Suche nach der ersten Person Singular auf dem Weg über die dritte als erfolgreich. „,Er glaubt, sie mag ihn, aber sie tut es nicht'... *gleicht in höherem Maße der eigentlichen* ersten Person als ,Ich glaube, sie mag mich, aber sie tut es nicht'."[5]

Wittgenstein ist nach dem *Blauen Buch* nicht mehr auf die Unterscheidung zwischen dem Subjekt- und dem Objektgebrauch des Ich zurückgekommen. Tatsächlich ist die Unterscheidung für den Nachweis, daß das Ich keinem bestimmten Körper zugeordnet ist, nicht erforderlich. Außerdem ist sie verwirrend. Daß das ,Ich' unter bestimmten Bedingungen irrtumsfähig sein und auf einen Körper referieren soll und unter anderen nicht, erscheint künstlich und unplausibel.[6] In den *Philosophischen Untersuchungen* klärt er die Fronten und läßt das ,Ich' in keiner Hinsicht mehr referieren. Die Idee, die Wittgenstein zu jener Unterscheidung veranlaßt, ist im Rahmen seiner Philosophie der Psychologie durchaus plausibel. Er will, zum einen, das cartesianische Ich der Selbstreferenz als psychologischen Gegenstand streichen, zum anderen aber nicht alles, was wir über uns selbst sagen, als sinnlos deklarieren. Die Doppelstrategie, die er dazu wählt, hat aber ihre Tücken. Sie klärt die Frage, ob das Ich referiert, nicht auf. Vor solipsistischem Hintergrund ist die Frage, ob und wie das Ich referiert, nicht entscheidend. Dies kann entlastend angeführt werden.

c) ‚Ich‘ ohne grammatische Privilegien

Es ist von diesen Überlegungen zur Philosophie der Psychologie nur ein kleiner Schritt zu denen der *Philosophischen Untersuchungen.* Am Ende des *Blauen Buchs* sagt Wittgenstein, daß kein Ausdruck direkter sei als ein anderer (BlB 116). Natürlich ist dies kritisch gegen eine Vorrangstellung des Ich gemünzt, aber nicht nur. Es gilt allgemein, kein Ausdruck ist unmittelbarer zu dem, was er bedeutet, als ein anderer. Denn Bedeutungen sind für Wittgenstein nicht wie für Frege die Gegenstände, auf die sich Namen beziehen. Wittgenstein versteht ‚Bedeutung‘ nicht referentiell, sondern rein grammatisch aus den Kontexten des Sprachgebrauchs. Auch für die seelischen Phänomene gilt dieses grammatische Verständnis von ‚Bedeutung‘. Was dies konkret heißt, sagt ein Grundgedanke der *Philosophischen Untersuchungen,* daß es nämlich keine psychologische Rechtfertigung für irgendeine Bedeutung gibt. Am Ende lehrt uns Wittgenstein, daß es überhaupt keine Rechtfertigung für die Bedeutung von Äußerungen jenseits des Gebrauchs selbst gibt; wir wollen aber nicht vorgreifen. Das Ich, das als psychologische Instanz für eine Rechtfertigung wenigstens derjenigen Sätze in Frage käme, die es im Subjektsinn sagt, kann nicht eingreifen. Es ist in seiner solipsistischen Behausung, aus der es nicht heraus kann, in der es auch keine Nachbarn hat, gefangen. Niemand kann es hören und verstehen. Deshalb scheidet es als rechtfertigende Instanz oder als Richter bei der Beurteilung von Bedeutungen aus. Wem diese solipsistische Sprache nicht gefällt, kann sich darauf berufen, daß Äußerungen der ersten Person Singular, die sich auf sie selbst beziehen, unsinnig sind. Denn sie lassen sich weder bestätigen noch verwerfen.

Wittgenstein ist im *Blauen Buch* noch nicht so weit, die Möglichkeit und Unmöglichkeit von Rechtfertigung und Irrtum symmetrisch zu verstehen. Später tut er dies und geht immer davon aus, daß es keine Rechtfertigung geben kann, wo kein Irrtum möglich ist. Im *Blauen Buch* ist er auf dem Weg zu dieser Symmetrie. Er denkt über sie nach und stellt noch ausdrücklich fest, warum es für Selbstzuschreibungen keine Rechtfertigung geben kann (BlB 106). Da es in diesem Fall kein Subjekt der Rechtfertigung gibt, gibt es überhaupt keine direkte Rechtfertigung. Denn eine ‚direkte Rechtfertigung der Bedeutung einer Äußerung‘ hat nur Sinn, wenn das Subjekt, das sich über sich selbst äußert, als entscheidende und primäre Informationsquelle auftreten kann. Eben dies kann das Subjekt nicht und gibt dies in aller Fairness auch zu (BlB 106).

Die Frage an irgendein Ich ‚Wie haben Sie ‚transzendental‘ denn gemeint?‘ kann bei einem möglichen Mißverständnis hilfreich sein. Was der Befragte meinte, wird aber nicht jenseits dessen liegen, was als mögliche Bedeutung für diejenigen, die so ein Wort gebrauchen, in Frage kommt. Wenn sich herausstellt, daß der Befragte eigentlich ‚ein ganz eigenartiges Dunkelbraun‘ meinte, wird sich damit nicht die Bedeutung von ‚transzendental‘ ändern. Würden die anderen aber glauben, endlich hätten sie das Wort verstanden, tritt zwar ein wichtiger Aspekt des Wortes erstmals zutage. Dennoch ist das Ich dessen, der diesen Durchbruch erzielte, nicht der Träger oder die Quelle und damit auch nicht die rechtfertigende Instanz des neuentdeckten Sinns. Das ‚Ich‘ hat alle seine Privilegien verloren. Es kann sich nicht sinnvoll etwas zuschreiben, was andere nur mit seiner Hilfe verstehen können. Es kann sich aber vor allem nichts mit absoluter Gewißheit zuschreiben. Es ist in gewisser Weise nicht mehr der unumschränkte Herr dessen, was es denkt, fühlt und sagt.

2. Vorstellungen und Gedanken

Wenn wir dem Ich als bedeutungstragender oder als rechtfertigender Instanz aus grammatischen Gründen nicht mehr nachtrauern, haben wir einen guten Zugang zur Philosophie der Psychologie der *Philosophischen Untersuchungen*. Vom § 244 der *Untersuchungen* an beschäftigt sich Wittgenstein mit ,Schmerzen', dann auch mit ,Denken', ,Erinnern', ,Bewußtsein' und ,Empfindungen'. Schmerzen sind Phänomene, die – wie wir schon sahen – für die Privatheit des Seelischen und den privilegierten Zugang der ersten Person Singular zu ihrem eigenen Inneren zu sprechen scheinen. Wir wissen, daß Wittgenstein nicht bestreiten will, daß wir die Schmerzen anderer nicht spüren, obwohl es grammatisch denkbar ist, daß wir sie spüren. Es geht ihm erneut um die grammatischen Mißverständnisse, die unser Sprechen über Schmerzen begleiten.

Die Gründe unseres mißverständlichen Sprechens über seelische Vorgänge hat er bereits im *Blauen Buch* angesprochen. Es ist die falsche Analogie zwischen metaphysischen (solipsistischen) und empirischen Sätzen. Es ist ein metaphysischer Glaube, daß wir einen besonderen Zugang zum eigenen Seelischen haben. Ebenso ist es ein metaphysischer Glaube, daß uns das Seelische anderer Menschen verborgen ist. Metaphysische Überzeugungen lassen sich weder bestätigen noch verwerfen. Fehler entstehen, wenn wir solche Überzeugungen so behandeln, als seien sie unmittelbare Erfahrungen. In den *Untersuchungen* vertieft Wittgenstein seine Überlegungen und konzentriert sich vor allem auf ,Vorstellungen' und ,Gedanken'.

a) Mit Wörtern denken

Wir mißverstehen das Seelische, weil wir meinen, unsere Sprache diene immer der Übertragung von Gedanken, „Gedanken über Häuser, Schmerzen, Gut und Böse, oder was immer" (PhU § 304). Wittgenstein will keine seelischen Phänomene oder Vorgänge leugnen, sondern das falsche Sprechen über das

Seelische aufklären. Sein Argument ist subtil. Zunächst zeigt er, daß es falsch ist zu denken, wir würden uns – in der ersten Person Singular – Bilder von seelischen Vorgängen machen, die wir dann äußern oder auf andere übertragen. ‚Ich habe Schmerzen' wäre dann das Bild, das ich verwende, wenn ich sage ‚Er hat Schmerzen'. Er legt dann dar, daß wir keine projizierbaren und mitteilbaren Bilder seelischer Vorgänge haben, sondern nur private Vorstellungen. Schließlich entlarvt er solche Vorstellungen als Illusionen (PhU § 311).

Sein Ziel ist also, das, wozu wir glauben, einen privilegierten Zugang zu haben, als Illusion zu entlarven. Illusionen sind nicht zeigbar, nicht darstellbar, nicht vorführbar. Wenn die privaten Vorstellungen Illusionen sind, dann gibt es in der Sache keinen Unterschied zwischen ‚meinen Schmerzen' und ‚seinen Schmerzen'. Denn dieser Unterschied läßt sich durch nichts darstellen. Ich kann meine Schmerzen, sagt Wittgenstein, „vorführen, wie ich z. B. Rot vorführe und wie ich Gerade, Krumm und Baum vorführe. – Das nennen wir eben ‚vorführen'" (PhU § 313). Jeder kann dies, und was da vorgeführt wird, zeigt keinen Unterschied zwischen meinen und Deinen Schmerzen oder anderen Empfindungen. Es gibt keinen privilegierten Zugang zu seelischen Vorgängen, obwohl es diese Vorgänge gibt und sie unterschiedlich verteilt sind. Was immer wir an seelischen Vorgängen vorführen, zeigen wir mit gleichen oder ähnlichen Mitteln der Sprache und des Verhaltens. Es sind immer Vorgänge, deren Bedeutung so vermittelt wird, als würden sie in der dritten Person Singular jemandem zugeschrieben. Nochmals, ich kann mir selbst nichts Seelisches zuschreiben. Ich kann aber vorführen und zeigen, daß ich Schmerzen habe. Das Zeigen wird hier erneut unverzichtbar, wo das Sagen endet.

Wittgenstein will immer wieder deutlich machen, daß unser philosophisches Verständnis des Seelischen nicht durch private Introspektion zu erlangen ist (PhU § 314). Introspektion scheidet überhaupt als Grundlage irgendeiner Einsicht aus. Nichts, was in einem opak scheinenden Inneren stattfindet, ist ‚Denken' oder ‚Empfinden'. Auch ‚Verstehen', sagt Wittgenstein, sei kein inneres „undefinierbares Erlebnis" (PhU § 322). Wenn es ein Erlebnis wäre, müßte ich es von anderen unterscheiden können; dies wiederum setzt ein Kriterium der Identität des Ereignisses voraus, auf das ich mich beziehe. Und ein solches Kriterium haben wir nicht. Vergleiche setzen, wie Wittgenstein zu Recht fordert, Kriterien der Identität voraus (a. a. O.). Ohne solche Kriterien bleibt alles, was wir im seelischen Bereich vermuten, ein „Traum unserer Sprache" (PhU § 358). Ein solcher Traum sei nichts Lächerliches, meint er an dieser Stelle, aber deswegen ist der Traum noch nichts Konkretes.

Seine Überlegungen bleiben dennoch umsichtig, fallen nicht in selbstgefällige, vorschnelle Verallgemeinerungen. Wenn wir für etwas keine Kriterien der Zuschreibung oder der Identifikation haben, sei noch nicht gesagt, daß es das nicht gebe. Wittgenstein sieht, es gibt keine Kriterien, Empfindungen zu identifizieren. Auch wenn ich mir an den Kopf fasse und laut schreie, identifiziere ich keine Empfindungen. Dasselbe trifft für andere Menschen ebenso zu. Dem entspricht seine Einsicht im *Blauen Buch*, daß Schmerzen keine besonderen Orte haben. Es genüge – meint er – unter diesen Umständen, einfach den Ausdruck ‚Schmerz' oder entsprechende Ausdrücke in gleicher Weise zu verwenden. Damit ende das Sprachspiel aber nicht, sondern es fange erst an (PhU § 290). Was sich zeigt oder zeigen läßt, zeigt sich im Sprachspiel.

Wittgenstein bleibt konsequent bei seiner Überzeugung, daß „die Sprache selbst ... das Vehikel des Denkens" sei (PhU § 329). Was immer wir denken, denken wir sprachlich. Es gibt keine gedachten Bedeutungen oder Dinge vor oder außerhalb der Sprache. Wiederum will Wittgenstein nicht den seelischen Vorgang des Denkens bestreiten, also die seelische Tätigkeit beim Sprechen. Er stellt lediglich in Abrede, daß diese Tätigkeit einen eigenen Gehalt hat, der von demjenigen des Sprechens unterschieden wäre. Deswegen kann die von cartesianischen Dualisten gemeinhin vertretene Ansicht, Denken sei ein ‚unkörperlicher Vorgang', der dem Sprechen Bedeutung gebe, für Wittgenstein keinen Sinn haben.[7] Die Qualifizierung ‚unkörperlicher Vorgang' mache selbst den semantischen Unterschied zwischen ‚Denken‘ und ‚Essen‘ „zu gering" (PhU § 339).

Wittgensteins Strategie in den *Untersuchungen* ist dieselbe wie im *Blauen Buch*. Er führt hier wie dort die Mißverständnisse von Ausdrücken über seelische Vorgänge auf eine falsche grammatische Einstellung zu diesen Ausdrücken zurück. Die falsche Einstellung besteht darin, die Wörter oder Ausdrücke als existierende Gegenstände zu nehmen oder ihren Sinn daran zu messen, inwieweit sie für Gegenstände stehen. Der Fehler ist die Verdinglichung des Sinns sprachlicher Ausdrücke. Dagegen wendet sich Wittgenstein in den *Untersuchungen* besonders lebhaft:

370. Nicht, was Vorstellungen sind, oder was da geschieht, wenn man sich etwas vorstellt, muß man fragen, sondern: wie das Wort „Vorstellung" gebraucht wird.

Es geht ihm, wenn es ihm um das Wort ‚Vorstellung‘ geht, aber nicht nur um das Wort, sondern – wie er selbst sagt – um das „Wesen der Vorstellung" (a. a. O.). Dieses Wesen bleibt unverständlich, wenn wir unterstellen, Vorstellungen hätten ihren Ort im dunklen, unerkundbaren seelischen Bereich. Wenn wir Wittgenstein folgen und den Gebrauch des Wortes aufklären, sehen wir, daß Vorstellungen weder für den, der sie hat, noch für den, der sie nicht hat, gezeigt oder beschrieben werden können (a. a. O.). Sie lassen sich auch nicht vergleichen, weil es – wie wir schon sahen – kein Kriterium ihrer Gleichheit gibt (PhU § 377 f.). Wenn wir dies einsehen, verstehen wir, was es heißt, nicht Phänomene, sondern Begriffe und den Gebrauch von Wörtern zu untersuchen (PhU § 383).

b) Weder Behaviorismus noch Mentalismus

Wittgenstein reduziert seelische Vorgänge nicht auf äußeres Verhalten. Er ist kein Behaviorist (PhU § 307 f.).[8] Die Bedeutung von Schmerzäußerungen wird also nicht mit dem Verhalten identifiziert, das jemand zeigt, wenn er Schmerzen hat. Wittgenstein leugnet auch als Anticartesianer nicht die Identität der Person. Es gebe verschiedene Kriterien der Identität der Person. Schmerzen und seelische Zustände seien aber keine (PhU § 404). Nichts, was mit einem Ich als Vorstellung verbunden sein mag – zum Beispiel ‚Ich habe Schmerzen‘ –, kann als Identitätskriterium einer Person dienen.[9]

Dagegen ist Denken nicht so wie Vorstellungen mit einer Person verbunden. Denn Denken, so heißt es bereits im *Blauen Buch*, ist weder eine geistige Tätigkeit noch ein mentaler Zustand, sondern ein „Operieren mit Zeichen" (BlB 23, 35).[10] Wie wir denken, indem wir sprechen, schreiben, mit einer Kreide, einem Stift oder mit dem Computer, ist unerheblich. Denken ist nur in einer Sprache möglich. Es gibt keine außersprachlichen Domänen des Denkens. Für uns Unsichere in Sachen Denken hat Wittgenstein ein Rezept parat:

Wenn du dir über das Wesen vom Denken, Glauben, Wissen und ähnlichem nicht klar bist, ersetze den Gedanken durch den Ausdruck des Gedankens etc. Die Schwierigkeit, die in diesem Austausch liegt, und zugleich auch ihr ganzer Zweck, ist folgende: Der Ausdruck eines Glaubens, Gedankens etc. ist bloß ein Satz; – und der Satz hat nur als Glied in einem Sprachsystem Sinn; als ein Ausdruck in einem Kalkül. (BlB 71)

So unsinnig wie die Suche nach dem Ort der Schmerzen ist diejenige nach dem Ort des Denkens. Denken findet nicht im Kopf, sondern – wenn überhaupt – dann auf Papier o. ä. statt, wo immer wir Sätze unterbringen können. Denken hat Sprachform. Es hat keine eigene geistige Gestalt. Wittgenstein ist kein Mentalist[11], der die Bedeutungen der Wörter und Sätze in einer geistigen Sprache verankert. Deshalb geht es, wenn es um das Wesen des Denkens geht, um Sätze in einer Sprache und nicht um Repräsentationen oder linguistische Strukturen. Dies gilt nicht nur für das Denken. Das Wesen irgendeiner Sache liegt nicht jenseits der Sprache. Es sei, sagt Wittgenstein, „in der Grammatik ausgesprochen" (PhU § 371). Die Grammatik sage auch, von welcher Art ein Gegenstand sei (PhU § 373). Dies sind – wenn wir an die epochenlange philosophische Beschäftigung mit dem Wesen des Denkens und der Dinge denken – gewichtige und in ihrer Allgemeinheit vielleicht mißverständliche Äußerungen. Wie sind sie zu verstehen?

Eike von Savigny weist in seinem Kommentar zu Recht darauf hin, daß der „Eingangssatz" des § 373 nicht mehr sage als schon der § 371. Das heißt, daß die Grammatik das Wesen einer Sache bestimmt, indem sie sagt, welcher Art sie ist. Die Grammatik tue dies, so interpretiert von Savigny, in Form einer „übersichtlichen Darstellung der Regeln", nach denen ein Wort wie ‚vorstellen' verwendet werde.[12] Dies trifft sicher zu, wenn diese Regeln das einschließen, was Wittgenstein im § 370 am Beispiel des Wortes ‚Vorstellung' erläutert. Er sagt dort, was eine Vorstellung sei, lasse sich weder für die erste noch für die dritte Person zeigen, noch als Vorgang beschreiben. Wir können diese Negativliste noch ergänzen, indem wir einmal auf den Mangel an Identitäts-Kriterien für Vorstellungen und zum andern auf die beiden Unmöglichkeiten, eine Vorstellung mit einer anderen zu vergleichen und eine Gleichheit von Vorstellungen zu behaupten, hinweisen. Diese negativen Charakterisierungen gehören zu den Regeln für die Worte ‚Vorstellung' und ‚vorstellen'.

Es fällt auf, daß diese Regeln ausschließlich philosophischer Natur sind. Es sind Vorsichtsmaßnahmen für den Philosophen, nicht auf die ‚Träume der Sprache' hereinzufallen. Nur der philosophisch Gebildete versteht, was er nicht tun soll, wenn er ‚vorstellen' verwendet. Dann stellt sich aber die Frage, wie diese Regeln oder negativen Charakterisierungen im Sprachgebrauch verwendet werden. Für wen sind diese Regeln?

c) Vom ‚Wesen' einer Sache

Die Regeln sollen keinen anderen Gebrauch dieser Worte fördern oder leiten als den bisherigen, den gewöhnlichen. Sie dienen nicht jedem Sprecher unserer Sprache in gleicher Weise, sondern primär dem Philosophen, der den Dingen auf den Grund gehen will und sich dabei leicht von Scheingründen verführen läßt. Die Grammatik, in der das Wesen einer Sache ausgesprochen ist, ist eine philosophische. Wenn vom ‚Wesen' einer Sache die Rede ist, interessieren uns daher nicht beliebige

Vorkommnisse dieses Wortes im Zusammenhang mit Jahrmärkten oder anderen Planeten[13]. Wir wollen lediglich wissen, um welche Sache es wirklich geht. Dies ist ein spezifisch philosophisches Interesse, das nicht durch das Aufzählen von Regeln des Gebrauchs des Wortes ‚Wesen‘ zu befriedigen ist. Vielmehr müssen wir diese Regeln allererst formulieren, indem wir darüber nachdenken, welche Verwendungsweisen eines Wortes oder Ausdrucks falsch oder irreführend sind. Dies ist ein Geschäft der Philosophie. Wesensfragen waren dies schon immer. Es gibt aber auch andere Disziplinen, denen es um solche Fragen geht.

Wittgenstein ergänzt im § 373 seine Aussage, welche Art von Gegenstand etwas sei, sage die Grammatik, mit dem Ausdruck in Klammern „Theologie als Grammatik". Auch der Theologie geht es um Wesensfragen, zum Beispiel um das Wesen Gottes. Was die Grammatik des Wesens Gottes ist, so könnten wir fortfahren, sagt die Theologie. Wir müssen uns – was die Klammer im § 373 angeht – nicht, wie von Savigny meint, „in Spekulationen darüber verlieren, wo Wittgenstein exemplarische Wesensfragen" vermutet.[14] Denn solche Fragen werden typischerweise in philosophischen und theologischen Kontexten gestellt.

Dies bedeutet nicht, daß Wittgenstein doch eine besondere Domäne für das Wesen von Dingen annimmt, wie etwa die Theologie und deren ‚Wissen von Gott‘. Auch die Theologie sollte – nach Wittgensteins Rezept – bei ihrer Wesensfrage nichts anderes tun, als den Gebrauch des Wortes ‚Gott‘ analysieren. Sie wird erst die Regeln formulieren müssen, die dieser Sache gerecht werden. Die Theologie als Grammatik bezieht sich auf den theologischen Sprachgebrauch. Sie müßte beim Wort ‚Gott‘ negative Einschränkungen machen, ähnlich wie die Philosophie der Psychologie beim Wort ‚Vorstellung‘, wenn angenommen würde, Gott sei bloß eine private Vorstellung. Dann wäre das Wesen Gottes dem Wesen einer Vorstellung ähnlich. Wenn sich der Sinn von ‚Gott‘ aber zeigt, etwa im religiösen Glauben, und sich diese Art Glauben beschreiben, identifizieren und wiedererkennen läßt, dann ist das Wesen Gottes dem einer privaten Vorstellung nicht ähnlich.

Die Analyse der Grammatik des Gebrauchs von Worten ist – wie dieses Beispiel zeigen soll – eine philosophische oder theologische Aufgabe ganz gewöhnlicher Art. Nur daß das Gewöhnliche dieser Aufgabe von den genannten Disziplinen bisher nicht verstanden wurde. Sie vergegenständlichen den Sinn von Ausdrücken und fragen nach dem Wesen von Sachen so, als würden diese Wesen als das eigentliche und unzerstörbare Innere dieser Sachen erscheinen. Stattdessen zeigt sich das Wesen einer Sache in den Regeln des Sprachgebrauchs, im Sprachspiel, in der Tiefengrammatik (PhU § 664). Während man die Oberflächengrammatik eines Wortes, wie Wittgenstein sagt, an seiner Verwendungsweise im Satzbau erkennt – man könne den Gebrauch „mit dem Ohr erfassen" (a. a. O.) –, erschließt sich die Tiefengrammatik nicht ohne weiteres. Es geht darum, das Sprachspiel festzustellen, das gespielt wird (PhU § 655). Es geht nicht um scheinbar tiefe Erklärungen, sondern darum, die „Tatsachen als ‚Urphänomene'" zu sehen. Und die an Goethe erinnernden Urphänomene sind die Tatsachen, die wir sehen, wenn wir feststellen: „dieses Sprachspiel wird gespielt" (PhU § 654).[15] Die Sprachspiel-Tatsachen, die wir sehen, sind dann das „Primäre" (PhU § 656), das, was keiner Rechtfertigung bedarf, was für sich selbst spricht.[16]

Das Sehen des Sprachspiels, das gespielt wird, ist also keine Sache des bloßen Hinsehens. Es bedarf der Untersuchung der Begriffe, um die es geht. Auch dies ist ein traditionelles philosophisches Geschäft, an das Wittgenstein erinnert, wenn er im Teil II der *Philosophischen Untersuchungen* (xi, 518) sagt:

Uns interessiert der Begriff und seine Stellung in den Erfahrungsbegriffen.

Dies gilt für Begriffe wie ‚Ursache' ebenso wie für ‚Sehen', ‚Erinnern', ‚Vorstellen' oder ‚Deuten'. Wittgensteins Philosophie der Psychologie entwickelt keine eigene Methode der Behandlung von mentalen Begriffen oder seelischen Phänomenen. Das ‚Sehen eines Würfels' (PhU Teil II, xi, 519) stellt methodisch kein anderes Problem als die Sprachspiel-Analyse des ‚Meinens', des ‚Denkens' oder der ‚Schmerzen'. Keines dieser

Sprachspiele verstehen wir erst nach bestimmten methodischen Vorkehrungen, etwa phänomenologischer, ontologischer, logischer oder transzendentaler Art. Wittgenstein ist kein Gegner von Methoden. Er versteht Methoden aber nicht nach traditionellem Muster, sondern als „verschiedene Therapien" (PhU § 133), mit denen verschiedene Probleme gelöst und damit beseitigt werden.[17] Wenn wir Probleme lösen wollen, müssen wir anhand geeigneter Beispiele sehen, worum es jeweils geht. Wenn es dabei eine methodische Vorkehrung gibt, dann die Diät-Vorschrift, sein Denken nicht mit „nur einer Art von Beispielen" zu ernähren; dies sei „eine der Hauptursachen philosophischer Krankheiten" (PhU § 593).

3. Inneres und Äußeres

Wittgenstein bringt seine Überlegungen zur Philosophie der Psychologie zu keinem Abschluß. Eine endgültige Klarheit über das Seelische mit allem Nachdruck erreichen zu wollen, liegt seiner Art des Nachdenkens ohnehin nicht. So begegnen wir seinen Fragen zum Seelischen auch in seinen letzten Aufzeichnungen.[18] Wie schon in den *Untersuchungen* (PhU 566f.) ist das Innere und seine Verborgenheit ebenso Thema wie Schmerzen und andere seelische Phänomene. Er nimmt auf die Gedanken zum Inneren in den sogenannten *Letzten Schriften über die Philosophie der Psychologie* (LS) aus den Jahren 1949 bis 1951 auch unmittelbar Bezug (LS 35, 43).[19] Nun sind das absichtliche Verbergen und das Verstellen von Gedanken und Gefühlen Wittgensteins Themen. Auch bei ihnen ist die antithetische Symmetrie[20], die grammatische Spiegelbildlichkeit sinnvoller Sätze und Äußerungen, ein methodisches Mittel zur Klärung des Problems. Hier ist ein Beispiel der grammatischen Spiegelbildlichkeit seelischer Phänomene:

Kann ich nie wissen, was er fühlt, dann kann er sich auch nicht verstellen. (LS 51)

Meine Möglichkeit, die Gefühle und Gedanken des anderen zu kennen, entspricht – im grammatischen Sinn – spiegelbildlich seiner Möglichkeit, sie zu verbergen. Es scheint nur so, als sei durch das Verstellen, Heucheln oder Lügen die „äußere Evidenz wertlos zu machen" (LS 59). Tatsächlich drücken sich auch Heuchelei und Verstellung „äußerlich" aus. Die Verstellung hat zum Beispiel „ihre eigenen äußeren Zeichen" (LS 59). Wir müssen dabei nicht notwendig an so komplizierte Dinge wie unbeabsichtigte und verräterische Zeichen denken, sondern etwa an eine schauspielerische Rolle. Sie könnte ohne Verstellen nicht gespielt werden (LS 78).

a) Das ‚Innere' eine Täuschung

Wittgenstein verändert seine negative Haltung zum Inneren in den *Letzten Schriften* nicht. Es bleibt dabei, das „‚Innere' ist eine Täuschung" (LS 113). Sein Umgang mit dem Inneren ist aber differenzierter als bisher. Für eine differenzierte Behandlung des Seelischen spricht nicht zuletzt die antithetische Methode mit ihrer Verpflichtung, auf die symmetrischen Verpflichtungen der Grammatik zu achten. Wittgenstein erkennt nach diesem Muster, daß das Äußere dem Inneren gegenüber in Sachen Evidenz keinen Vorrang hat. ‚Innere Evidenz' heiße nichts und ‚äußere Evidenz' auch nichts (LS 86). Damit will Wittgenstein nicht bestreiten, daß es ‚Evidenz für Inneres' und ‚Evidenz für Äußeres' gibt. Häufig könnten wir sogar das Innere eines Menschen besser beschreiben als sein Äußeres (LS a.a.O.). Der gemeinsame Nenner für Inneres und Äußeres ist, daß es Evidenz gibt, für das eine ebensogut wie für das andere. Wir müssen also unterscheiden zwischen dem Inneren, das eine Täuschung ist, und dem Inneren, für das es Evidenz gibt. Keine Evidenz gibt es für das metaphysische Innere, für das Ich als Quelle von Meinungen.

Es ist, als hätte Wittgenstein mit dem Kriterium der Evidenz, das auch auf Seelisches anwendbar ist, einen Bann gebrochen. Er will sich vielleicht nicht wirklich vorwerfen lassen, was er in einer seiner Vorlesungen über die Philosophie der Psychologie ironisch an die eigene Adresse richtet: „Du, Wittgenstein, hast alle inneren Vorgänge draußen gelassen, und dann wunderst du dich, daß du sie nicht findest'."[21] Nun ist das Innere vom Äußeren klar unterscheidbar, und zwar logisch und nicht psychologisch. Es gebe innere und äußere Begriffe, sagt er (LS 87), innere und äußere Tatsachen, zum Beispiel mathematische und physikalische (LS 88). ‚Seelisch' versteht er nun als „logisches Epithet" (a. a. O.), als logisches Beiwort für das Innere.

Was ich sagen will, ist doch, daß das Innere sich vom Äußeren durch seine *Logik* unterscheidet. Und daß allerdings die Logik den Ausdruck „das Innere" erklärt, ihn begreiflich macht. (LS 87)

‚Seelisch' kann durch ‚logisch' ersetzt werden? Nein. Das Logische kann sicher nicht als schlichtes Synonym für das Seelische verstanden werden. Schmerzen oder Freude sind nichts Logisches. Es geht nicht um einen Austausch bedeutungsgleicher Wörter, sondern um einen Erklärungszusammenhang. Darauf weist die Textvariante zum obigen Zitat hin. Es lautet mit der Variante:

Was ich sagen will, ist doch, daß das Innere sich vom Äußeren durch seine *Logik* unterscheidet. Und daß allerdings die Logik das Bild von innen und außen erklärt, es begreiflich macht.

Es geht nicht um eine Identifikation des Seelischen mit dem Logischen, sondern um die Erklärung der Unterscheidung zwischen dem Inneren und Äußeren. Diese Erklärung fällt in die Kompetenz der Logik und damit auch die Erklärung des Gebrauchs von ‚seelisch'. Was erklärt wird, ist nichts Geheimnisvolles, sondern die Verbindung zwischen Innerem und Äußerem, die für den Solipsisten evident ist:

Inneres ist mit Äußerem logisch verbunden, nicht bloß erfahrungsmäßig. (LS 88)

‚Seelisch' ist also nicht nur ein Wort für Inneres, sondern ein logisches Beiwort der Verbindung zwischen Innerem und Äußerem. Darin unterscheidet sich ‚seelisch' nicht von ‚logisch'. Es geht Wittgenstein um keinen Mechanismus zwischen dem Inneren und Äußeren. Wenn es ein Gegenteil des Mechanischen und Materiellen gibt, dann ist es das Logische und das Grammatische. Es kann daher gar nicht um eine Hypothese über die empirische, psychologische Verbindung zwischen dem Inneren und Äußeren gehen. Was Wittgenstein sagen will, ist, das Seelische und das Innere sind ebenso evident und zugänglich wie das Logische und Grammatische. In diesem Sinn heißt es im selben Zusammenhang:

„Wenn ich die Gesetze der Evidenz für das Seelische untersuche, so das *Wesen* des Seelischen." Ist das wahr?
Ja. Das *Wesen* ist nicht etwas, was aufgezeigt werden kann, es kann nur in seinen Zügen beschrieben werden. (LS 88)

b) Eine logische Verbindung

Diese Gesetze der Evidenz sind diejenigen des Sprachgebrauchs, es sind grammatische, nicht psychologische oder physikalische. Sie werden grammatisch charakterisiert und mit ihnen das Wesen des Seelischen. Eine dieser Charakterisierungen ist, daß das Innere und das Äußere logisch und nicht nur empirisch verbunden sind. Die empirische Verbindung ist hier keine Hypothese, sondern evident aufgrund der unterschiedlichen Tatsachen, etwa der mathematischen und der physikalischen. Die logische Verbindung läßt sich dagegen u. a. durch die unterschiedlichen Grade der Sicherheit oder Unsicherheit charakterisieren, die mit dem Seelischen verbunden sind. Das Seelische kann verborgen, verstellt oder entstellt werden. Es ist auch nicht-vorhersehbar, ebensowenig vorhersehbar wie die „unendliche Vielfältigkeit des Ausdrucks" (LS 90). Dies sind – in seinem Sinn – logische oder grammatische, aber nicht psychologische Charakterisierungen der Verbindung des Seelischen mit dem Äußeren. Diese Verbindung wäre psychologisch charakterisiert, wenn etwa die Unsicherheit über das Seelische durch eine äußere Evidenz, zum Beispiel eine behaviorale, beseitigt würde. Denn psychologisch betrachtet, hat das Innere, ganz asymmetrisch, nur äußere Evidenzen. Das Seelische hat „seinen Ausdruck im Körperlichen" (LS 93).

Logisch betrachtet, spielt diese Asymmetrie zwischen Innerem und Äußerem und der Vorrang des Äußeren aber keine Rolle. Denn im logischen und grammatischen Sinn ist das Verhältnis zwischen Innerem und Äußerem symmetrisch. Es herrscht ein wechselseitiges, antithetisches Entsprechungsverhältnis; und diesem gegenüber sind wir unsicher, wenn wir nicht wissen, ob sich jemand verstellt oder nicht. Deswegen läßt sich, wie Wittgenstein sagt, die Unsicherheit über Inneres nicht allgemein als Unsicherheit über Äußeres darstellen (LS 93). Schließlich ist die Unterscheidung zwischen Innerem und Äußerem selbst eine logische bzw. grammatische, und zwar in dem Sinn, in dem ich etwas *als* Seelisches oder *als* Körperliches einordne.

Das *Innere* setze ich voraus, insofern ich einen *Menschen* voraussetze. (LS 113)

Der Begriff des Seelischen ist mit dem des Menschen verbunden. Deswegen ordnen wir die Begriffe des Inneren und Äußeren einander so zu, wie wir es gewohnt sind. Auch dies ist ein logisches Verhältnis und kein psychologisches.

Es fällt auf, daß Wittgenstein in den *Letzten Schriften über die Philosophie der Psychologie (1949–1951)* ,logisch' an Stellen gebraucht, wo man ,grammatisch' erwartet. Er tut dies nicht nachweislich mit Absicht und greift sicher nicht auf die engere Bedeutung des Wortes im *Tractatus* zurück. Es geht ihm nicht um eine symbolisch-logische Analyse des Seelischen. Es soll keine unter der Wortsprache verborgene logische Form durch logische Symbole gezeigt werden. Diese Auffassung von logischer Analyse hat Wittgenstein endgültig verabschiedet. ,Logisch' bedeutet im Zusammenhang der Philosophie der Psychologie nichts anderes als ,grammatisch'. Warum gebraucht er das Wort aber anstelle von ,grammatisch'? Der Zusammenhang, in dem er ,logisch' benützt, zeigt, daß er damit den Sprachgebrauch meint, soweit er auf seelische Phänomene bezogen ist. Wir können sagen, ,logisch' bedeutet soviel wie ,die Grammatik des Inneren betreffend'.

In einer anderen Hinsicht liegt es aber doch nahe, von einem Rückgriff auf das Verständnis des Logischen im *Tractatus* zu sprechen. Das Seelische ist sowenig ein Gegenstand möglicher Darstellung wie das Logische. Nicht nur der *Tractatus* insistiert, daß über die Logik nichts gesagt werden kann. Wittgenstein bleibt auch später dabei, daß es keine Metalogik gibt, entsprechend auch keine Metamathematik. Als Beiwort des Seelischen macht ‚logisch‘ darauf aufmerksam, daß es um etwas geht, was nicht Gegenstand von Aussagen und Beschreibungen sein kann. Es gehört in die Domäne des Solipsisten. In Anlehnung an den *Tractatus* können wir sagen, das Seelische ist transzendental wie die Logik, die Ethik und die Ästhetik. Das ‚Seelische‘ ist ein gutes Klammerwort für diese Bereiche. In ihm ist alles unterzubringen, was nicht gesagt, bestätigt oder widerlegt werden kann. Gleichzeitig ist das Seelische ebenso gewiß wie das Logische, ebenso unbezweifelbar wie die Überzeugung des Solipsisten ‚nur was ich fühle, ist wirklich‘. Im Hinblick auf diesen größeren metaphysischen Zusammenhang, in dem die seelischen Phänomene stehen, ist Wittgensteins Verwendung von ‚logisch‘ durchaus nicht beiläufig. Sie zeigt die Kontinuität derjenigen philosophischen Grundüberzeugungen, die Teil seines Solipsismus sind.

X. Regelfolgen

1. Bedeutung und Regelfolgen

Die Klärung unseres Sprechens über das Seelische hat Folgen für das, was Wittgenstein unter ‚Bedeutung' versteht. Gedanken erfassen wir nur als sprachliche Ausdrücke von Gedanken, Schmerzen nur als Aussagen oder Sätze über Schmerzen. Bedeutung gibt es nur, sofern sie ausgedrückt ist; es kann sie nur geben, wenn sie ausdrückbar ist. Es gibt keine verborgene, unzugängliche oder nur mir oder einem oder mehreren anderen verständliche Bedeutung. Bedeutung ist nicht elitär, ist also nicht nur denen, die viel wissen und besonders intelligent sind, zugänglich. Was ausdrückbar ist, ist öffentlich, jedermann zugänglich, zumindest der Möglichkeit nach. Bedeutung ist also nichts Inneres, nichts Seelisches. Es ist gut, diese klare, mentalistische Vorstellungen kompromißlos ablehnende Einstellung zu kennen, bevor wir versuchen, das zu verstehen, was ‚Regelfolgen' heißt. Die Philosophie der Psychologie setzt die Rahmenbedingungen, in denen das Regelfolgen steht. Ich habe aus diesem Grund die Reihenfolge von Wittgensteins Überlegungen in den *Philosophischen Untersuchungen* geändert und die Philosophie der Psychologie vor das Regelfolgen gestellt.

a) Bedeutungen sind keine inneren Zustände

Es ist aus der Sicht der Philosophie der Psychologie leicht erkennbar, daß das, was ein sprachlicher Ausdruck, allgemein ein Zeichen bedeutet, nicht einem inneren Zustand entspricht. Weder seelische Zustände noch Prozesse bilden das Fundament der Bedeutungen. Bedeutung hat keine mentale Basis. Wir transportieren beim Sprechen und Schreiben nichts, was wir in einer geistigen Sprache bereits vorformuliert oder gefaßt haben, hinaus in eine Natursprache. Wittgenstein glaubt nicht, daß wir eine geistige Sprache haben, die wir quasi im Seelischen denken und die den festen, platonischen Kern von Bedeutung überhaupt bildet. Es ist aber durchaus nicht absurd, eine geistige Sprache anzunehmen, die jeder gesprochenen zugrundeliegt.[1] Viele sind heute und einige waren früher davon überzeugt.[2] Manche hielten die geistige Sprache für die angeborene. Vom staufischen Kaiser Friedrich II. wird zum Beispiel berichtet, er habe herausfinden wollen, welches die erste, angeborene Sprache von Kindern ist, was sie von sich aus sprechen, ob Hebräisch, Griechisch, Latein oder Arabisch.[3] Wittgenstein hätte ein solches Experiment nicht für sinnvoll gehalten. Eine Sprache jenseits oder vor der gesprochenen gibt es für ihn nicht. Sprache ist immer geäußerte oder äußerbare, sonst nichts. Entsprechendes gilt für Bedeutung.

Das Innere scheidet als Wurzel oder Basis von Bedeutung aus. Wenn Bedeutungen aber nicht aus dem Seelischen kommen, wird das Verstehen von Bedeutungen auch nicht im Inneren stattfinden. Das ist die Kehrseite dieser Medaille. Tatsächlich verbannt Wittgenstein auch das Verstehen aus dem Seelischen. Denken und Verstehen spielen sich für ihn sowenig im Inneren ab wie Empfindungen. So wie wir mit Zahlen und Symbolen auf Papier rechnen und dabei *mit* dem Bleistift denken, verstehen wir *mit* Wörtern und Sätzen. Jenseits der gehörten oder gelesenen, der hörbaren oder lesbaren Wörter und Sätze verstehen wir nichts. Auch beim Nachdenken gebrauchen wir sie, selbst wenn wir aktuell nichts aufschreiben oder nicht vor uns hin sprechen. Wir benutzen Wörter und Sätze beim Denken, Erinnern, bei Vorstellungen oder Phantasien. Nicht jeder, dem etwas am Begriff des Verstehens liegt, kann seiner Verbannung aus dem Seelischen oder Mentalen zustimmen. Einem Hermeneutiker etwa wäre dies unmöglich. Für ihn ist das Äußere der Sprache, das schriftlich Fixierte, ebenso fremd wie eine Fremdsprache.[4] Das Verstehen spielt sich zwar auch für den Hermeneutiker nicht allein im Seelischen oder Subjektiven ab, es hat auch eine objektive Seite. Dennoch ist es ein Prozeß, der auch das „Seelenleben" des Sprechers einschließt, der verstanden werden soll.[5] Beim Verstehen von Texten kommt noch die Wirkungsgeschichte hinzu, die zum Ganzen ihrer Bedeutung gehört. ‚Verstehen' ist in der hermeneutischen Tradition eine primär geistige Leistung, die von einer bestimmten Natursprache unabhängig ist. Der Hermeneutiker macht im übrigen die Reflexion auf das eigene Subjekt zu einem integralen Bestandteil des Verstehens. Ich verstehe danach das, was ich sage, nur dann, wenn ich mich und meine Geschichte in das Verstehen einbeziehe. Das sind zwei Gründe, die es dem Hermeneutiker unmöglich machen, Wittgenstein zuzustimmen. Das eigene Ich kann für das, was Wörter und Sätze bedeuten, keine besondere Bedeutung haben, entsprechend auch nicht die Reflexion auf das eigene Ich.

b) Verstehen wird nicht verursacht

Auch in der analytischen Tradition ist nicht ohne weiteres klar, daß mit der Bedeutung auch das Verstehen aus dem Seelischen verbannt sein muß. Wer Wittgenstein im einen Fall – daß Bedeutung nichts Mentales ist – zustimmt, muß ihm nicht im anderen – daß Verstehen nichts Mentales ist – folgen. Selbst wenn die Bedeutung von Wörtern und Sätzen keine mentalen Wurzeln hat, könnte das Verstehen dennoch mentaler Natur sein. Ein bescheidener Physikalist, der mit Wittgenstein den mentalen Charakter von Bedeutung ablehnt, könnte zum Beispiel gegen Wittgenstein glauben, daß das Verstehen eine mentale Basis hat. Seine Gründe sind leicht nachvollziehbar. Nehmen wir nur an, zwei Menschen seien physisch völlig identisch. Wenn es – wie der Physikalist glaubt – eine sogenannte Supervenienz[6], eine Abhängigkeit des Mentalen vom Physischen, gibt, dann können jene zwei Menschen unter identischen Voraussetzungen ihrer Umwelt nicht Verschiedenes denken. Ihre Gedanken können nicht unterschiedliche Bedeutungen haben. Die beiden können auch nicht unter denselben Sätzen, in identischen Zusammenhängen geäußert, Verschiedenes verstehen. Das Denken und Verstehen der beiden kann also, wie der Physikalist glaubt, unter identischen physischen Voraussetzungen nicht differieren. Genau dies will Wittgenstein aber nicht zulassen. Für ihn ist Verstehen als Auffassen und Erfassen von Bedeutungen nicht von den physischen Eigenschaften eines Menschen abhängig. Verstehen ist diesen Eigenschaften gegenüber nicht supervenient.[7] Außerdem ist Verstehen für Wittgenstein nicht erklärbar, weder mit psychischen noch mit physischen Ursachen oder Gesetzmäßigkeiten.

Bedeutung ist nach seinem Urteil kein Gegenstand wissenschaftlicher Erklärung. Es gibt entsprechend weder identifizierbare Ursachen des Verstehens noch der Bedeutungen von Wörtern und Sätzen. Wir produzieren beim Sprechen und Verstehen also nicht auf physischer Basis mit mentalen Ursachen Akte des Regelfolgens. Er würde wohl nicht bestreiten, daß wir Menschen eine ähnliche physische und psychische Ausstattung haben. Sie hat nur nichts inhaltlich mit Bedeutung und Regelfolgen zu tun. Dies ist Wittgensteins antiphysikalistische Überzeugung, die eine antipsychologistische Kehrseite hat.

c) Regelfolgen ist eine Technik

Wir kennen damit schon zwei wichtige Merkmale seiner Auffassung von Bedeutung und Regelfolgen. Sie sind beide negativ. Er ist gegen eine psychische und gegen eine physische Basis von Bedeutung und Verstehen. Seine Auffassung ist also antipsychologistisch und antiphysikalistisch. Zu diesen unschönen Antiwörtern kommen noch zwei weitere negative hinzu. Wittgenstein lehnt eine empirische Basis von Bedeutung und Verstehen ebenso ab wie eine intellektuelle. Dies bedeutet, er glaubt nicht, daß die Bedeutung von Zeichen, von Wörtern und Sätzen empirisch bestimmt ist. Und er glaubt nicht, daß wir beim Regelfolgen Entscheidungen darüber treffen, welcher Regel wir folgen und wie wir ihr folgen. Wir folgen Regeln ohne Gründe, ohne Nachdenken, ohne Reflexion, spontan. Es gibt deswegen auch keine Rechtfertigung dafür, daß wir einer bestimmten Regel und nicht einer anderen folgten. Regelfolgen ist eine Praxis, eine Gepflogenheit, eine Technik, die wir eingetrichtert bekommen. Dies ist das einzige positive Merkmal, das Wittgenstein uns für das Verständnis von ‚Bedeutung‘, ‚Verstehen‘ und ‚Regelfolgen‘ anbietet. Wir werden dieses Merkmal natürlich noch genauer betrachten.[8] Es scheint einfacher und unproblematischer zu sein, als es tatsächlich ist. Wir tun dies am besten, indem wir uns ansehen, wie das Regelfolgen in den *Philosophischen Untersuchungen* erläutert wird. Es gibt drei miteinander verbundene Überlegungen zum Regelfolgen, die aber nicht miteinander verwechselt werden sollten. Die eine dreht sich um die Frage, wie und unter welchen Voraussetzungen wir Regeln folgen (§§ 197–202). Die zweite erläutert die begrifflichen Merkmale und Aspekte des Regelfolgens (§§ 203–242). Bei der dritten schließlich handelt es sich um das sogenannte Privatsprachenargument. Die drei gehen ineinander über und stützen sich gegenseitig.

Die Voraussetzungen, unter denen wir Regeln folgen, entsprechen dem, was die Philosophie der Psychologie uns sagt. Regelfolgen ist – wie Bedeutung allgemein – keine innere Angelegenheit. Sie gehört nicht zur Domäne des Seelischen. Wenn wir dies bedenken, verstehen wir die Fragen, die Wittgenstein stellt. Im Paragraphen 199 der *Philosophischen Untersuchungen* fragt er:

Ist, was wir „einer Regel folgen" nennen, etwas, was nur *ein* Mensch, nur *einmal* im Leben, tun könnte? –
. . .
Es kann nicht ein einziges Mal nur ein Mensch einer Regel gefolgt sein. Es kann nicht ein einziges Mal nur eine Mitteilung gemacht, ein Befehl gegeben, oder verstanden worden sein, etc. . . .

Was diese Passage sagt, scheint klar zu sein. Es lohnt sich aber, wenn wir uns nochmals kurz an die Überlegungen zur Philosophie der Psychologie erinnern. Wir finden die Bedingungen des Verstehens, des Umgangs mit den Regeln einer Sprache und ihrer Techniken, nicht in dem unzugänglichen privaten Innenraum eines einzelnen Menschen. Im verborgenen Innenraum ist alles möglich, auch einmalige Ereignisse. Vielleicht habe ich ein Gefühl nur ein einziges Mal gehabt. Genau kann ich es nicht sagen. Möglich ist es aber. Genaueres kann ich nicht wissen, weil auch die inneren Ereignisse, die ich mir selbst zuschreibe, anfällig für Irrtümer sind. Wittgenstein lehnt Descartes' Glauben an die Gewißheit der Selbstzuschreibungen geistiger Ereignisse ab. Wir wissen aus Wittgensteins Philosophie der Psychologie, daß private Ereignisse wie einmalige Gedanken oder Empfindungen zwar möglich sind, aber nichts mit Bedeutung und Regelfolgen zu tun haben können. Schon unsere Zahnschmerzen verstehen wir nicht als einmalige Ereignisse in einem für Dritte prinzipiell verborgenen privaten Inneren. Nichts, was Bedeutung hat, ist in einem Innenraum verborgen. Deshalb kann Regelfolgen nichts sein, was nur einmal bei, durch oder in einem Menschen geschieht.

d) Regelfolgen ist nicht nur einmal möglich

Was Wittgenstein in dem zitierten Paragraphen sagt, scheint klarer, als es ist. Die Frage ist, was genau beim Regelfolgen nicht nur einmal geht. Wir haben zumindest zwischen diesen Lesarten die Wahl: (a) Regelfolgen ist kein einmaliges Ereignis; (b) nur ein Mensch allein kann keiner Regel folgen; (c) kein Mensch kann nur ein einziges Mal einer Regel folgen; (d) ein einzelner Mensch kann nicht nur ein einziges Mal einer bestimmten Regel gefolgt sein. Die erste Lesart ist liberal und flexibel. Regelfolgen findet zumindest potentiell häufiger als nur einmal statt. Dies ist unstrittig. Die zweite Lesart ist wohl mehrfach falsch. Warum soll nicht nur ein einzelner Mensch allein einer Regel folgen können? Wenn er es gelernt hat, kann er es auch allein. So gesehen ist (b), wörtlich genommen, falsch. Aber auch dann, wenn es nur einen einzigen Menschen auf der Welt gäbe, wäre es nicht ausgeschlossen, daß er – wie Robinson Crusoe – Regeln folgt. Natürlich nehmen wir dies nur indirekt an, abgeleitet von der Vorstellung, daß es viele Menschen gibt, die Regeln folgen. Die dritte Lesart ist wieder richtig; wenn jemand gelernt hat, einer Regel zu folgen, kann er es, und das heißt, er hat es geübt und damit öfter als einmal getan, eben so lange, bis er es konnte. Die vierte Lesart muß nicht unbedingt richtig sein; wenn jemand gelernt hat, Regeln zu folgen, ist es denkbar, daß er mehr oder weniger zufällig einer bestimmten Regel tatsächlich nur ein einziges Mal in seinem Leben gefolgt ist.[9] Wir können aber nicht sagen, daß er *dieser* Regel folgen *kann*. Er hat nur die allgemeine Kompetenz, Regeln zu folgen. Die aktuelle Befolgung einer bestimmten Regel, also die Performanz, sagt nichts aus über die Kompetenz, weder positiv noch negativ. Die allgemeine Fähigkeit, Regeln zu folgen, ist nicht davon abhängig, ob bestimmte Regeln tatsächlich befolgt wurden oder nicht.

Wir können also die vernünftigen Lesarten des § 199 festhalten: Regelfolgen ist kein einmaliges Ereignis, und kein Mensch kann nur ein einziges Mal einer Regel folgen. Wir dürfen bei diesen Lesarten nicht vergessen, daß ihre entscheidende Voraussetzung ist, daß ein einzelner Mensch schon deswegen nichts, was eine Bedeutung hat, im strengen Sinn allein nur für sich und nur einmal tun kann, weil Bedeutung keine Basis im Seelischen hat. Diese Voraussetzung macht es erst möglich, eine klare Trennlinie zu ziehen zwischen dem möglichen und dem unmöglichen einmaligen Regelfolgen. Im Rahmen der Kompetenz des Regelfolgens, also der allgemeinen Fähigkeit und der Beherrschung der Technik, ist jede Einmaligkeit denkbar. Eine einmalige Performanz ohne diese Kompetenz ist aber genau dann undenkbar, wenn es keine mentalen Akte gibt, die Bedeutung haben. Die Einmaligkeit des Regelfolgens ist also dann ausgeschlossen, wenn es keine mentale Wurzel oder Basis des Regelfolgens gibt. Die Tatsache, daß es keine mentale Wurzel des Regelfolgens gibt, bedeutet, daß Regelfolgen – wie Wittgenstein dann selbst sagt (PhU § 202) – nichts Privates sein kann.

Vor diesem Hintergrund lesen wir dann die weiteren Sätze mit anderen Augen. Wittgenstein sagt im selben § 199, daß wir einen Satz nicht verstehen, wenn wir nicht eine Sprache verstehen. Das heißt, es ist nicht möglich, irgendetwas ganz allein und nur für sich zu verstehen, weil jeder für sich in seinem eigenen Inneren eben nicht die Bedingungen hat, überhaupt etwas zu verstehen. Jedes Verstehen setzt eine Sprache voraus, und keiner hat nur für sich eine Sprache. Der Grund dafür ist nicht, daß Wörter nur im Kontext von Sätzen und Sätze nur im Kontext einer Sprache Bedeutung haben. Das Kontextprinzip ist an dieser Stelle nicht vorausgesetzt, sondern folgt aus der Unmöglichkeit mentaler Bedeutungen. Entscheidend ist, daß keiner nur für sich Bedeutungen hat, und deswegen kann auch niemand für sich allein – auf eigener mentaler Basis – eine Sprache haben. Wenn aber niemand eine Sprache für sich haben kann, ist das Verstehen eines Satzes in besonderem Maße vom Verstehen einer Sprache abhängig.

e) Das Privatsprachenargument

Nachdem Wittgenstein dann die Gepflogenheit des Regelfolgens, die Praxis und Technik erläutert hat – sie gipfelt in der Übereinstimmung in der Lebensform und in den Urteilen (PhU §§ 241, 242) –, kann er das Privatsprachenargument vorstellen (§ 243). Dieses Argument entwickelt er ganz im Rahmen seiner Philosophie der Psychologie. Das Ergebnis seiner Überlegungen ist: Selbst die Vorstellung einer privaten Sprache kann ich nur entwickeln, weil ich eine Sprache gelernt habe, weil ich weiß und weil ich eingetrichtert bekam, wie ich den Regeln der Sprache folgen kann (vgl. §§ 243, 256, 259, 261, 269, 275). Eine private Sprache, Bedeutungen, die nur mir zugänglich sind, ist selbst als Gedankenexperiment parasitär gegenüber der öffentlichen Sprache, die jeder gelernt haben muß, um überhaupt etwas zu verstehen.

Wir haben noch kein klares Bild von der Praxis des Regelfolgens. Vielerlei Interpretationen verwirren dieses Bild zusätzlich. Kehren wir daher zurück zu den Paragraphen, in denen diese Praxis erläutert wird. Im § 202 beschreibt Wittgenstein das Regelfolgen erneut so, wie es seine Philosophie der Psychologie von ihm verlangt:

Und der Regel zu folgen *glauben* ist nicht: der Regel folgen. Und darum kann man nicht der Regel ,privatim‘ folgen, weil sonst der Regel zu folgen glauben dasselbe wäre, wie der Regel folgen.

Regeln lernen wir im Gebrauch, nicht durch andere Regeln. Sie entsprechen Gepflogenheiten. Im § 202 stecken zwei eng verwobene Gedanken. Es geht einmal um die Bedeutung und dann um die Korrektheit des Regelfolgens. Die Bedeutung des Regelfolgens ist – wie wir später sehen – sein Vollzug, seine Praxis. Sie ist weder ein Satzgehalt noch ein propositionaler Gehalt. Etwas ausführlicher: Einer Regel zu folgen hat nicht die Bedeutung eines Satzes, der die Regel beschreibt. Die Bedeutung des Regelfolgens ist aber auch nicht Inhalt eines Glaubens oder Fürwahrhaltens. Dies ist der eine Gedanke. Die Korrektheit des Regelfolgens wird nicht durch mentale Bedingungen festgelegt. Dies ist der zweite. Es ist offensichtlich, daß beide Gedanken eng miteinander verknüpft sind. Wir können zwischen dem Regelfolgen und dem Regelfolgen-Glauben klar unterscheiden, wenn wir das bloße Glauben an ein Regelfolgen, dieses mentale Ereignis, als Quelle und Basis des Regelfolgens ausschließen. Das Kriterium hierfür ist, daß innere Zustände und Ereignisse nicht Träger von Bedeutungen sein können. Das Problem, das Wittgenstein im eben zitierten Passus anspricht, taucht im unmittelbar vorausgehenden Paragraphen auf und sorgt für vielerlei mißverständliche Deutungen:

201. Unser Paradox war dies: eine Regel könnte keine Handlungsweise bestimmen, da jede Handlungsweise mit der Regel in Übereinstimmung zu bringen sei. Die Antwort war: Ist jede mit der Regel in Übereinstimmung zu bringen, dann auch zum Widerspruch. Daher gäbe es hier weder Übereinstimmung noch Widerspruch.

Dies sei aber ein Mißverständnis, argumentiert Wittgenstein, weil wir in einem solchen Gedankengang, der auf eine beliebige Praxis des Regelfolgens hinausliefe, einen entscheidenden Fehler machen. Es werde „Deutung hinter Deutung" gesetzt. Dies ist aber nur möglich, wenn die Regel selbst von ihrer Befolgung getrennt und in das Innere, in den Raum des Mentalen verlegt wird. Jede Person hat dann in sich Regeln, die sie nach ihren eigenen Maßstäben befolgt. Bei der Befolgung wird dann inneres Ereignis hinter inneres Ereignis, Deutung hinter Deutung gesetzt. Der Eindruck der Beliebigkeit wird – nach Wittgenstein – also selbst erzeugt, weil wir hinter jede Auslegung eines inneren Aktes des Regelfolgens die gleiche Auslegung eines anderen inneren Aktes setzen können. Niemand und nichts hindert uns daran, wenn wir das Regelfolgen erst einmal zu einer inneren Angelegenheit gemacht haben. Jedes Regelfolgen kann mit beliebig vielen verschiedenen inneren Akten oder Deutungen von Regeln verbunden werden. Wenn wir dies zulassen, können wir auch nicht verhindern, daß beliebig viele unterschiedliche innere Akte als Ursachen bestimmter Regelbefolgungen gedeutet werden. Hinter jeder Deutung liegt dann potentiell noch eine weitere, tiefere, wahrere.

Wittgenstein argumentiert nun, daß wir mit diesem selbsterzeugten Fehler zeigen, „daß es eine Auffassung einer Regel gibt, die nicht eine Deutung ist" (PhU § 201). Selbst die falsche Auffassung des Regelfolgens als innerlich erzeugter, beliebig interpretierbarer Akte läuft auf einen richtigen Punkt zu. Denn am Ende aller Deutungen soll ja die wahre und einzig richtige stehen, die nicht mehr nur deutet, sondern der Wirklichkeit entspricht, sonst wäre der ganze Rattenschwanz an Deutungen von Anfang an sinnlos. Am Ende aller Deutungen fällt die Regel also mit ihrer Befolgung selbst zusammen. Das scheinbare Paradox löst sich auf. Der Bruch zwischen Deutung und Realität wird aufgehoben. Es ist, als würde der Unsinn der inneren Deutungsakte durch den eigenen Unsinn schließlich geläutert. Selbst über den unsinnigen Umweg zeigt sich, daß Regelfolgen kein Deuten einer Regel, sondern eine Praxis, ein Tun, und keine Abfolge innerer Ereignisse ist. Das Wort ‚Deuten' sollten wir – nach Wittgensteins Empfehlung – reservieren für etwas ganz Bestimmtes, nämlich für das Ersetzen eines Ausdrucks der Regel durch einen anderen (a. a. O.).

Daß Regelfolgen eine Praxis ist, bedeutet, es gibt nicht auf der einen Seite eine Menge von Regeln und auf der anderen eine Menge von Regelbefolgungen, sondern jeder Satz, jede Äußerung ist entweder eine Regelbefolgung oder nur scheinbar eine. Kurz und knapp gesagt, daß Regelfolgen eine Praxis ist, heißt, es gibt kein Paradox des Regelfolgens. Das Kriterium des Unterschieds zwischen Regelfolgen und scheinbarem Regelfolgen ist der öffentliche Gebrauch des Satzes oder der Äußerung und nicht dessen private Deutung. Zwischen Gebrauch und Regel, zwischen Regel und Regelbefolgung oder scheinbarer Befolgung gibt es keine weitere Instanz, die zur Sicherheit dazwischen geschaltet wäre. Wir benötigen keine zusätzliche Instanz, weil es eine interne, grammatische Beziehung zwischen einer Regel und ihrer korrekten Anwendung gibt. Die Bedeutung einer Regel, kürzer, eine Regel zu verstehen, besagt, zu wissen, wie sie richtig angewandt wird. Regelverstehen und korrekter Regelgebrauch sind nicht trennbar. Zwischen Regel und Regelanwendung gibt es keine Lücke.

f) Kripkes skeptisches Paradox

Saul Kripke hat den ersten Satz des § 201, das Paradox des Regelfolgens, ernst und isoliert genommen und daraus ein eigenes Problem gemacht.[10] Das Paradox, von dem Wittgenstein spricht, deutet Kripke als zentrales Problem der *Philosophischen Untersuchungen*. Wenn jede Handlungsweise, wie es im § 201 heißt, mit einer Regel in Übereinstimmung oder Nicht-Übereinstimmung zu bringen ist, frägt es sich, wie wir überhaupt einer Regel folgen können. Kripke überlegt, was dafür sprechen könnte, daß wir einer Regel in einer bestimmten Weise tatsächlich und nicht nur scheinbar folgen. Er diskutiert dies an einem einfachen mathematischen Beispiel, am Gebrauch des Pluszeichens. Ich gehe ausführlich auf Kripkes Argumente ein, und zwar nicht, weil seine Überlegungen Wittgenstein richtig interpretieren,[11] sondern weil sie auf eigenständige Weise ein interessantes Problem des Regelfolgens beleuchten. Auf Wittgenstein lassen sich Kripkes Überlegungen, dies sei vorausgeschickt, nicht anwenden. Kripke erhebt auch nicht den Anspruch, Wittgenstein richtig zu deuten. Er geht nicht auf den ganzen Wortlaut des § 201 ein, geschweige denn auf die *Philosophischen Untersuchungen* insgesamt.[12]

Dies sind Kripkes Überlegungen: Das Pluszeichen bezeichnet die mathematische Funktion der Addition. Aufgrund des Symbols ‚+‘ und der Vorstellung, die ich mit dem Symbol verbinde, erfasse ich die Regel der Addition. Wichtig ist dabei, daß diese Regel mein Additionsverhalten für eine unbegrenzte Zahl weiterer Additionen festlegt, obwohl ich in der Vergangenheit nur eine begrenzte Zahl von Additionen durchgeführt habe. Beim Addieren erfasse ich eine Regel. Mein früheres Erfassen der Regel müßte also ein eindeutiges Verhalten für eine unbegrenzte Zahl von Additionen festlegen. ‚68 + 57‘ sei eine Addition, die ich noch nie durchgeführt habe; ihr Ergebnis ist 125. Es kann aber sein, daß ich früher die Plus-Funktion anders verwendet habe, vielleicht so, daß das Ergebnis von 68 ‚+‘ 75 lediglich 5 war. Kripke nennt diese Funktion ‚Quus-Funktion‘. Wenn ich nun aber dieselbe Funktion wie früher schon verwenden soll, woher weiß ich, welche es war? Woher weiß ich, wenn ich das Zeichen ‚+‘ verwende, wie ich addieren soll? Möglicherweise interpretiere ich meinen früheren Gebrauch von ‚+‘ falsch; dann hätte ich früher statt der Plus- die Quus-Funktion gebraucht.

Kripke nimmt zwei der negativen Bedingungen des Regelgebrauchs auf, die wir von Wittgenstein kennen: daß Bedeutungen keine mentale und daß sie keine faktische, empirische Basis haben. Er will uns mit seinem Beispiel dazu veranlassen, die Erinnerung an frühere Regelverwendungen weder im mentalen noch im empirischen Sinn als gesichert zu betrachten. Wenn es aber eine Unsicherheit gibt, wie ich eine Regel früher gebraucht habe, müssen wir uns – so Kripke – fragen, ob es Kriterien für eine Entscheidung über den früheren Regelgebrauch gibt. Kripke zeigt mit seinem Beispiel, daß es weder logisch noch a priori unmöglich ist, daß ich früher statt der Plus- die Quus-Funktion verwendet habe (Kripke 9). Deswegen muß ich, meint Kripke, erstens eine Tatsache anführen, die eindeutig zeigt, daß ich früher die Plus- und nicht die Quus-Funktion gebraucht habe. Aus dieser Tatsache muß, zweitens, hervorgehen, daß 125 das richtige Ergebnis der obigen Addition ist. Leider gibt es aber, wie sich bei näherer Betrachtung herausstellt, keine Tatsache, die den Unterschied zwischen meinem Plus-Meinen und meinem Gar-nichts-Meinen klarmachen könnte. Deswegen ist es nicht ausgeschlossen, daß ich die Quus-Funktion gebrauchte (Kripke 21).

Es ist für das Verständnis des Regelfolgens interessant, Kripkes Gründe für diese skeptische Annahme im einzelnen zu kennen. Worin könnte eine Tatsache bestehen, die den Unterschied deutlich machen würde zwischen dem Regelfolgen und dem Regelfolgen-Meinen, also zwischen dem Gebrauch der Plus- und dem der Quus-Funktion? Kripke untersucht drei Optionen: Die Tatsache könnte eine Disposition, eine innere Empfindung (ein Quale) oder eine platonistische Tatsache des Denkens im Sinn Freges sein.

Regelfolgen kann, so argumentiert Kripke, keine Disposition sein. Dispositional wäre das Regelfolgen, wenn wir in einer bestimmten Situation, in der wir zum Beispiel 68 und 57 addieren sollen, in einer bestimmten Weise reagieren. Wir könnten ‚125‘ ausrechnen, aber auch ‚5‘. Die Disposition zum einen oder anderen rechtfertigt meinen Regelgebrauch nicht. Kripkes Punkt ist, daß ein dispositionales Verständnis des Regelfolgens das skeptische Problem umgeht, aber nicht klärt (Kripke 22). Eine Disposition ist keine Tatsache, die ein bestimmtes Regelfolgen rechtfertigen könnte. Ich will wissen, wie ich in jeder neuen, künftigen Situation einer Regel richtig folgen sollte. Das dispositionale Verständnis des Regelfolgens unterscheidet nicht, wie Kripke klarsichtig feststellt, zwischen Ausführung und Richtigkeit, sondern setzt beides einfach gleich (Kripke 22).

Die gesuchte Tatsache, die mir sagt, wie ich künftig einer Regel richtig folgen soll, ist aber auch keine innere Empfindung. Sie ist kein Quale, also nichts von einer Art Empfindung, für die ich keinen Begriff oder Namen habe, von der ich aber aufgrund unmittelbarer Wahrnehmung weiß, daß ich sie habe (Kripke 40 ff.). Introspektion gibt mir keine Klarheit über das Regelfolgen; denn ein innerer Zustand, die direkte Wahrnehmung von etwas, ist ein begrenztes Objekt; es sagt nichts über sich selbst aus; ein Quale kann sich nicht selbst interpretieren. Deswegen kann ich durch das Bewußtsein einer gerade anhaltenden Empfindung auch nicht wissen, wie ich einer Regel richtig folge.

Schließlich scheidet auch Freges Platonismus als Lösung aus (Kripke 53 f.). Nach Frege sind mathematische oder logische Gegenstände nicht mentaler Natur, sondern objektiv. Die Additionsfunktion kann danach keine Tatsache im Kopf eines einzelnen Menschen sein. Sie existiert vielmehr unabhängig von Individuen. Es kommt für die Richtigkeit einer Addition also nicht darauf an, wie eine Person die Regel versteht. Es gibt ein objektives Kriterium des Regelfolgens. Trotzdem verschwinde, wie Kripke meint, das skeptische Problem nicht. Es tauche wieder bei der Frage auf, wie in meinem Denken die Existenz einer geistigen Entität das Verstehen eines bestimmten Sinns, etwa des Additionszeichens, konstituieren könne (Kripke 54). Kripke fährt fort, für Wittgenstein umgehe der Platonismus auf wenig hilfreiche Weise das Problem, wie wir mit unserem endlichen Denken Regeln geben können, die auf unendlich viele Fälle anwendbar sein sollen.

Gegen diese Überlegungen Kripkes ist nichts einzuwenden. Die Frage ist nur, wofür oder wogegen sie sprechen. Kripke will zeigen, daß Wittgenstein eine Art Skeptizismus erfunden und neu eingeführt habe, die radikaler und origineller sei als alle früheren Versionen (Kripke 60). Er will nicht behaupten, daß Wittgenstein selbst diesen Skeptizismus vertreten hat. Das skeptische Problem, das Wittgenstein nach Kripkes Ansicht entdeckt hat, ist, daß keine wie immer geartete Tatsache, kein geistiger Zustand, keine Disposition, keine innere Wahrnehmung und keine platonische Entität den Unterschied zwischen Regelfolgen und Regelfolgen-Meinen klarmachen kann. Kripke meint, an dieser Lage lasse sich nichts ändern; das Paradox des Regelfolgens bleibe bestehen. Es sei – mit Wittgenstein – nur eine skeptische Lösung des skeptischen Problems denkbar. Diese Lösung sehe so aus, daß die normale soziale Praxis des Regelfolgens keine Rechtfertigung benötige (Kripke 66). Kripke sieht die Lösung seiner Paradoxie im sozialen Charakter des Regelfolgens. Dies ist nach seinem Urteil die Botschaft des von Wittgenstein erfundenen Skeptizismus: Wir sollen uns an die sozialen Bedingungen des Sprachgebrauchs, an die Gepflogenheiten halten, also daran, wie Sprachspiele von einer Gemeinschaft von Menschen gespielt werden. Wenn wir den sozialen Charakter der Regeln eingesehen haben, verstehen wir, weshalb niemand privat einer Regel folgen kann. Denn es hat keinen Sinn, von einem Individuum zu sprechen, das für sich allein irgendetwas meint. Die Unmöglichkeit des privaten Regelfolgens kann also nicht durch objektiv gültige Bedingungen des Regelfolgens nachgewiesen werden. In Summe: Es gibt weder eine a-priori-Analyse des Regelfolgens, noch notwendige und hinreichende Bedingungen des richtigen Regelfolgens, auch keine Wahrheitsbedingungen und keine Rechtfertigung des richtigen Regelgebrauchs (Kripke 87). Die skeptische Lösung des skeptischen Problems besteht, nach Kripke, darin, daß wir uns aufgrund dreier Bedingungen auf den Sprachgebrauch verlassen können. Wir haben, einmal, die bloße Übereinstimmung mit den Regeln, die Wittgenstein betont (PhU §§ 219, 231, 238), dann die Lebensformen und schließlich die Kriterien des Sprachgebrauchs, die die Grammatik uns an die Hand gibt (Kripke 96–98). Was ist *skeptisch* an dieser Lösung? Skeptisch ist die Lösung, weil sie von der Unhaltbarkeit allgemeiner rechtfertigender Bedingungen richtigen Regelfolgens ausgeht. Kripke kompensiert diesen Mangel nicht. Er verändert auch nicht die von Hume inspirierte Perspektive seiner Fragestellung. Er bleibt der Individualperspektive treu. Es geht ihm allein um die Frage, wie jeder einzelne Fall eines Regelfolgens korrekt oder nicht korrekt sein kann. Eine allgemeine, a priori gültige Klärung dieser Frage hält er für unmöglich. Dennoch können wir uns auf die sozialen Bedingungen des Sprachgebrauchs verlassen.

Kripkes Überlegungen sind interessant, weil sie zeigen, daß die Blindheit, mit der wir, nach Wittgensteins Ansicht (PhU § 219), Regeln folgen, keiner Disposition und keiner Verhaltenstatsache entspricht. Wittgenstein ist in der Tat kein Behaviorist. Die Abrichtung[13] zu einem bestimmten Regelgebrauch schafft keine mentale Tatsache, an der sich jeder künftige Regelgebrauch als Maßstab orientieren könnte. Dies ist ganz im Wittgenstein'schen Geist der Autonomie der Grammatik. Dies ist aber – was das blinde Regelfolgen angeht – nur die Hälfte der Geschichte und nicht einmal die wichtigere Hälfte. Denn mit Kripkes Überlegungen bleibt es im Dunkeln, was es für einen einzelnen Menschen heißt, einer Regel blind zu folgen. Die Spontaneität, das Unreflektierte des Regelfolgens, ihre Unabhängigkeit von Deutungen muß für Kripke angesichts des Vorrangs der sozialen Rolle von Regeln nur eine nichtssagende Phrase bleiben.

Mit Wittgenstein stimmt Kripke in den zwei schon erwähnten wichtigen Punkten überein: daß es weder mentale noch empirische Tatsachen gibt, die dem Regelfolgen zugrundeliegen. Auch die positive These Wittgensteins, daß das Regelfolgen eine Praxis ist, teilt Kripke. Völlig unhaltbar wäre aber, wenn Kripke behaupten würde, daß Wittgenstein ein Skeptiker ist. Er tut es nicht. Zu einem solchen Fehlurteil könnte man nur kommen, wenn man Wittgensteins Philosophie der Psychologie in ihrer Bedeutung für die Analyse des Regelfolgens gänzlich ignorierte. Tatsächlich hat Kripke die Philosophie der Psychologie nicht berücksichtigt. Hätte er es getan, wäre ihm klar gewesen, daß Wittgenstein gar keine Probleme aus der fehlenden mentalen Basis des Regelfolgens erwachsen können. Wenn Wittgenstein eine Verankerung von Bedeutung und Regelfolgen im Seelischen fordern würde, um das scheinbare vom tatsächlichen Regelfolgen unterscheiden zu können, hätte Kripke recht. Das Gegenteil ist aber richtig. Weil es nach Wittgensteins Urteil keine innere, mentale Basis des Regelfolgens geben kann, muß er auch kein skeptisches Paradox erfinden. Natürlich stellt sich die Lage anders dar, wenn wir auf die Einsichten der Philosophie der Psychologie verzichten und nur davon ausgehen, was Wittgenstein zum internen Verhältnis zwischen Regel und Anwendung sagt. Dieses Verhältnis kann für sich genommen, so wie Kripke dies versucht, behavioral, dispositional, mit Hilfe innerer Empfindungen oder platonistisch erklärt werden.

Kripke ist es nicht unbekannt, daß Wittgenstein den „philosophischen Zweifel" für unvernünftig hält (ÜG §§ 219, 259). Als Skeptiker à la Kripke könnte Wittgenstein dennoch kein absolutes Vertrauen in seine eigene Analyse des Regelfolgens haben (PhU §§ 199, 201, 202). In diesen Paragraphen erläutert er, warum es keine Paradoxie des Regelfolgens geben kann. Alle Prämissen einer solchen Paradoxie sind unhaltbar. Deswegen können wir keinen begründeten Zweifel haben, ob wir nur vermeintlich oder tatsächlich einer Regel folgen. Dieses Problem erledigt sich durch das Regelfolgen von selbst. Und daß ich keine Gründe habe, einer Regel in einer bestimmten Weise und nicht in einer anderen zu folgen, schadet nicht. Selbst wenn ich Gründe hätte, einer Regel in einer bestimmten Weise zu folgen, würden mir die Gründe dafür, wie ich etwa eine Reihe fortzusetzen habe, irgendwann ausgehen. Dann würde ich ganz unbeschadet einfach „ohne Gründe" handeln (PhU § 211). Ich kann in einer solchen Situation sogar „in völliger Sicherheit handeln, und das Fehlen der Gründe stört mich nicht"(PhU § 212). Vielleicht hat Kripke für Wittgensteins völligen Verzicht auf rechtfertigende Gründe jenseits des Regelfolgens selbst kein wirkliches Verständnis.

2. Spontanes Regelfolgen und Gewißheit

Das Regelfolgen hat kein theoretisch fixierbares Fundament. Dies lernen wir nicht zuerst, aber auch aus Kripkes Untersuchung. Wir sehen die Folgen von Wittgensteins anti-fundamentalistischer Einstellung in der zweiten Phase seines Denkens, die er selbst immer wieder betont. Da wir aber auch dann, wenn wir eine theoretische Fundierung ablehnen, Theorie treiben, kann der Hinweis auf eine skeptische Grundhaltung oder den Anti-Fundamentalismus nicht wirklich befriedigen.

Da wir Theorie treiben, benötigen wir ein Konzept, einen Begriff des Regelfolgens, und zwar in dem Sinn, in dem Wittgenstein von Begriffen spricht; sie dienen, sagt er, „zum Begreifen" und „entsprechen einer bestimmten Behandlung der Sachlagen" (BGM VII, § 67, 431). Wenn wir eine Regel lernen, machen wir uns einen Begriff davon, wie sie gebraucht wird, wie wir eine bestimmte Sachlage behandeln. Wir machen uns dabei einen positiven Begriff des Regelgebrauchs. Der Skeptiker behauptet, einen solchen Begriff gebe es nicht; das mag auch ein Konzept sein, aber ein unbefriedigendes. Was nicht befriedigt, sind die bloß negativen Auskünfte, die der Skeptiker über das Regelfolgen gibt. Verantwortlich für das Regelfolgen sei keine

Disposition, kein mentaler Zustand, keine innere Empfindung, kein platonisches Objekt. Der Skeptiker weiß, daß der soziale Konsens darüber, wie eine Regel befolgt wird, den Zweifel nicht außer Kraft setzt, weil er diese Praxis ja gerade für paradox hält. Er glaubt aus diesem Grund, daß ein Begriff des Regelfolgens unmöglich ist. Eine Praxis ist selbst in der Tat kein Begriff. Sie enthält höchstens einen Begriff, oder sie kann uns einen Begriff geben; und wenn wir ihn haben, können wir sagen ‚So ist es richtig‘ oder ‚So wird es gemacht‘. Dann haben wir uns einen Begriff von einer Regel gemacht. Wir haben aber immer noch keinen Begriff von dem, was wir beim Lernen der Regel und beim Regelfolgen machen.

a) Merkmale spontanen Regelfolgens

Wittgenstein gibt uns keinen Begriff des Regelfolgens, der über das ‚So ist es richtig‘ oder ‚So wird es gemacht‘ hinausgeht. Wir finden aber eine Reihe von Hinweisen, nach denen wir uns einen Begriff des Regelfolgens bilden können. Es sind Hinweise, die genauer sagen, was Wittgenstein über die Praxis des Regelfolgens, das Regelfolgen als Befolgen eines Befehls, das blinde Regelfolgen (PhU § 219) denkt.

Der Begriff des Regelfolgens, an den ich denke, ist die Spontaneität. Dieser Begriff eignet sich deswegen gut, weil er wesentliche Aspekte des Regelfolgens bündelt. Spontan ist das Regelfolgen einmal, weil wir jedesmal neu einer Regel folgen; wir wiederholen nicht einfach etwas, was wir schon einmal gemacht haben. Wittgenstein sagt dies selbst:

Das Neue (Spontane, ‚Spezifische‘) ist ein Sprachspiel.[14]

Spontan folgen wir einer Regel immer, weil wir ihr folgen können, ohne davor schon einmal dasselbe getan zu haben. Genauer gesagt, der Akt des Regelfolgens vom Typ R setzt nicht voraus, daß ich zu einem früheren Zeitpunkt einen Akt vom Typ R vollzogen habe oder irgendeinen anderen Akt, der den Vollzug von R voraussetzt. Die Praxis des Regelfolgens ist deswegen nicht von einem infiniten Regreß bedroht. Wenn ich nämlich immer schon einen Akt vom Typ R verrichtet haben müßte, um ihn überhaupt vollziehen zu können, könnte ich ihn nie vollziehen. Denn der Vorgänger würde einen Vorvorgänger und dieser einen Vorvorvorgänger etc. in infinitum benötigen. Daß wir einer Regel spontan folgen, heißt also nur, wir können es, ohne einen Regreß zu riskieren. Diese Bestimmung reicht allerdings nicht. Es gibt mindestens drei Merkmale spontanen Regelfolgens. Sie beleuchten unterschiedliche Weisen, in denen wir Regeln spontan folgen. Die Merkmale können in unterschiedlicher Gewichtung auftreten.

Das *erste Merkmal* des spontanen Regelfolgens ist, daß wir einer Regel jedesmal so folgen, als wäre es das erste Mal. Der Regelfolgende verhält sich autonom und ganz selbständig, wenn er einer Regel folgt. Nennen wir dieses Merkmal *Autonomie-Merkmal*. Autonom ist der Regelfolgende, wenn er so gut gelernt hat, einer Regel zu folgen, daß er ihr „spontan so" (PP I, 33, § 125) folgen kann. Erst dann, wenn ich die „Technik der Wortverwendung" gelernt habe, zum Beispiel des Wortes ‚rot', könne ich „spontan sagen", daß etwas rot scheine (PP II, 280, § 326). Ich kann also „etwas Neues" tun „trotz vielfacher Wiederholung" (BGM VI, § 15, 316). Einer Regel folgen heiße, „jedesmal etwas anderes tun", es komme nicht darauf an, immer das Gleiche zu tun (BGM VII, § 51, 416). Wittgenstein findet für dieses erste Merkmal der Spontaneität des Regelfolgens noch eine Reihe anderer Formulierungen. Er sagt etwa, daß wir Regeln „ohne Führung" (PhU § 292), „blind", ohne zu wählen (PhU § 219), wie einem Befehl (PhU § 206) und „mechanisch", „ohne nachzudenken" (BGM VII, § 60, 422) folgen.

Das *zweite Merkmal* der Spontaneität des Regelfolgens ist das des grundlosen Entschlusses. Wenn ich gelernt habe, einer Regel zu folgen, kann ich sie „absichtlich" – und das bedeutet „willkürlich" – gebrauchen.[15] Unwillkürlich folge ich einer Regel nicht, ‚unwillkürlich' ist ein Herzkrampf (PP I, 149, § 805). Den Unterschied zwischen ‚willkürlich' und ‚unwillkürlich' machen wir häufig bei Bewegungen. Bei Bewegungen hängt der Unterschied, wie Wittgenstein feststellt, mitunter vom

Kontext ab (PP I, 144). Regelfolgen ist zwar nur im analogen Sinn eine Bewegung, wir können sagen, es ist eine sprachlich vollzogene Bewegung. Auch die Kontexte dieser Bewegung – im Sprachspiel – sind aber variabel und lassen unwillkürliche Reflexe zu. Es handelt sich bei sprachlichen Reflexen jedoch nicht um Züge im Sprachspiel, sondern um Ereignisse, die uns ebenso zustoßen wie Augenzucken oder eben ein Herzkrampf. Es rutscht mir zum Beispiel vor lauter Aufregung oder Anspannung etwas heraus. Wittgenstein betont den spontanen Charakter des grundlosen Entschlusses zum Regelfolgen. Ich kann mich „spontan zu einem neuen Sprachspiel" entschließen (BGM IV, § 23, 236). Dann spiele ich einfach ein Sprachspiel nicht weiter oder ein gewohntes nicht neu, sondern ein ganz neues. Auch dies tue ich willkürlich und absichtlich, dennoch ohne besonderen Grund und ohne es vorher schon einmal so getan zu haben. Es sei eine „spontane Entscheidung", wie nach einer Regel verfahren werde (BGM VI, § 24, 326). ‚Spontan' bedeutet hier soviel wie „„so handle ich; frage nach keinem Grunde'"(a.a.O.). Es ist keine rationale Entscheidung, für die ich Gründe, zum Beispiel bestimmte Präferenzen, benötige. Der Entschluß ist aber auch nicht irrational im Sinn von töricht oder unsinnig. Er ist einfach ohne besonderen Grund. Vielleicht ist er ästhetischer Natur: Es gefällt mir einfach, der Regel einmal so zu folgen. Nennen wir dieses Merkmal daher das *ästhetische Merkmal*.

Das *dritte Merkmal* der Spontaneität des Regelfolgens steckt schon in den beiden ersten, es ist die Nicht-Erklärbarkeit. Wir sollen nicht nach Erklärungen fragen, heißt: Für das Neue oder den Entschluß zum Regelfolgen gibt es keine Erklärung. Dafür gibt es mehrere Gründe. Ein wichtiger Grund ist, daß beim Lernen eines Sprachspiels Erklärungen keine Rolle spielen. Ich lerne nicht aufgrund einer Erklärung. Man könne einem Menschen nicht erklären, was ‚rot' sei, sagt Wittgenstein (PP I, 117). Wenn das nicht erklärbar ist, wie soll dann erklärbar sein, warum jemand ‚rot' im Sprachspiel der Farbwörter in einer bestimmten Weise gebraucht? Wir können allerdings vorhersagen, daß er etwas Rotes normalerweise ‚rot' nennt. So wäre es jedenfalls korrekt. Dies ist aber keine Erklärung dessen, was er tut. Ein Sprachspiel ist so, wie es ist, hinzunehmen, betont Wittgenstein immer wieder, und es wird uns dementsprechend eingetrichtert. Dies sind zwei Seiten einer Medaille. Wir werden abgerichtet und erwerben so die Sicherheit, die es anderen erlaubt, vorauszusagen, wie wir zum Beispiel beim Rechnen einen Übergang machen (BGM I, § 22, 46). Nennen wir dieses Merkmal das der *Unerklärbarkeit*.

Ein anderer Grund dafür, daß es keine Erklärung des Sprachspiels gibt, ist, daß ich mich zu dem, was ich tue, „nicht beobachtend" verhalte (PP I, § 712, 136). Meine Handlungen, auch die sprachlichen, sind schlicht ‚meine Handlungen' und nicht etwas, dessen Verursachung vor mir oder in mir abläuft und von mir dabei beobachtet wird. Ich habe nicht die beobachtende Distanz eines Betrachters mir selbst gegenüber als Handelndem. Deswegen verursache ich mich auch nicht nach dem Rezept einer Erklärung zu einer Handlung, und zwar weder beim Gehen noch beim Rechnen.

Nicht erklärbar ist das Regelfolgen auch im logischen Sinn. Was ich tue, ist logisch unabhängig von dem, was ich sage. Deshalb schließe ich nicht, wie Wittgenstein sagt, „aus meinen Worten auf meine wahrscheinlichen Handlungen" (PP I, § 815, 150). Ich schließe auch nicht von meinen Überzeugungen auf deren Folgen (a.a.O.). Für Wittgenstein kann es zwischen Überzeugungen, Äußerungen und Handlungen keine logischen Beziehungen geben, weil es sonst notwendig wäre, daß ich ein bestimmtes Sprachspiel spiele und kein anderes. Dann könnte ich kein Sprachspiel anders spielen, als es immer gespielt wurde. Wir wären mit dem eben schon beschriebenen Regreß in infinitum konfrontiert.

Es ist aber nicht in erster Linie diese Gefahr, die Wittgenstein veranlaßt, keine logischen Beziehungen zwischen Überzeugungen, Äußerungen und Handlungen anzunehmen. Es gibt einen wichtigeren Grund gegen solche Beziehungen, daß solche Beziehungen nämlich nahelegen würden, daß die Sprache und ihr Gebrauch kognitiv, d.h. rational und logisch, begründet sind. Eine solche Begründung ist für Wittgenstein aber ausgeschlossen. Es ist klar, warum: Wenn es eine solche kognitive Fundierung gäbe, wäre der richtige Gebrauch von Regeln logisch bestimmt. Erst müßten wir dann die Logik der Regeln lernen, um ihnen später folgen zu können. Wir könnten keiner Regel spontan folgen. Das Sprachspiel könnte nur auf eine Art gespielt werden. Wittgenstein ist vom Gegenteil überzeugt: Die Sprache sei nicht „aus einem Raisonnement hervorgegangen" (ÜG § 475), das Sprachspiel sei jedesmal anders und dennoch seien wir sicher, wie es gespielt wird (ÜG § 555), das Sprachspiel sei etwas „Unvorhersehbares", es sei „nicht begründet" (ÜG § 559).

Das Regelfolgen ist also weder kausal noch logisch oder kognitiv begründet und dementsprechend auch nicht so zu erklären. Kein Akt des Regelfolgens wird von einer Kette von Ereignissen bewirkt, und kein solcher Akt läßt sich aus einer oder mehreren Regeln oder aus dem Wissen solcher Regeln logisch ableiten. Diese negative Charakterisierung können wir in der einen positiven zusammenfassen, daß das Regelfolgen spontan ist. Da es sich um etwas Unerklärbares handelt, besteht der Verdacht, es handle sich um etwas Irrationales. Wittgenstein begegnet diesem Verdacht, indem er die Unbegründetheit des Regelfolgens der Alternative zwischen rational und irrational entzieht. Weder vernünftig noch unvernünftig sei das Sprachspiel; es stehe ebenso da „wie unser Leben" (ÜG § 559). Sprachspiele sind weder richtig noch falsch, sondern so, wie sie sind.

Wir können freilich vernünftig oder unvernünftig leben, aber das Leben selbst ist weder das eine noch das andere. Wir können Regeln vernünftig oder unvernünftig, richtig oder falsch gebrauchen. Die Regeln selbst sind aber weder das eine noch das andere. Sie können aber passend, praktisch, unpraktisch, veraltet, nützlich oder unnütz sein. Wir können die Kriterien der Korrektheit also nur auf den Gebrauch, auf die Verwendung der Regeln anwenden. Dies müssen wir respektieren, sonst erliegen wir der Gefahr der Rechtfertigung, wo keine möglich ist (BGM III, § 74, 199). Damit ist nicht gesagt, daß Regeln gänzlich unbegründet sind. Es gibt für sie Gründe in den Lebensformen, zu denen sie gehören. Aber diese Gründe rechtfertigen nicht die Existenz oder Nichtexistenz bestimmter Regeln.

Die Merkmale spontanen Regelfolgens, die Autonomie, die Ästhetik und die Unerklärbarkeit, können getrennt voneinander oder in unterschiedlicher Gewichtung gemeinsam das Regelfolgen bestimmen. Die Unerklärbarkeit charakterisiert den theoretischen Status des Regelfolgens und gilt daher allgemein und mit gleicher Kraft, wann immer wir Regeln in Sprachspielen folgen. Autonomie und Ästhetik beschreiben dagegen den praktischen Vollzug des Regelfolgens. Sie können mit unterschiedlichem Gewicht und in Graden zur Geltung kommen. Alle drei Merkmale gehen davon aus, daß wir Regeln lernen und eingetrichtert bekommen. Sie sagen weder etwas zur Entwicklung, Herkunft und Beschaffenheit noch zum Sinn, Zweck oder Nutzen der Regeln selbst, sondern setzen die Regeln einfach voraus.

b) Spontan rechnen?

Eine Regel verstehen heißt, wissen, was als Anwendung der Regel gelten kann. Exemplarisch dafür ist das Rechnen. Wir spielen dieses Spiel und finden immer neue Lösungen für ständig wechselnde Probleme. Den spontanen Charakter dieses Regelfolgens beschreibt Wittgenstein so:

> Die neue Lage ist wie aus dem Nichts entstanden. Dort, wo früher nichts war, dort ist jetzt auf einmal etwas. (BGM I, § 46, 56)

Ähnlich ist auch ein mathematischer Beweis ohne Vorgeschichte, besser gesagt, er hat vorher nicht existiert. Evident und gewiß ist der Beweis, seit es ihn gibt; für seine Evidenz und Gewißheit gibt es also keinen Grund vor oder außerhalb des Beweises selbst. Es liegt dennoch nicht alles im Beweis selbst, was wir zu seinem Verständnis benötigen. „Außerhalb des Beweises" liegen zum Beispiel die Gründe der Anerkennung des „richtigen Schließens", selbst dann, wenn der Beweis einen „neuen Schlußbegriff" liefert (BGM III, § 41, 172).

Denn das richtige Schließen ist eine Technik, die zum Sprachspiel des Beweisens gehört. Die Technik des Sprachspiels ‚beweisen' allein zeigt aber nicht das Neue und Besondere eines Beweises. Mit jedem Beweis ändert sich die Sprache, die Grammatik und damit auch die Technik des Sprachspiels. Der Beweis schaffe den Begriff neuer Zusammenhänge, sagt Wittgenstein (BGM III, § 31, 166). Das Neue, das wir mit einem Beweis schaffen, verstehen wir auch erst durch ihn.

Beim Rechnen, Beweisen oder Sprechen handeln wir spontan. Wir erfassen das, worum es geht, „mit einem Schlag" (BGM I, § 123, 86; § 130, 88). Diesen Gedanken bringt Wittgenstein, im Fall des Rechnens, auch durch die scheinbar triviale Feststellung zum Ausdruck:

Das Wesen des Rechnens haben wir beim Rechnen kennengelernt. (ÜG § 45)

Was wir beim Rechnen tun, wissen wir vom Rechnen und nicht von Erklärungen, die dem Rechnen vorausgehen. Wir lernen Rechnen spontan, und wir wissen dann, wenn wir es können, ebenfalls spontan, wie wir in jedem Fall rechnen können. Der „Begriff des Rechnens" schließe Verwirrung aus (BGM III, § 76, 201).

Die Spontaneität des Regelfolgens, die Wittgenstein am Beispiel des Rechnens erläutert, wirft auf die Frage, ob er eine Art Skeptiker war, neues Licht. Es hat – wie sich nun noch deutlicher als früher zeigt – keinen Sinn, Wittgenstein eine skeptische Haltung gegenüber dem Regelfolgen zu unterstellen. Die Spontaneität des Regelfolgens macht klar, daß seine Vorgeschichte, sein natur- oder sprachgeschichtlicher Hintergrund, ebenso wie seine kausale oder logische Genese für das Regelfolgen selbst irrelevant sind.

Kripke hat recht, es gibt keine Tatsache, die den Unterschied zwischen dem tatsächlichen und dem vermeintlichen Regelfolgen klarmachen würde. Daraus dürfen wir aber nicht schließen, daß jener Unterschied für Wittgenstein ungewiß sei. Es gibt lediglich keine Gewißheit der herkömmlichen genetischen Art, keine *objektive* Gewißheit. Die herkömmliche Gewiß heit, die durch historisch, kausal oder logisch rekonstruierbare Beziehungen gewonnen wird, hat für Wittgenstein keine Bedeutung. Denn diese Rekonstruktionen erklären etwas, wofür es keine Erklärung gibt. Die Ungewißheit der Erklärung wird überhaupt erst dann zu einem Problem, wenn angenommen wird, daß Gewißheit nur durch Erklärung zu erreichen ist. Eben dies ist aber nicht der Fall. Wittgenstein ist überzeugt, daß es eine Gewißheit ohne Erklärung gibt, daß es sie geben muß. Wenn es sie nicht gäbe, gäbe es auch das, was gewiß sein soll, nicht.

Natürlich können wir uns verrechnen, der Regel auf unrichtige Weise folgen. Wir rechnen zum Beispiel nach und stellen dann fest, daß wir falsch rechneten. Unter welchen Umständen müßten wir an dem, was wir ‚Rechnen‘ nennen, zweifeln? Wittgenstein untersucht, was geschähe, wenn jemand jedesmal beim Nachrechnen feststellen würde, seine jeweils letzte Rechnung sei falsch gewesen. Wittgenstein stellt dann die scheinbar skeptische Frage:

Sollte ich das nun ein Rechnen nennen oder nicht? – Er kann jedenfalls nicht die Voraussage auf seine Rechnung bauen, daß er das nächste Mal wieder dort landen wird. – Könnte ich aber sagen, er habe diesmal falsch gerechnet, weil er das nächste Mal nicht wieder so gerechnet hat? Ich könnte sagen: wo *diese* Unsicherheit bestünde, gäbe es kein Rechnen. (BGM III, § 73, 198)

Der Zweifel, ob und wann ich richtig oder falsch gerechnet habe, kann also nicht permanent sein. Wenn er dauernd wäre, würde es nicht um ‚Rechnen‘ gehen.

c) Gewißheit ohne Zweifel

Systematische und anhaltende Skepsis gegenüber der Richtigkeit meines Regelfolgens schließt aus, daß ich überhaupt einer Regel folge. Die Gewißheit, die Wittgenstein dem Regelfolgen zuschreibt, schließt Fehler – und deswegen Zweifel von Fall zu Fall – nicht aus. Sie schließt aber ein allgemein skeptisches Verhältnis zum Regelfolgen aus. Ich darf mir sicher sein beim Regelfolgen, obwohl es keine objektive, herkömmliche Gewißheit dafür gibt. Die Gewißheit, die Wittgenstein beim Regelfolgen gegeben sieht, schließt das Recht auf Irrtum ein:

Ich habe ein Recht zu sagen „Ich kann mich hier nicht irren", auch wenn ich im Irrtum bin. (ÜG § 663)

Natürlich irre ich mich nicht planvoll und absichtlich. Es kann sein, daß ich etwas für mein Regelfolgen Wichtiges vergessen habe und nicht mehr weiß. Dies kann mir später auffallen. Dann zweifle ich an dem, was ich tat. Aber mein Zweifel „kommt nach dem Glauben" (ÜG § 160). Da es keine Fundierung des Sprachspiels in der Erfahrung, in der Naturgeschichte oder in der Logik gibt, fehlt der systematische, objektive Ausschluß des Zweifels.

Wittgenstein schließt „völlige Gewißheit" als „Grenzfall" nicht aus (PP II, § 567, 317). In einem solchen Fall können mir die Augen dem Zweifel gegenüber verschlossen sein. Diese Gewißheit schließt aber den künftigen Zweifel nicht aus. Eine völlige, systematische Beseitigung des Zweifels ein für allemal hätte einen hohen Preis: die Rückkehr zum Fundamentalismus. Für Wittgenstein ist der Fundamentalismus keine Option, weil „am Grunde des begründeten Glaubens" der „unbegründete Glaube" liege (ÜG § 253). Es gibt keinen letzten, festen Grund, auf dem ein Sprachspiel ruht. Das Regelfolgen selbst sei „am Grunde unseres Sprachspiels" (BGM VI, § 28, 330). Etwas Tieferes, Fundamentaleres als das Regelfolgen gibt es nicht. Wenn ich – im Zweifel – nach Gründen für ein Sprachspiel suche, komme ich nicht weiter als bis hierher. Am Ende der Gründe stehe die „Überredung" (ÜG § 612), meint Wittgenstein. Ich kann mir meinen Zweifel am Ende nur ausreden lassen.

Natürlich muß ich mir darüber im klaren sein, ob ich tatsächlich zweifle oder nur denke, daß ich zweifle. Daß ich mir einen Zweifel denken kann, besagt nicht, daß ich wirklich zweifle (PhU § 84). Der experimentelle oder methodische Zweifel, den wir von Descartes' *Meditationen* kennen, ist für Wittgenstein kein Zweifel, der im Sprachspiel des Zweifelns eine Rolle spielt. Wenn ich nur versuchsweise zweifle und dafür keine Gründe habe, folge ich nicht den Regeln des Sprachspiels ‚zweifeln'.

Die beiden Extreme, an allem und an nichts zu zweifeln, sind beide unsinnig. An nichts zu zweifeln, wäre einfältig; an allem zu zweifeln, wäre unsinnig, weil wir auf diese Weise nicht einmal richtig zweifeln könnten (ÜG § 625). Wittgenstein formuliert die Unmöglichkeit des totalen Zweifels in aller Klarheit:

> Wer an allem zweifeln wollte, der würde auch nicht bis zum Zweifel kommen. Das Spiel des Zweifels selbst setzt schon die Gewißheit voraus. (ÜG § 115)

Wir setzen die Gewißheit des Sprachspiels voraus, wenn wir zweifeln; deshalb ist es unmöglich, an allem zu zweifeln, wenn es sinnvoll ist, an etwas Bestimmtem zu zweifeln. Der Zweifel an allem und jedem, auch an Selbstverständlichem, läßt vor allem das, was als Evidenz dienen kann, unklar werden (ÜG § 231). Wir könnten am Ende nicht mehr wissen, was einen Zweifel beseitigt.

Es gibt das Sprachspiel ‚zweifeln', das ebenso Gewißheit voraussetzt wie jedes andere Sprachspiel. Das Besondere am Sprachspiel ‚zweifeln' ist, daß meine Zweifel ein System bilden, wie Wittgenstein sagt (ÜG § 126). Meine Zweifel hängen miteinander zusammen, verstärken oder schwächen sich gegenseitig. Es ist aber nicht so, daß mich meine Zweifel lähmen. Sie machen mich nicht bewegungsunfähig, vorausgesetzt, ich bin ein vernünftiger Mensch. Zum Sprachspiel ‚zweifeln' gehört es, daß der Zweifel nach und nach seinen Sinn verliert (ÜG § 56). Es ist dann vernünftig, den Zweifel aufzugeben.

> Der vernünftige Mensch hat gewisse Zweifel *nicht*. (ÜG § 220)

Die kritische Auseinandersetzung mit G. E. Moores Philosophie des gesunden Menschenverstands[16] trägt hier Früchte: Es hat keinen Sinn, an bestimmten Dingen zu zweifeln. Diese Überzeugung teilt Wittgenstein mit Moore. Der gesunde Menschenverstand nimmt bei Moore zum Beispiel die sinnliche Wahrnehmung zu Hilfe, um Zweifel zu beseitigen. Diese Hilfe hält Wittgenstein für untauglich, weil ‚wahrnehmen' selbst ein Sprachspiel ist und deshalb keine allgemeinen Begründungsleistungen erbringen kann. Was ‚wahrnehmen' heißt, ist nicht klarer, als was ‚denken' oder ‚Schmerzen haben' heißt. Deswegen kann uns die Wahrnehmung nicht vor dem Skeptizismus bewahren. Wittgenstein glaubt auch nicht, wie Moore, daß wir einzelne Sätze oder Überzeugungen als unzweifelhaft gültig ansehen können. Wittgenstein betont am Ende seines philosophischen Lebens – wie zu Beginn – den systematischen Zusammenhang der Sätze und Überzeugungen:

Das, woran ich festhalte, ist nicht *ein* Satz, sondern ein Nest von Sätzen. (ÜG § 225)

Es gibt viele Satz-Nester. Sie sind so verwoben, daß dem Skeptizismus als allgemeiner philosophischer Einstellung kein Platz bleibt. Wittgenstein hält den „philosophischen Zweifel", daran sei nochmals erinnert, nicht für vernünftig (ÜG § 259). Gewißheit ist in jedem Sprachspiel vorausgesetzt. Es ist die praktische Gewißheit, wie wir den Regeln richtig folgen. Da wir den Regeln spontan folgen und davor nicht erst frühere Fälle reflektieren, kann die Gewißheit trügen. Wir machen dann etwas falsch, vielleicht ohne es zu bemerken. Unsere Gewißheit beim Regelfolgen wird dadurch aber nicht generell in Frage gestellt.

‚Praktische Gewißheit' bedeutet, mein Regelfolgen ist der stärkste Grund, nicht an meiner Regelkompetenz zu zweifeln. Es geht nicht darum, daß ich mich sicher fühle. Den psychischen Zustand der „Überzeugtheit" lehnt Wittgenstein als Kriterium der Unterscheidung zwischen ‚wissen' und ‚fälschlich glauben' ab, weil dieser Zustand in beiden Fällen derselbe sein kann (ÜG § 42). Entsprechendes gilt auch für den Unterschied zwischen ‚einer Regel folgen' und ‚einer Regel zu folgen glauben'. Nicht auf mein Gefühl der Sicherheit kommt es an, sondern allein darauf, daß ich mich auf meine Kompetenz verlasse, wenn ich der Regel folge. Ein Sprachspiel sei nur möglich, sagt Wittgenstein, „wenn man sich auf etwas verläßt"; und er fügt in Klammern hinzu: „Ich habe nicht gesagt ‚auf etwas verlassen kann'" (ÜG § 509). Es kommt ihm nicht auf die allgemeine Kompetenz an, sondern auf die aktuelle Sicherheit. Die allgemeine Kompetenz wäre ein Wissen. Aber Wissen ist gerade nicht nötig, sondern die Sicherheit des spontanen, „unmittelbaren Zugreifens" (ÜG §§ 510f.).

3. Übereinstimmung und Weltbild

Ein Kriterium des Regelfolgens ist die Übereinstimmung im Sprachgebrauch. Wittgenstein betont, daß es dabei nicht nur um eine Übereinstimmung „in Definitionen" gehe, sondern um eine Übereinstimmung „in Urteilen" (PhU § 242; BGM VI, § 39, 343). Wir stimmen zum Beispiel darin überein, daß etwas rot ist, mandelartig und süßlich schmeckt. Wir stimmen darin überein, wie etwas gemacht wird (BGM I, § 63, 61). In Brauchtum und Sitte, in Geschmack und Einstellungen stimmen wir überein, aber nicht überall und immer. Die Übereinstimmung in Urteilen über Wahrnehmungen ist an unsere Kultur gebunden. Die Kultur, in der wir leben, bildet unseren Geschmack. Ihr Einfluß kann enger gefaßt sein oder weiter reichen. Er ist aber in den meisten seiner Aspekte regional und nur in wenigen weltweit. Wir können unseren Geschmack auch selbst bilden und uns von bestimmten kulturellen Einflüssen frei machen.

Es läge nahe, die Übereinstimmung in Urteilen als Kriterium der *richtigen* Anwendung von Regeln zu verstehen. Dies wäre ein Mißverständnis, wenn wir meinten, daß diese Übereinstimmung explizit die Standards der Korrektheit betrifft. Dies tut sie nicht. Sie legt lediglich die Zugehörigkeit der Regeln zu einer Praxis fest. Auch dies tut sie nicht explizit. Sie legt nichts ausdrücklich fest, vor allem nicht die Anwendung von Regeln. Die Regeln des Grüßens oder der Etikette können in allen möglichen Weisen, galant, freundlich, förmlich, beflissen, zurückhaltend etc., befolgt werden. Die Regeln des Gebrauchs von ‚Wesen' können philosophisch, literarisch, theologisch, biologisch, verlegerisch (im Verlags*wesen*!) etc. verstanden werden. Jeder dieser Verwendungsweisen liegt eine Übereinstimmung in Urteilen, d.h. der Wahrnehmungsweise, des Geschmacks, des Interesses von einer Gruppe von Menschen oder einer ganzen Gesellschaft zugrunde. Um Standards des korrekten Regelgebrauchs geht es dabei nicht unmittelbar. Es geht allerdings indirekt auch um diese Standards, wie wir sehen werden. Wenn ich Regeln nämlich gelernt habe, bin ich sicher im Gebrauch. Die Übereinstimmung in Urteilen liegt aber nun nicht der Art meines Gebrauchs, sondern dem Lernen der Regeln zugrunde. Insofern hat die Übereinstimmung dann auch indirekt etwas mit der Korrektheit des Regelgebrauchs zu tun.

a) Übereinstimmung ohne Konsens

Die Übereinstimmung in unseren Urteilen über Wahrnehmungen und Verhaltensweisen ist aufgrund der kulturellen Bindungen häufig auch eine Übereinstimmung der Meinungen. Auf diese Übereinstimmung kommt es Wittgenstein aber nicht an. Sie ist kein Kriterium für das richtige Regelfolgen. Meinungen sind keine Basis für Kriterien, nicht weil Meinungen an sich etwas Schlechtes wären, sondern weil sie – in Wittgensteins Augen – subjektive, psychologische Erscheinungen sind (PP I, §§ 105 f., 28 f.); sie sind und machen anfällig für Täuschungen, und zwar aus dem simplen Grund, weil wir auch denken können, „was nicht der Fall ist" (PhU § 95). Meinungen, die Menschen mit Worten verbinden, sind in den Worten selber nicht enthalten. Deswegen können wir die Worte eines Gesprächs wiederholen, ohne damit bereits von den Meinungen zu berichten, die bei dem Gespräch eine Rolle spielten (PP I, § 180, 43). Meinungen können aus diesen Gründen nicht Kriterium der Übereinstimmung in Urteilen sein, auch wenn wir kulturell geprägt sind. Kriterien sind immer öffentlich, nicht subjektiv und nicht psychologisch.

Nicht kulturell gebunden ist unsere Übereinstimmung im Rechnen. Die Übereinstimmung in mathematischen Urteilen ist keine Übereinstimmung der Meinungen (BGM VI, § 30, 332). Beim Rechnen stimmen wir überein, was ‚richtig' und

‚falsch' bedeuten (BGM VII, § 25, 391), und nicht darin, was wir für richtig und falsch *halten*. Es würde dabei nicht genügen, nur in den Resultaten des Regelfolgens übereinzustimmen. Die Übereinstimmung muß tiefer gehen. Auch in der „Idee der Übereinstimmung" müssen wir übereinstimmen, sonst wäre, meint Wittgenstein, die Mathematik nicht möglich (BGM III, § 72, 197).

Diese Übereinstimmung über den Begriff ‚Übereinstimmung' kann uns dazu verführen anzunehmen, wir müßten, um überhaupt übereinstimmen zu können, erst einen Begriff der Übereinstimmung haben. Damit würden wir aber das Verhältnis zwischen Regelfolgen und Übereinstimmung auf den Kopf stellen. Denn die „Bedeutung von ‚Übereinstimmen'" lernen wir, indem wir einer Regel folgen lernen (BGM VII, § 39, 405). Auch die Idee oder den Begriff von ‚Übereinstimmung' lernen wir durch Regelfolgen. Der Begriff kommt nicht vor dem Regelfolgen, sondern bildet sich im oder beim Regelfolgen. Es wäre falsch, dieses Verhältnis zwischen Übereinstimmung und Regelfolgen umzukehren.

Würden wir es umkehren, wäre der Begriff ‚Übereinstimmung' gleichbedeutend mit ‚Konsens'[17] oder ‚Übereinkunft'. Das ist er aber nicht. Eine Übereinkunft können wir erreichen, nachdem wir uns ausführlich über bestimmte Ziele oder den Gehalt von Aussagen auseinandergesetzt haben. Wir legen dabei eine Bedeutung oder eine Auslegung von Begriffen fest und haben dann vielleicht eine ‚Übereinstimmung in Definitionen'. Ziel der Übereinkunft ist, daß wir künftig Mißverständnisse vermeiden, wenn wir uns an die Übereinkunft, an die Definitionen halten. Der Konsens kann in einer gewaltfreien, rationalen, argumentativen Diskussion[18] zustande kommen, aber auch durch einfache Mehrheiten oder durch Gewalt. Schließlich können sich Übereinkünfte auch langsam und informell ergeben und dann festgeschrieben werden. In allen Fällen entstehen Übereinkünfte aus Meinungen oder aus Begriffen, seien es die der Vernünftigen, der Mehrheit oder einer mächtigen Minderheit. Wie immer Menschen zu Übereinkünften gelangen mögen, Übereinkünfte sind keine ‚Übereinstimmungen in

Urteilen'. Denn diese Übereinstimmung hat keine anderen Bedingungen als das Regelfolgen. Wenn wir einer Regel folgen lernen, wissen wir, was ‚übereinstimmen‘ heißt.

Wir müssen ‚Übereinkunft‘ und ‚Konsens‘ deutlich von ‚Übereinstimmung in Urteilen‘ unterscheiden. Es ist möglich, daß diese Übereinstimmung emergiert, sich aus bestimmten Situationen anarchisch, ohne Regeln und Autoritäten von selbst entwickelt. Es sind Situationen, in denen wir lernen, Regeln zu folgen, seien es neue oder alte. Es gibt dafür keine besonderen kognitiven oder explikativen Voraussetzungen. Wäre die ‚Übereinstimmung in Urteilen‘ so zu verstehen wie ‚Konsens‘, bräuchten wir kognitive Voraussetzungen, nämlich Regeln der Konsensbildung. Es gibt solche Regeln, zum Beispiel diejenigen rationaler Argumentation. Um aber rational argumentieren zu können, müssen wir schon gelernt haben, Regeln zu folgen. Das Umgekehrte ergibt keinen Sinn. Die Übereinstimmung in Urteilen ist also eine Voraussetzung und nicht das Resultat von Übereinkünften. Deshalb müssen wir sorgfältig zwischen ‚Übereinstimmung in Urteilen‘ und ‚Konsens‘ unterscheiden.

Die Stellung der Übereinstimmung in Wittgensteins Denken ist mit dieser Unterscheidung klarer. Klar ist jedenfalls, daß ‚in Urteilen übereinstimmen‘ keine absichtliche, planvolle Tätigkeit ist. Es ist eine Beschreibung des Regelfolgens und keine Anweisung, wie Regeln zu folgen ist. Daher ist die Übereinstimmung in Urteilen weder ein Kriterium korrekten Regelfolgens noch von der Menge derer abhängig, die Regeln folgen oder urteilen. Die Übereinstimmung ist auch unabhängig von den Einstellungen und Meinungen der anderen Menschen zum Regelfolgen oder zu bestimmten Regeln. Ich bin ohne jede Rückversicherung bei den anderen sicher, einer Regel richtig zu folgen. Spätestens hier wird klar, daß auch Kripkes soziale Perspektive, sein „community view", Wittgensteins Verständnis des Regelfolgens nicht trifft. Aus dem, was die anderen tun, lernen wir zwar, leiten aber nichts ab, was man Standards der Richtigkeit nennen könnte.

b) Meine Gewißheit

Wittgenstein bleibt der Perspektive des Solipsismus treu. Dies zeigt sich auf zweierlei Weise. Die solipsistische, subjektive Gewißheit wird, erstens, durch keine objektive ergänzt. Denn objektive Gewißheit würde bedeuten, daß Irrtum logisch ausgeschlossen wäre (ÜG § 194). Logisch ist er aber gerade nicht ausgeschlossen. Der Solipsismus wird, zweitens, auch durch keine intersubjektive Grundlegung des Regelfolgens aufgehoben. Ich nehme an, daß nicht nur ich etwas weiß und glaube, sondern die anderen auch. Wittgenstein denkt in diesem Fall an die Erfahrungssätze. Er stellt sofort ein mögliches intersubjektives Mißverständnis dieses Wissens und Glaubens richtig, indem er korrigiert: „Oder vielmehr, ich glaube, daß sie es glauben" (ÜG § 288). Meine feste Überzeugung über das Wissen der anderen (ÜG § 289) wird von ihnen weder bestätigt noch widerlegt. Die anderen könnten, auch wenn sie oder ich es wollten, die Gewißheit meines Glaubens nicht erhöhen. Weder für sie noch für mich gibt es eine Begründung des Glaubens.

Es ist nicht nur die solipsistische Perspektive, die das Verhältnis zwischen Glauben und Gewißheit bestimmt. Wittgensteins Auseinandersetzung mit Moore ist entscheidend. Angeregt wird sie durch einen Vortrag Moores[19], in dem dieser Sätze behandelt, die Wittgenstein später als „Moores Paradox" apostrophiert. Es sind Sätze der Art ‚In diesem Zimmer brennt ein Feuer, und ich glaube es nicht'[20] oder ‚Es regnet, aber ich glaube es nicht'. Moore meinte offenbar in seinem Vortrag, solche Sätze seien „aus *psychologischen* Gründen absurd"[21]. Dem widerspricht Wittgenstein entschieden. Der Ausdruck ‚glauben' drückt, wie er meint, keinen geistigen oder seelischen Zustand aus. Das Paradox hat nach seinem Urteil eine gewisse Ähnlichkeit mit einer Kontradiktion und sei aus diesem Grund sinnlos. Der Common sense schließe solche paradoxen Behauptungen nämlich ebenso aus wie Widersprüche. Wittgenstein will Sätze von der Art des Moore'schen Paradox' nicht kategorisch aus dem Sprachgebrauch ausschließen. Er hält sie nicht für Kontradiktionen im engen logischen Sinn.

Die Logik, die Moores Paradox ausschließt, sei umfassender als die formale. Wittgenstein denkt in mehreren Phasen über das Paradox nach.[22] Es geht ihm darum, von dem Paradox etwas über die Grammatik der Sätze zu lernen, in denen ‚glauben‘ und ‚behaupten‘ vorkommen und Annahmen gemacht werden. Die Sprachspiele, in die diese Wörter gehören oder in denen wir etwas annehmen, sind vielschichtiger, als uns bewußt ist. Ihre Vielschichtigkeit sprengt die engen logischen Kriterien für Behauptungen. Entscheidend ist, daß diese Kriterien den Sprachspielen nicht vorgeordnet sind. Sie werden in ihnen nicht notwendig vorausgesetzt. Vielmehr sind sie Teil der Sprachspiele selbst. Auch im logischen Sinn setzen die Sprachspiele nichts voraus. Sie sind grundlos.

Wittgenstein weiß, wie schwierig es ist, „die Grundlosigkeit unseres Glaubens einzusehen" (ÜG § 166). Wir kommen aber nicht darum herum. Er empfiehlt deswegen keine allgemeine Skepsis. Er will nicht verunsichern. Er beschreibt vielmehr aus solipsistischer Perspektive *seine* unbegründete Gewißheit beim Regelfolgen.

Ich handle mit *voller* Gewißheit. Aber diese Gewißheit ist meine eigene. (ÜG § 174)

Die Übereinstimmung in Urteilen ist für mich gewiß. Ich glaube auch, daß sie den anderen ebenso gewiß ist. Aber das weiß ich nicht. Ich kann also ‚ja‘ und ‚nein‘ dazu sagen, daß die ‚Übereinstimmung in Urteilen‘ eine ‚Übereinstimmung in Gewißheit‘ ist. Einerseits gibt es für mich nur meine Gewißheit. Da es für mich keine andere geben kann, unterstelle ich eine allgemeine Übereinstimmung in Urteilen und sage ‚ja‘. Da ich aber auch weiß, daß meine Gewißheit eben doch nur meine und nicht die der anderen ist, muß ich offen lassen, wie weit die Übereinstimmung in Urteilen tatsächlich reicht. Ich kann unter diesen Umständen also nicht sagen, die Übereinstimmung in Urteilen sei eine Übereinstimmung in Gewißheit. Die Grenzen der Übereinstimmung, so können wir analog zum *Tractatus* formulieren, sind meine Grenzen, es sind die Grenzen meiner Welt.

Wir können uns täuschen, wenn wir meinen, ‚Denken‘, ‚Satz‘, ‚Sprache‘, ‚Welt‘ seien äquivalent. Für eine solche Äquivalenz fehle das Sprachspiel, meint Wittgenstein (PhU § 96). Wir können uns aber nicht darüber täuschen, daß unsere Überzeugungen ein „System, ein Gebäude" bilden (ÜG § 102). Sie hängen miteinander zusammen und bilden insgesamt mein Weltbild. Wittgenstein hat dieses Wort in *Über Gewißheit* mehrfach verwendet, und zwar im Sinn eines „überkommenen Hintergrunds" (ÜG § 94). Es ist aber nicht vom Hintergrund aller, auch nicht vom kulturellen Hintergrund bestimmter Menschen, sondern allein von meinem die Rede. Wittgenstein spricht von „meinem Weltbild" (ÜG §§ 93 f., 162), vor dessen Hintergrund ich zwischen ‚wahr‘ und ‚falsch‘ unterscheide. Ob „mein Weltbild" allerdings selbst wahr oder falsch ist, ist eine ganz andere Frage. Wittgenstein fährt fort:

Es [sc. mein Weltbild, W. V.] ist vor allem das Substrat alles meines Forschens und Behauptens. Die Sätze, die es beschreiben, unterliegen nicht alle gleichermaßen der Prüfung. (ÜG § 162)

Die Sätze, die mich die Erfahrung lehrt, können geprüft werden. Sie bilden einen systematischen Zusammenhang (ÜG § 274). Was ich aber über die Welt oder die Wirklichkeit als ganze glaube, läßt sich nicht prüfen. Denn diese Überzeugungen bilden den Ausgangspunkt meines Nachdenkens und Forschens (ÜG § 209), das Substrat, die absolute Grundlage dessen, was ich untersuche und behaupte. Der Ausdruck ‚Wahrheit meines Weltbilds‘ wäre nur sinnvoll, wenn feststellbar wäre, ob mein Weltbild – das System meiner Sätze – tatsächlich mit der Welt übereinstimmt.

Gegen die Möglichkeit dieser Feststellung hat Wittgenstein drei Einwände. Alle drei sind anti-fundamentalistisch. Zum einen zweifelt er, ob die „Idee der ‚Übereinstimmung mit der Wirklichkeit‘" in jedem denkbaren Fall eine „klare Anwendung" hat; er sieht Fälle, für die dies nicht gilt (ÜG § 215). Wenn das Konzept der ‚Übereinstimmung mit der Wirklichkeit‘ nicht über jeden Zweifel erhaben ist, wäre es – so dürfen wir annehmen – unvernünftig, wenn wir die Gewißheit unserer Überzeugungen über die Welt insgesamt von jenem Konzept abhängig machen würden.

Zum anderen hat der Gebrauch von ‚wahr oder falsch' für Wittgenstein „etwas Irreführendes", weil es unklar ist, was die dabei unterstellte Übereinstimmung mit den Tatsachen bedeutet (ÜG § 199). Diese Crux mit der Korrespondenz zwischen Satz und Tatsache ist uralt, weil unklar ist, wie und in welchem Sinn eine Übereinstimmung zwischen Sprachlichem und Nicht-Sprachlichem möglich ist. Im *Tractatus* hat Wittgenstein sich dieser Crux durch die logische Isomorphie von Sprache und Wirklichkeit entledigt. Für die wahrheitstheoretische Idee der Übereinstimmung hat er nie plädiert.[23] Selbst die Übereinstimmung aufgrund logischer Isomorphie hält Wittgenstein dann in den frühen 30 er Jahren für irreführend (PhG § 113, 163).[24]

Schließlich, der dritte Einwand: Wittgenstein hält nichts von einer fundamentalen Rolle des Wahrheitsbegriffs:

Wenn das Wahre das Begründete ist, dann ist der Grund nicht *wahr*, noch falsch. (ÜG § 205)

Die Botschaft ist: Wir können oder sollten den Begriff der Wahrheit nicht für das einsetzen, was ihn begründet. Am „Grunde des Sprachspiels" liege das Handeln (ÜG § 204), und das Grundlose liegt am Grund unserer Überzeugungen (ÜG § 166). Es hat keinen Sinn, dem Wahrheitsbegriff eine grundlegende Bedeutung für das Ganze unserer Überzeugungen beizumessen. Weitere Überlegungen zur Wahrheit unseres Weltbildes und zur Übereinstimmung unseres Welbildes mit der Wirklichkeit erübrigen sich nach diesen drei Einwänden.

c) Mein Weltbild

Diese Einwände erwecken einen relativistischen Eindruck, so als ob Wittgenstein die Bedeutung der Wahrheit und der Objektivität für mein Wissen von der Welt einschränken will.[25] Darum geht es ihm aber nicht. Die Pointe der Einwände gegen die Überprüfbarkeit und Verifizierbarkeit meines Weltbilds ist solipsistisch. Wenn der Gebrauch der Wahrheitsprädikate keine tiefere Wurzel hat als mein unbegründetes Bild vom Ganzen der Welt, wird nicht die Wahrheit relativiert. Es wird nur gesagt, daß mein Weltbild nur für mich gültig sein kann. Die Grenzen der Wahrheit sind die Grenzen meines Weltbilds, und umgekehrt. Es gibt keine Wahrheit jenseits dieser Grenzen. Ich kann die Grenzen erweitern, verändern, und sie verändern sich auch ganz unabhängig von meinem Willen. ‚Wahr' und ‚falsch' sind Prädikate, die nur innerhalb bestimmter Grenzen eine klare Bedeutung haben. Es sind auch beim späten Wittgenstein die solipsistischen Grenzen.

Die solipsistische Perspektive steht in *Über Gewißheit* aber weder allein noch im Vordergrund. Den Gedanken, daß mein Weltbild aus Sätzen besteht, die zu einem ganzen System von Überzeugungen (ÜG §§ 102, 105), aber auch von Zweifeln (ÜG § 126), und zu „einer Art Mythologie" (ÜG § 95) gehören, geht Wittgenstein ganz besonders nach.[26] Das Wort ‚Mythologie' kommt im Text nur zweimal vor. Es wird offenbar nicht einfach im Sinn von ‚unwahre Menge von Sätzen' oder ‚bloße Fiktion' verwendet. Es hat eine positive und wichtige Bedeutung, die schon sehr viel früher eine Rolle spielt, nämlich in den „Bemerkungen über Frazers *Golden Bough*". Dort heißt es, daß in unserer Sprache „eine ganze Mythologie" niedergelegt sei (VüE 38). Die Sprache ist in gewisser Weise selbst eine Mythologie, weil sie ebenso in sich geschlossen ist wie ein Mythos, ebensowenig von äußeren Bedingungen abhängt und außerdem die Modelle bietet, nach denen wir die Welt verstehen. Weltbild und Mythos haben keine Gründe oder Begründung. Sie sind sprachlich gegeben, weder wahr noch falsch, liegen aber allem zugrunde, was wir wissenschaftlich oder poetisch über die Welt sagen können. Unsere Gewißheit ist in einem Weltbild verankert, das zu unserer Sprache gehört. Ich teile mit allen anderen Sprache und Weltbild.

Die von mir hervorgehobene solipsistische Perspektive nimmt sich erzwungen aus, wenn wir an die scheinbar anti-solipsistischen Hinweise Wittgensteins denken. Hier seien nur einige genannt: Ein Mensch könnte „nicht nur einmal in seinem

Leben rechnen" (BGM III, § 67, 193); es „wäre Unsinn zu sagen: einmal in der Geschichte der Welt sei jemand einer Regel gefolgt" (BGM VI, § 21, 322 f.); diesen Gedanken wiederholt die bekannte Passage der *Philosophischen Untersuchungen*, nach der „nicht ein einziges Mal nur ein Mensch einer Regel gefolgt sein" kann (PhU § 199). Wird in solchen Äußerungen nicht der intersubjektive Charakter des Regelfolgens betont?

Den Gedanken Wittgensteins können wir auch so formulieren: Regelfolgen ist nur in Gemeinschaft mit anderen, wiederholt und gleichartig möglich. Warum? Weil dies Kriterien des Regelfolgens sind. Regelfolgen heißt, etwas regelmäßig, in gleicher und daher voraussagbarer Weise (BGM VI, § 15, 317 f.) tun. Benötige ich nicht die Anderen als Adressaten und Beobachter, damit ich überhaupt etwas regelmäßig tun kann? Ohne Zweifel, ja. Ich muß andere Menschen als Beobachter und Adressaten meines Verhaltens voraussetzen. Dies gehört zur Verständlichkeit meines Verhaltens. ‚Verständlich' heißt: So, wie ich handle, weiß jeder, was ich tue oder sagen will. Sprache kann nicht nur ein einziges Lebewesen haben. Sie ist Mittel der Verständigung, und nur in der Gemeinschaft mit anderen Menschen ist Verständigung nötig. ‚Sich äußern' oder ‚sprechen' setzt Sprecher und Hörer voraus.

Die anderen Menschen konstituieren aber nicht, was ich tue oder sage. Sie sind zwar eine Bedingung dafür, daß ich sprechen und hören kann. Nur durch andere Menschen, meine Eltern etwa, lerne ich sprechen. Für das, was ich sage, für das, was ich mit dem Erlernten tue, sind die anderen Menschen aber keine Bedingung. Was ich gelernt habe, kann ich selbst, allein und autonom. Ich spreche meine eigene Sprache. Ich folge den Regeln der Sprachspiele zwar nicht anders als alle anderen, aber doch auf meine Weise. Der Solipsismus lehrt uns, richtig zu verstehen, was es heißt, daß ich das, was ich mir erworben habe, alleine und selbständig kann. Meine Spontaneität ist Ausdruck und Indiz dafür. Weder die Öffentlichkeit der Sprache noch die soziale Praxis sprechen gegen die solipsistische Perspektive.

Daß eine Privatsprache unmöglich ist, wird durch den Solipsismus bestätigt. Er zeigt nämlich, daß das Private nicht mitteilbar ist. Aus dem Privaten ist auch nichts ableitbar. Wittgensteins Hinweis, daß nicht einer allein nur einmal einer Regel folgen kann, spricht nicht gegen den Solipsismus und macht auch nicht die Gemeinschaft der Menschen zur Ursache oder Quelle der Bedeutung meiner Wörter und Sätze. Es geht bei der Unmöglichkeit einer Privatsprache gar nicht um einen sozialen Begriff der Sprache, sondern um die Richtigkeit des Regelfolgens. Wittgenstein trennt nicht Regel und Anwendung und schiebt schon gar nicht die soziale Praxis als verbindendes Element dazwischen. Die Gemeinschaft der Menschen gehört so wie die Gravitation oder der Luftdruck zu den Rahmenbedingungen meines Regelgebrauchs. Sie ist nicht konstitutiv für mein Regelfolgen. Wenn ich allein nur einmal einer Regel folgen könnte, hätte ich keinen Begriff einer ,Regel'; ich wüßte nicht, was ,Regel' heißt. Denn ich wäre nicht in der Lage, das richtige vom vermeintlichen Regelfolgen zu unterscheiden.

Aus dem gleichen Grund könnte ich, wenn ich nur einmal eine Körperbewegung gemacht hätte, nicht unterscheiden, ob sie willkürlich oder unwillkürlich war (PP I, § 897, 164). Ich kann – so können wir Wittgensteins Gedanken ergänzen – überhaupt nur unterscheiden, wenn es etwas zu unterscheiden gibt. ,Unterscheiden' setzt mehr als eine Sache, mehr als eine Person und mehr als eine Handlung voraus, mehr als eins von allem, was unterschieden werden soll. Nur unter dieser Voraussetzung können wir ,richtig' und ,falsch', ,wahr' und ,falsch', ,gut' und ,schlecht', ,willkürlich' und ,unwillkürlich' etc. unterscheiden. Wie die anderen Menschen unterscheiden, glaube ich zu wissen. Das reicht für die Übereinstimmung in Urteilen.

Die Evidenz für das, was andere glauben, die ich aus dem habe, was sie sagen und tun, schafft keine vollkommene Gewißheit. Was sie tatsächlich glauben, wird durch diese Evidenz nur wahrscheinlich. Darauf sollen wir nicht sehen, rät Wittgenstein. Wir sollen unser Augenmerk vielmehr darauf richten:

daß wir *dies* als *Evidenz* für irgend etwas (Wichtiges) betrachten, daß wir auf *diese* verwickelte Art der Evidenz ein Urteil gründen, daß *sie* also in unserem Leben eine besondere Wichtigkeit hat und durch einen Begriff herausgehoben wird. (Z § 554, 404)

Diese magere Evidenz für das, was die Anderen glauben und fühlen, haben wir – so dürfen wir ergänzen – aus unserer, auf uns allein gestellten, solipsistischen Perspektive. Wir sollten diese Evidenz ernst nehmen, weil es eine bessere nicht gibt und weil wir auf ihrer Grundlage urteilen. Wir urteilen auf ihrer Grundlage sogar über die ‚Übereinstimmung in Urteilen‘. Genau das ist es, was wir eben taten. Da die Evidenz begrenzt ist, muß es auch die Übereinstimmung sein. Das ist für Wittgenstein aber nicht weiter verwunderlich. Wenn die Übereinstimmung tatsächlich vollkommen wäre, meint er, „könnte ihr Begriff ganz unbekannt sein"(Z § 430, 373). Wir bräuchten den Begriff ‚Übereinstimmung‘ dann wirklich nicht, weil das, was er sagt, ganz selbstverständlich, daher unauffällig und problemlos wäre. Die Übereinstimmung ist aber nicht selbstverständlich, sondern problematisch und trotzdem zuverlässig. Davon ist Wittgenstein überzeugt.

Obwohl es – von Grenzfällen abgesehen – keine vollkommene Evidenz gibt für das, was andere mit der Sprache tun, kommen wir gut zurecht. Für Skepsis als allgemeine Grundstimmung gibt es keine Veranlassung. Ich spreche meine Sprache, und ich habe mein Weltbild. Beides hätte ich ohne die Anderen nicht. Es gibt auch selten Anlaß daran zu zweifeln, daß die Anderen dieselbe Sprache sprechen wie ich. Dennoch, wie ich meine Sprache gebrauche, ist allein meine Verantwortung, liegt nur in meiner Autonomie. Ich bin auf mich selbst gestellt. Dasselbe gilt für mein Weltbild. Ich kann darauf vertrauen, daß mein Weltbild von vielen anderen geteilt wird. Wie weit und tief unsere Übereinstimmung im Weltbild geht, wissen wir aber wechselseitig nicht. Mein Vertrauen in das gemeinsame Weltbild wird dadurch nicht erschüttert. Deshalb muß ich mich nicht weiter um mein Weltbild kümmern, sowenig ich mich um mein eigenes ‚Ich‘ kümmern muß.

Mein ‚Ich‘, meine Sprache und mein Weltbild sind nicht im Zentrum meines Lebens, weil meine Grenzen gar nicht im

Zentrum meiner Aufmerksamkeit sein können. Meine begrenzte Gewißheit nimmt mich nicht gefangen, lähmt mich nicht, wie sie nur den Skeptiker lähmen kann. Wittgenstein ist kein Skeptiker, sondern ein solipsistischer Realist. Daß der Solipsismus ein Realismus ist, sagt er schon im *Tractatus* (5.64). Hier hat er allerdings eine „strenge Durchführung" im Sinn:

Das Ich schrumpft zum ausdehnungslosen Punkt zusammen, und es bleibt die ihm koordinierte Realität. (TLP 5.64)

Diese Durchführung läuft im Ergebnis darauf hinaus, daß das ‚Ich' keine Rolle mehr spielt, wenn es darum geht, was die Welt ist. An dieser Version des reinen, solipsistischen Realismus hält Wittgenstein auch nach dem *Tractatus* fest. Trotz der möglichen Skepsis aufgrund meiner Grenzen hält mein Zweifel mich nicht in Atem. Was ich sage und verstehe, kann als das gelten, was die Anderen sagen und verstehen. Nicht meine Grenzen sind wichtig, sondern die Evidenz, die es für unsere Übereinstimmung gibt. Die ist nicht überwältigend, reicht dem Solipsisten aber. In diesem Geist schreibt Wittgenstein in den *Philosophischen Untersuchungen*:

Aber der Solipsist *will* ja auch keine praktischen Vorteile, wenn er seine Anschauung vertritt! (§ 403)

Er gibt sich mit dem zufrieden, was er hat. Er ist allerdings auch überzeugt, daß er mehr nicht haben kann.

XI. Ethik und religiöser Glaube

Zum Weltbild gehört neben meinen Überzeugungen über das, was es gibt und was die Anderen denken, fühlen und glauben, ein großer anderer Bereich. Es ist ein Glauben eigener Art, der religiöse Glauben. Wittgenstein äußert sich auf zweierlei Weise zu diesem Glauben, einmal als kritischer, teilweise distanzierter Beobachter, zum andern als Betroffener, als Gläubiger. Letzteres tut er in seinen Tagebüchern, ersteres vor allem in den *Vermischten Bemerkungen*.[1] Die Verbindung zwischen seinen eigenen religiösen Überzeugungen und seinen eher distanzierten, begrifflichen Äußerungen zum religiösen Glauben ist eng. Wir finden keine feindseligen oder herabsetzenden Äußerungen zum religiösen Glauben. Wittgenstein hat große Achtung vor religiösen Überzeugungen und sucht sein Leben lang, Klarheit über seinen eigenen Glauben zu gewinnen.

Wittgensteins Verhältnis zum religiösen Glauben wird von einigen Interpreten ins Zentrum seines Denkens gerückt.[2] Dabei gibt es Versuche, Analogien herzustellen zwischen religiösen und philosophischen Ansprüchen, zum Beispiel der Unerklärbarkeit Gottes und Wittgensteins Auffassung, daß Sprachspiele und deren Regeln keine Erklärung oder Rechtfertigung haben können.[3] In einer Fülle von persönlichen Äußerungen zeigt Wittgenstein, daß er nicht nur über religiöse Fragen nachdenkt, sondern sich selbst in bestimmter Hinsicht als religiös denkenden Menschen und als Christ betrachtet.[4] Es wird häufig auf die Äußerung gegenüber seinem Freund Drury hingewiesen, in der er sagt, er sei zwar kein religiöser Mensch, könne aber nicht umhin, jedes Problem von einem religiösen Standpunkt aus zu betrachten.[5] Es geht wohl darum, wie wörtlich wir diese Äußerung verstehen können.

Die Tagebücher[6], die Wittgenstein in den ersten beiden Jahren des Ersten Weltkriegs als Soldat schrieb, enthalten eine Fülle religiöser Äußerungen. Es sind Gebete, in denen er Gott um Kraft (GT 21, 42), Beistand (GT 33, 58), Schutz (GT 48, 69–72) und Erleuchtung (GT 22) bittet, oder in denen er sich in Gottes Willen fügt (GT 26, 35, 39, 71). Andere Äußerungen sind deklarativ; sie bezeichnen Gott zum Beispiel als die Liebe (GT 60) und das Christentum als „einzig sicheren Weg zum Glück" (GT 50). Wir begegnen aber auch Äußerungen, die zeigen, daß Wittgenstein in Sorge um seinen Glauben an Gott ist (GT 48). Seine religiösen Äußerungen in den Tagebüchern zwischen 1914 und 1916 sind allesamt inbrünstig, nicht distanziert, sondern tief gläubig.

Dies bedeutet aber nicht, daß Wittgenstein in einem engeren, konfessionellen Sinn gläubig war. Er war zwar katholisch getauft, blieb es, ohne dies bei offiziellen Befragungen[7] zu verleugnen, und wurde katholisch beerdigt. Praktizierender Katholik war er aber nicht. Wittgensteins gläubige religiöse Äußerungen aus der Zeit des Ersten Weltkriegs sollten wir auch nicht als zuverlässigen Nachweis einer bleibenden Einstellung betrachten. In späteren Notizen kommen die Zweifel und Unsicherheiten seines Glaubens zum Ausdruck. Seine Zweifel sind aber begleitet von tiefen Überzeugungen und religiösen Einsichten. Seine Distanz zum religiösen Ritus wird deutlich: Er könne nicht niederknien, zu beten, weil seine Knie gleichsam steif seien, schreibt er 1946 (VB 529). Auch mit der christlichen Lehre hat Wittgenstein Schwierigkeiten: An das Jüngste Gericht glaube er nicht, schreibt er 1937 (VB 495). In derselben ausführlichen Passage spricht er von seiner Neigung, an die Auferstehung Christi zu glauben; er spiele gleichsam mit diesem Gedanken. Um an die Erlösung zu glauben, brauche er Gewißheit. Dann heißt es wiederum in völliger Übereinstimmung mit der christlichen Lehre: Die Gewißheit sei der Glaube selbst; und: nur die Liebe könne die Auferstehung glauben. Als ob er sich diese Einsicht nun gleich zur eigenen Glaubensverpflichtung machen wollte, fordert er:

sei erst erlöst und halte an Deiner Erlösung (halte Deine Erlösung) fest – dann wirst du [sic!] sehen, daß Du an diesem Glauben festhältst. (VB 496)

Vor die rationale Einsicht in den Glauben stellt Wittgenstein hier den Glauben selbst. Der in Liebe gefaßte Glaube an die Erlösung muß vorhanden sein, so glaubt er, bevor kognitive Ansprüche an den Glauben gestellt werden können. Der Glaube und nicht das Wissen liefert Gründe; dabei ist er selbst ohne Grund, grundlos (ÜG § 166). Sollte es nicht genau umgekehrt sein: Wir glauben erst dann etwas, wenn wir etwas wissen, also vernünftige Gründe dafür haben? Die Umkehrung des Verhältnisses zwischen Wissen und Glauben erinnert an den Satz von Aurelius Augustinus: „credo ut intelligam", ich glaube, um erkennen und wissen zu können. Das vernünftige Erkennen gibt uns keine Gründe für den religiösen Glauben, im Gegenteil. Die Vernunft spricht gegen den Glauben. Wenn aber der Glaube vorhanden ist, kann ihm die Vernunft förderlich sein.[8] Die Verwandtschaft von Wittgensteins Auffassung des Verhältnisses zwischen Glauben und Vernunft mit derjenigen von Augustinus ist von ihm vielleicht nicht unmittelbar beabsichtigt. Da er aber immer wieder zeigt, daß er Augustinus mit Interesse gelesen hat, ist die Verwandtschaft wohl nicht nur zufällig.

Es ist offensichtlich, daß Wittgenstein nicht nur von der christlichen Tradition geprägt ist, sondern intensiv über religiöse Fragen nachdenkt. Fraglich ist, ob er, wie Hans Albert meint,[9] ein „durch die christliche Tradition geprägter religiöser Denker" ist. Religiöse Denker gewinnen, wie Sören Kierkegaard oder Gabriel Marcel, ihre philosophischen Überzeugungen aus ihren religiösen. Dies läßt sich über Wittgenstein gewiß nicht sagen. Er sucht nicht nach religiösen Quellen oder Bestätigungen seines Denkens. Aus distanzierter Perspektive überlegt er, ob es gute Gründe für den Glauben an Gott gibt. Dabei zeigt er sich als Verteidiger des Glaubens gegen dessen Theoretisierung, etwa in der Theologie. Das Christentum sei keine Lehre und keine Theorie, sondern „eine Beschreibung eines tatsächlichen Vorgangs im Leben des Menschen"(VB 488). Die Vorgänge, auf die er hier ausdrücklich anspielt, sind zum Beispiel die „Erkenntnis der Sünde", die „Verzweiflung" und die „Erlösung durch den Glauben". Sie alle hält er offenbar für Tatsachen des religiösen Lebens.

Wittgenstein wehrt sich auch gegen ein historisches und theoretisch erklärendes Verständnis des Evangeliums. Selbst wenn sich die Evangelien als historisch falsch erwiesen, meint er, würde der Glaube nichts verlieren; sein Argument ist: „weil der historische Beweis (das historische Beweis-Spiel) den Glauben gar nichts angeht".[10] Diese Überzeugung kann die Patenschaft Kierkegaards kaum verleugnen. Kierkegaard sagt in den *Philosophischen Brocken*, das Faktum des Glaubens beruhe im Hinblick auf seine Historizität und Gleichzeitigkeit auf einem Selbstwiderspruch. Es handle sich jedoch um ein Faktum „nur für den Glauben".[11] Wittgenstein denkt in der Tradition Kierkegaards, wenn er sagt, es gehe weder um historische Wahrheit noch um Vernunftwahrheit. Vielmehr werde die „Nachricht" der Evangelien „glaubend (d.h. liebend) vom Menschen ergriffen"(VB 495). Verfehlt die Entmythologisierung des Evangeliums, wenn wir Wittgensteins Auffassung folgen, nicht den eigentlichen Punkt des Glaubens? Es sieht ganz so aus.

Der religiöse Glaube ist, so wie Wittgenstein ihn versteht, nicht das Gegenteil des vernünftigen Glaubens. Zum einen sind beide Arten des Glaubens vernünftig; zum andern gibt es für jede der beiden Arten zu glauben verschiedene Typen von Gründen. Religion und Wissenschaft gehören beide zum „umfassenderen Weltbild".[12] Das Gegenteil von diesen beiden Arten des Glaubens ist der Aberglaube.

Beide Arten des Glaubens, der wissenschaftliche und der religiöse, können abergläubisch sein. Sie sind es aber nicht ohne weiteres. Das entscheidende Ingredienz für den Aberglauben sind pseudo-wissenschaftliche Erklärungen. Der systematische Kern jedes Aberglaubens ist, nach Wittgensteins Überzeugung seit dem *Tractatus* (5.1361), der Glaube an den Kausalnexus. Dieser Glaube ist nicht der Kausalität wegen verwerflich, sondern weil er alles nach dem Verhältnis von Ursachen und Wirkungen erklären will. Jeder Aberglaube ist ein ungerechtfertigter Glaube an den Kausalnexus. Das ist, wie Joachim Schulte zeigt (1992, 139), die These Wittgensteins. Seine Gegner sind nicht Newton, Maxwell, Hertz oder Boltzmann, die Vertreter eines mechanistischen Weltbilds. Wittgenstein verurteilt nicht den Mechanismus, sondern dessen generelle Anwendung auf alle Phänomene, Probleme und Rätsel. Den Aberglauben an den Kausalnexus treffen wir in der Philosophie, wenn sie das Verhältnis zwischen Körper und Geist nach dem Modell des psycho-physischen Parallelismus deutet (Z 417, § 611).

Wir treffen den Aberglauben auch in der Theologie, wenn sie nach Ursachen für den Glauben an Gott sucht (VB 570f.). Wittgenstein findet es lächerlich, wenn Theologen „den Glauben zu einer Frage der Wissenschaft machen"(VuG 93 f.). Der Glaube sei – hier zitiert er den Apostel Paulus – eine Torheit; der Glaube sei „nicht nur nicht vernünftig" (VuG 93), sondern gebe auch nicht vor, vernünftig zu sein. Nur Unvernünftige machen, nach Wittgensteins Ansicht, den Versuch, den Glauben vernünftig zu machen, und verwandeln ihn damit in Aberglauben (VuG 95). Aberglauben gibt es aber auch in den Naturwissenschaften, wenn sie glauben, „daß die sogenannten Naturgesetze die Erklärungen der Naturerscheinungen seien" (TLP 6.371). Die Universalisierung einer bestimmten Form wissenschaftlicher Erklärung auf die gesamte Wirklichkeit ist ein Aberglaube. Ein Instrument der Erklärung wird zum Gegenstand quasi-religiösen Glaubens. Dann werden aus wissenschaftlichen Erklärungen Pseudo-Erklärungen. Auch Freuds Psychoanalyse arbeitet, nach Wittgensteins Urteil, mit Pseudo-Erklärungen; sie habe uns damit „einen schlimmen Dienst erwiesen"; jeder Esel meine nun, er könne mit derlei Erklärungen Krankheitserscheinungen erklären (VB 527).[13] Das „Geschwätz über Ursache und Wirkung" fänden wir auch in „Büchern über Geschichte", dabei sei nichts verkehrter und weniger durchdacht als dies (VB 537f.). Der Aberglaube ist in allen Wissenschaften und Weltanschauungen zu finden, die den Kausalnexus unkritisch als Basis des Erklärens und Verstehens aller Phänomene und der Wirklichkeit insgesamt annehmen.

Das Wort ‚Aberglaube' wird häufig synonym mit ‚Magie', ‚Zauberei', aber auch mit ‚religiösem Glauben' gebraucht. Lange galten vor allem die animistischen Religionen sogenannter primitiver Kulturen als typische Beispiele. ‚Aberglaube' ist in diesem Fall gleichbedeutend mit dem Vorwurf der Irrationalität. Wittgenstein dreht den Spieß um. Nicht der Primitive, der an Magie glaubt, ist abergläubisch, sondern der, der ihm dies auf der Basis seiner wissenschaftlichen Rationalität vorwirft. Ein für Wittgenstein besonders markantes Beispiel von Pseudo-Erklärungen ist Frazers *Golden Bough*.[14] Der Anthropologe Frazer versteht unter ‚Magie‘ den Versuch, Ereignisse durch Techniken zu kontrollieren, die auf falschen Folgerungen beruhen. Frazer unterstellt den magisch denkenden sogenannten Primitiven, daß sie falsche Kausalverhältnisse annehmen. Er kommt zu diesem Vorwurf, weil er die wissenschaftliche Rationalität auf das magische Denken, das er erklären will, überträgt. Dies kreidet ihm Wittgenstein als grundlegenden Fehler an. Nach Wittgensteins Urteil entsteht ein Irrtum erst, „wenn die Magie wissenschaftlich ausgelegt wird" (VüE 32). Erst durch die Übertragung des Kausalnexus auf die magischen Zusammenhänge entstehen falsche Folgerungen. Dann wird aus allem, was dem magischen Denken entspringt, eine Dummheit (VüE 29).

Ähnlich differenziert Wittgenstein beim Wunder-Glauben. Die Wissenschaft betrachte eine Tatsache auf andere Weise als diejenigen, für die sie ein Wunder sei. Deswegen sei es absurd zu sagen „die Wissenschaft hat bewiesen, daß es keine Wunder gibt'"(VüE 17). Tatsächlich hat keine Wissenschaft den Begriff ‚Wunder‘; er kann im wissenschaftlichen Sprachspiel nicht vorkommen. In diesem Sprachspiel werden Ursachen und Wirkungen identifiziert und miteinander in Verbindung gebracht. Dieses Sprachspiel kann aber, so glaubt Wittgenstein, nicht den Anspruch erheben, überall am Platz zu sein. Wir machen einen Fehler, wenn wir die wissenschaftliche Betrachtungsweise universalisieren und auf alle Phänomene übertragen, die uns begegnen. In universalisierter Form ist die wissenschaftliche Erklärung von Phänomenen ein Aberglaube, ein quasi-religiöser Glaube an den Kausalnexus.

Wenn wir diesen Fehler der Universalisierung nicht machen und den Glauben an den Kausalnexus als Aberglauben durchschauen, wird uns der Unterschied zwischen Religion und

Aberglaube klar. Wittgenstein stellt diesen Unterschied deutlich heraus:

Religiöser Glaube und Aberglaube sind ganz verschieden. Der eine entspringt aus Furcht und ist eine Art falscher Wissenschaft. Der andre ist ein Vertrauen. (VB 551)

Es gibt kaum einen überzeugteren, leidenschaftlicheren Verteidiger des religiösen Glaubens gegen dessen aufklärerische, rationalistische Gegner als Wittgenstein. Religiöser Glaube könne „nur etwas wie das leidenschaftliche Sich-entscheiden für ein Bezugssystem sein"(VB 540/41). Die Leidenschaft, mit der der Glaube ergriffen wird, soll aber nicht über ihr Ziel hinausschießen. Sie darf nicht zur Verblendung führen. Wittgenstein hat den religiösen Glauben gegen den religiösen Wahn verteidigt. Der religiöse Wahnsinn sei „Wahnsinn aus Irreligiösität", schreibt er (VB 468).

Auch Kant hat den „Religionswahn" verurteilt. Seine Gründe aber sind mit denen Wittgensteins, wie wir sehen werden, unverträglich. Kant läßt für Wunder keinen Platz. Jede Erscheinung gehört nach seiner Überzeugung zur gesetzmäßig determinierten Natur. Wunder sind für Kant daher Täuschungen. ‚Wahn' nennt er die Täuschung, die dadurch zustande kommt, daß die „bloße Vorstellung einer Sache mit der Sache selbst" verwechselt wird.[15] Diese Verwechslung kommt, nach Kant, in Sachen Religion dann zustande, wenn kirchliche Verordnungen für göttliche Gebote gehalten werden. Der Gottesdienst der Kirchen fördere den „Religionswahn" und sei ein „Afterdienst", nur eine „vermeintliche Verehrung Gottes".

Kants Kriterium des richtigen religiösen Glaubens ist die Moral. Er befreit die Religion von ihren historischen und kulturellen Bezügen und reduziert Religion auf reine, von der Vernunft bestimmte Moral. Wittgensteins Kriterium des religiösen Glaubens ist dagegen allein die Ehrlichkeit und die kompromißlose Leidenschaft, mit der der Glaube ergriffen wird. Die Vernunft kommt erst nach dem Glauben. Statt wie Kant Religion auf Moral zu reduzieren, macht er das Umgekehrte. Der Ethik geht es, nach Wittgenstein, um das Übernatürliche, das Göttliche.

Trotz dieser diametral entgegengesetzten Ansichten über das Verhältnis von Moral und Religion stimmen Kant und Wittgenstein überein, daß der religiöse Glaube keine Kompromisse zuläßt. Beide sind auf ihre Art Rigoristen, und beide empfehlen direkt oder indirekt eine Abkehr von dieser Welt und ihren Attraktionen. Der wahrhaft Gläubige läßt sich nach Wittgensteins Überzeugung voller Vertrauen und ohne rationale Rückversicherung auf den Glauben ein und richtet nach ihm „sein ganzes Leben" aus (VuG 88). „Der ehrliche religiöse Denker ist wie ein Seiltänzer", schreibt er (VB 554). Auch bei Kant wandelt der wahrhaft religiöse Mensch auf einem schmalen Grat, wenn er zur Umkehr, zu einer neuen Art zu denken und zu handeln aufbricht. Es ist das moralische Gesetz, das er ebenfalls ohne Rückversicherung ergreifen, genauer gesagt: sich selbst vorschreiben muß.

Kants rationale Moral ist Wittgenstein fremd, nicht nur weil bei Kant die Vernunft bestimmt, was moralisch gut ist, sondern weil dies in einer Lehre dargestellt wird. An der Lehre vom Kategorischen Imperativ sollen wir uns orientieren, um moralisch gut zu werden. Wittgenstein ist dagegen überzeugt, daß die Menschen nicht zum Guten geführt werden können; denn das Gute liege außerhalb des Tatsachenraums (VB 454). Das Gute, das Übernatürliche, das Göttliche sind für Wittgenstein nur verschiedene Ausdrücke für dasselbe.

Wenn etwas gut ist, so ist es auch göttlich. Damit ist seltsamerweise meine Ethik zusammengefaßt.
Nur das Übernatürliche kann das Übernatürliche ausdrücken. (VB 454)

Diese Passage aus dem Jahre 1929 erinnert noch an das Verbot des *Tractatus*, über das zu sprechen, was nicht gesagt werden kann. Im selben Jahr entsteht der „Vortrag über Ethik"[16], der erstmals das Ethische mit dem Übernatürlichen identifiziert. Das besagte Verbot des *Tractatus* zieht Wittgenstein nicht in Zweifel. Er gestattet sich aber das Eingeständnis, daß wir Menschen den Trieb hätten, gegen die Grenzen der Sprache anzurennen (VüE 18/19).

Sein eigenes Anrennen gegen diese Grenzen beginnt schon damals ausdrucksvoll zu werden. Er spricht über das Übernatürliche anhand von Beispielen dessen, was er unter dem „absolut Guten" und einem „ethischen Wert" versteht. Als Beispiele führt er drei Erlebnisse an: „über die Existenz der Welt zu staunen" (VüE 14), das „Erlebnis der absoluten Sicherheit" (VüE 15) und das Erlebnis des „Schuldgefühls" (VüE 16). Er gesteht ein, es sei paradox, daß ein Faktum wie ein Erlebnis „übernatürlichen Wert" zu haben scheine (VüE 17). Was paradox scheint, sei aber nichts weiter als der Ausdruck eines Wunders. Es sei das Erlebnis, „bei dem man die Welt als Wunder sieht" (VüE 18). Der Ausdruck des Wunders der Existenz der Welt sei, so sei er versucht zu sagen, kein „in der Sprache geäußerter Satz, sondern der richtige Ausdruck sei die Existenz der Sprache selbst" (VüE 18).

Daß es die Sprache gibt, ist für Wittgenstein also Ausdruck des Übernatürlichen. Damit sagt er nicht im inhaltlichen Sinn, was das Übernatürliche ist. Er weist nur darauf hin, daß sich das, was wir nicht sagen und nicht erklären können, gerade als das zeigt, was wir bestens kennen. Wir kennen die Sprache und die Welt, wissen aber nicht, warum es sie gibt. Statt nach Gründen zu forschen, wo es keine gibt, sollten wir – wie Wittgenstein am Ende seines Lebens sagt – das wahrhaft Schwierige tun, nämlich „die Grundlosigkeit unseres Glaubens" (ÜG § 166) einsehen. Diese Bemerkung macht er nicht direkt zum religiösen Glauben. Sie trifft aber auf den wissenschaftlichen und den religiösen Glauben gleichermaßen zu. Beide Arten des Glaubens haben gemeinsam, daß sie „grundlos" sind, daß sie kein ehernes, absolut sicheres Fundament haben. Wittgensteins ganze philosophische Arbeit versucht, das Fehlen der sicheren Fundamente in allen Bereichen des Lebens, Denkens und Glaubens klar zu machen und uns davon zu überzeugen, daß uns deswegen nichts abgeht.

XII. Philosophie

1. Klarheit und Übersicht

Wittgenstein hat zur Philosophie – wie viele, die über sie nach-dachten – ein ambivalentes Verhältnis. Er versteht auf der einen Seite sein eigenes Denken als Philosophie. Andererseits will er sich nicht in die zeitgenössische akademische Philosophie ein-reihen. Er kann Geschichte und Gegenwart der Philosophie nicht akzeptieren, weil sie die Sprache, in der sie nachdenkt, selten klärt. Es gibt Ausnahmen wie den von Wittgenstein sehr geschätzten Lichtenberg, der die ganze Philosophie als „Berichtigung des Sprachgebrauchs" und damit auch als „Berichtigung der Philosophie" versteht.[1] Es gibt auch andere Beispiele von Philosophen, die Verwirrungen des Denkens durch Klärungen der Sprache beheben wollen.[2] Sie alle machen die begrifflich oder logisch ungeklärte Sprache für Scheinprobleme verantwortlich.[3]

a) Sprachkritik

Wittgenstein ist also weder der erste noch der einzige, der Philosophie als Sprachkritik versteht. Er spricht ähnlich wie seine Vorgänger in zwei Weisen von ‚Philosophie'. In einer positiven Weise beschreibt er, wie er Philosophie versteht, in einer negativen distanziert er sich von der Philosophie, die er für verfehlt hält. Darin unterscheidet er sich nicht von vielen anderen Philosophen. Ähnlich wie viele andere geht er auch nicht ausführlicher auf bestimmte Denkrichtungen ein. Seine Gegner werden nur in den Umrissen seiner Kritik an falschem oder verworrenem Denken erkennbar. Sein eigenes Denken sucht nach Klarheit und Übersicht, und zwar in einer Radikalität und Kompromißlosigkeit, die ihresgleichen sucht.

Im *Tractatus* heißt es programmatisch und bekenntnishaft:

Alle Philosophie ist „Sprachkritik". (TLP 4.01)[4]

Er stellt gleich nach dem eben zitierten Satz klar, daß er ‚Sprachkritik' nicht psychologisch – nicht wie Mauthner[5] – versteht, sondern als logische Analyse im Sinn Russells. Wir wissen, daß er Sprachkritik als logische Analyse später verwirft. Lange bevor er aber die logische Analyse als ungeeignet für das klare Verstehen von Sprache und Wirklichkeit ansieht, nennt er bereits die Klärung des Wort- und Satzgebrauchs als Beispiel der Sprachkritik:

(In der Philosophie führt die Frage: „Wozu gebrauchen wir eigentlich jenes Wort, jenen Satz?" immer wieder zu wertvollen Einsichten.) (TLP 6.211)

Dennoch ist die logische Analyse eine besonders klare und effektive Form der Sprachkritik. Der logische Schein von Aussagen wird durch die tatsächliche logische Struktur, die ihnen zugrundeliegt, bloßgelegt. Die spätere grammatische Analyse, die den Sprachgebrauch in unterschiedlichen Sprachspielen untersucht, führt den Anspruch auf Klarheit der logischen Analyse fort. Sie versucht allerdings nicht, verborgene Grundstrukturen aufzudecken. Vielmehr zeigt sie, wie sich unsinnige Aussagen selbst ad absurdum führen und wie sich dadurch philosophische Probleme in Luft auflösen.

Es scheint so, als ginge im Übergang von der logischen zur grammatischen Analyse die Klarheit und Schärfe der Sprachkritik des *Tractatus* verloren. Wir haben, wenn wir dies meinen, in der deduktiven, axiomatischen Ordnung der zweiwertigen Logik ein Ideal von Klarheit. Ohne Zweifel ist diese Logik beispielhaft für jede begriffliche Ordnung. Wittgenstein will dies nicht in Zweifel stellen. Die logische Analyse erweist sich lediglich als untaugliches Instrument der Sprachkritik. Es ist untauglich, wenn es so gebraucht wird, als würde es sich um eine chemische oder physikalische Analyse handeln, mit der „verborgene Dinge an den Tag" gebracht werden (BT 101, PhG 210). Wenn diese falsche Analogie zwischen logischer und chemischer oder physikalischer Analyse einmal durchschaut ist, kann das Ideal der Klarheit in der Philosophie nicht mehr die Logik sein. Dann muß die „Mythologie des Symbolismus" (BT 145) überwunden werden, und zwar aus der Einsicht, daß sie nur einen Schein der Klarheit erzeugt. Die „Strenge" der Logik, sagt er in den *Untersuchungen* (PhU § 108), scheint „aus dem Leim zu gehen", wenn es um die Klärung von ‚Satz' und ‚Sprache' geht. Natürlich verliert die Logik nicht ihre Strenge. Es geht vielmehr darum, unser „*Vorurteil der Kristallreinheit*" durch eine Drehung der Betrachtung, wie Wittgenstein anschaulich formuliert, zu beseitigen (PhU § 108). Diese Drehung der Perspektive ist in den §§ 89–133 der *Philosophischen Untersuchungen* gut nachvollziehbar. In ihnen nimmt Wittgenstein endgültig Abschied von der logischen Analyse und der mit ihr verbundenen Auffassung von Philosophie.[6]

b) Probleme lösen

Wirkliche Klarheit herrscht erst dann, wenn die Probleme der Philosophie verschwunden sind. Wittgensteins Anspruch auf Klarheit wird, nachdem er die logische Analyse aufgibt, rigoroser, stärker und nicht schwächer. Es ist nicht so, als würde er sich nun mit bloßen Händen an einer Sache zu schaffen machen, nachdem er mit anspruchsvollem Werkzeug nicht weiter kam. Wittgenstein greift nicht verzweifelt nach groben Mitteln, nachdem die subtilen, logischen nicht taugten. Erst jetzt werden die Mittel seiner Analyse des Sprachgebrauchs wirklich subtil, auch wenn sie anspruchslos erscheinen.

Ich mache es mir in der Philosophie immer leichter und leichter. Aber die Schwierigkeit ist, es sich leichter zu machen und doch exakt zu bleiben. (BT 70)

Die neue Exaktheit und Klarheit sucht Wittgenstein nicht mehr durch die analytischen Instrumente seiner Untersuchungen, sondern unmittelbar im Umgang mit der Sprache. Er will nicht korrigierend oder revidierend Sprachkritik treiben, sondern nur beschreibend. Klarheit durch Beschreibung des Sprachgebrauchs ist seine philosophische Aufgabe. Dieser Aufgabe widmet er die *Philosophischen Untersuchungen*:

Wir wollen nicht das Regelsystem für die Verwendung unserer Worte in unerhörter Weise verfeinern oder vervollständigen.
Denn die Klarheit, die wir anstreben, ist allerdings eine *vollkommene*. Aber das heißt nur, daß die philosophischen Probleme *vollkommen* verschwinden sollen.
Die eigentliche Entdeckung ist die, die mich fähig macht, das Philosophieren abzubrechen, wann ich will. Die die Philosophie zur Ruhe bringt, so daß sie nicht mehr von Fragen gepeitscht wird, die *sie selbst* in Frage stellen. (PhU § 133)[7]

Vollkommene Klarheit, Klarheit um ihrer selbst willen,[8] löst die Probleme der Philosophie, indem sie sie zum Verschwinden bringt. Wohlgemerkt, nicht die Philosophie, sondern ihre Probleme sollen verschwinden. Wenn er die Philosophie zur Ruhe bringen will, heißt dies nicht, daß er sie abschaffen will.[9] Im Gegenteil, sie soll sich nicht mehr selbst durch hausgemachte Probleme in Frage stellen und gefährden. Wittgenstein nimmt nicht die herostratische[10] Pose dessen ein, der die Philosophie abschaffen will. Er läutet auch nicht pathetisch das Ende der Philosophie ein. Solche Gebärden, die das nüchterne Maß der kritischen Selbsteinschätzung vermissen lassen, sind ihm fremd. Er will nur eines beenden, und das sind die Mißverständnisse der Sprache, aus denen Probleme entstehen, von denen einige tief sind. Die Tiefe dieser Probleme reicht aber, wie wir in den *Philosophischen Untersuchungen* lesen, nicht weiter als die Wurzeln, die diese Probleme in den „Formen unserer Sprache" haben (PhU § 111). Nur scheinbar tief sind die Probleme, die aussehen, als reichten sie tiefer als unsere Sprache. Dies können wir nur in Ruhe, ja in „vollster Ruhe" erkennen, wenn wir die Probleme „methodisch eins nach dem andern" untersuchen (BT 432).[11] Wittgenstein will die Philosophie nicht beenden, sondern auf möglichst wirkungsvolle Weise ihre Probleme lösen.

In den Wissenschaften müssen wir zur Lösung von Problemen neue Evidenzen finden. Wir müssen Versuche machen und Daten sammeln, die dazu beitragen, Rätsel und bisher offene Fragen zu beantworten. Wittgenstein hält dieses Verfahren für die Philosophie, für seine eigene natürlich, nicht für sinnvoll. Nicht Neues, sondern „längst Bekanntes" muß zusammengetragen werden, damit wir, gegen unsere beinahe triebhafte Neigung, uns verwirren zu lassen, erkennen können, wie unsere Sprache wirklich arbeitet (PhU § 109). Philosophie ist als „Kampf gegen die Verhexung unsres Verstandes" durch die Sprache (a. a. O.) überhaupt nur nötig, weil wir uns so gerne von der Sprache verhexen lassen. Wir haben die Anlage dazu. Aus diesem Grund ist es so schwer, Klarheit zu erreichen. Wenn wir den Bann der Verhexung aber brechen, wenn wir Wörter wie ‚Wissen', ‚Satz', ‚Ich', ‚Sein', ‚Gegenstand' wieder in den sprachlichen Rahmen stellen, in den sie gehören, dann führen wie diese Wörter „von ihrer metaphysischen wieder auf ihre alltägliche Verwendung zurück" (PhU § 116).[12] Die „Sprache des Alltags" (PhU § 120) müssen wir in der Philosophie wieder sprechen lernen.

c) Den Gebrauch der Wörter beschreiben

Die Klarheit, die Wittgenstein erreichen will, ist die Übersicht über den Gebrauch der Wörter (PhU § 122). Diese Übersicht gewinnen wir allein durch die Beschreibung des Gebrauchs der Wörter. Der Mangel an Übersicht ist eine Quelle der Mißverständnisse. Wenn wir Übersicht über den Gebrauch von Wörtern haben, kennen wir uns auch in den Sachen aus, um die es bei ihrem Gebrauch geht. Übersicht ist eine Alternative zur logischen Analyse[13], ähnlich wie Beschreiben eine Alternative zum Erklären ist. Es geht nicht wie im *Tractatus* um das Logische, sondern um den alltäglichen Sprachgebrauch. Die Beschreibung ist das geeignete Mittel, um Übersicht über den Sprachgebrauch zu gewinnen. Übersicht können wir zwar auch durch logische Analyse gewinnen; ein Muster dafür ist die übersichtliche Darstellung der Aussagenlogik durch die Wahrheitstafeln im *Tractatus*. Übersicht über die Grammatik des Sprachgebrauchs erreichen wir aber weder durch logische, symbolisch-formale Analysen noch durch Erklärungen, sondern nur durch Beschreibungen (PhU § 109).

‚Beschreiben' ist keine wissenschaftliche Disziplin, auch keine methodisch bestimmte Tätigkeit. Es darf nicht mit dem Deskriptiven verwechselt werden, das dem Normativen gegenübergestellt wird. Deskriptive Sätze wie ‚Die Rose ist rot' oder ‚2 + 2 = 4' gelten dabei als wahrheitsfähig, normative wie ‚Versprechen sollen gehalten werden' nicht. Beim ‚Beschreiben' des Sprachgebrauchs geht es nicht darum, empirisch oder a priori wahre Sätze darüber zu formulieren, wie wir sprechen. Daß wir uns wahrheitsgemäß an den Sprachgebrauch halten, wenn wir ihn beschreiben, ist trivial. Das Wahre der Beschreibung besteht darin, den Gebrauch von Wörtern in einem Sprachspiel ganz und vollständig zu erfassen. Beschreiben heißt, Verwendungen und Gebrauchsweisen aufzuschreiben und zu untersuchen, für und gegen welche bisher üblichen Bedeutungen sie sprechen. Beschreiben heißt auch, die antithetische Symmetrie auszuprobieren und zu sehen, ob es unsinnig wäre, einen Satz in sein Gegenteil zu verkehren. Auf diese Weise zeigen die Beschreibungen, daß es zum Beispiel unsinnig ist, das Seelische als das Innere zu betrachten oder nach dem Ort des Denkens zu suchen. Durch Beschreiben gewinnen wir Übersicht.

Nicht nur der Gebrauch von Wörtern soll beschrieben werden, sondern auch der Gebrauch von Regeln, selbst von einem System von Regeln, wie es in der Mathematik zu finden ist. Zu jedem Beweis zum Beispiel ist Übersichtlichkeit nötig (BGM I, § 154, III, § 1). Wittgenstein setzt Übersicht mit Verstehen anhand einer Orientierung oder Richtschnur gleich.[14] Dieses Verstehen ist aber kein Wissen von Lösungen, sondern das Vertrautsein mit der Art und Weise, wie wir uns zum Beispiel im Beweis bewegen können oder wie wir uns in den Regeln der Mathematik verfangen; es ist ein Verstehen, das „vor der Lösung des Widerspruchs" steht (PhU § 125). Übersicht durch Beschreiben deckt nichts Verborgenes auf, führt nicht zur Klärung von Rätseln. Das Verborgene interessiert nicht (PhU § 126), und wenn nur das, was „offen daliegt", Gegenstand der Philosophie ist, beschäftigt sie sich in gewisser Weise mit dem Trivialen, mit dem, was unumstritten ist. In diesem Sinn nennt Wittgenstein Philosophie das, „was *vor* allen neuen Entdeckungen und Erfindungen möglich ist" (PhU § 126). Das ist kein Wissen a priori, kein Grundlagenwissen, sondern der Zustand der Sprache, der von allem wissenschaftlichen Wissen, von allen Erklärungen und besonderen Kenntnissen über die Natur der Dinge und der Welt unbeeinflußt ist. Was *vor* allen Entdeckungen und dem wissenschaftlichen Wissen möglich ist, ist das, was naheliegend, alltäglich, offensichtlich, auffallend ist. All das soll beschrieben werden. Das ist es aber gerade, was wir in der Philosophie nicht sehen und erst durch übersichtliche Darstellung sehen lernen müssen (vgl. BT 419). Dann erst kommen wir zu den Gegenständen der Philosophie, zu dem, was uns allen klar sein sollte.

Wollte man *Thesen* in der Philosophie aufstellen, es könnte nie über sie zur Diskussion kommen, weil Alle mit ihnen einverstanden wären. (PhU § 128)[15]

Dissens kann es nur geben, wenn es unterschiedliches Wissen, abweichende Erklärungen, verschiedene Lösungen von Problemen gibt. Im Zustand der kognitiven Unschuld, vor allem Wissen, vor den Erklärungen und Lösungen, gibt es keine abweichenden Überzeugungen. Die Philosophie ist als Beschreibung des Sprachgebrauchs im Stande kognitiver, wissenschaftlicher Unschuld. Sie weiß nichts Besonderes, weil sie nicht erklärt. Sie hat nur Übersicht über das, was Wörter und Sätze sagen können, was wir mit ihnen offensichtlich und beschreibbar tun können. Die Philosophie tut – wenn sie als übersichtliche Darstellung betrieben wird – selbst nichts Besonderes mit ihnen. Sie hat kein eigenes Anliegen, verfolgt keine Zwecke jenseits von Klarheit und Übersicht. Sie stattet uns mit keinen besonderen Kenntnissen aus, die uns die Welt oder die Menschen vertrauter machen. Vor allem wissen wir selbst dann, wenn wir Klarheit und Übersicht haben, nicht, wie wir künftige, neue Probleme lösen können.[16] Wir stehen vor jedem Problem, das wir noch nicht kennen, wie der Ochs vor dem Berg. Und so benehmen wir uns auch.

Wir sind, wenn wir philosophieren, wie Wilde, primitive Menschen, die die Ausdrucksweise zivilisierter Menschen hören, sie mißdeuten und nun die seltsamsten Schlüsse aus ihrer Deutung ziehen. (PhU § 194)

Diese Unbeholfenheit entspricht ganz der Lage, in der wir bei aller Klarheit und Übersicht über die Möglichkeiten des Wort-, Regel- und Satzgebrauchs sind. Übersicht ist kein kognitives, auch kein erkenntnistheoretisches oder wissenschaftliches Privileg. Und wenn wir ein Problem lösen können, indem wir den Sprachgebrauch klären, haben wir nichts weiter gewonnen, als daß sich ein Problem auflöste. Dann heißt es, ähnlich wie in Sepp Herbergers ‚Nach dem Spiel ist vor dem Spiel‘: Nach der Lösung eines Problems ist vor der Lösung des nächsten. Außerdem verhalten wir uns ohne böse Absicht ganz töricht, so als wüßten wir nicht genau, was bestimmte Wörter bedeuten. Denn wir wissen wirklich nicht genau, was sie bedeuten, bevor wir nicht wissen, um welchen Gebrauch es sich im besonderen Fall handelt.

Klarheit und nicht Wahrheit scheint die Devise. Denn Wahrheit ist kognitiv anspruchsvoll, Klarheit nicht. Wenn wir Übersicht haben und wissen, wie Wörter und Sätze gebraucht werden können und was alles wahr sein kann, wissen wir noch nicht, was tatsächlich wahr ist. Die Transparenz des Sprachgebrauchs ist machtlos, wenn Wissen Macht ist. Diese machtlose Transparenz darf nicht mit derjenigen durch logische Analyse verwechselt werden, die Sätzen jeweils einen Wahrheitswert zuschreibt. Klarheit ist noch nicht Wahrheit, nicht einmal eine potentielle Wahrheit. Denn das, was tatsächlich mit Sätzen gemacht wird, steht auf einem andern Blatt, ist nicht Sache der Philosophie, sondern des Lebens. Selbst wenn die Philosophie alle ihre Probleme gelöst und das „Bewußtsein der Unordnung" (BT 421) überwunden hat, ist noch nichts gewonnen, nichts Neues entdeckt oder erkannt. Klarheit und Übersicht können durchaus kognitiv trivial sein. Sie sind es gewöhnlich nicht. Einfachheit ist nicht gleich Trivialität. Die Philosophie müsse Knoten in unserem Denken auflösen, ihr Resultat müsse einfach sein, das Philosophieren „aber so kompliziert wie die Knoten, welche es auflöst" (Z 379, § 452).

Wittgenstein scheut Trivialität nicht. Gewöhnlich, trivial, hausbacken seien die Lösungen philosophischer Schwierigkeiten, wenn sie richtig seien. Man müsse sie nur „im richtigen Geist anschauen", dann mache dies nichts aus (BT 412). Es ist aber nicht ohne weiteres klar, welches der richtige Geist ist, den er hier meint. Der Geist der Trivialisierung wäre fatal, weil er keine Klarheit, sondern nur deren Schein bewirken könnte. Es kann nicht darum gehen, aus Problemen Plattitüden zu machen. Das wäre töricht. Der Geist wäre ein Ungeist, der bereits den möglichen Sinn als Unsinn erscheinen ließe. Der richtige Geist, den Wittgenstein meint, ist derjenige der „übersichtlichen Darstellung", die alles so läßt, wie es ist (BT 418). Es ist der Geist einer eigenen „Weltanschauung" (BT 417). Wittgenstein vergleicht hier seine eigene Weltanschauung der übersichtlichen Darstellung mit der Spenglers. So wie Spengler eine Weise, die Dinge zu sehen, vorführt, tut es auch Wittgenstein. Beide benutzen zu ihren Darstellungen Zwischenglieder, um das verständlich zu machen, was ihnen wichtig erscheint. Dabei identifiziert sich Wittgenstein nicht mit dem, was Spengler sagt. Es geht ihm allein um die Art der Darstellung.

Der Geist der Übersichtlichkeit kann auch etwas zwanghaft Ordnendes haben. Auch diesen Ungeist will Wittgenstein meiden. Nicht eine Ordnung der Grammatik um ihrer selbst willen ist sein Ziel, sondern die Zerstörung von „Götzen" (BT 412), also von falschen Göttern und damit von falschen Ordnungen. Es geht ihm um „Durchsichtigkeit der Argumente, Gerechtigkeit" (BT 414). Letzteres überrascht nicht; wenn falsche, „irreführende Analogien" (BT 408) und „Fallen der Sprache" (BT 422) vermieden oder beseitigt, wenn „falsche Argumente zurückgewiesen" sind und endlich das „erlösende Wort" fällt (BT 409), geht es gerecht zu. Es ist eine Gerechtigkeit der Sprache und den Dingen gegenüber. Dies ist kein zwanghafter Ungeist und keine Trivialisierung im Sinn mutwilliger, platter Vereinfachung von Problemen. Wittgenstein will die „Ungerechtigkeiten der Philosophie aufzeigen und lösen", ohne „neue Glaubensbekenntnisse aufzustellen" (BT 420). Er sieht, daß wir das Naheliegende, Alltägliche, Auffallendste nicht wahrnehmen (BT 419). Dies ist ungerecht gegenüber dem, was uns eigentlich auffallen müßte.

‚Ich kenne mich nicht aus' sei die Form eines philosophischen Problems (PhU § 123, BT 421). Dann ist ‚Jetzt kenne ich mich endlich aus' die Form seiner Lösung. Dazwischen liegen unterschiedliche Weisen, Methoden, die Verwirrung zu beseitigen. Allgemeine Rezepte gibt es dafür nicht. Es kann auch keine geben, weil wir zu tief in die Konfusionen der Grammatik verwickelt sind (BT 423). Wir stehen unseren Verwirrungen nicht mit kühlem Kopf gegenüber, sondern denken in ihnen. Lichtenberg meinte, die wahre Philosophie werde mit der Sprache der falschen gelehrt.[17] Ähnlich bewegen wir uns auch in Wittgensteins Augen in den grammatischen Konfusionen (BT 423), während wir versuchen, aus ihnen herauszukommen. Es ist ein Münchhausen-Problem. Wir müssen uns an den eigenen Haaren aus den Verwirrungen herausziehen. Und wenn wir es geschafft haben, dann ist eine „ganze Wolke von Philosophie ... zu einem Tröpfchen Sprachlehre" kondensiert (PhU II, xi, 565). Dann sieht die ganze Arbeit so aus, als hätte der Berg ein Mäuschen geboren. Genauso ist es zum Beispiel beim psychophysischen Parallelismus. Wittgenstein nennt ihn „eine Frucht primitiver Auffassungen unserer Begriffe" (Z 417, § 618). Hinter hochaufgetürmten Begriffen verbirgt sich keine haltbare Einsicht in das Seelische.

Es sollte nicht der Eindruck entstehen, Wittgenstein habe saubermännisch und bierernst alle philosophischen und grammatischen Verwirrungen verfolgt und unermüdlich beseitigt. Es geht ihm nicht um die Beseitigung von Problemen und Verwirrungen, sondern um die richtige Diagnose und Therapie.

382. In der Philosophie darf man keine Denkkrankheit *abschneiden*. Sie muß ihren natürlichen Lauf gehen, und die *langsame* Heilung ist das Wichtigste. (Daher die Mathematiker so schlechte Philosophen sind.) (Z 362)

2. Tätigkeit

a) Keine Metaphilosophie

Wittgenstein ist ein erklärter Gegner einer Metaphilosophie, also von theoretischen Betrachtungen über die Philosophie. Im *Tractatus* wehrt er sich gegen metalogische Betrachtungen. Der Grund ist sein Reflexionsverbot: Die logischen Gesetze dürften nicht selbst wieder logischen Gesetzen unterstehen (TLP 6.123). Das Logische zeigt sich und ist nicht Gegenstand von Aussagen. Da er sein Verbot reflexiver, selbstbezüglicher theoretischer Beziehungen aufrechterhält, wendet er sich später ebenso entschieden gegen metamathematische und gegen metaphilosophische Beziehungen (BT 67). Dies mag wie ein antitheoretischer Affekt oder wie eine Art Allergie gegen Metatheorien erscheinen. Tatsächlich nennt Wittgenstein seine Ablehnung einer Metaphilosophie einen „leitenden Gedanken" (a. a. O.), der gute Gründe hat und nicht etwa einer Emotion entspringt. Die Klärung des Sprachgebrauchs setzt keine Theorie der Sprache oder des Sprachgebrauchs voraus. Dies ist eine wichtige Konsequenz seines leitenden Gedankens. Sie bedeutet, daß es keine Theorie der Klarheit in einer Sprache, sondern nur die Klarheit unseres Gebrauchs einer Sprache geben kann.

Warum kann es keine Aussagen über die Klarheit jenseits der Klarheit des Sprachgebrauchs selbst geben? Weil wir mit der Klarheit eine Grenze innerhalb der Sprache zwischen Sinn und Unsinn ziehen. Bevor wir dies tun, können wir nicht sagen, was wir tun werden und wo die Grenze genau verläuft. Wir können nicht sinnvoll über den Grenzverlauf spekulieren. So wie es – für Wittgenstein – keinen Begriff der Logik vor dem Logischen selbst und keinen Begriff des Kalküls vor allen Kalkülen gibt, gibt es auch keinen Begriff der Klarheit vor allem klaren Sprachgebrauch. Aber können wir denn nicht so allgemeine Dinge über die Klarheit sagen wie ‚ohne Klarheit kein Sinn'? Er selbst sagt, ihm sei Klarheit Selbstzweck (VB 459).

Sagen können wir solche Dinge *über* Klarheit schon; wir wissen nur nicht genau, *was* wir damit sagen, oder wir sagen etwas Triviales. Es ist nicht klar, was wir mit ‚ohne Klarheit kein Sinn' meinen. Denn auch unklare und verworrene Aussagen haben einen Sinn. Wenn dies so ist, wäre es nicht sinnvoll zu behaupten, daß es ohne Klarheit keinen Sinn gibt. Wenn Klarheit als Selbstzweck bezeichnet wird, sagt dies nur etwas Triviales, daß Klarheit eben Klarheit ist, daß sie nichts anderem dient als sich selbst. Damit ist genau genommen nichts *über* die Klarheit gesagt worden. Aber sagt Wittgenstein nicht doch etwas *über* die Klarheit, wenn er im *Tractatus* sagt: „Alles was überhaupt gedacht werden kann, kann klar gedacht werden. Alles was sich aussprechen läßt, läßt sich klar aussprechen" (TLP 4.116)? Nein, er sagt nichts über die Klarheit, er qualifiziert nicht Klarheit, sondern Denken und Sprechen, indem er mit der Klarheit ein Kriterium dafür angibt, wie Sinn von Unsinn, das Sagbare vom Unsagbaren, das Denkbare vom Undenkbaren getrennt werden kann.

Metatheoretische Aussagen können wir – wie wir sahen – ad absurdum führen oder trivialisieren. Es muß uns trotzdem noch nicht einleuchten, daß es keine Metaphilosophie gibt. Sind denn Aussagen wie ‚Es gibt keine Metaphilosophie' oder alle Sätze, die allgemeine Aufgaben der Philosophie beschreiben, nicht selbst metaphilosophisch? Liegt es nicht nahe, in Abwandlung von Jules Renards „Der Abscheu vor dem Bürger ist bürgerlich"[18] zu sagen: ‚Die Ablehnung der Metaphilosophie ist metaphilosophisch'? Durchaus. Wir können nicht umhin, Wittgensteins „leitenden Gedanken" (BT 67) als metaphilosophische Maxime zu betrachten. Es ist eine Maxime wie ‚Halte Deine Verpflichtungen' oder ‚Gib keine Versprechen, die Du nicht halten kannst'. Aber sowenig diese ethischen Maximen bereits eine Ethik sind, sowenig ist die Maxime ‚Es gibt keine Metaphilosophie' schon eine Metaphilosophie. Wenn das Gegenteil zuträfe, wäre jedes Verbot seine eigene Verletzung, weil es etwas *über* das sagt, was verboten ist.

b) Im Anfang ist die Tat

Die Kehrseite der Maxime gegen eine Metaphilosophie ist die Maxime, Philosophie als Tätigkeit zu betrachten. Aus dieser Perspektive verstehen wir ohne weiteres, warum eine Metaphilosophie unsinnig wäre. Philosophie ist für Wittgenstein die Tätigkeit, auf „Fehler in der Sprache" hinzuweisen und sie bloßzustellen,[19] und diese Tätigkeit vollziehen wir nicht jenseits, sondern innerhalb der Sprache. Es ist etwa so, als würden wir beim Schwimmen fehlerhafte Bewegungen finden. Allerdings können wir uns auch ohne zu schwimmen über diese Fehler verständigen. Über die Fehler der Sprache, die grammatischen Verwirrungen, können wir uns nicht jenseits der Sprache klarwerden. Es ist eher so wie mit den Fehlern beim Atmen, die wir nicht mit angehaltener Luft beheben können. Wir müssen allerdings nicht sprechen, wie wir atmen müssen. Wenn wir aber Klarheit in der Sprache finden wollen, können wir dies nur sprechend.

‚Philosophie als Tätigkeit' klingt metaphorisch, ähnlich wie ‚Denken ist Handeln'. Metaphern sind nur in gewisser Hinsicht wörtlich zu nehmen. Ihre Bildhaftigkeit geht oft weit über das hinaus, was sie genau sagen. Wittgenstein hat aber keine Metapher im Sinn, sondern meint ‚Tätigkeit' wörtlich, und zwar in doppelter Hinsicht. Zum einen geht es um das übersichtliche Darstellen, das Beschreiben des Sprachgebrauchs. Dies ist eine Tätigkeit wie Musizieren, Malen, Rechnen, Zeichnen. Zum anderen will er die Philosophie als Teil dessen verstehen, was wir im weiten Sinn ‚Handeln' nennen.

Dieser zweite Sinn von ‚Philosophie als Tätigkeit' wird wichtig, wenn es um Fragen der Begründung und Rechtfertigung des Sprachgebrauchs geht. Auf Fragen dieser Art hat Wittgenstein keine spezifisch philosophischen oder theoretischen Antworten. Stattdessen weist er darauf hin, daß die Philosophie nichts anderes sagen kann als das Leben oder die Praxis des Sprachgebrauchs.

„Wie kann ich einer Regel folgen?" – wenn das nicht eine Frage nach den Ursachen ist, so ist es eine nach der Rechtfertigung dafür, daß ich *so* nach ihr handle.

Habe ich die Begründungen erschöpft, so bin ich nun auf dem harten Fels angelangt, und mein Spaten biegt sich zurück. Ich bin dann geneigt zu sagen: „So handle ich eben." (PhU § 217)

Der letzte Satz klingt wie ein Offenbarungseid, wie das Eingeständnis, nichts Hilfreiches oder Interessantes zu wissen. Wenn wir gefragt werden, warum wir etwas Rotes ‚rot' nennen, antworten wir: Wir nennen dies eben ‚rot', das ist alles. Mehr als dies wissen wir nicht. Der Hinweis darauf, wie wir handeln, ist kein Eingeständnis des Nichtwissens. Wir wissen ja etwas, nämlich wie ‚rot' verwendet wird. Wir wissen nur nichts darüber hinaus. Wir können, wie Wittgenstein meint, gar keine besondere Rechtfertigung wissen für das, was wir tun, wenn wir sprechen und bestimmten Regeln folgen. Wir können nur auf das Regelfolgen selbst verweisen durch ‚so geht es'. Philosophie als Tätigkeit bedeutet nach diesem Verständnis, anstelle von Begründungen Handlungen anzugeben. Sie liegen der Philosophie ebenso zugrunde wie dem Sprachgebrauch. Dies ist gemeint mit dem philosophisch Vielgeplagten, daß das „Hinzunehmende, Gegebene ... Lebensformen" sind (PhU II, xi, 572). Wir kommen bei der Suche nach Rechtfertigungen nicht tiefer. Die Lebensformen liegen im Sprachgebrauch offen zutage. Mehr gibt es nicht.

Wittgenstein formuliert diesen Gedanken immer wieder, als wäre er mit seiner jeweils letzten Version nicht zufrieden. Er beläßt es nicht beim schulterzuckenden ‚So ist es eben'. Was die Tätigkeit der Philosophie alles sein kann, beschreibt er noch einmal in *Über Gewißheit*. Er resigniert nicht, sondern nimmt das philosophische, begriffliche Interesse an der Begründungsfrage ernst. Fausts „Im Anfang war die Tat" benutzt er als Leitmotiv (ÜG § 402), aber keineswegs blasphemisch wie Goethe, also nicht gegen das johanneische ‚Im Anfang war das Wort'. Wittgenstein nimmt ‚Im Anfang war die Tat' wörtlich.[20] Er sagt damit, daß es keine theoretisch vermittelte, sondern nur eine unmittelbar praktische Evidenz gibt, und daß diese Evidenz unserem Sprachgebrauch und auch den Wahrheitswerten zugrunde liegt (ÜG § 205).

Die Begründung aber, die Rechtfertigung der Evidenz kommt zu einem Ende; – das Ende aber ist nicht, daß uns gewisse Sätze unmittelbar als wahr einleuchten, also eine Art *Sehen* unsererseits, sondern unser *Handeln*, welches am Grunde des Sprachspiels liegt. (ÜG § 204)

Das Tat-Motiv ist nicht heroisch und ganz und gar nicht spektakulär. Es erläutert den besonderen Tätigkeits-Charakter der Evidenz, die allen Einsichten in den Sprachgebrauch zugrundeliegt. Wittgenstein macht aus dem Handeln, dem Sprachgebrauch, kein raffiniertes theoretisches Fundament. Er ist weder ein verkappter Metatheoretiker noch ein klammheimlicher Fundamentalist. Das Handeln am „Grunde des Sprachspiels" ist kein Axiom einer Sprachtheorie. Es ist auch keine letzte, unhintergehbare oder transzendentale Grundlage des Regelgebrauchs. Wittgenstein kann niemanden daran hindern, dieses Ende aller Begründungen so zu deuten. Wer es aber so deutet, verpaßt seinen Punkt dabei, daß das Theoretische am Ende aller Begründungen zum Schweigen kommt. Wir erkennen dieses informationslose Ende daran, daß aus dem Hinweis auf den letzten Grund unseres Sprachgebrauchs nichts weiter folgt. Aus ‚Man sagt das eben so' folgt theoretisch nichts. Es folgt aber auch praktisch nichts Bestimmtes. Wir können aus dem „Grund des Sprachspiels" ebensogut keine wie alle möglichen Schlüsse auf den Sprachgebrauch ziehen: ‚Man kann das so oder so oder so... sagen'. Wir sind damit auf den Sprachgebrauch selbst zurückverwiesen. Woraus nichts Bestimmtes, sondern alles Mögliche folgt, das kann auch keine sinnvolle letzte, transzendentale Begründung sein. Theoretisch treffen wir am Grunde des Sprachspiels, wenn wir Philosophie als Tätigkeit wörtlich nehmen, auf verschlossene Türen. Nur praktisch, im Sprachgebrauch, werden diese Türen geöffnet. Philosophisch ist dies aber trivial, weil wir eben so sprechen, wie wir sprechen. Am Grund der Philosophie als Tätigkeit liegt diese Tautologie. Im *Tractatus* lesen wir, daß Tautologien „bedingungslos wahr" und sinnlos sind (TLP 4.461); sie lassen deswegen der Wirklichkeit „den ganzen – unendlichen – logischen Raum", ohne sie zu bestimmen (TLP 4.463). Mit der Tautologie, die wir ‚am Grunde des Sprachspiels' treffen, verhält es sich ähnlich. Sie ist sinnlos, bedingungslos wahr und bestimmt nichts weiter. In diesem Sinn läßt sie dem Sprachgebrauch selbst den ganzen, unendlichen Raum der Wirklichkeit.

3. Langsamkeit

Sowenig Wittgenstein sein Leben lang mit sich selbst einig ist, sowenig ist er es mit seinem Denken. Er macht daraus aber keine theoretische, etwa skeptische, Einstellung, sublimiert und rationalisiert also nicht seine Selbstzweifel. Auch in seiner Unsicherheit und Selbstkritik bleibt er bescheiden und versucht daraus keine indirekte Selbstbestätigung oder verstecktes Eigenlob zu machen. Daß er stolz und eitel genug dazu sein könnte, weiß er.[21] Die Notizen, in denen er seine Unsicherheit beschreibt, werden in den späten 40er Jahren häufiger. Er sorgt sich um die mögliche Enge seiner Gedanken (VB 539), macht sich den Vorwurf, sich vielleicht ohne hinreichende Gründe in Einzelheiten zu verlieren (VB 542), und fragt schließlich resignierend, ob das, was er tue, „überhaupt der Mühe wert" sei (VB 531). Er hat sich offensichtlich mit seiner kompromißlos bohrenden Arbeit an den Details unseres Sprachgebrauchs hin und wieder selbst irritiert. Sonst könnte er nicht fürchten, seine „unsägliche Mühe auf ein Anordnen der Gedanken" sei wertlose Zeitverschwendung (VB 489).

Die Zweifel am Sinn des eigenen Denkens bringen Wittgenstein nicht aus der Fassung, weil er sie mit sich selbst ausmacht und nicht auf Applaus oder Anerkennung aus ist. Er ist eben doch ein praktizierender Solipsist. Er schreibe „beinahe immer Selbstgespräche" mit sich selbst, Sachen, die er sich „unter vier Augen sage" (VB 560). Philosophie ist für ihn „Arbeit an Einem selbst" (VB 472), weil wir immer in der Gefahr sind, den Mythen zu erliegen, die aus dem grammatischen Schein erwachsen. Die Arbeit am eigenen Selbst will allerdings auch ihre Früchte genießen, den „Frieden in den Gedanken", das „ersehnte Ziel" (VB 511). Der Friede ist aber nie von Dauer. Wittgenstein macht aus der Not eine anarchistisch anmutende Tugend:

Beim Philosophieren muß man in's alte Chaos hinabsteigen, und sich dort wohlfühlen. (VB 542)

Diese Tugend ist ganz offensichtlich sein Humor. Mitunter ist er auch ironisch, wenn er zum Beispiel meint, nur wenn man „noch viel verrückter" denke als die Philosophen, könne man ihre Probleme lösen (VB 557). Er stellt mit diesem Unernst Distanz zum Philosophieren her, aber weder kalt und gefühllos noch auf Kosten anderer.[22] Deshalb ist auch seine Ironie humorvoll. Humor ist für ihn keine Stimmung, sondern eine Weltanschauung (VB 560). Es ist eine Haltung zum Ganzen des Lebens und Denkens, während der Witz punktuell, atomistisch und deswegen schnell verbraucht ist. Über Witze kann man lachen und sollte man lachen können. Wer Humor hat, hat aber nur für Witze Sinn, die niemanden verletzen und nicht auf Kosten anderer gehen. Deswegen ist Humor ernst.

Wittgenstein spricht ganz ernst und humorvoll über die Dummheit und das Verrückte seiner Philosophie. Verschmitzt rät er, von den „kahlen Höhen der Gescheitheit in die grünenden Täler der Dummheit" herabzusteigen (VB 557). Es fällt ihm nicht schwer, das Unreife seiner Gedanken zu sehen (VB 488) oder auch das Mittelmäßige und Schlechte neben dem Guten (VB 534). Der Autor der Sprachspiele ist selber kein Spieler. Er fürchtet sich vor dem eigenen Wahnsinn, vor dem Verrücktwerden, nicht weil es eine Krankheit wäre, sondern weil er dabei vielleicht zu einem anderen wird (VB 525 f.). Auch vor der Einsamkeit fürchtet er sich oder davor, nur Talent zu haben. Das ernste Auge des Humors neben dem lachenden sieht die eigene trostlose Lage. Dieser Humor stammt aus Wien:

Wenn die Menschen nicht manchmal Dummheiten machten, geschähe überhaupt nichts Gescheites. (VB 521)

Ein schönes Plädoyer für das leidenschaftlich Unüberlegte, Unweise, Gesunde, das er sich so sehr wünschte. Wie sehr er sich diese Stärken, die er nicht hatte, wünschte, zeigt seine Selbstkritik als Architekt. Sein Haus, das er für seine Schwester Gretl in der Kundmanngasse 19 in Wien baute, sei ein Produkt „*guter* Manieren", aber das „*ursprüngliche* Leben, das *wilde* Leben", das sich austoben wolle, das fehle (VB 503). Dabei mangelt es ihm nicht an Mut, weder als Soldat[23] noch als Philosoph. Als ‚Mut im Talent' bestimmt er das Genie (a. a. O.).

Wittgensteins Mut ist Teil seines Humors. Er hat nämlich den Mut, sich und sein Denken unter eine Devise zu stellen, die ihn der Lächerlichkeit aussetzt, unter die Devise der Langsamkeit. Er wagt es, in einer Kultur der schnellen Replik und des scharfen, intelligenten Gegenarguments als langsam und damit als dumm und vertrottelt zu gelten. Wer wollte ihm dies abnehmen?

Im Rennen der Philosophie gewinnt, wer am langsamsten laufen kann. Oder: der, der das Ziel zuletzt erreicht. (VB 498)

Er lese langsam und wolle langsam gelesen werden (VB 546). Um einen Satz zu verstehen, brauche man das richtige, nämlich langsame Tempo (VB 531). Er bleibe da stehen, wo andere weitergehen (VB 543). Philosophen sollten sich mit „Laß Dir Zeit!" begrüßen (VB 563). Es gibt nichts zu versäumen und nichts läuft weg, was wichtig wäre. Eine scheinbar stoische Einstellung, sich von nichts so berühren zu lassen, daß man davon getrieben oder umgetrieben wird.

Wittgenstein ist aber kein wirklicher Stoiker. Er will leidenschaftlich sein, als Gläubiger, als Philosoph, als Architekt. Leidenschaft und Langsamkeit sind gewöhnlich wie Feuer und Wasser, allerdings nur, wenn die Langsamkeit träge ist. Träge ist Wittgenstein nicht, im Gegenteil. Er ist unermüdlich und rastlos. Er arbeitet ohne Pausen. Es gibt für ihn keine Entspannung, keine Ferien. Es kann ohnehin niemand von sich selbst Ferien nehmen. Für Wittgenstein ist dieser Umstand vermutlich weniger mühevoll als für seine jeweilige Umgebung. Seine Intensität erfüllt die Räume, in denen er sich aufhält. Dies zeigen die Aufzeichnungen seiner Freunde.[24] Gleichzeitig schöpft er aus dieser Intensität die Kraft für seine Arbeit.

Leidenschaftlich langsam denkt Wittgenstein, bleibt lange bei einem Gedanken stehen und kommt immer wieder auf ihn zurück, ist nie mit den Ergebnissen seines Nachdenkens zufrieden. Wir begegnen immer wieder Anläufen zur Klärung des Regelfolgens, des Schmerzenhabens, des Seelischen, des Sehens von Farben und Gegenständen, des Wissens eigener und fremder Überzeugungen, des Vorstellens und der vielfältigen falschen und irreführenden Analogien. Es geht langsam, bis die vielen Scheinprobleme bis zu ihren Wurzeln und Quellen verfolgt und klargelegt sind. Dabei erweckt die äußere, aphoristische Gestalt seiner Schriften den gegenteiligen Eindruck, als würde er sprunghaft und unruhig denken. Wittgenstein hat diesen Eindruck provoziert, weil er seine Gedanken in den Jahren seiner Arbeit immer mehr verdichtete, kondensierte und von Redundanz befreite. Wenn wir ihn langsam lesen, sehen wir, daß er immer wieder neue Aspekte an längst bekannten Beispielen findet. Wir benötigen nicht weniger Zeit, um die Wege nachzugehen, die Wittgenstein beschrieben hat. Es dauert lange, bis wir das Allernächste sehen, und seine Bitte, daß Gott dem Philosophen Einsicht gebe in das, „was vor allen Augen liegt" (VB 539), hat gute Gründe. Naheliegendes wird wie im Fall des eigenen Ich von Traditionen des Denkens überformt und zugedeckt. Es entstehen Stereotypen wie der Gedanke, daß jeder zu dem, was er denkt und fühlt, einen privilegierten Zugang hat. Wittgenstein wendet leidenschaftlich langsam alle Mühe auf, um uns von den wissenschaftlichen Vorurteilen des kausalen Denkens abzubringen. Er zerstört solche Mythen der Denkgeschichte, die längst in Büchern ihr eigenes Leben führen. Er will keine Schule gründen und nicht nachgeahmt werden (VB 536). Auch das Geschwätz über sein Denken ist ihm zuwider. Er erklärt uns nicht verbindlich, was Philosophie ist, sondern legt uns nur nahe, möglichst langsam zu lesen und zu denken. Das kommt uns sehr entgegen.

Anhang

1. Zeittafel

1889	26. April, Geburt von Ludwig Wittgenstein in Wien
1906	Matura an der Realschule in Linz, im Oktober Einschreibung an der Technischen Hochschule Berlin-Charlottenburg
1908	Ingenieurwissenschaftliches Studium an der Universität Manchester
1911	September, Universität Cambridge, erste Begegnung mit Bertrand Russell
1913	Januar, Tod des Vaters, *Notes on Logic*
1914	Kriegsdienst
1918	Gefangenschaft in Italien
1920	Lehrerbildungsanstalt in Wien, Volksschullehrer in Niederösterreich
1921	Veröffentlichung der *Logisch-philosophischen Abhandlung*
1926	*Wörterbuch für Volksschulen*
1926	Bau des Hauses seiner Schwester Gretl in Wien (Kundmanngasse 19)
1928	Fertigstellung des Hauses
1929	Promotion in Cambridge mit dem *Tractatus logico-philosophicus,* Stipendiat (Trinity College), dann research fellowship, *Philosophische Bemerkungen*
1930	Erste Lehrveranstaltungen
1931	*Philosophische Grammatik*
1933 (ca.)	*Das Blaue Buch*
1934 (ca.)	*Das Braune Buch*
1936	Fellow des Trinity College
1936/37	§§ 1–189 der späteren *Philosophischen Untersuchungen*
1937/39	*Bemerkungen über die Grundlagen der Mathematik*
1938	Lehrtätigkeit in Cambridge, erste Version der *Philosophischen Untersuchungen*
1939	Ernennung zum Professor für Philosophie in Cambridge
1942	Freiwillige Hilfsdienste u. a. am Guy's Hospital in London
1942 ff.	Arbeit an den *Philosophischen Untersuchungen*
1945	Vorwort zu den *Philosophischen Untersuchungen*
1947	Ende Dezember, Aufgabe der Professur, *Bemerkungen über die Philosophie der Psychologie*

2. Anmerkungen

I. Wittgenstein in der Philosophie des 20. Jahrhunderts

1 Er tut dies und vieles andere nicht völlig ohne Vorbilder oder Vorläufer. Die Klärung des Sprachgebrauchs war z.B. schon für Wilhelm von Ockham und die terministische Logik des späten Mittelalters ein Grundanliegen. Es ist ein zentrales Anliegen der Philosophen des Wiener Kreises um Moritz Schlick.

2 Dies ist die Quintessenz einer Notiz aus den Jahren 1939–40 (L. Wittgenstein, *Vermischte Bemerkungen* (Abk.: VB), *Werkausgabe* Bd. 8, 500).

3 Dies zeigen seine Notizen aus den 30er und 40er Jahren (VB 525, 493, 513).

4 Eine überraschende Ähnlichkeit gibt es im Hinblick auf das Dichten. Heidegger sieht in seiner Spätphase das Dichten als angemessene Ausdrucksform des Denkens. Und Wittgenstein schreibt 1933/34: „Ich glaube meine Stellung zur Philosophie dadurch zusammengefaßt zu haben, indem ich sagte: Philosophie dürfe man eigentlich nur *dichten*" (VB 483). Heidegger meint es ernst mit dem Dichten, während Wittgenstein eine ironische Distanz dazu hat, wie die beiden letzten Sätze der zitierten Eintragung zeigen: „Daraus muß sich, scheint mir, ergeben, wie weit mein Denken der Gegenwart, Zukunft, oder der Vergangenheit angehört. Denn ich habe mich damit auch als einen bekannt, der nicht ganz kann, was er zu können wünscht."

5 Ein Buch, das in dieser Hinsicht verdienstvoll ist, ist Allan Janiks und Stephen Toulmins *Wittgenstein's Vienna* (New York 1973; übers. *Wittgensteins Wien*, München 1986).

6 D. Pears sieht, was Wittgensteins Verachtung für den Szientismus angeht, einen Einfluß Schopenhauers (*The False Prison. A Study of the Development of Wittgenstein's Philosophy*, vol. 1, Oxford 1987, 5).

7 *Ludwig Wittgenstein und der Wiener Kreis*, Gespräche aufgezeichnet von Friedrich Waismann, hrsg. v. B. F. McGuinness, Frankfurt 1989 (= Bd. 3 der Werkausgabe).

8 M. Venieri zeigt in ihrer Arbeit *Wittgenstein über philosophische Erklä-rung* (Frankfurt u. a. 1989), wie weit Wittgenstein sich von allen erklä-rungstheoretischen Ansprüchen distanziert.

9 Wenn es dieses Wort gäbe, müßte er der ‚schwergläubigste‘ Philosoph genannt werden. Ungläubig ist er nämlich zumindest im religiösen Sinn keineswegs, im Gegenteil, er ist sogar in einem nicht-konfessionel-len Sinn fromm. Dies zeigen vor allem die sog. geheimen Tagebücher (L. Wittgenstein, *Geheime Tagebücher 1914–1916*, hrsg. v. W. Baum, Wien/Berlin 1991, [3]1992).

II. Metamorphosen eines Lebens

1 Er schreibt 1946: „Ich kann nicht niederknien, zu beten, weil gleichsam meine Knie steif sind. Ich fürchte mich vor der Auflösung (vor meiner Auflösung), wenn ich weich würde" (VB 529). Vgl. dazu auch B. McGuinness, *Wittgenstein. A Life, Young Ludwig (1889–1921)*, Lon-don 1988, p. 43.

2 Gustav Klimt malte 1905 ein Portrait von Ludwigs Schwester Gretl aus Anlaß ihrer Hochzeit.

3 R. Musil, *Der Mann ohne Eigenschaften*, hrsg. v. A. Frisé (1978), Bd. 1, Reinbek 1989, 597.

4 Wittgenstein nennt auch Loos in der Liste derer, die ihn beeinflußten. Im Entwurf des Hauses (Kundmanngasse 19), das Wittgenstein zwi-schen 1926 und 1928 für seine Schwester Gretl baute, ist der Einfluß von Loos in der Tat erkennbar. Das Haus beherbergt heute das bulgari-sche Kulturinstitut. Entwurf, Planung, Bau und Schicksal des Hauses werden vorbildlich und spannend dargestellt von G. Gebauer, A. Grünewald, R. Ohme, L. Rentschler, Th. Sperling, O. Uhl in dem Band *Wien. Kundmanngasse 19. Bauplanerische, morphologische und philosophische Aspekte des Wittgenstein-Hauses* (München 1982).

5 Felix Mühlhölzer wies mich darauf hin, daß in Kirchberg, wo die all-jährlichen Wittgenstein-Tagungen stattfinden, eine Klarinette zu sehen sei, auf der Wittgenstein gespielt haben soll. Während seiner Zeit als Lehrer in Puchberg musizierte er mit Rudolf Koder. Koder spielte Klavier. Nach Monks Bericht spielten sie Klarinettensonaten von Brahms und Mozart (Vgl. R. Monk, *Ludwig Wittgenstein*, London 1990, 213).

6 In einem Brief an Russell (15. 12. 1913) schreibt Wittgenstein: „Mein Tag vergeht zwischen Logik, Pfeifen, Spazierengehen und Niederge-schlagensein" (L. Wittgenstein, *Briefe*, hrsg. v. B. F. McGuinness u. G. H. von Wright, Frankfurt 1980, 46). Das Pfeifen steht also ganz oben an im Konzert der Dinge seines Lebens.

7 Brian McGuinness spricht von Wittgensteins Rolle als „Sonderling" (a. a. O., 47).

8 Die Biographie von Brian McGuinness vermittelt eine unaufdringliche, einfühlsame und außerordentlich zuverlässige Einsicht in die Entwicklung des jungen Wittgenstein. Gute kürzere Beschreibungen geben Ray Monk (*Ludwig Wittgenstein. The Duty of Genius*, London 1990), Joachim Schulte (*Wittgenstein. Eine Einführung*, Stuttgart 1989) und Michael Nedo (*Ludwig Wittgenstein. Wiener Ausgabe. Einführung*, Wien/New York 1993).

9 B. McGuinness schreibt, Wittgenstein habe seinen kindlichen Glauben nach Gesprächen mit seiner Schwester Gretl verloren. Er erwähnt auch, daß Gretl später sagte – als Entgegnung auf von Wrights Äußerung, daß Wittgenstein keinen christlichen Glauben gehabt habe –, ihr Bruder sei in ihren Augen ein Christ gewesen (a. a. O., 43). Als Lehrer pflegte Wittgenstein täglich das Schulgebet (Monk, 225).

10 In den *Vermischten Bemerkungen* aus den 30er und 40er Jahren kommt er immer wieder auf Schopenhauer zu sprechen, manchmal kritisch, manchmal auch anerkennend (VB 476, 486, 497f., 500, 551).

11 R. Monk zitiert dieses Motto (a. a. O., 213). Heinrich Postl aus Puchberg hat es in einem Interview von Adolf Hübner 1975 erwähnt. Postl war ein Freund Wittgensteins in dessen Zeit als Volksschullehrer. Er wurde später von der Familie Wittgensteins als Portier und Hausmeister angestellt.

12 Meine Übersetzung. Die Übersetzer H. G. Holl und E. Rathgeb haben den Untertitel für die deutsche Ausgabe (Stuttgart 1992) mit „Das Handwerk des Genies" übersetzt und damit Monks Übertreibung entschärft.

13 Monk, a. a. O., 19ff., 90, 97, 142, 312f., 376f., 379, 498.

14 Otto Weininger, *Geschlecht und Charakter. Eine prinzipielle Untersuchung*, München 1980 (1. Aufl. Wien 1903).

15 Monk, a. a. O., 20.

16 Weininger, a. a. O., 8ff.

17 A. a. O., 53ff.

18 A. a. O., 84.

19 A. a. O., 93, 447.

20 A. a. O., 460f.

21 A. a. O., 61.

22 A. a. O., 101.

23 A. a. O., 113, 115.

24 A. a. O., 194, 188, 191, 240, 243, 250, 257 (in der Reihenfolge der erwähnten Eigenschaften).

25 A. a. O., 294.

26 A. a. O., 401.

27 A. a. O., 418.

28 A. a. O., 411f., 425, 433ff. (in der Reihenfolge der erwähnten Eigenschaften).

29 A. a. O., 439, 441.

30 Monk, a. a. O., 23.

31 Monk, a. a. O., 19, 23, 25.

32 Monk, a. a. O., 25: „Weininger's [sc. book] is the one that had the greatest and most lasting impact on his outlook." Das Wort ‚outlook' läßt sich auch mit ‚Weltanschauung' übersetzen; dann wäre Weiningers Einfluß vollends durchgängig.

33 Weininger, a. a. O., 135, 142, 147, 146 (in der Reihenfolge der erwähnten Merkmale).

34 A. a. O., 174 f., 177.

35 A. a. O., 218.

36 A. a. O., 222.

37 A. a. O., 228, 235 f.

38 VB 499, 503, 511, 542.

39 Brian McGuinness erwähnt dies (a. a. O., 40). Wittgenstein schreibt in einem Brief an G. E. Moore (23.08. 1931, *Briefe*, a. a. O., 183): „Es stimmt, er [sc. Weininger] ist verschroben, aber er ist *großartig* und verschroben. Es ist nicht nötig oder vielmehr unmöglich, mit ihm übereinzustimmen, doch seine Größe liegt in dem, worin wir anderer Meinung sind. Sein gewaltiger Irrtum, der ist großartig. D. h. in etwa, wenn man dem ganzen Buch ein ‚~' hinzufügt, so spricht es eine wichtige Wahrheit aus." Das Zeichen, das Wittgenstein hier benutzt, ist die Tilde, ein Zeichen für die Negation.

40 VB 476. Er nennt in dieser Reihenfolge „Boltzmann, Hertz, Schopenhauer, Frege, Russell, Kraus, Loos, Weininger, Spengler, Sraffa". Es ist keine alphabetische Folge, eher eine chronologische Ordnung, vielleicht auch eine Rangordnung nach der Bedeutung des Einflusses. Es lohnt sich aber nicht, darüber zu spekulieren. Gegen die Chronologie spricht, daß er Kraus, Loos und Weininger wohl kaum nach Russell und Frege kennenlernte.

41 Am 10.1. 1917 schreibt er: „Wenn der Selbstmord erlaubt ist, dann ist alles erlaubt. Wenn etwas nicht erlaubt ist, dann ist der Selbstmord nicht erlaubt" (L. Wittgenstein, *Tagebücher 1914–1916*, *Werkausgabe* Bd. 1, 187).

42 Der inzwischen verstorbene englische Regisseur Derek Jarman und sein Drehbuchautor Terry Eagleton haben in ihrem Film über Wittgenstein die Genie-Obsession aufgegriffen und mit einigen Merkmalen des skurrilen Oxbridge Don, d. h. eines Angehörigen der Universitäten Oxford oder Cambridge, verquickt. Wittgensteins Abneigung gegen Cambridge und den akademischen Betrieb im allgemeinen passen wenig zu dieser filmischen Anglisierung. Wittgenstein ist mit diesem Film wohl endgültig zu einer Kultfigur geworden.

43 Weininger, a. a. O., 220; an anderer Stelle ist auch davon die Rede, daß die Seele des Menschen der Mikrokosmos sei.

44 A. a. O., 176.

45 Weininger bestreitet zumindest in *Geschlecht und Charakter*, daß es in moralischer Hinsicht einen Solipsismus geben kann (a. a. O., 233). Joa-

chim Schulte machte mich darauf aufmerksam, daß es auch Gegenindizien gebe, z.B. in *Über die letzten Dinge* (1. Aufl. 1906, repr. 1918, 138). Hier behauptet Weininger, die Widerlegbarkeit des Solsipsismus sei mit der Ethik nicht verträglich.

46 Von Zuständen der Depression und Angst spricht er auch später immer wieder in Briefen (z.B. an Russell im Januar 1914, *Briefe*, a.a.O., 48).

47 B. Russell, *The Principles of Mathematics* ([1]1903), London [2]1937 (repr. 1948). Das letzte Kapitel des Buches behandelt übrigens die *Prinzipien der Dynamik* von Hertz (vgl. Kap.LIX).

48 Littlewood wird später Professor für Mathematik in Cambridge.

49 Der Abschied von Schopenhauer ist nicht abrupt, sondern vollzieht sich in Raten. Die Tagebücher, die er während des Ersten Weltkriegs schreibt, zeigen deutlich, daß *Die Welt als Wille und Vorstellung* in seinem Denken nach wie vor präsent ist. Eine Fülle von Eintragungen verraten Schopenhauers Anregungen (*Tagebücher 1914–1916, Werkausgabe* Bd. 1, u.a. 171, 174, 181 ff.).

50 G. Frege, *Die Grundlagen der Arithmetik. Eine logisch-mathematische Untersuchung über den Begriff der Zahl*, Hildesheim 1961, § 62, 73.

51 M. Dummett, *Ursprünge der analytischen Philosophie*, übers. v. J. Schulte, Frankfurt 1988, 12/13.

52 Frege wirft Kant zu Recht vor, er habe den Begriff ,analytische Urteile' zu eng gefaßt und deswegen unterschätzt (G. Frege, *Die Grundlagen der Arithmetik*, a.a.O. 99–104).

53 Der Vorwurf des Psychologismus bezieht sich auf Kants Auffassung des synthetischen Charakters des Denkens; vgl. P.F. Strawson, *The Bounds of Sense. An Essay on Kant's Critique of Pure Reason*, London 1966; J. Bennett, *Kant's Analytic*, Cambridge 1966.

54 Es ist vielleicht nicht ganz korrekt zu sagen, Russell sei der erste gewesen, der Freges Bedeutung erkannte. Andererseits hat offenbar der italienische Logiker G. Peano 1888 Freges Arbeiten – immerhin neun Jahre nach dem Erscheinen der *Begriffsschrift* (1879) – noch nicht gekannt (J. van Heijenoort, *From Frege to Gödel. A Source Book in Mathematical Logic, 1879–1931*, Cambridge (Mass.) 1967, 81). Russell selbst sagt, er habe Freges Bedeutung lange nicht erkannt (William and Martha Kneale, *The Development of Logic*, Oxford 1962, 511). Frank Ramsey schreibt in einem Brief an Wittgenstein (27.12. 1923), er glaube, Frege werde jetzt mehr gelesen. Er sagt weiter, daß Hilbert und Weyl Frege zu würdigen scheinen (L. Wittgenstein, *Briefe*, a.a.O., 131). Dies deutet darauf hin, daß Frege – sieht man von Russell, Wittgenstein und Ramsey ab – langsam und dazu spät Anerkennung findet.

55 Wittgenstein gibt seiner Verehrung für Russell und seiner Freundschaft zu ihm in vielen Briefen in den Jahren 1912 und 1913 Ausdruck (*Briefe*, a.a.O., 17–47). Selbst in seinem formellen Abschiedsbrief an Russell (Januar/Februar 1914), der dann doch nicht sein letzter ist, versichert er ihn seiner Zuneigung und Dankbarkeit (*Briefe*, a.a.O., 50).

56 Wittgenstein schreibt Russell am 22.6. 1912, daß er gerade James' *Varieties of Religious Experience* liest und daß ihm die Lektüre *„sehr* gut" tue (*Briefe*, a. a. O., 18).

57 Die Apostles gibt es seit dem frühen 19. Jahrhundert in Cambridge. Es handelt sich um eine Geheimgesellschaft, deren Mitgliedschaft nicht öffentlich bekannt ist. Russell und Moore waren zu Wittgensteins Zeit bereits Ex-Apostles und deswegen nur noch Gäste. Die Mitgliedschaft endete mit dem Studium. Nach dem Ende des Studiums fliegen die Mitglieder davon („they take wings"). Ich verdanke diesen Hinweis auf die Apostles Joachim Schulte.

58 Russell schreibt 1916 in einem Brief an Lady Ottoline Morrell, wie nachhaltig ihn Wittgensteins Kritik an seiner ‚Theory of Knowledge' berührt hat. Wittgensteins Kritik habe für ihn und sein Leben eine vorrangige Bedeutung gehabt und alles beeinflußt, was er seitdem getan habe. Er schreibt dann: „I saw he was right, and I saw that I could not hope ever again to do fundamental work in philosophy" (B. Russell, *Autobiography*, repr. London 1989, 282).

59 Postgraduates sind die Studierenden nach dem ersten akademischen Examen, dem B. A. (Bachelor of Arts).

60 L. Wittgenstein, „Book Review of P. Coffey, *The Science of Logic*" in: ders., *Philosophical Occasions 1912–1951*, ed. by J. C. Klagge, A. Nordmann, Indianapolis/Cambridge 1993, 2/3.

61 G. H. v. Wright, „Die analytische Philosophie", *Information Philosophie* 2 (1993), 4. G. H. von Wright ist gemeinsam mit Elizabeth Anscombe und Rush Rhees von Wittgenstein mit der Verantwortung für den Nachlaß und damit mit der Herausgabe seiner Werke betraut worden. Nach dem Tod von Rush Rhees wurden Anthony Kenny und Peter Winch in die Gruppe der Herausgeber von Wittgensteins Werken aufgenommen.

62 A. a. O.

63 G. H. v. Wright, a. a. O., 5.

64 Vgl. die Aufsätze von Friedrich Waismann „Was ist logische Analyse?" und von Max Black „Relations between Logical Positivism and the Cambridge School of Analysis" im letzten vor dem Krieg erschienenen Jahrgang von *Erkenntis*.

65 Vgl. Waismanns eben zitierten Aufsatz.

66 G. H. v. Wright, a. a. O., 8.

67 Zu Russells Typentheorie vgl. Kap. IV.

68 Die *Theory of Description*, die Theorie der Beschreibung, stellt B. Russell programmatisch vor in seinem berühmten Aufsatz „On Denoting" (in: *Logic and Knowledge. Essays 1901–1959*, ed. by Robert Charles Marsh, London ⁴1968, 41–56). G. E. M. Anscombe geht in ihrer ausgezeichneten Einführung in den *Tractatus* ausführlich auf die Theorie der Beschreibung ein (*An Introduction to Wittgenstein's Tractatus*, Philadelphia ²1971, chap. 2).

69 Die Symbole, die hier verwendet werden, sind Abkürzungen, Quantoren und Junktoren. ‚S' steht für ‚Scott', ‚W' für ‚der Autor von Waverley', ‚∃' ist der Existenzquantor (‚es gibt mindestens ein...'), ‚∀' der Allquantor (‚für alle...gilt'), ‚→' ist das Symbol für das Konditional (‚wenn...dann'), ‚∧' für die Konjunktion (‚und'), ‚=' für die Identität (‚...ist gleich...').

70 Die Unterschiede zwischen Freges und Russells logischen Beschreibungsmethoden untersucht vorbildlich klar und übersichtlich Rudolf Carnap (*Meaning and Necessity. A Study in Semantics and Modal Logic*, Chicago ([1]1947) [2]1956, repr. 1975, 35 ff.).

71 Ich gehe in Kap.IV auf Freges logische Grundbegriffe ein.

72 Vgl. B.Russell, *Mysticism and Logic. Philosophical Essays*, London 1917, 202–225. Russells in dieser Sammlung abgedruckter Aufsatz „Knowledge by Acquaintance and Knowledge by Description" erschien zuerst 1910/11 in den *Proceedings of the Aristotelian Society*. Deutsch ist der Aufsatz erschienen in: B.Russell, *Mystik und Logik. Philosophische Essays*, Wien/Stuttgart 1952, 209–230.

73 M.Kroß weist auf eine Reihe von Parallelen und Beziehungen zwischen Wittgenstein und Kierkegaard hin (*Klarheit als Selbstzweck. Wittgenstein über Philosophie, Religion, Ethik und Gewißheit*, Berlin 1993, s.Index). Es handelt sich aber um weltanschauliche und religiöse, nicht um philosophische und begriffliche Zusammenhänge. B.McGuinness erwähnt in seiner außerordentlich zuverlässigen Biographie des jungen Wittgenstein Kierkegaard lediglich einmal und das nur nebenbei (*Wittgenstein. A Life. Young Ludwig (1889–1921)*, London [2]1990, 205).

74 D.Pears weist immer wieder auf den Einfluß Schopenhauers auf den frühen Wittgenstein hin (*The False Prison. A Study of the Development of Wittgenstein's Philosophy*, vol.1, Oxford 1987, u.a. 5, 178, 186f., viele Hinweise im Index). Schopenhauer wird von E.M.Lange als eigentliches philosophisches Vorbild und als Gegenpart Wittgensteins im *Tractatus* gedeutet (*Wittgenstein und Schopenhauer. Logisch-philosophische Abhandlung und Kritik des Solipsismus*, Cuxhaven 1989, [2]1992).

75 B.McGuinness, *Wittgenstein. A Life*, a.a.O., 39.

76 Dies tut z.B. Walter Schweidler an verschiedenen Stellen seines Buches *Wittgensteins Philosophiebegriff* (Freiburg/München 1983, 15, 123). Der Gedanke der morphologischen Darstellung verbindet Wittgenstein mit Spengler und Goethe. Dazu: Rudolf Haller („War Wittgenstein von Spengler beeinflußt?", in: ders., *Fragen zu Wittgenstein und Aufsätze zur österreichischen Philosophie*, Amsterdam 1986, 170–186) und Joachim Schulte („Chor und Gesetz. Zur ‚morphologischen Methode' bei Goethe und Wittgenstein", *Grazer Philosophische Studien* 21 (1984), 1–32; dieser Beitrag ist wieder abgedruckt in: Joachim Schulte, *Chor und Gesetz. Wittgenstein im Kontext*, Frankfurt 1990, 11–42).

77 Der 2. Band erschien 1922. Von 1923 an erscheinen beide Bände von *Der Untergang des Abendlandes* in München bei Beck, zuletzt in einer einbändigen ungekürzten Sonderausgabe 1990.

78 Die Editoren der Ausgabe von 1953 sind allein G.E.M. Anscombe und R. Rhees. Der dritte Nachlaßverwalter G.H.v. Wright zählt nicht dazu, wie mir Joachim Schulte versicherte. Dagegen erweckt die Ausgabe des Suhrkamp Verlags diesen irrigen Eindruck.

79 L. Wittgenstein, *Philosophische Untersuchungen*, in: *Werkausgabe* Bd. 1, Frankfurt 1989, 232.

80 Es gibt Irrtümer, die wie Russells Paradox ganze Theorien ins Wanken bringen und dazu zwingen, erneut über die Grundlagen nachzudenken. Vgl. Kap. IV.

81 Es gibt seit langem Darstellungen von Wittgensteins Denken, die dessen Kontinuität betonen. Beipielhaft sind diejenigen von Anthony Kenny (*Wittgenstein*, Harmondsworth 1973) und David Pears (*The False Prison. A Study of the Development of Wittgenstein's Philosophy*, 2 vols., Oxford 1987f.); weitere Vertreter der Einheitsthese sind R. Bubner („Die Einheit in Wittgensteins Wandlungen", in: *Philosophische Rundschau* 15 (1968), 161–185) und Dennis O'Brien („The Unity of Wittgenstein's Thought" in: K.T. Fann (ed.), *Wittgenstein – The Man and His Philosophy*, New Jersey 1967 (repr. 1978), 380–404). Ein vehementer Gegner der Einheitsthese ist Norman Malcolm. Er betont den Bruch zwischen der frühen und der späten Philosophie (*Wittgenstein: Nothing is Hidden*, Oxford 1986). Einen allmählichen Übergang zur Spätphilosophie sieht Joachim Schulte (*Wittgenstein. Eine Einführung*, Stuttgart 1989).

82 Nicht jeder Interpret glaubt offenbar, daß Wittgenstein eine von Frege und Russell geprägte Auffassung des Logischen hat, die dann von ihm auch für die Beschreibung der Welt verwendet wird. E.M. Lange ist z.B. überzeugt, daß sich das, was Wittgenstein im *Tractatus* über den Bau der Welt zeigen will, nicht auf analytisch-logische Weise zeigt. Er deutet den Zusammenhang der Sätze des *Tractatus* als 49-er Quadrat (7 mal 7 Sätze), in dem die wichtigsten Satz-Nummern enthalten und miteinander systematisch verknüpft sind (*Wittgenstein und Schopenhauer*, a.a.O., 5–31). Eine klare und gegenüber abwegigen Interpretationen kritische Untersuchung des Systems der Numerierungen im *Tractatus* offeriert Verena Mayer („The Numbering System of the *Tractatus*", *Ratio* (1993), 108–120). Sie zeigt dabei auch die Unterschiede zwischen *Prototractatus* und *Tractatus*.

83 A. Kemmerling weist zu Recht darauf hin, daß es keine Theorie der Sprache bei Wittgenstein gibt („Bedeutung und der Zweck der Sprache", in: *Von Wittgenstein lernen*, hg. v. W. Vossenkuhl, Berlin 1992).

84 Sein Verhältnis zu Theorien ist dem zu Erklärungen analog; vgl. M. Venieri a.a. O.

85 L. Wittgenstein, *Über Gewißheit*, hrsg. v. G.E.M. Anscombe, G.H. von Wright, Oxford 1969, Frankfurt 1970.

86 Viele Interpreten Wittgensteins versuchen, ihn als Kritiker und Gegner des Solipsismus darzustellen, u. a.: P. M. S. Hacker, *Insight and Illusion. Themes in the Philosophy of Wittgenstein*, revised edition (in dieser zweiten Ausgabe läßt Hacker die Überzeugung fallen, Wittgenstein habe eine Metaphysik der Erfahrung im Sinne Kants angeboten), Oxford 1985 (Übers. der ersten Aufl., *Einsicht und Täuschung. Wittgenstein über Philosophie und die Metaphysik der Erfahrung*, Frankfurt 1978); D. Pears, *The False Prison. A Study of the Development of Wittgenstein's Philosophy*, 2 vols., Oxford 1987 u. 1988. E. M. Lange meint ebenfalls, Wittgenstein habe im *Tractatus* und später im *Blauen Buch* den Solipsismus kritisiert; er deutet die Kritik als Kritik an Schopenhauer (*Wittgenstein und Schopenhauer*, a. a. O., 89 ff.).

87 Vgl. das „Vorwort" zu den *Philosophischen Untersuchungen* (*Werkausgabe* Bd. 1, Frankfurt 1989, 231 f.).

88 Wittgenstein sagt: „Tragen meine Bemerkungen keinen Stempel an sich, der sie als die meinen kennzeichnet, – so will ich sie auch weiter nicht als mein Eigentum beanspruchen" (PhU 232).

89 Wittgenstein deutet dies, was die *Philosophischen Untersuchungen* anlangt, selbst an, wenn er schreibt: „Aus mehr als einem Grunde wird, was ich hier veröffentliche, sich mit dem berühren, was Andere heute schreiben" (A. a. O.)

90 PhU 231/232.

91 Eine Ausnahme ist das sog. *Big Typescript*, das er offenbar als Buch mit entsprechenden systematischen Kapiteln anlegte.

92 S. Nadolny, *Netzkarte*, München ²1982.

93 Was ein ‚Sprachspiel' ist, wird später im Zusammenhang des Regelfolgens genauer untersucht. Es genügt zunächst, daß wir davon ausgehen, daß jeder Gebrauch eines Wortes oder Satzes bestimmten Regeln folgt und dabei Teil eines größeren regelgeleiteten Zusammenhangs, eines ‚Sprachspiels', ist. Joachim Schulte gibt eine sehr prägnante Analyse dessen, was Wittgenstein unter ‚Sprachspielen' versteht (*Erlebnis und Ausdruck. Wittgensteins Philosophie der Psychologie*, München 1987, Kap. 2 und in: *Wittgenstein. Eine Einführung*, Stuttgart 1989, Kap. IV).

94 E. von Savigny gliedert die Paragraphen der *Untersuchungen* ebenso wie G. P. Baker und P. M. S. Hacker (vgl. das Literaturverzeichnis).

III. Werkentwicklung

1 Die Titel der jeweils 8 Bände der *Schriften* und der *Werkausgabe* werden im Literaturverzeichnis aufgeführt. Die Unterschiede der beiden Ausgaben sind auf diese Weise klar ersichtlich.

2 In der ersten Hälfte der 70 er Jahre hatten H. J. Heringer und M. Nedo in Tübingen eine Arbeitsgruppe zur Vorbereitung einer vollständigen Ausgabe der Werke gebildet. Sie löste sich 1980 wieder auf. Den Tübin-

gern wurden die Publikationsrechte entzogen. Die Transskriptionen, die diese Arbeitsgruppe fertiggestellt hatte, wurden nach Bergen und Oslo gegeben. Dort wird seit 1980 auf der Basis der Verfilmung der Manuskripte, die an der Cornell University hergestellt wurde – hier sind große Teile des Nachlasses –, an einer maschinenlesbaren Version der Manuskripte gearbeitet. Nach der Androhung rechtlicher Schritte beendete die norwegische Gruppe 1987 ihre Arbeit, nahm sie aber 1990 mit Erlaubnis der Nachlaßverwalter wieder auf. Nach dem Tod von Rush Rhees übernahmen P. Winch und A. Kenny dessen Aufgaben neben G. E. M. Anscombe und G. H. von Wright.

3 Ludwig Wittgenstein, *Wiener Ausgabe, Einführung* von Michael Nedo, Wien/New York 1993.

4 L. Wittgenstein, Bd. 1, *Philosophische Bemerkungen*, Wien 1994; Bd. 2, *Philosophische Betrachtungen, Philosophische Bemerkungen*, Wien 1994.

5 M. Nedo, *Wiener Ausgabe, Einführung*, a. a. O., 54.

6 Es ist übrigens unklar, inwiefern die Menge aller Kontexte, in denen ein Satz steht, selbst als Kontext des Satzes gelten kann. Der Satz kann in mindestens einem Kontext falsch sein, dann kann er im Kontext aller Kontexte aber nicht wahr sein. Denn die Konjunktion einer Menge von Sätzen ist dann falsch, wenn ein Satz falsch ist. Es wird dann nötig sein, den oder die Kontexte, in denen der Satz falsch ist, aus der Menge der zulässigen Kontexte des Satzes auszuschließen. Diese Beobachtung mag sich nicht unmittelbar auf die Interpretation von Bemerkungen in unterschiedlichen Kontexten von Schriften auswirken, da diese selten wahr oder falsch sind. Dennoch müßte geklärt werden, ob die Menge aller Kontexte einer Bemerkung selbst ein Kontext der Bemerkung ist. Schließlich kann die Bedeutung einer Bemerkung in einem oder mehreren Kontexten von der Bedeutung in den übrigen Kontexten abweichen. Dann ist die Frage, welche Kontexte unter welchen Bedingungen aus der relevanten Menge der Kontexte ausgeschlossen werden.

7 M. Nedo sagt, Wittgenstein habe selbst gewollt, „daß sein Werk so publiziert und gelesen wird" (a. a. O., 54), wie er dies nun mit der Wiener Ausgabe plant. Er verweist auf den von Wittgenstein gewünschten gemeinsamen Abdruck von *Tractatus* und *Philosophischen Untersuchungen*. Von diesem besonderen Fall auf die gesamte Hinterlassenschaft von Texten zu schließen, ist waghalsig. Wie können wir die immer wieder vollzogene skrupulöse Auswahl von Textstücken in langwierigen Arbeitsgängen verstehen, wenn er doch wollte, daß wir alles, auch das von ihm Verworfene und Abgewählte, lesen sollen? Wittgensteins Arbeitsweise bestätigt Nedos Behauptung nicht. Denn mit der Publikation der verworfenen Varianten werden in gewisser Weise die Entscheidungen rückgängig gemacht, die Wittgenstein selbst traf.

8 Es handelt sich dabei um den dreihundertsten Teil dessen, was Wittgenstein insgesamt geschrieben hatte.

9 Den Titel *Tractatus logico-philosophicus* empfahl Moore für die englische Ausgabe der *Logisch-philosophischen Abhandlung*.

10 Die langwierige, enttäuschende Geschichte der Suche nach einem Verleger spiegeln die Briefe Wittgensteins (*Briefe*, a. a. O., 91–123).

11 Wittgenstein hatte von Anfang an wenig Vertrauen zu Ostwald. Er bezeichnet ihn in einem Brief an Russell (28.11. 1921) als „Erzscharlatan" (*Briefe*, a. a. O., 122).

12 Brief vom 5. August 1922 (*Briefe*, a. a. O., 123).

13 Wittgenstein selbst sprach immer von der „Logisch-philosophischen Abhandlung" (vgl. *Philosophische Untersuchungen*, I, § 46).

14 Vgl. Monk 206.

15 B. McGuinness, J. Schulte (Hrsg.), Ludwig Wittgenstein. *Logisch-philosophische Abhandlung. Tractatus logico-philosophicus. Kritische Edition*, Frankfurt 1989, VIII.

16 Dieser Text ist heute zugänglich in: L. Wittgenstein, *Philosophical Occasions (1912–1951)*, ed. by J. C. Klagge, A. Nordmann, Indianapolis/Cambridge 1993, 1–3.

17 *Wörterbuch für Volks- und Bürgerschulen*, Wien 1926, repr. 1977 mit einer Einleitung von A. Hübner u. W. u. E. Leinfellner. Das Geleitwort zu diesem Wörterbuch ist abgedruckt in: L. Wittgenstein, *Philosophical Occasions 1912–1951*, a. a. O., 14–27.

18 Diese Texte sind mittlerweile auch in Englisch zugänglich in: L. Wittgenstein, *Philosophical Occasions 1912–1951*, a. a. O.

19 Schon vor den *Notes on Logic* kritisiert Wittgenstein Russells Typentheorie in einer Reihe von Briefen (u. a. am 16.08. 1912, Jan. 1913, Sommer 1913 etc., *Briefe*, a. a. O., 22, 25, 31 f.).

20 Wittgenstein gibt seinem Ärger über die Studienordnung, die ihn daran hindert, mit dem vorliegenden Manuskript den Abschluß des Bachelor of Arts (BA) zu erwerben, in einem Brief an Moore Ausdruck (7. 5. 1914, L. Wittgenstein, *Briefe*, a. a. O., 55).

21 Moore kann Wittgenstein dessen „ungestüme Beleidigung" im eben erwähnten Brief sehr lange nicht verzeihen (*Briefe*, a. a. O., 75). Die beiden treffen sich erst – zufällig – just zu dem Zeitpunkt wieder, als Wittgenstein nach Cambridge zurückkehrt, und zwar im Zug von London nach Cambridge.

22 Von der offiziellen Ausgabe der *Tagebücher* zu unterscheiden sind: L. Wittgenstein, *Geheime Tagebücher 1914–1916*, hrsg. u. dokumentiert v. Wilhelm Baum, Wien 1991, ³1992.

23 Es ist fraglich, ob man, wie Monk (143 ff.), von einem erneuten Einfluß Schopenhauers oder gar einem Rückfall in den Idealismus Schopenhauer'scher Prägung sprechen kann.

24 Der Text des *Prototractatus* ist abgedruckt in der von B. McGuinness und J. Schulte edierten kritischen Ausgabe des *Tractatus*, a. a. O., 181–255.

25 Wittgenstein entwickelt wohl zunächst eine Grundvorstellung von ,grammatischer Regel' und erst später den Begriff des ,Spachspiels'.

Möglicherweise hat G. E. Moore ihm dabei ein Stichwort gegeben. Aufzeichnungen von Moore aus dem Februar des Jahres 1932 weisen darauf hin. Er schlägt darin vor, die grammatischen Regeln Wittgensteins wie Spielregeln zu verstehen und diskutiert dies am Beispiel des Schach. Da er dies tut, um Klarheit über Wittgensteins ‚grammatische Regeln' zu finden, liegt die Vermutung nahe, daß er seinen Vorschlag mit Wittgenstein diskutierte. Vielleicht läßt sich die Herkunft von ‚Sprachspiel' teilweise so erklären. Ich verdanke den Hinweis auf G. E. Moores Aufzeichnungen Josef Rothhaupt.

26 L. Wittgenstein, „Bemerkungen über logische Form", in: *Wittgenstein. Vortrag über Ethik*, hrsg. v. J. Schulte, Frankfurt 1989, 23.

27 A. a. O., 25.

28 Vgl. Monk 273.

29 A. a. O., 16.

30 A. a. O., 18/19.

31 Die Arbeitsweise Wittgensteins, die allmähliche Entstehung von Texten aus Notizen, Manuskripten und Typoskripten, erklärt M. Nedo in seiner *Einführung* in die Wiener Ausgabe (a. a. O., 81–87). Hilfreich ist auch Nedos klare Übersicht über Leben und Schreiben Wittgensteins. Die Entstehungszeiten für sämtliche Manuskripte werden gemeinsam mit den Lebensdaten in Tabellen angegeben (a. a. O., 141–145). Außerdem bietet Nedo eine Art Stammbaum des gesamten Nachlasses, der die Zusammenhänge aller Materialien sichtbar macht (a. a. O., 126).

32 Die Aufzeichnungen dazu sind abgedruckt in dem von J. Schulte edierten Band *Wittgenstein. Vortrag über Ethik*, Frankfurt 1989, 47–100.

33 Die Gründe für seine Bewerbung um die britische Staatsbürgerschaft schildert Wittgenstein in einem ausführlichen Brief an Keynes (18.3. 1938, *Briefe*, a. a. O., 206–208). Es ist u. a. seine Sorge, nach Hitlers Einmarsch in Österreich aufgrund seiner jüdischen Vorfahren bei einem Besuch seiner Schwestern in Wien seinen Paß zu verlieren und nicht mehr ausreisen zu können. Er macht sich um seine Schwestern aus analogen Gründen große Sorgen. In Sachen Staatsbürgerschaft und beruflicher Zukunft bittet er Keynes um Hilfe.

34 Wittgensteins Enthusiasmus, britischer Staatsbürger zu werden, hielt sich in Grenzen, wenn er 1939 ähnlich dachte wie 1947. Am 22. Dezember 1947 schrieb er G. H. von Wright, daß er dessen Entschluß, sich nicht in Cambridge um seine Nachfolge zu bewerben, verstehe. Er fährt dann fort: „The chief reason why *I* thought it was, that the prospect of becoming English, or a refugee in England, seemed to me anything but attractive in our time, and I thought that you would *certainly* not wish to bring up your children in England." (L. Wittgenstein, *Philosophical Occasions 1912–1951*, a. a. O., 466)

35 *Lectures and Conversations on Aesthetics, Psychology, and Religious Belief*, ed. by Cyrill Barrett, Oxford 1966, repr. 1978; deutsch: *Vorlesun-*

gen und Gespräche über Ästhetik, Psychologie und Religion, übers. v.
E. Bubser, Göttingen 1968.

36 Vorlesungen und Gespräche, 55.

37 David Hilbert, „Über das Unendliche", in: ders., Hilbertiana. Fünf
Aufsätze, Darmstadt 1964, 88.

38 Wittgenstein's Lectures on the Foundations of Mathematics: Cambridge
1939, ed. by Cora Diamond; Zitat nach der deutschen Übersetzung:
Wittgensteins Vorlesungen über die Grundlagen der Mathematik, Cambridge 1939, hrsg. v. Cora Diamond, (= L. Wittgenstein, Schriften Bd. 7)
Frankfurt 1978, Kap. XI, 121.

39 G. E. Moore wählte dieses Motto bereits für seine Principia Ethica (1903,
Cambridge [15]1978). Offenbar hat der Satz Butlers Wittgenstein schon
längere Zeit beschäftigt. Er zitiert ihn ohne Nennung eines Autors in
seinen Tagebüchern 1914–1916 (Werkausgabe Bd. 1, 179, 15.10. 1916).

40 Zitiert nach Monk 467.

41 G. H. von Wright schreibt, Wittgenstein habe ihm 1947 in Cambridge
gesagt, daß er ihn als seinen Nachfolger wünsche. Nach langem Zögern bewarb er sich, zog seine Bewerbung wieder zurück und nahm
schließlich doch die Berufung an. Am 31. Dezember 1951 gab von
Wright den Lehrstuhl wieder auf und ging zurück nach Finnland. Wittgensteins Briefe an von Wright und dessen Kommentare beschreiben
die Ereignisse sehr genau (L. Wittgenstein, Philosophical Occasions
1912–1951, a. a. O., 464–67).

42 Die Letzten Schriften wurden in den Band 7 der Werkausgabe (347–
488) aufgenommen.

43 L. Wittgenstein, Letzte Schriften über die Philosophie der Psychologie.
Das Innere und das Äußere (1949–1951), hrsg. v. G. H. von Wright
u. H. Nyman, Frankfurt 1993.

44 Joachim Schulte beschreibt im einzelnen die Arbeitsphasen Wittgensteins über Moore und untersucht deren Ergebnisse (Erlebnis und Ausdruck. Wittgensteins Philosophie der Psychologie, München 1987, 124–
146).

45 Die Bemerkungen über die Farben sind Teil des Bandes 8 der Werkausgabe.

46 ÜG 321. Er sagt in diesem Paragraphen von Über Gewißheit: „Es
klingt eben zu sehr nach der Log. Phil. Abh. "

47 Monk 564. Ich habe versucht, einige der interessanten Aspekte der
Überlegungen über die Farben zu interpretieren („Wittgenstein über
Farben und die Grenzen des Denkbaren", in: Von Wittgenstein lernen,
hrsg. v. W. Vossenkuhl, Berlin 1992, 79–98). Einen außergewöhnlich in-
formativen, wichtigen und umfassenden Beitrag zum Thema ‚Farben'
schrieb Josef G. F. Rothhaupt (Farbthemen in Wittgensteins Gesamtnachlaß: Philologisch-philosophische Untersuchungen im Längsschnitt
und in Querschnitten, Dissertation, Hochschule für Philosophie SJ,
München 1993).

IV. Logische Grundlagen

1 G. Frege, *Die Grundlagen der Arithmetik, eine logisch-mathematische Untersuchung über den Begriff der Zahl*, Hildesheim 1961 (Nachdr. d. Ausg. Breslau 1934), 39 ff.

2 A. a. O., 49.

3 A. a. O., 59.

4 Unter Begriffe erster Stufe fallen Gegenstände, unter Begriffe zweiter Stufe fallen Begriffe.

5 Unter ,Begriff' versteht Frege einen beurteilbaren Inhalt. Dessen allgemeine Form ist ,a fällt unter den Begriff F'.

6 A. a. O., 78 ff.

7 A. a. O., 79. Statt von ,Begriffsumfang' sprechen wir heute gewöhnlich von ,Extension'.

8 A. a. O., 86.

9 A. a. O., 87.

10 A. a. O., 88.

11 A. a. O.

12 A. a. O., 90.

13 Etwas übersichtlicher können wir Freges Definitionen so aufführen:
0 : = Menge aller Begriffe, die mit dem Begriff ,x ≠ x' gleichzahlig sind;
1 : = Menge aller Begriffe, die mit dem Begriff ,x = 0' gleichzahlig sind;
2 : = Menge aller Begriffe, die mit dem Begriff ,x = 0 oder x = 1' gleichzahlig sind; 3 : = Menge aller Begriffe, die mit dem Begriff ,x = 0 oder x = 1 oder x = 2' gleichzahlig sind; etc.

14 Russell schreibt in seiner Autobiographie, daß er die Paradoxie im Mai 1901 entdeckte (*Autobiography*, repr. [4]1975, London 1989, 150).

15 Russell beschreibt seine Entdeckung in dem Werk, das er 1902 – wie er Frege schreibt – zu Ende bringen will, in *The Principles of Mathematics* (London [1]1903, [2]1937, repr. 1948, 101 f.). Eine Lösung der Paradoxie bietet er dabei nicht an.

16 Russell weist in seinem Brief auf die *Begriffsschrift* hin und nimmt, was die Paradoxie angeht, Bezug auf Freges Feststellung, es könne auch das Argument bestimmt, die Funktion aber unbestimmt sein (G. Frege, *Begriffsschrift und andere Aufsätze*, 3. Aufl. hrsg. v. I. Angelelli, Darmstadt 1977, 17).

17 Die Briefe Russells und Freges sind mit Erläuterungen abgedruckt in: Jean van Heijenoort, *From Frege to Gödel. A Source Book in Mathematical Logic (1879–1931)*, Cambridge (Mass.) [3]1976, 124–128.

18 B. Russell, *The Principles of Mathematics*, a. a. O., chap. X., 101.

19 Dies ist die Regel V in G. Freges *Grundgesetzen* (*Grundgesetze der Arithmetik. Begriffsschriftlich abgeleitet*, Bd. 1, 2. Aufl., Darmstadt 1962, 36).

20 ,Wertverlaufsgleichheit' bedeutet, daß der Wahrheitswert bei allen Einsetzungen immer wahr oder falsch ist.

21 Russell hat die Typentheorie erstmals im Appendix B seiner *Principles of Mathematics* vorgestellt (a.a.O., 523–28); der Appendix A (a.a.O., 501–22) ist übrigens die erste zusammenhängende Darstellung von Freges Logik. Eine reife Darstellung der Typentheorie ist Russells „The Theory of Logical Types" aus dem Jahre 1910 (in: ders., *Essays in Analysis*, ed. by D. Lackey, London 1973, 215–252). Die Typentheorie erweist sich übrigens als zu kompliziert für die Arbeit der logischen Grundlegung der Arithmetik (vgl. U. Metschl, *Über einige verwandte Möglichkeiten der Behandlung des Wahrheitsbegriffs*, Würzburg 1989, 14).

22 Für die sog. materiale Implikation, also für ‚wenn – dann' Ausdrücke der Form ‚p → q', gilt, daß sie nur dann falsch sind, wenn das Antezedens (‚p') wahr und das Konsequens (‚q') falsch ist; in allen anderen Fällen sind solche Ausdrücke wahr, also auch dann wenn Antezedens und Konsequens falsch sind.

23 Er sagt dies in der Einführung zur zweiten Auflage der *Principles*; vgl. B. Russell, *The Principles of Mathematics*, a.a.O., xii. Er ist sich wohl bewußt, daß er nicht – wie Rudolf Carnap – Konventionalist sein kann.

24 Russell bezeichnet es als „Wesen einer Funktion", vieldeutig zu sein („The Logical Theory of Types", a.a.O., 217). Er meint damit, daß die Funktion f(x) u.a. f(a), f(b), f(c) etc. bezeichnen kann. Es ist offen, wie wir die Variablen in Funktionen ersetzen. Deswegen sind sie vieldeutig, obwohl sie als Funktionsausdrücke eindeutig sind.

25 Russell formuliert das Prinzip des vitiösen Zirkels (vicious-circle principle) u.a. so: „Die Werte einer Funktion können keine Terme enthalten, die nur mit Hilfe der Funktion selbst definierbar sind" („The Theory of Logical Types", a.a.O., 219). Wittgenstein wiederholt diesen Grundgedanken Russells präzise in TLP 3.332.

26 B. Russell, „The Theory of Logical Types", a.a.O., 215.

27 A.a.O., 216.

28 A.a.O., 230.

29 Julian Roberts hat das Prinzip der Nichtreflexivität bei Russell und Wittgenstein untersucht und klar und einleuchtend dargestellt (*The Logic of Reflection. German Philosophy in the Twentieth Century*, New Haven/London 1992, chap.3.).

30 A.a.O., 231.

31 Russell erläutert das „axiom of reducibility" a.a.O., 240ff.

32 Wir sprechen heute nicht von scheinbaren, sondern von gebundenen Variablen, d.h. von Variablen, deren Wertbereich durch Quantoren festgelegt ist.

33 Rudolf Carnap versucht im *Logischen Aufbau der Welt* (1928, Hamburg ²1961) Wahrnehmung und Logik miteinander zu verbinden. Dieses phänomenalistische Programm hat vor allem Nelson Goodman (*The Structure of Appearance*, Indianapolis ²1966) fortgeführt.

34 A.a.O., 233.

35 A.a.O., 234.

36 L.Wittgenstein, *Briefe*, a.a.O., (Brief vom 22.Juni 1912) 17f.

37 A.a.O., 25.

38 Wittgenstein hat mit Frege über die „Theorie des Symbolismus" diskutiert, wie er Russell schreibt (26.12. 1912, *Briefe*, a.a.O., 23f.). Eine reale Übereinstimmung mit Frege in der Frage des Symbolismus läßt sich daraus allerdings nicht ableiten. Die unterschiedliche Nähe und Distanz zu Frege und Russell im *Tractatus* im Blick auf die zeitgenössische Semantik untersucht ausführlich Peter Carruthers (*Tractarian Semantics. Finding Sense in Wittgenstein's Tractatus*, Oxford 1989, u.a. xf., chap. 2).

39 Vgl. TLP 5.451 u. 5.452.

40 L.Wittgenstein, *Briefe*, a.a.O., 88.

41 Sätze, die scheinbar etwas sagen, sind nicht zu verwechseln mit Sätzen, die nichts sagen. Sätze *über* die Logik sagen scheinbar etwas, sind aber *sinnlos*, jedoch nicht unsinnig. Sie sind sinnlos, weil solche Sätze über die Logik außerhalb der Welt formuliert werden müßten; während Sätze *in* der Logik in der Welt etwas sagen, nämlich nichts: TLP „5.43 ... Alle Sätze der Logik sagen aber dasselbe. Nämlich nichts."

42 Julian Roberts zeigt, daß die sog. Bildtheorie der Bedeutung auf eben diesem Begriff des Abbildens beruht (*The Logic of Reflection*, 118ff.).

43 Diese Formulierung klingt nicht nur kantianisch, sondern ist auch so gemeint. Sie ähnelt ihrer Form nach Kants „oberstem Grundsatz aller synthetischen Urteile a priori" in der ersten Kritik. Darin kommt nicht nur Kants, sondern auch Wittgensteins Verständnis von ‚transzendental' klar zum Ausdruck. Wir müssen allerdings unterscheiden. Kants Grundsatz bezieht sich auf die Erfahrung und deren begriffliche Bedingungen. Zu diesen Bedingungen gehört vor allem das ‚Ich' des transzendentalen Selbstbewußtseins. Dagegen bezieht sich Wittgensteins Begriff ‚transzendental' auf Sätze und deren logische Bedingungen. Ein transzendentales Ich kann und darf hier nicht vorkommen. Es handelt sich also um unterschiedliche Gegenstandsbereiche. Einig sind sich beide darin, daß Bedingendes und Bedingtes eine gemeinsame Basis haben. Die Basis ist nur jeweils eine ganz andere. P.M.S.Hacker hat in der ersten Ausgabe von *Insight and Illusion* (*Wittgenstein on Philosophy and the Metaphysics of Experience*, Oxford 1972) Wittgenstein zu sehr mit Kant identifiziert, so als hätten beide denselben Gegenstandsbereich im Auge gehabt. Wittgenstein wird damit gegen sein erklärt Ich-freies Denken ein transzendentaler Begriff von Selbstbewußtsein unterstellt. Hacker hat dies in der zweiten Auflage des Buches korrigiert (*Insight and Illusion. Themes in the Philosophy of Wittgenstein*, revised edition, Oxford 1985).

44 Selbst dort, wo eine unmittelbare Erkenntnis der Dinge als Ideal beschrieben wird, wie z.B. in Platon *Höhlengleichnis*, stehen zwischen dem Erkennenden und den Dingen die Ideen als Urformen der Dinge. Das spekulative Denken bezieht sich auf die Ideen und über sie auf die

Dinge. Ähnlich indirekt stellen sich die scholastischen Denker des Mittelalters die Erkenntnis Gottes vor. Eine direkte Schau (visio) Gottes ist weder aus eigener geistiger Kraft noch im Diesseits erreichbar, außer Gott offenbart sich wie im Fall von Paulus bei Damaskus. Es bleibt also nur die Spekulation, die indirekte Erkenntnis über die Spiegel der Begriffe, der Schöpfung, der Lehre etc.

45 Donald Peterson spricht in seiner Untersuchung des *Tractatus*-Denkens ebenfalls von drei Arten der Spiegelung. Er unterscheidet aber nicht die Spiegelung der logischen Form von dem, was die modale Grundstruktur spiegelt. Seine dritte Spiegelebene ist das Unsagbare, die Rückseite des Spiegels (*Wittgenstein's Early Philosophy. Three Sides of the Mirror*, New York e. a. 1990).

46 Vgl. TLP 4.2 : „Der Sinn des Satzes ist seine Übereinstimmung und Nichtübereinstimmung mit den Möglichkeiten des Bestehens und Nichtbestehens der Sachverhalte."

47 Die Ordnung der logischen Analyse und die Ordnung des Sinn-Verstehens sind im zeitlichen Sinn ähnlich gegenläufig wie die Ordnungen der Rechtfertigung und der Entdeckung.

48 Schon seit Ende 1913 versucht Wittgenstein, den logischen Satz mit der Alternative zwischen Tautologie oder Kontradiktion zu verstehen (*Briefe*, a. a. O., 42, 44, 46, 49, 51).

49 Der logische Ausdruck kann so gelesen werden: ‚Es gibt mindestens ein x dergestalt, daß von diesem x gesagt werden kann, daß es rot ist.' Wittgenstein verwendet übrigens die von mir hier gebrauchte Notation selbst (*Briefe*, a. a. O., 25 f.).

50 ‚¬' ist ein Symbol für die Negation. Es wird logisch nach der Regel verwendet, wenn der Satz ‚p' wahr ist, ist ‚¬p' falsch, wenn ‚p' falsch ist, ist ‚¬p' wahr.

51 ‚→' ist ein Symbol für die Implikation (materiales Konditional), die logische ‚wenn-dann-Beziehung'. Für sie gilt in einem Konditionalsatz der Form ‚x → y' die Regel, wenn x (das sog. Antecedens) wahr und y (das sog. Konsequens) falsch ist, dann ist der ganze Konditionalsatz falsch, in allen anderen Fällen ist er wahr.

52 Der *modus ponens* ist eine, und zwar die erste, von beliebig vielen gültigen Argumentformen. Das Argument hat zwei Prämissen und einen Schluß. Die Prämissen sind ‚x' (gegeben x) und ‚x → y' (wenn x, dann y). Der Schluß ist ‚y' (folglich y). Man kann dieses Argument auch so ausdrücken: ‚(((x → y) ∧ x) → y)'.

53 Die Begriffe ‚Wirklichkeit' und ‚Welt' sind nicht synonym. ‚Welt' ist eine Erscheinungsweise von ‚Wirklichkeit'. Die Wirklichkeit kann nicht unmittelbar erscheinen. Sie zeigt sich durch die logische Form der Sätze, die die Welt beschreiben.

54 Die ontologische Analyse der Wirklichkeit, die der *Tractatus* bietet, ist vor allem von Erik Stenius (*Wittgensteins Traktat*, Frankfurt 1969; engl. Ausg. Oxford 1960) untersucht worden.

55 Deswegen entwirft Wittgenstein auch keine Metaphysik der Erfahrung nach Kants Vorbild, wie P. M. S. Hacker in der ersten Ausgabe von *Insight and Illusion* (a. a. O.) meinte.

56 Dies ist jedenfalls das, was Kants „oberster Grundsatz aller synthetischen Urteile a priori" in der ersten Kritik tut.

57 Diese Bestimmung ist die fundamentale Aufgabe der Negation, des Negators im *Tractatus*.

58 D. Pears gehört zu denen, die den *Tractatus* realistisch interpretieren (*The False Prison*, vol.1, a. a. O., 88–114).

59 Die Beispiele von Abendstern und Morgenstern diskutiert Frege in „Über Sinn und Bedeutung" (G. Frege, *Funktion, Begriff, Bedeutung. Fünf logische Studien*, hrsg. v. G. Patzig, Göttingen ⁴1975, 41, 47).

60 P. Carruthers zeigt, daß Wittgenstein in scharfem Gegensatz zu Freges Lehre von den notwendig existierenden Gedanken und logischen Objekten steht (*The Metaphysics of the Tractatus*, Cambridge 1990, 31–43).

61 Das logische Bild „stellt die Sachlage im logischen Raume, das Bestehen oder Nichtbestehen von Sachverhalten vor" (TLP 2.11). Julian Roberts erläutert das logische Bild als Ergebnis des logischen Abbildens überzeugend in *The Logic of Reflection* (a. a. O., 118 ff.).

62 Zu den logischen Konstanten gehören die Junktoren ‚¬‘, ‚∧‘, ‚∨‘, ‚→‘, das Zeichen für Identität ‚=‘ und die Quantoren ‚∃‘ und ‚∀‘. Donald Peterson untersucht den „Grundgedanken" des *Tractatus* in vorbildlich klarer Weise (*Wittgenstein's Early Philosophy*, a. a. O., 48 ff.). Was Wittgenstein hier den ‚Grundgedanken‘ nennt, daß es keine logischen Konstanten gibt, gehört bereits seit 1912 zu seinen Überzeugungen (*Briefe*, a. a. O., 18).

63 Was es heißt, daß Sätze Wahrheitsfunktionen von Elementarsätzen sind, erklärt die Wahrheitstafelanalyse (TLP 4.31, 4.442, bes. 5.101).

64 Was eine ‚interne Relation‘ ist, erklärt Wittgenstein so: „4.123 Eine Eigenschaft ist intern, wenn es undenkbar ist, daß ihr Gegenstand sie nicht besitzt." Weitere Erläuterungen zu internen und externen Relationen in 4.122 bis 4.1252.

65 In diesem Sinn heißt es: „4. 23 Der Name kommt im Satz nur im Zusammenhange des Elementarsatzes vor."

66 Donald Peterson schreibt: „In establishing the intra-syntactic reality, and the independence from the world, of these inner features of language, the *Tractatus* does for linguistic representation what abstract art has done for visual representation" (*Wittgenstein's Early Philosophy*, a. a. O., 165).

67 Konstruktivisten gibt es vielerlei, in Mathematik, Logik und Wissenschaftstheorie. C. Thiel gibt eine gute Übersicht über die gebräuchlichen Varianten in seinem Artikel „Konstruktivismus" (*Enzyklopädie Philosophie und Wissenschaftstheorie*, hrsg. v. J. Mittelstraß, Bd. 2, Mannheim e. a. 1984, 449–453).

68 Im letzten Satz von TLP 4.463 sagt er in Bezug auf Tautologie und Kontradiktion: „Keine von beiden kann daher die Wirklichkeit irgendwie bestimmen."

69 Wittgenstein vergleicht den logischen mit dem geometrischen Raum und sieht die einzige Gemeinsamkeit beider Räume darin, „Möglichkeit einer Existenz" zu sein (TLP 3.411).

70 In den Paragraphen 4.26 bis 4.42 charakterisiert Wittgenstein die vollständige Beschreibung der Welt als Menge aller möglichen wahren Elementarsätze.

71 Logische Summen haben die Form ‚a ∨ b ∨ c ∨ ...etc.‘, logische Produkte die Form ‚a ∧ b ∧ c ∧ ...etc.‘

72 Wir werden später sehen, daß es mit Farb-Sätzen nicht so einfach ist, wie dieses Beispiel vorgibt. Wittgenstein entdeckt, daß sie die logischen Bedingungen von Elementarsätzen nicht erfüllen.

73 Es gehören lediglich, wie wir noch sehen, die Tautologien und die Kontradiktion zum logischen Gerüst. Wahrheitsfunktionale Verknüpfungsformen von Sätzen sind die sog. Junktoren (‚nicht‘, ‚und‘, ‚oder‘, ‚wenn-dann‘, ‚genau dann, wenn‘) im Kalkül der Aussagenlogik.

74 Die wahrheitsfunktionalen Verknüpfungen sind keine Sätze der Logik. Es sind Funktionen, daher können sie keine Tautologien sein. Nur Operationen, die den Übergang von Sätzen zu Sätzen, also die Nachfolge-Beziehung regeln, können Tautologien sein. Den Unterschied zwischen Operation und Funktion erläutern im *Tractatus* die Sätze 5.22 bis 5.44.

75 W.V.O.Quine, „Five Milestones of Empiricism", in: ders., *Theories and Things*, Cambridge (Mass.) 1981, 67ff; einen guten Gesamteindruck von Quines Holismus bietet der erste Beitrag im eben erwähnten Band mit dem Titel „Things and Their Place in Theories" (a.a.O., 1–23).

76 Wittgensteins eigenständigen Holismus erläutern David Pears („Wittgenstein's Holism", *Dialectica* 44 (1990), 166–173) und Verena Mayer („Logischer Holismus: Zur Erkenntnistheorie des Tractatus", erscheint im Kongreßband der Gesellschaft für Analytische Philosophie des Leipziger Kongresses *Analyomen* von 1994).

77 Vgl. TLP „6.1233 ... Es ist aber klar, daß die Logik nichts mit der Frage zu schaffen hat, ob unsere Welt wirklich so ist oder nicht."

78 Auch die Realität der Gegenstände bestimmt Wittgenstein modal; vgl. TLP 2.0124, 2.013, 2.0131.

79 Dies gilt sowohl im logischen als auch im empirischen Sinn; vgl. TLP „2.0131 Der räumliche Gegenstand muß im unendlichen Raume liegen."

80 M.Varga von Kibéd, „Variablen im Tractatus", *Erkenntnis* 39 (1993), 79–100.

V. Grammatik und Wirklichkeit

1 L.Wittgenstein, *Philosophische Grammatik* (Abk.: PhG), Frankfurt 1989 (=Werkausgabe Bd.4), 210.

2 „Bemerkungen über logische Form", in: *Vortrag über Ethik und kleinere Schriften*, hrsg. v. J.Schulte, Frankfurt 1989, 25ff.

3 Vgl. Anmerkung 10 in diesem Kapitel.

4 Wittgenstein versteht das Verhältnis zwischen Logik und Grammatik als Teilmengenverhältnis; die Logik, sagt er im *Big Typescript*, sei ein Teil der Grammatik über Ausdrücke wie ‚und‘, ‚oder‘, ‚nicht‘, die in der Logik verwendet werden (BT, 477). Die Grammatik schließt die Logik ein. Dabei bleibt es. Die selbstkritische Bemerkung, daß die logische Analyse etwa der Farbsätze eine falsche Grammatik hatte, verurteilt die Logik nicht pauschal als falsche Grammatik, sondern wendet sich lediglich gegen einen falschen, unangebrachten Gebrauch der logischen Analyse (vgl. BT, 475).

5 L. Wittgenstein, *Philosophische Bemerkungen* (Abk.: PhB), Frankfurt 1989 (Werkausgabe Bd. 2), 54.

6 Wie ich bereits sagte (vgl. Kap. III, Anm. 25), hat Wittgenstein nicht zuletzt angeregt durch Diskussionen mit Moore und Ramsey den Begriff ‚Sprachspiel‘ entwickelt.

7 ‚Konventional‘ bezeichnet im sprachphilosophischen Kontext eine Regularität des Sprachgebrauchs (vgl. David Lewis, *Konventionen*, Berlin 1975), spieltheoretisch definiert. Dies darf nicht verwechselt werden mit dem Konventionalismus, der in der Philosophie der Mathematik oder in der Logik eine Alternative zum Fundamentalismus und Platonismus bildet (vgl. Kap. VIII).

8 David Lewis, a. a. O.

9 In PhG (186) heißt es, daß die Rechtfertigung von Regeln mit Hilfe einer Übereinstimmung ihrer Anwendung mit der Wirklichkeit „das Dargestellte selbst beschreiben" müßte. Damit würde ein Dreiecksverhältnis zwischen Wirklichkeit, Sprache und Rechtfertigung entstehen. Es würde so aussehen, als gäbe es diese Teile dieses Verhältnisses getrennt voneinander. Wittgenstein will zeigen, daß es eine solche Pseudo-Autonomie nicht gibt. Wirklichkeit gibt es nicht neben, über oder außerhalb der Sprache.

10 Das *Big Typescript* (BT) ist Teil des Microfilms mit sämtlichen unveröffentlichten Manuskripten Wittgensteins, der seit 1968 an der Cornell University (Ithaca, N. Y.) einsehbar ist. Es handelt sich um Texte, an denen Wittgenstein von 1929 bis 1933 arbeitete. Sie sind in herkömmlicher Weise in Kapitel gegliedert, die auf die Absicht einer Buchveröffentlichung deuten. Tatsächlich hat Wittgenstein diese Absicht nicht ernsthaft verfolgt. Eine Auswahl der Texte des „Big Typescript" bildet die von Rush Rhees edierte und betitelte *Philosophische Grammatik*.

11 Das Kontextprinzip lautet: „Nach der Bedeutung der Wörter muss im Satzzusammenhange, nicht in ihrer Vereinzelung gefragt werden" (G. Frege, *Die Grundlagen der Arithmetik. Eine logisch-mathematische Untersuchung über den Begriff der Zahl*, Hildesheim 1961, XXII).

12 N. Chomsky vertritt die These, daß die mathematisch beschreibbare Grammatik als kognitive Struktur der Sprachkompetenz angeboren ist; vgl. u. a. *Sprache und Geist*, Frankfurt 1970; *Aspekte der Syntax-Theorie*, Frankfurt 1972; *Reflexionen über die Sprache*, Frankfurt 1977.

13 Frege formuliert seinen Antipsychologismus als Grundsatz neben dem Kontextprinzip: „Es ist das Psychologische von dem Logischen, das Subjektive von dem Objektiven scharf zu trennen" (*Die Grundlagen der Arithmetik* a. a. O.).

14 Wittgenstein hat handschriftlich auf der Rückseite der Seite 192 (BT) vermerkt: „Die Sprache ist Teil eines Mechanismus (. . .). Mit ihrer Hilfe beeinflussen wir die Handlungen anderer Menschen und werden wir beeinflußt. – Als Teil des Mechanismus, kann man sagen, *hat* die Sprache einen Zweck. Aber die Grammatik kümmert sich nicht um den Zweck der Sprache und ob sie ihn erfüllt. Sowenig wie die Arithmetik um die Anwendung der Addition."

15 Auch solche metaphysischen Ansprüche gehören in die Grammatik: „Wie alles Metaphysische ist die Harmonie zwischen Gedanken und Wirklichkeit in der Grammatik der Sprache aufzufinden" (PhG 162).

16 Die Wahrheit von ‚Ich erwarte, daß der Knopf nicht mehr lange hält', also die Wahrheit des ganzen Satzes, wird bestätigt, wenn der Knopf endlich abfällt; vgl. dazu G. Frege, „Über Sinn und Bedeutung", *Funktion, Begriff, Bedeutung*, hrsg. u. eingel. v. G. Patzig, 4. Aufl., Göttingen 1975, 40–65.

17 Wichtige Ausschnitte der Passagen über das Verhältnis von Erwartung und Erfüllung des *Big Typescript* sind in der *Philosophischen Grammatik* abgedruckt (vgl. PhG 132–142).

18 B. Russell, „On Denoting", in: *Collected Papers*, vol. 4 (= *Foundations of Logic 1903–05*), London/New York 1994, 414–427 (Abk.: OD).

19 Russell unterscheidet nicht wie Frege zwischen Sinn und Bedeutung eines Ausdrucks. Er verwendet ‚Bedeutung' im Sinn von ‚Referenz'. Es leuchtet ein, daß der Satz ‚Der jetzige sächsische König ist Mitglied der CDU' wahr wäre, wenn Sachsen derzeit eine Monarchie wäre. Es ist aber fraglich, ob der Satz unwahr ist, weil Sachsen keine Monarchie ist und es keinen König gibt. Wir können allgemein fragen, ob es sinnvoll ist, die Existenz eines Gegenstandes direkt mit dem Wahrheitswert eines Satzes zu verknüpfen. Strawson schlug in kritischer Auseinandersetzung mit Russell vor, daß die Wahrheit oder Falschheit eines Satzes von dessen Gebrauch abhängig ist. Die Frage, ob ein Satz dazu verwendet werde, wahre oder falsche Behauptungen zu machen, stelle sich erst, wenn die Existenzbedingungen des Subjektausdrucks erfüllt seien. Wahrheit oder Falschheit sind von der Voraussetzung, der Präsupposition, abhängig, daß der Gegenstand, über den der Satz etwas sagt, existiert oder nicht. (Vgl. P. F. Strawson, „On Referring" (1950), in: ders., *Logico-Linguistic Papers*, London 1971; übers.: „Bezeichnen", in: P. F. Strawson, *Logik und Linguistik*, München 1974, 83–116.)

20 B. Russell, *An Inquiry into Meaning and Truth* (1940), London 1980, 55.

21 A. a. O., 61.

22 A. a. O., 60 f.

23 F. Waismann, „Verifiability" (1945), *The Theory of Meaning*, G. H. R. Parkinson (ed.), Oxford 1968, 35–60; teilweise übersetzt in *Sprache und Analysis*, hrsg. v. R. Bubner, Göttingen 1968, 154–169.

24 F. Waismann, „Verifiability", a. a. O., 58; den besonders interessanten dritten Teil des Aufsatzes enthält die deutsche Übersetzung leider nicht.

25 A. Ayer, *Sprache, Wahrheit und Logik*, (engl.: *Language, Truth, and Logic*, 1. Aufl. 1935, 2. Aufl. 1946) Stuttgart 1970 (abgek.: SWL).

26 Dieser Schluß mag unsinnig sein, er wäre wahr, wenn es falsch wäre, daß das Absolute faul ist. Nach den aussagenlogischen Regeln der materialen Implikation folgt aus einem falschen Satz entweder ein wahrer oder ein falscher'.

27 ‚Analytische Sätze' gelten als wahr unabhängig von Erfahrung; sie haben die Form einer Tautologie (‚a ist a') und sind nicht informativ, d. h. sie sagen nicht mehr als das, was das Satzsubjekt bereits bedeutet. Dagegen gelten ‚synthetische Sätze' als empirisch wahr und informativ oder als falsch; sie haben die Form ‚a ist b'. W. V. O. Quine bestreitet den Unterschied zwischen analytischen und synthetischen Sätzen und bezeichnet diese Unterscheidung als eines der beiden Dogmen des Empirismus („Two Dogmas of Empiricism", in: ders., *From a Logical Point of View* (1953), 2. Aufl., Cambridge (Mass.) 1961, 20–46.

28 Die Unterscheidung zwischen dem Verifikationsprinzip und dem Kriterium der Verifizierbarkeit erläutert Oswald Hanfling in seinem Buch *Logical Positivism* (Oxford 1981, Chap.s 2 & 3).

VI. Szientismus und Pessimismus

1 L. Wittgenstein, *Philosophische Bemerkungen*, Frankfurt 1989 (Werkausgabe Bd. 2).

2 L. Wittgenstein, „Bemerkungen über Frazers Golden Bough", in: *Vortrag über Ethik und andere kleine Schriften*, hrsg. v. J. Schulte, Frankfurt 1989, 37.

3 Spengler hatte sein Werk (Abk.: DUdA) 1917 in München fertiggestellt. Hier erschien es auch in erster Auflage 1918, in zweiter 1923 (bei C. H. Beck). Diese zweite, überarbeitete Auflage ist in einer einbändigen Ausgabe verfügbar (C. H. Beck 1990).

4 *Ungerecht* nennt Wittgenstein den dogmatischen Gebrauch eines Ideals. Es wird dann nicht als Vergleichsmaßstab verwendet. Vielmehr muß dem Ideal „Alles konformieren" (VB 486), dem Maßstab muß die Wirklichkeit entsprechen (PhU § 131).

5 L. Wittgenstein, *Vorlesungen und Gespräche über Ästhetik, Psychologie und Religion*, hrsg. v. C. Barrett, übers. v. E. Bubser, Göttingen 1968, 55.

6 Vgl. die Erinnerungen von Wittgensteins Schüler und Freund Britton in: R. Rhees (ed.), *Recollections of Wittgenstein*, Oxford 1984, 62.

7 Vgl. Monk 487 f.

8 Wittgenstein hat übrigens nicht, wie ich anfänglich vermutete, Russisch aus Begeisterung für die Sowjetunion gelernt, sondern bereits während des Ersten Weltkriegs. Joachim Schulte wies mich darauf hin, daß es dafür eine Reihe von Belegen gebe, u. a. eine russisch geschriebene Postkarte an seinen Burschen.

VII. Solipsismus

1 *Vorlesungen 1930–1935*, 226.

2 Es ist für eine Reihe von Interpreten umstritten, ob Wittgenstein für oder gegen den Solipsismus war. David Pears z. B. ist überzeugt, daß er bereits im *Tractatus* gegen den Solipsismus argumentierte (*The False Prison*, vol.1, a. a. O., 153–190).

3 B. Russell, *An Outline of Philosophy*, London 1927, 302.

4 D. Bell, „Solipsismus, Subjektivität und öffentliche Welt", in: *Von Wittgenstein lernen*, hg. v. W. Vossenkuhl, Berlin 1992, 35.

5 A. a. O., 37.

6 A. a. O., 38.

7 Vgl. auch *Vorlesungen* 1930–1935, Frankfurt 1984, 172 f.

8 D. Bell, a. a. O., 38 ff.

9 A. a. O., 51.

10 D. Pears glaubt, daß Wittgenstein nicht zuletzt aufgrund seiner Gegnerschaft zum Solipsismus zu einer Lösung des Problems des Fremdpsychischen beigetragen habe (*The False Prison*, vol. 2, a. a. O., 296 ff.). Dies ist nur konsequent, wenn man Wittgenstein zum Antisolipsisten erklärt. Tut man dies nicht, verschwindet auch das Problem des Fremdpsychischen.

11 R. Descartes, *Meditationen über die Grundlagen der Philosophie*, Hamburg 1960, bes. Zweite Meditation.

12 L. Wittgenstein, „Aufzeichnungen für Vorlesungen über ‚privates Erlebnis' und ‚Sinnesdaten'", in: *Vortrag über Ethik und andere kleine Schriften* (Abk.: Aufz.), hrsg. v. J. Schulte, Frankfurt 1989, 47–100.

13 A. a. O., 113.

14 L. Wittgenstein, *Letzte Schriften über die Psychologie. Das Innere und das Äußere*, hrsg. v. G. H. von Wright u. H. Nyman, Frankfurt 1993, 95.

15 Anders D. Bell, a. a. O., 48; dagegen sprechen für die These des auf die Frühphase eingeschränkten Solipsismus: J. W. Cook, „Solipsism and Language", in: *Ludwig Wittgenstein: Philosophy and Language*, hg. v. A. Ambrose u. M. Lazerowitz, London 1972; J. Hintikka, „On Wittgenstein's Solipsism", Mind 67 (1958); B. Williams, „Wittgenstein and Idealism", in: *Understanding Wittgenstein*, hg. v. G. Vesey, London 1974.

16 L. Wittgenstein, *Das Blaue Buch*, Werkausgabe Bd. 5, Frankfurt 1989, 96.

17 L. Wittgenstein, *Bemerkungen über die Philosophie der Psychologie, Letzte Schriften über die Philosophie der Psychologie*, Frankfurt 1989 (*Werkausgabe* Bd. 7), 33 (I-129).

18 Vgl. oben Kap. IV.

19 Es kommt für unsere gegenwärtigen Zwecke nicht darauf an, was die Bedingungen unseres Verstehens genau sind. Es mögen Ideen, Substanzen, Eindrücke, Repräsentationen, Begriffe sein. Diesen unterschiedlichen Voraussetzungen entsprechen so verschiedene Idealismen wie Platonismus, Cartesianismus, empiristischer Idealismus (Berkeley), transzendentaler Idealismus (Kant) etc.

20 Er erinnert an das Verständnis dieser Unmittelbarkeit im Sinn „unartikulierter Laute" bei Driesch (BT 492).

21 Wir dürfen trotz dieser Rekonstruktion des Verhältnisses von Idealismus, Realismus und Solipsismus nicht vergessen, daß Wittgenstein auch ganz traditionell, im Blick auf Schopenhauer, von ‚Idealismus' spricht. Er tut dies in einer einprägsamen Passage in den Tagebüchern: „Der Weg, den ich gegangen bin, ist der: Der Idealismus scheidet aus der Welt unik die Menschen aus, der Solipsismus scheidet mich allein aus, und endlich sehe ich, daß auch ich zur übrigen Welt gehöre, auf der einen Seite bleibt also *nichts* übrig, auf der anderen als unik *die Welt*. So führt der Idealismus streng durchdacht zum Realismus." (TB 180, 15.10. 1916)

22 H. Putnam, „Sense, Nonsense, and the Senses: An Inquiry into the Powers of the Human Mind" (=Dewey Lectures, Columbia University, New York, 1994), *Journal of Philosophy* 91 (1994), 445–517 (abgek.: DL).

23 Im *Tractatus* drückt Wittgenstein seinen Realismus so aus, daß zwischen Satz und Wirklichkeit keine Lücke bleibt (TLP 4.12), daß der Satz bis an die Wirklichkeit herankommt (vgl. auch BT 204).

24 Das eigentliche Anliegen Putnams ist, Wittgenstein vom Ruch des Anti-Realismus zu befreien, in den ihn Michael Dummett, Saul Kripke, Crispin Wright und andere gebracht haben. Auf diese Deutung gehe ich später ein.

VIII. Grundlagen der Mathematik

1 Was Platonismus in der Mathematik heißt, untersucht M. Dummett in „Platonism" (ders., *Truth and Other Enigmas*, London 1978, 202–214).

2 M. Dummett nannte Wittgenstein erstmals einen radikalen Konventionalisten („Wittgenstein's Philosophy of Mathematics", *Philosophical Review* 88 (1959), 329). F. Mühlhölzer greift diese Bezeichnung in seinem außerordentlich hilfreichen Kommentar zu den *Bemerkungen über die Grundlagen der Mathematik* auf und bestätigt sie am Original (F. Mühlhölzer, *Wittgensteins „Bemerkungen über die Grundlagen der Mathematik". Ein kritischer Kommentar zur den Teilen I und II*, unveröffentl. Typoskript, München 1995). Barry Stroud kritisiert Dummetts Charakterisierung Wittgensteins als Konventionalisten („Witt-

genstein and Logical Necessity", in: *Wittgenstein. The Philosophical Investigations. A Collection of Critical Essays*, ed. by G. Pitcher, Garden City (N.Y.) 1966, 477–496).

3 M. Dummett, a. a. O., 329; ders., „Wittgenstein on Necessity: Some Reflections", in: *Reading Putnam*, ed. by P. Clark, B. Hale, Oxford 1994, 51.

4 Der Konventionalismus kommt u. a. in den §§ 31, 33, 39 der *„Bemerkungen über die Grundlagen der Mathematik"* zum Ausdruck; vgl. dazu die erhellenden Erläuterungen im Kommentar von F. Mühlhölzer (1995).

5 Wittgenstein sagt selbst, die Mathematik sei ein „anthropologisches Phänomen" (BGM VII, § 33, S. 399); er meint dies an dieser Stelle im Sinn, daß sie Begriffsbildung und damit eine menschliche Tätigkeit ist.

6 F. Mühlhölzer (1995) weist in seinem Kommentar zu BGM I, § 44 nicht nur auf die Parallele zu PhU § 309 hin, sondern auch auf das erste Vorkommnis der Metapher vom Fliegenglas in den „Aufzeichnungen für Vorlesungen über ‚privates Erlebnis' und ‚Sinnesdaten'" (L. Wittgenstein, *Vortrag über Ethik und andere kleine Schriften* (Abk.: VüE), hrsg. v. J. Schulte, Frankfurt 1989, 47–100).

7 Der Solipsist, der „in der Fliegenglocke flattert" (VüE 76), ist keiner Pseudolösung auf den Leim gegangen. Er soll auch nicht aus dem Fliegenglas befreit, sondern höchstens zur Ruhe gebracht werden. Ein Solipsist ist nicht aus seinem Fliegenglas zu befreien.

8 Dies tut z. B. ganz überzeugend Graham White in „Ockham and Wittgenstein" (*Die Gegenwart Ockhams*, hrsg. v. W. Vossenkuhl, R. Schönberger, Weinheim 1990, 165–188).

9 Dies ist eine Auswahl von Paragraphen, in denen es um interne und externe Eigenschaften geht: BGM I, 77, 85, 99, 103, 104, 107.

10 Nicht im Sinn von Husserls eidetischer Reduktion, in der das Wahrgenommene auf seinen phänomenalen Kern reduziert wird. Vgl. auch dazu den entsprechenden Kommentar zur Besonderheit von Wittgensteins Phänomenologie von Felix Mühlhölzer zu BGM I, § 6 (Mühlhölzer 1995).

11 Wittgenstein wollte diese Sentenz Butlers zum Motto seiner *Philosophischen Untersuchungen* machen. Er dachte zumindest 1942/44 während seiner Zeit in Newcastle daran. Die Sentenz stammt aus dem Vorwort zu Butlers *Sermons* ([2]1729; zitiert nach: E. C. Mossner, *Bishop Butler and the Age of Reason*; New York 1936, repr. Bristol 1990, 107).

12 Dies ist die Botschaft von Paul Lorenzens Konstruktivismus (W. Kamlah, P. Lorenzen, *Logische Propädeutik oder Vorschule vernünftigen Redens*, Mannheim u. a. [2]1973).

13 Paul Feyerabend hat in *Against Method* (*Wider den Methodenzwang*, Frankfurt 1976) Cole Porters Vers „Anything Goes" zur Maxime erhoben.

14 Die Evidenz, die das Aufschreiben des Beweises auf Papier nicht bewirkt, die aber die Iteration ein und desselben Schrittes blockieren würde, ist der Witz in Lewis Carrolls „What the Tortoise said to Achilles" (Lewis Carroll, *The Complete Works*, London 1939, 1104–1108).

15 Eine gute, knappe Erklärung der Diagonalmethode bieten G.S.Boolos, R.C.Jeffrey, *Computability and Logic*, Cambridge ³1989, chap.2.

16 Dieses Vorbeireden an Cantors Diagonalmethode und an Gödels Beweisen ist Wittgenstein negativ angekreidet worden und hat zu einer reservierten Haltung gegenüber seiner Philosophie der Mathematik geführt. Dummett, der sich schon früh und ernsthaft mit Wittgensteins Bemerkungen über die Grundlagen der Mathematik auseinandersetzt, hat mit seinem Urteil, vieles sei unrichtig, obskur, widersprüchlich, nicht schlüssig etc., noch eine mehr oder weniger positive Grundeinstellung beschrieben („Wittgenstein's Philosophy of Mathematics", *Philosophical Review* 68 (1959), 324).

17 F.Mühlhölzer beschreibt die Defizite von Wittgensteins Auffassung der Diagonalmethode in seinem Kommentar sehr genau; vgl. seine Kommentare zu BGM II, §§ 2,8 10ff. (Mühlhölzer 1995).

18 M.Dummett, „Wittgenstein's Philosophy of Mathematics", a.a.O., 330. Es handelt sich aufgrund einer Veränderung der Edition inzwischen nicht, wie die Fußnote 5 von Dummetts Aufsatz sagt, um den § 48 in Teil IV, sondern in Teil V der BGM. Diese Änderung geht freilich nicht zu Lasten Dummetts.

19 M.Dummett, „Realism", in: ders., *Truth and Other Enigmas*, London 1978, 145–165.

20 Zur Menge der Sätze gehören u.a. Aussagen über die physikalische Beschaffenheit der Welt, über geistige Prozesse, mentale Zustände, über mathematische Zusammenhänge, über Ereignisse in Gegenwart, Vergangenheit und Zukunft.

21 Die Argumente, die der Antirealist gegen die Realität der Vergangenheit vertreten kann, führt Michael Dummett vor in „The Reality of the Past" (ders., *Truth and Other Enigmas*, London 1978, 358–374).

22 Andrew Wiles legte 1993 einen Beweis der Fermat'schen Vermutung ($x^n + y^n \neq z^n$, für n > 2 und alle natürlichen Zahlen x,y,z) vor, den er nach anfänglichen Zweifeln an seiner Lückenlosigkeit mittlerweile verbesserte. Experten sind im Hinblick auf diese letzte Version sehr zuversichtlich.

23 C.Wright, *Wittgenstein on the Foundations of Mathematics*, London 1980, 27/28.

24 A.a.O., 29.

25 C.Wright nimmt diesen Paragraphen der *Philosophischen Untersuchungen* als Beleg für Wittgensteins Antirealismus; a.a.O., 28.

26 A.a.O., 29.

27 F.Mühlhölzer zeigt dies in seinem Kommentar zu den §§ 5 und 37 der BGM. Er schließt sich dabei den Auffassungen von Paul Horwich (*Truth*, Oxford 1990) und Saul Kripke (*Wittgenstein on Rules and Private Language*, a.a.O., 86) an.

28 Wittgenstein lehnt einen objektiven Wahrheitbegriff nirgends ausdrücklich ab, den der objektiven Gewißheit dagegen schon (vgl. ÜG § 194).

29 Vgl. C. Wright, a. a. O., 183, 201.

30 Der Antirealist muß nicht notwendig eine „strenge Reduktion" fordern; vgl. M. Dummett, „The Reality of the Past", in: ders., *Truth and Other Enigmas*, London 1978, bes. 359–61.

31 In den Kommentaren von E. v. Savigny zu den *Untersuchungen* und von F. Mühlhölzer zu den Teilen I und II der *Bemerkungen* werden die Parallelen im einzelnen aufgeführt.

32 Es gibt, wie F. Mühlhölzer (1995) zeigt, kleinere und größere „Schlampereien" im Text der *Bemerkungen*. Dies fällt dem Philosophen und Mathematiker Mühlhölzer freilich mehr auf als dem gewöhnlichen philosophischen Leser. Mühlhölzer will Wittgenstein aber keineswegs als mathematischen Dilettanten desavouieren. Er will, im Gegenteil, Verständnis dafür wecken, daß Wittgenstein quasi von außen an die Mathematik herangeht. Mühlhölzer betrachtet diese externe Perspektive philosophisch als legitim.

IX. Das Seelische – Philosophie der Psychologie

1 Eine gute Übersicht über die Optionen der Philosophie des Geistes bzw. der Philosophie der Psychologie gibt Peter Carruthers (*Introducing Persons. Theories and Arguments in the Philosophy of Mind*, London 1986). Wie unzureichend für das Verständnis von Wittgensteins Philosophie der Psychologie die gängigen Kategorien des Dualismus, Materialismus, Behaviorismus, des psychophysischen Parallelismus etc. sind, zeigt sehr überzeugend Joachim Schulte (*Erlebnis und Ausdruck. Wittgensteins Philosophie der Psychologie*, München 1987, Kap. 9).

2 Wittgenstein verwendet hier als methodisches Prinzip die antithetische Symmetrie-Bedingung. Sie besagt, wenn Aussagen der Form ‚a=b' unsinnig sind, dann auch ihre Kontradiktionen von der Form ‚a ≠ b'. Er verwendet diese Bedingung u. a. in einem Argument (Brief vom 2. Juli 1927) gegen Frank Ramsey (*Briefe*, a. a. O., 160 f.). Die antithetische Symmetrie-Bedingung läßt sich auch umkehren: Wenn Aussagen der Form ‚a=b' nicht unsinnig sind, dann sind auch Aussagen der Form ‚a ≠ b' nicht unsinnig.

3 Es geht hier um grammatische, nicht um empirische Fragen der Philosophie der Psychologie. Deswegen spielt die Frage, ob das ‚Ich' referiert oder nicht, hier keine Rolle. Das Ich hat grammatisch nicht deswegen keinen Nachbarn, weil es nicht referiert, sondern weil *ich* ‚Ich' nicht so gebrauchen kann, als könnte ich im grammatischen Sinn zu mir selbst auch ‚er' sagen.

4 Zur Asymmetrie zwischen erster und dritter Person im Hinblick auf das Seelische sind die Aufzeichnungen von Wittgensteins Vorlesungen über die Philosophie der Psychologie durch P. Geach u. a. interessant; vgl. L. Wittgenstein, *Vorlesungen über die Philosophie der Psychologie*

1946/47, Aufzeichnungen von P.T.Geach, K.J.Shah u. A.C.Jackson, hrsg. v. P.T.Geach, Frankfurt 1991, 66f., 73, 87–91, 118f.

5 A.a.O., 119.

6 Marcelo Stamm kritisiert Wittgensteins Unterscheidung als „wildly implausible" („Selfconsciousness and the First Person", unveröffentl. Typoskr., München 1995)

7 Ian Hacking („Wittgenstein the Psychologist", *The New York Review of Books* 29, 5 (1982), 42–44) hat versucht, Gemeinsamkeiten zwischen Wittgenstein und Descartes nachzuweisen. Wie unsinnig dies über wenige unbedeutende Merkmale (z.B. die Unvereinbarkeit von Psychologie und Naturwissenschaften) hinaus ist, zeigt Joachim Schulte (*Erlebnis und Ausdruck*, a.a.O., 149–151).

8 Daß Wittgenstein kein Behaviorist ist, auch kein ‚logischer Behaviorist', weist Joachim Schulte nach (*Erlebnis und Ausdruck*, a.a.O., 147–149).

9 Wittgenstein verneint allgemein, daß indexikalische Ausdrücke Namen sind oder Gegenständen korrespondieren; z.B. PhU „410. ‚Ich' benennt keine Person, ‚hier' keinen Ort, ‚dieses' ist kein Name. Aber sie stehen mit Namen im Zusammenhang. Namen werden mittels ihrer erklärt."

10 Norman Malcolm kritisiert mit Wittgensteins Hilfe die heute übliche Charakterisierung psychologischer Begriffe als mentaler Zustände (*Wittgenstein: Nothing is Hidden*, Oxford 1986, 187).

11 Ein Mentalist, der sich der Differenzen mit Wittgenstein bewußt ist, ist Jerrold J.Katz (*Linguistic Philosophy. The Underlying Reality of Language and Its Philosophical Import*, London 1972).

12 E. v. Savigny, *Wittgensteins „Philosophische Untersuchungen", ein Kommentar für Leser*, Bd.II, Frankfurt 1989, 58.

13 E. v. Savigny hat recht, wenn er meint, daß der Satz des § 371 als allgemeine Maxime „viel zu unbestimmt wäre" (a.a.O.), da es „zahllose Behauptungen oder Fragen, die mit Hilfe des Wortes ‚Wesen' formuliert werden" gebe, wie z.B. „Gibt es Wesen auf anderen Planeten? War viel Wesens auf dem Jahrmarkt?"(a.a.O., 58/59).

14 A.a.O., 60.

15 E. v. Savigny beklagt in seinem Kommentar zum § 654 zu Recht die „Unsitte", nur Satz 1 zu zitieren und den Kontext „schamlos" zu mißachten, der zeigt, daß die Sprachspiele die Tatsachen sind, um die es geht (a.a.O., 304).

16 Diese fundamentale Rolle der Sprachspiele, die Rechtfertigungen nicht nur erübrigen, sondern zeigen, warum Rechtfertigungen nicht möglich sind, erinnert an die Rolle von Tautologien im *Tractatus*. Sie zeigen sich ebenfalls selbst und bilden das Ende der logischen Analyse.

17 An anderer Stelle heißt es (PhU): „255. Der Philosoph behandelt eine Frage; wie eine Krankheit."

18 L.Wittgenstein, *Letzte Schriften über die Philosophie der Psychologie. Das Innere und das Äußere*, hrsg. v. G.H. v. Wright u. H. Nyman, Frankfurt 1993.

19 Diese Letzten Schriften sind nicht zu verwechseln mit den „Letzten Schriften über die Philosophie der Psychologie", die aus den Jahren 1948–49 stammen und Vorstudien zum zweiten Teil der *Philosophischen Untersuchungen* sind. Sie sind von G. H. v. Wright und H. Nyman herausgegeben und in den Band 7 der *Werkausgabe* aufgenommen worden.

20 Zum Begriff der antithetischen Symmetrie siehe Anmerkung 2 in diesem Kapitel.

21 P. Geach erwähnt diese Äußerung Wittgensteins in seiner Vorlesungsmitschrift (*Vorlesungen*, Geach, 79).

X. Regelfolgen

1 Vgl. z. B. J. Fodor, *The Language of Thought*, New York 1975, u. ders., *Psychosemantics. The Problem of Meaning in the Philosophy of Mind*, Cambridge (Mass.) 1987.

2 Ein prominentes historisches Beispiel ist Wilhelm von Ockham. Er nahm eine geistige Sprache, die sich selbst nicht beschreiben läßt, als Grundlage der Bedeutungen der gesprochenen und geschriebenen Sprachen an (*Summa Logicae*, ed. P. Boehner, G. Gál, S. Brown, St. Bonaventure N. Y. 1974, pars I, cap. 3, 14.

3 Friedrich II. soll verboten haben, mit den Kindern zu sprechen. Der Chronist Salimbene von Parma schreibt, sie seien alle gestorben. Zit. nach U. Eco, *Die Suche nach der vollkommenen Sprache*, München ²1994, 13.

4 H.-G. Gadamer, *Wahrheit und Methode*, Tübingen ⁴1975, 508.

5 A. a. O., 274 f.

6 Das Psychische ist gegenüber dem Physischen genau dann supervenient, wenn gilt, daß alle psychischen Zustände und Ereignisse auch physische sind, aber nicht alle physischen auch psychische. Vgl. D. Davidson, *Essays on Actions and Events*, Oxford 1980, chap. 11. Der Punkt, um den es bei der Supervenienz geht, ist die Abhängigkeit einer bestimmten Menge von Eigenschaften, z. B. psychischen, von anderen, z. B. physischen.

7 C. McGinn wirft Wittgenstein vor, seine Ablehnung der Supervenienz des Verstehens einer Person gegenüber ihren physischen Eigenschaften habe unerträgliche Folgen, z. B. die, daß es Ereignisse gebe, die sich physikalisch unterscheiden, deren Unterschied aber nicht physikalisch erklärbar sei (*Wittgenstein on Meaning. An Interpretation and Evaluation*, Oxford 1984, 113).

8 Vor allem der Spontaneität des Regelfolgens widme ich im folgenden Kapitel besondere Aufmerksamkeit.

9 Es ist in diesem Sinn richtig, daß das Regelfolgen in einem schwachen Sinn, wie C. McGinn sagt, nicht voraussetzt, daß jede einzelne Regel mehr als einmal befolgt werden muß (*Wittgenstein on Meaning. An Interpretation and Evaluation*, Oxford 1984, 37).

10 S. Kripke, *Wittgenstein on Rules and Private Language. An Elementary Exposition*, Oxford 1982. E. v. Savigny sagt in seinem Kommentar, daß, was Wittgenstein mit „unser Paradox" meint, nicht „Wittgensteins Paradox" sei; Kripkes Interpretation erwähnt er nicht (a. a. O., 244).

11 Ein Gegenbeispiel zu Kripke ist z. B. E. v. Savigny. Für ihn gibt es das von Kripke behandelte Regel-Paradox nicht; vgl. Anm. 10. Im Ergebnis hat v. Savigny recht. Es wäre für seinen Kommentar allerdings wünschenswert, daß er sich mit Kripke nicht nur schweigend auseinandersetzte. Berechtigte Kritik an diesem Verschweigen übt auch Wolfgang Carl in seiner Besprechung des Kommentars (*Eike von Savigny, Wittgensteins „Philosophische Untersuchungen"*, in: Göttingische Gelehrte Anzeigen 242 (1990), 110–120, bes. 112).

12 C. McGinn kritisiert Kripke sehr überzeugend und durchschlagend (*Wittgenstein on Meaning*, a. a. O., 59 ff.).

13 Die vielen Stellen, an denen Wittgenstein in den *Philosophischen Untersuchungen* das Lernen von Regeln als Abrichten beschreibt, erschließt der Index der *Werkausgabe*.

14 PP I, 40, § 164; in PhU, II, 570 heißt es: „Das Neue (Spontane, ,Spezifische') ist immer ein Sprachspiel."

15 PP I, 149, § 805; diesen Charakter des Willkürlichen erläutert Wittgenstein an mehreren Orten: PP I, 142f., § 753, § 755, § 760; 157, § 848.

16 Die Auseinandersetzung mit G. E. Moores Denken rekonstruieren ausführlich Joachim Schulte (*Erlebnis und Ausdruck*, a. a. O., Kap. 8) und Avrum Stroll (*Moore and Wittgenstein on Certainty*, Oxford 1994).

17 Wittgenstein verwendet selbst auch das Wort „Consensus" für die Übereinstimmung derer, die z. B. die Technik des Rechnens gelernt haben (BGM, 193, §§ 66 f.). Er versteht unter ,Consensus' aber keine absichtlich, planvoll oder rational und argumentativ herbeigeführte Übereinkunft, sondern allein die Übereinstimmung in der Technik des Regelfolgens.

18 Dies würde dem Ideal der Kommunikationsgemeinschaft entsprechen, wie K. O. Apel und J. Habermas es vorschlagen.

19 G. E. Moore hielt den Vortrag Ende Oktober 1944 im Moral Sciences Club in Cambridge. Er hat ihn nicht veröffentlicht.

20 Dies ist Wittgensteins Beispiel in seinem Brief an Moore (*Briefe*, a. a. O., 218, Brief Nr. 257). Joachim Schulte hat die Übersetzung des Beispiels in dem Brief korrigiert (*Erlebnis und Ausdruck*, a. a. O., 171, Anm. 4); statt „Ich glaube, in diesem Zimmer..." muß es heißen: „In diesem Zimmer..."

21 Wittgenstein schreibt dies in seinem Brief (a. a. O., 219).

22 Joachim Schulte rekonstruiert diese Phasen im einzelnen (*Erlebnis und Ausdruck*, a. a. O., 124–146).

23 Auch nicht in der Phase, in der er die Bedeutung eines Wortes mit der Erklärung der Bedeutung identifizierte (PhG 59, § 23).

24 An anderer Stelle sagt er: „Die Verbindung zwischen ‚Sprache und Wirklichkeit' ist durch die Worterklärungen gemacht, – welche zur Sprachlehre gehören, so daß die Sprache in sich geschlossen, autonom, bleibt." (PhG 97, § 55).

25 Wittgenstein ist immer wieder der Vorwurf des Relativismus gemacht worden, vor allem im Blick auf die Abhängigkeit der Regeln von einem kulturellen Rahmen. Er mag durchaus als kultureller Relativist bezeichnet werden, wenn damit gemeint ist, daß er nicht glaubt, es gebe objektive Kriterien der Kultur. Peter Winch hat Wittgensteins Regelverständnis zur Grundlage einer – in diesem Sinn relativistischen – Sozialphilosophie gemacht (*Die Idee der Sozialwissenschaft und ihr Verhältnis zur Philosophie*, Frankfurt 1966). Wie man Wittgenstein ohne relativistische Überzeugungen verpflichtet sein kann, zeigt Martin Hollis („The Social Destruction of Reality", in: *Rationality and Relativism*, ed. by M. Hollis, S. Lukes, Oxford 1982, 67–86; und ausführlicher in: *The Cunning of Reason*, Cambridge 1987, chap. s 9–11).

26 Joachim Schulte untersucht, in welchem Sinn das Weltbild für Wittgenstein eine Mythologie ist („Weltbild und Mythologie", in: ders., *Chor und Gesetz*, a.a.O., 113–128).

XI. Ethik und religiöser Glaube

1 Im Band 8 der *Werkausgabe* auf den Seiten 445–573.

2 Walter Schweidler ist z. B. überzeugt, daß Wittgenstein die Philosophie und ihre Wahrheit aufheben will zugunsten der „erlösenden Wahrheit" des Glaubens (*Wittgensteins Philosophiebegriff*, Freiburg/München 1983).

3 Norman Malcolm tut dies in: *Wittgenstein: A Religious Point of View?*, ed. with a response by Peter Winch, London 1993, 74ff. Winch rückt die Analogien des Religiösen zum Philosophischen zurecht.

4 Viele sind zu finden in R. Rhees (ed.), *Ludwig Wittgenstein. Personal Recollections*, Oxford 1984.

5 A. a. O., 94.

6 L. Wittgenstein, *Tagebücher 1914–1916* (*Werkausgabe* Bd. 1, 89–223) und *Geheime Tagebücher* (1914–1916) [Abk.: GT], hrsg. v. Wilhelm Baum, Wien/Berlin 1991, ³1992. Der Titel suggeriert durch das Wort ‚geheim', daß die Tagebucheintragungen von der Art ‚Geheimnisse der Kammerzofe' sind. Mit dieser pornographischen Assoziation scheint dieser Raubdruck großen Erfolg zu haben. Die sog. *Geheimen Tagebücher* sind gegenüber den seriös veröffentlichten, sieht man von den religiösen Äußerungen ab, philosophisch unergiebig.

7 Zu Beginn seines Dienstes während des Zweiten Weltkriegs am St. Guy's Hospital wurde er z. B. in einem Fragebogen nach seiner Konfession gefragt, wie er später seiner Schülerin Elizabeth Anscombe erzählte.

8 Die mittelalterliche Theologie und Philosophie ging wie Augustinus davon aus, daß der Glauben vor der Vernunft kommen müsse. Anselm von Canterbury sagt dies ausdrücklich vor seinem Gottesbeweis im Proslogion; der Beweis sei nur für denjenigen überzeugend, der glaube. Auch bei Thomas von Aquin ist die Suche nach rationaler Erkenntnis nur fruchtbar auf der Basis des Glaubens; der Glaube befragt die Vernunft (fides quaerens intellectum).

9 In seinem Vorwort zu den *Geheimen Tagebüchern*, a.a.O., 7.

10 In den „Vorlesungen über den religiösen Glauben"(VuG 87–110) wird Wittgenstein noch deutlicher: Der eigentliche Punkt des religiösen Glaubens, z.B. an das Jüngste Gericht, werde zerstört, „sobald es Beweise gäbe"(VuG, 91). Er fährt an dieser Stelle fort: „Alles, was ich für gewöhnlich Beweise nenne, würde mich nicht im mindesten beeinflussen".

11 S. Kierkegaard, *Philosophische Brocken*, übers. v. L. Richter, Reinbek 1964, 79.

12 Diese Einheit von Wissenschaft und Religion in einem Weltbild beschreibt Joachim Schulte in seinem klaren, mit Übersicht verfaßten Beitrag „Wittgenstein über Glauben und Aberglauben" (in: *Von Wittgenstein lernen*, hrsg. v. W. Vossenkuhl, Berlin 1992, 149).

13 Wittgenstein hat sich, wie Rush Rhees vermutet, etwa seit 1919 mit Freud beschäftigt. Die „Gespräche über Freud" (VuG 73–86) dokumentieren dies. Einerseits schätzt er Freud als lesenswerten Autor, andererseits kritisiert er ihn und meint im Hinblick auf die Psychoanalyse, „daß diese ganze Denkweise bekämpft werden muß" (VuG 85).

14 Sir James George Frazer (1854–1941) war Anthropologe. 1890 hatte er sein Hauptwerk *The Golden Bough. A Study in Magic and Religion* veröffentlicht; die 12 Bände wurden 1907–15 wiederaufgelegt; 1922 erschien eine Kurzausgabe in einem Band. Wittgenstein kritisiert Frazer in seinen „Bemerkungen über Frazers Golden Bough" (in: *Vortrag über Ethik*, hrsg. v. J. Schulte, Frankfurt 1989, 29–46).

15 I. Kant, *Die Religion innerhalb der Grenzen der bloßen Vernunft*, A241 B256.

16 L. Wittgenstein, „Vortrag über Ethik", in: *Vortrag über Ethik und andere kleine Schriften* (Abk.: VüE), hrsg. v. J. Schulte, Frankfurt 1989, 9–19. Der Vortrag wurde, wie eine Anmerkung im Band 3 der *Werkausgabe* zeigt (*Wittgenstein und der Wiener Kreis*, 77, Anm. 27), vor Januar 1930 geschrieben und nach Auskunft von R. Rhees zwischen September 1929 und Dezember 1930 gehalten.

XII. Philosophie

1 Wittgenstein zitiert Lichtenberg im *Big Typescript* (422). Die Passage, aus der Wittgenstein einen Satz zitiert, beginnt mit dem Gedanken, daß „unsere falsche Philosophie" der „ganzen Sprache einverleibt" sei; Lich-

tenberg fährt fort, man bedenke nicht, „daß Sprechen, ohne Rücksicht von was, eine Philosophie" sei; dann erst folgt das Zitat: „Unsere ganze Philosophie ist Berichtigung des Sprachgebrauchs, also die Berichtigung einer Philosophie, und zwar der allgemeinsten." Lichtenberg sagt dann: „Allein die gemeine Philosophie hat den Vorteil, daß sie im Besitz der Deklinationen und Konjugationen ist. Es wird also immer von uns wahre Philosophie mit der Sprache der falschen gelehrt..." (G.Chr. Lichtenberg, *Aphorismen*, hrsg. v. M.Rychner, Zürich ⁹1992, 480).

2 Ein prominentes mittelalterliches Beispiel ist Wilhelm von Ockham, der Scheinprobleme in Theologie und Philosophie auf eine logisch ungeklärte oder unrichtige Verwendung der Termini zurückführt (vgl. W. v. Ockham, *Texte zur Theorie der Erkenntnis und der Wissenschaft*, hrsg. v. R.Imbach, Stuttgart 1984, 12ff.; ders., „Prologus", in: *Summa Logicae*, hrsg. v. P.Boehner, G. Gál, S.Brown, St. Bonaventure (N.Y.) 1974, 3–6).

3 R.Carnap und mit ihm die Philosophen des Wiener Kreises bekämpfen programmatisch Scheinprobleme in der Philosophie, die durch mangelnde Sachhaltigkeit der Begriffe und Sätze entstehen (vgl. R. Carnap, *Scheinprobleme in der Philosophie*, Nachw. v. G.Patzig, Frankfurt 1966, 47ff.).

4 Der Gebrauch der Anführungszeichen dient hier nicht der Erwähnung des Begriffs Sprachkritik, sondern seiner besonderen Betonung. Wittgenstein hält sich bei der Verwendung von Anführungszeichen nicht streng an die Konventionen.

5 F.Mauthner, *Beiträge zu einer Kritik der Sprache: Zur Sprache und zur Psychologie*, Bd.1, (²1906), Frankfurt u.a. 1982. Das von Mauthner hier entwickelte psychologische Verständnis von Sprachkritik lehnt Wittgenstein ab.

6 Die Aussagen über die Philosophie in den §§ 89–133 der *Philosophischen Untersuchungen* lesen wir bereits im *Big Typescript* (405–432). Es sind also nicht späte, sondern frühe Einsichten am Beginn seiner zweiten Entwicklungsphase in Cambridge.

7 Den Gedanken, die Philosophie zur Ruhe zu bringen, und das, was er über seine „eigentliche Entdeckung" sagt, lesen wir so schon im *Big Typescript* (431).

8 M.Kroß (*Klarheit als Selbstzweck. Wittgenstein über Philosophie, Religion, Ethik und Gewißheit*, Berlin 1993) stellt die Suche nach Klarheit auf überzeugende Weise in den Mittelpunkt von Wittgensteins Denken.

9 Er will die Philosophie auch nicht wie Heidegger durch ein Denken eigener Art ersetzen (M.Heidegger, „Das Ende der Philosophie und die Aufgabe des Denkens", in: ders., *Zur Sache des Denkens*, Tübingen 1969, 61–90) oder wie neuerdings Rorty in eine Art Literatur überführen, die die menschliche Solidarität fördert (R.Rorty, *Contingency, Irony, and Solidarity*, Cambridge 1989).

10 Herostratos legte den Tempel der Artemis von Ephesus, den größten damals bekannten Tempel, 356 v. Chr. in Asche, um sich damit ein Denkmal zu setzen.

11 Die Seiten 405 bis 435 des *Big Typescript* sind unter dem Titel „Philosophie" deutsch und englisch abgedruckt in: L. Wittgenstein, *Philosophical Occasions 1912–1951*, a. a. O., 160–199.

12 Diese Gedanken finden wir wörtlich im *Big Typescript* (412). Es heißt dort weiter: „(Der Mann, der sagte, man könne nicht zweimal in den gleichen Fluß steigen, sagte etwas Falsches; man <u>kann</u> zweimal in den gleichen Fluß steigen.)" Hier meint Wittgenstein Heraklit, dessen tiefsinnige Bemerkung er trivialisieren will. Er hätte sich wohl ein anderes Beispiel gewählt, wenn er gesehen hätte, daß Heraklit etwas anderes sagte: „Alles schreitet, nichts bleibt. – ... – In dieselben Flüsse steigen wir und steigen wir nicht, wir sind und wir sind nicht" (W. Kranz, *Vorsokratische Denker*, Berlin ³1959, 71). Genau genommen beschreibt Heraklit nur, was jeder sehen kann und was Wittgenstein selbst in ähnlichen Worten mit der Flußmetapher beschreibt (ÜG § 97).

13 G. P. Baker und P. M. S. Hacker arbeiten diese Alternative in ihrem Kommentar heraus (*An Analytical Commentary on Wittgenstein's Philosophical Investigations*, vol. 1, Oxford ²1982, 198 ff.). Sie ist aber nicht so scharf, wie sie vermuten. Logische Analyse und grammatische Klarheit können auch Hand in Hand gehen: „Der Satz ist vollkommen logisch analysiert, dessen Grammatik vollkommen klargelegt ist." (BT 417)

14 In den *Bemerkungen über die Grundlagen der Mathematik* formuliert Wittgenstein sehr eingängig: „Der Beweis muß übersehbar sein' – heißt: wir müssen bereit sein, ihn als Richtschnur unseres Urteilens zu gebrauchen." (BGM III, § 22, S. 159)

15 G. P. Baker und P. M. S. Hacker (a. a. O., 240) vermuten, daß dieser Paragraph ursprünglich gegen Waismanns „Thesen" (F. Waismann, *Wittgenstein und der Wiener Kreis*, hrsg. v. B. F. McGuinness, Frankfurt 1967, 233–261) aus dem Jahre 1930 gerichtet ist. Diese Thesen paraphrasieren Gedanken des *Tractatus* unter allgemeinen Begriffen. Es ist daher nicht ersichtlich, in welchem Sinn sich der § 128 der PhU gegen Waismann und nicht direkt gegen den *Tractatus* selbst richtet.

16 Dies ist vielleicht etwas zu tief gestapelt. Übersicht zu haben, hilft durchaus, zumindest die philosophischen Probleme im engeren Sinn schneller zu durchschauen.

17 G. Chr. Lichtenberg, *Aphorismen*, a. a. O., 480.

18 Jules Renard, *Ideen in Tinte getaucht*, ausgew. u. übers. v. L. Ronte, Nachw. v. H. Grössel, München 1986, 17.

19 L. Wittgenstein, *Vorlesungen 1930–1935*, Frankfurt 1984, 180.

20 Wie wörtlich Wittgenstein das Goethe-Zitat meint, zeigt eine Stelle aus den *Vermischten Bemerkungen*: „Die Sprache – will ich sagen – ist eine Verfeinerung, ‚im Anfang war die Tat'" (VB 493).

21 „Das Gebäude *Deines Stolzes* ist abzutragen", notiert er 1937 (VB 485); er sieht sich von eitlen Gedanken bewegt (VB 499) und glaubt, nur die Religion „könnte die Eitelkeit zerstören" (VB 517).

22 Die Kälte der Weisheit bezeichnet er als dumm (VB 530).

23 W. Baum dokumentiert den Mut und die Tapferkeit Wittgensteins als Soldat (GT 144).

24 Vgl. R. Rhees (Hrsg.), *Ludwig Wittgenstein: Portraits und Gespräche*, übers. v. J. Schulte, Frankfurt 1987.

3. Literaturverzeichnis

I. Wittgensteins Werke

1. Ausgabe der Schriften (Frankfurt 1964 ff.)

Schriften 1: Tractatus logico-philosophicus, Tagebücher 1914–1917, Philosophische Untersuchungen, hrsg. v. G. E. M. Anscombe, R. Rhees

Schriften 2: Philosophische Bemerkungen, hrsg. v. R. Rhees

Schriften 3: Wittgenstein und der Wiener Kreis, von Friedrich Waismann, hrsg. v. B. F. McGuinness

Schriften 4: Philosophische Grammatik, hrsg. v. R. Rhees

Schriften 5: Das Blaue Buch, Eine Philosophische Betrachtung, hrsg. v. R. Rhees; Zettel, hrsg. v. G. E. M. Anscombe, G. H. von Wright

Schriften 6: Bemerkungen über die Grundlagen der Mathematik (rev. u. erw. Ausg.), hrsg. v. G. E. M. Anscombe, R. Rhees, G. H. von Wright

Schriften 7: Wittgensteins Vorlesungen über die Grundlagen der Mathematik 1939, nach Aufz. v. R. G. Bosanquet, N. Malcolm, R. Rhees, Y. Smythies, hrsg. v. C. Diamond, übers. v. J. Schulte

Schriften 8: Bemerkungen über die Philosophie der Psychologie, Bd. 1, hrsg. v. G. E. M. Anscombe, G. H. von Wright

Briefe: Briefwechsel mit B. Russell, G. E. Moore, J. M. Keynes, F. P. Ramsey, W. Eccles, P. Engelmann, L. von Ficker, hrsg. v. B. F. McGuinness, G. H. von Wright (1980)

Vorlesungen 1930–1935: Cambridge 1930–1932 (aus d. Aufz. v. J. King, D. Lee), hrsg. v. D. Lee, Cambridge 1932–1935 (aus d. Aufz. v. A. Ambrose, M. Macdonal), hrsg. v. A. Ambrose, übers. v. J. Schulte (1984)

Vorlesungen über die Philosophie der Psychologie 1946/47 (Aufz. v. P. T. Geach, K. J. Shah, A. C. Jackson), hrsg. v. P. T. Geach, übers. v. J. Schulte (1991)

2. Werkausgabe (Frankfurt 1984 ff.)

Band 1: Tractatus logico-philosophicus, Tagebücher 1914–16 (Anh. I: Aufzeichnungen über Logik; Anh. II: Aufzeichnungen, die G. E. Moore in Norwegen nach Diktat niedergeschrieben hat), Philosophische Untersuchungen

Band 2: Philosophische Bemerkungen, hrsg. v. R. Rhees

Band 3: Ludwig Wittgenstein und der Wiener Kreis, Gespräche, aufgezeichnet von Friedrich Waismann, aus dem Nachlaß hrsg. v. B. F. McGuinness

Band 4: Philosophische Grammatik, hrsg. v. R. Rhees
Band 5: Das Blaue Buch, Eine Philosophische Betrachtung (Das Braune Buch), hrsg. v. R. Rhees, Übersetzungen v. P. von Morstein
Band 6: Bemerkungen über die Grundlagen der Mathematik, hrsg. v. G. E. M. Anscombe, R. Rhees, G. H. von Wright
Band 7: Bemerkungen über die Philosophie der Psychologie (Bd. 1 hrsg. v. G. E. M. Anscombe, G. H. von Wright; Bd. 2 hrsg. v. G. H. von Wright, H. Nyman), Letzte Schriften über die Philosophie der Psychologie. Vorstudien zum zweiten Teil der Philosophischen Untersuchungen ([1948–1949] hrsg. v. G. H. von Wright, H. Nyman)
Band 8: Bemerkungen über die Farben (hrsg. v. G. E. M. Anscombe), Über Gewißheit (hrsg. v. G. E. M. Anscombe, G. H. von Wright), Zettel (hrsg. v. G. E. M. Anscombe, G. H. von Wright), Vermischte Bemerkungen (hrsg. v. G. H. von Wright, unter Mitarbeit v. H. Nyman)
Letzte Schriften über die Philosophie der Psychologie. Das Innere und das Äußere (1949–1951), hrsg. v. G. H. von Wright, H. Nyman (1993)

3. Weitere Textausgaben

Vorlesungen und Gespräche über Ästhetik, Psychologie und Religion, hrsg. v. C. Barrett, übers. u. eingel. v. E. Bubser, Göttingen 1968

Logisch-philosophische Abhandlung, Tractatus logico-philosophicus, Prototractatus, kritische Edition, hrsg. v. B. McGuinness, J. Schulte, Frankfurt 1989

Vortrag über Ethik und andere kleine Schriften, hrsg. v. J. Schulte, Frankfurt 1989. (Darin: „Vortrag über Ethik", „Bemerkungen über logische Form", „Bemerkungen über Frazers Golden Bough", „Aufzeichnungen für Vorlesungen über ‚privates Erlebnis' und ‚Sinnesdaten'", „Ursache und Wirkung. Intuitives Erfassen")

Geheime Tagebücher 1914–1916, hrsg. v. W. Baum, Wien 1991.

Philosophical Occasions 1912–1951, ed. by J. C. Klagge, A. Nordmann, Indianapolis/Cambridge 1993

4. Wiener Ausgabe (hrsg. v. M. Nedo, Wien/New York 1993 ff.)
Einführung, Michael Nedo
Band 1: Philosophische Bemerkungen
Band 2: Philosophische Betrachtungen, Philosophische Bemerkungen
Band 3: Bemerkungen, Philosophische Bemerkungen

II. Sekundärliteratur

1. Bibliographie

Baldrich, R. D., Escritos sobre Ludwig Wittgenstein (1921–1985), Madrid 1990 (Sonderausgabe der Zeitschrift Aporia).

2. Biographisches

Luckhardt, C. G. (ed.), Wittgenstein: Sources and Perspectives, Hassocks 1979.

Malcolm, N., Ludwig Wittgenstein. A Memoir. With a Biographical Sketch by G. H. von Wright, Oxford ²1984.

McGuinness, B. F., Wittgenstein. A Life. Young Ludwig (1889–1921), London 1988. (Dt. Übers.: Wittgensteins frühe Jahre, Frankfurt 1988).

Monk, R., Ludwig Wittgenstein. The Duty of Genius, London 1990. (Wittgenstein. Das Handwerk des Genies, übers. v. H. G. Holl u. E. Rathgeb, Stuttgart 1992.)

Nedo, M., Ranchetti, M., Ludwig Wittgenstein. Sein Leben in Bildern und Texten, mit einem Vorwort von B. F. McGuinness, Frankfurt 1983.

Rhees, R., Recollections of Wittgenstein, Oxford (¹1981) 1984. (Ludwig Wittgenstein: Portraits und Gespräche, übers. v. J. Schulte, Frankfurt 1987.)

3. Einführungen

Diamond, C., Wittgenstein, London 1972.

Fogelin, R., Wittgenstein, London 1976, ²1980.

Kenny, A., Wittgenstein, London 1973. (Dt. Übers.: Frankfurt 1974.)

Pears, D., Ludwig Wittgenstein, München 1971.

Pitcher, G., Die Philosophie Wittgensteins. Eine kritische Einführung in den Tractatus und die Spätschriften, übers. v. E. von Savigny, Freiburg/ München 1967.

Schulte, J., Wittgenstein. Eine Einführung, Stuttgart 1989.

4. Kommentare

Baker, G. P., Hacker, P. M. S., Wittgenstein. Understanding and Meaning. An Analytical Commentary on the Philosophical Investigations, vol. 1, Oxford 1980.

–, Wittgenstein. Rules, Grammar and Necessity. An Analytical Commentary on the Philosophical Investigations, vol. 2, Oxford 1985.

Hacker, P. M. S., Wittgenstein. Meaning and Mind. An Analytical Commentary on the Philosophical Investigations, Oxford 1990.

Mühlhölzer, F., Wittgensteins „Bemerkungen über die Grundlagen der Mathematik". Ein kritischer Kommentar zu den Teilen I u. II, unveröffentl. Typoskript, München 1995.

Savigny, E. von, Wittgensteins „Philosophische Untersuchungen". Ein Kommentar für Leser, Bd. 1, Frankfurt 1988.

–, Wittgensteins „Philosophische Untersuchungen". Ein Kommentar für Leser, Bd. 2, Frankfurt 1989.

5. Monographien, Sammelbände, Aufsätze zu Wittgenstein

Anscombe, G. E. M., An Introduction to Wittgenstein's Tractatus, (¹1959), Philadelphia 1971.

Baker, G.P., Hacker, P.M.S., Wittgenstein. Meaning and Understanding. Essays on the Philosophical Investigations, vol. 1, Oxford 1980.

Bell, D., „Solipsismus, Subjektivität und öffentliche Welt", in: W.Vossenkuhl (Hrsg.), Von Wittgenstein lernen, Berlin 1992, 29–52.

Birnbacher, D., Die Logik der Kriterien. Analysen zur Spätphilosophie Wittgensteins, Hamburg 1974.

Black, M., A Companion to Wittgenstein's Tractatus, Ithaca 1964.

Carl, W., Sinn und Bedeutung. Studien zu Frege und Wittgenstein, Königstein 1982.

–, „E. von Savigny, Wittgensteins Philosophische Untersuchungen. Ein Kommentar für Leser", Göttingische Gelehrte Anzeigen 242 (1990), 110–120.

Carruthers, P., Tractarian Semantics. Finding Sense in Wittgenstein's Tractatus, Oxford 1989.

–, The Metaphysics of the Tractatus, Cambridge 1990.

Cavell, S., The Claim of Reason. Wittgenstein, Scepticism, Morality, and Tragedy, Oxford 1979.

Dummett, M., „Wittgenstein's Philosophy of Mathematics", Philosophical Review 68 (1959), 324–348.

–, „Wittgenstein on Necessity: Some Reflections", in: P.Clark, B.Hale (eds.), Reading Putnam, Oxford 1994, 49–65.

Engelmann, P., Ludwig Wittgenstein. Briefe und Begegnungen, Wien/München 1970.

Fann, K.T. (ed.), Ludwig Wittgenstein. The Man and His Philosophy ([1]1967), New Jersey/Sussex 1978.

Finch, H.Le R., Wittgenstein – The Early Philosophy. An Exposition of the Tractatus, New York 1971.

–, Wittgenstein – The Later Philosophy. An Exposition of the „Philosophical Investigations", Atlantic Highlands (N.J.) 1977.

Gebauer, G., Grünewald, A., Ohme, R., Rentschler, L., Sperling, T., Uhl, O., Wien. Kundmanngasse 19. Bauplanerische, morphologische und philosophische Aspekte des Wittgenstein-Hauses, München 1982.

Hallett, G., A Companion to Wittgenstein's „Philosophical Investigations", Ithaca 1977.

Hacker, P.M.S., Insight and Illusion. Themes in the Philosophy of Wittgenstein, revised edition, Oxford 1985.

Haller, R., Kreuzer, F., Grenzen der Sprache – Grenzen der Welt. Wittgenstein, der Wiener Kreis und die Folgen, Wien 1982.

Hübner, A., Wuchterl, K., Ludwig Wittgenstein in Selbstzeugnissen und Bilddokumenten, Reinbek 1979.

Hudson, W.D., Wittgenstein and Religious Belief, London 1975.

Janik, A., Toulmin, S., Wittgensteins Vienna, New York 1973. (Wittgensteins Wien, übers. v. R.Merkel, München/Wien 1984.)

Kemmerling, A., „Bedeutung und der Zweck der Sprache", in: W.Vossenkuhl (Hrsg.), Von Wittgenstein lernen, Berlin 1992, 99–120.

Kenny, A., The Legacy of Wittgenstein, Oxford 1984.

Klenk, V. H., Wittgenstein's Philosophy of Mathematics, The Hague 1976.

Kripke, S. A., Wittgenstein on Rules and Private Language. An Elementary Exposition, Oxford 1982.

Kroß, M., Klarheit als Selbstzweck. Wittgenstein über Philosophie, Religion, Ethik und Gewißheit, Berlin 1993.

Lange, E. M., Wittgenstein und Schopenhauer, Cuxhaven 1989.

Leitner, B., Die Architektur von Ludwig Wittgenstein. Eine Dokumentation, New York 1976.

Malcolm, N., Wittgenstein: Nothing is Hidden, London 1986.

–, Wittgenstein. A Religious Point of View? Ed. with a response by P. Winch, London 1993.

Mayer, V., „The Numering System of the Tractatus", Ratio (new series) 6 (1993), 108–119.

–, „Logischer Holismus: Zur Erkenntnistheorie des Tractatus", erscheint in Analyomen II.

McGinn, C., Wittgenstein on Meaning. An Interpretation and Evaluation, Oxford 1984.

Nedo, M., Katalog zum Wittgenstein-Nachlaß, Tübingen 1978.

O'Brien, D., „The Unity of Wittgenstein's Thought", in: K. T. Fann (ed.), Wittgenstein – The Man and His Philosophy, ([1]1967), New Jersey/Sussex 1978, 380–404.

Pears, D., The False Prison. A Study of the Development of Wittgenstein's Philosophy, 2 vols., Oxford 1987, 1988.

–, „Wittgenstein's Holism", Dialectica 44 (1990), 166–173.

Peterson, D., Wittgenstein's Early Philosophy. Three Sides of the Mirror, New York e. a. 1990.

Phillips, D. L., Wittgenstein and Scientific Knowledge. A Sociological Perspective, London 1977.

Pitcher, G. (ed.), Wittgenstein. The Philosophical Investigations, New York 1966.

Rentsch, T., Heidegger und Wittgenstein: Existenzial- und Sprachanalysen zu den Grundlagen philosophischer Anthropologie, Stuttgart 1985.

Rhees, R. (ed.), Discussions of Wittgenstein: Essays and Reviews, London 1970.

Rothhaupt, J. G. F., Farbthemen in Wittgensteins Gesamtnachlaß: Philologisch-philosophische Untersuchungen im Längsschnitt und in Querschnitten, Phil. Diss., München, Hochschule für Philosophie SJ 1993.

Schulte, J., Erlebnis und Ausdruck. Wittgensteins Philosophie der Psychologie, München 1987.

–, (Hrsg.), Texte zum Tractatus, Frankfurt 1989.

–, Chor und Gesetz. Wittgenstein im Kontext, Frankfurt 1990.

–, „Wittgenstein über Glauben und Aberglauben", in: W. Vossenkuhl (Hrsg.), Von Wittgenstein lernen, Berlin 1992, 137–150.

Schweidler, W., Wittgensteins Philosophiebegriff, Freiburg/München 1983.

Specht, E. K., Die sprachphilosophischen und ontologischen Grundlagen im Spätwerk Ludwig Wittgensteins, Köln 1963.

Stegmüller, W., Kripkes Deutung der Spätphilosophie Wittgensteins. Kommentarversuch über einen versuchten Kommentar, Stuttgart 1986.

Stenius, E., Wittgensteins Traktat, Frankfurt 1969.

Stroll, A., Moore and Wittgenstein on Certainty, Oxford 1994.

Varga von Kibéd, M., „Variablen im Tractatus", Erkenntnis 39 (1993), 79–100.

Venieri, M., Wittgenstein über philosophische Erklärung, Frankfurt e. a. 1989.

Vesey, G. (ed.), Understanding Wittgenstein, Royal Institute of Philosophy (Lectures vol.7, 1972–73), London ²1976.

Vossenkuhl, W. (Hrsg.), Von Wittgenstein lernen, Berlin 1992.

White, G., „Ockham and Wittgenstein", in: W. Vossenkuhl, R. Schönberger (Hrsg.), Die Gegenwart Ockhams, Weinheim 1990, 165–188.

Wiggershaus, P. (Hrsg.), Sprachanalyse und Soziologie. Die sozialwissenschaftliche Relevanz von Wittgensteins Sprachphilosophie, Frankfurt 1975.

Winch, P., Die Idee der Sozialwissenschaft und ihr Verhältnis zur Philosophie, Frankfurt 1966.

Wright, C., Wittgenstein on the Foundations of Mathematics, London 1980.

Wright, G. H. von, Wittgenstein, übers. v. J. Schulte, Frankfurt 1986.

–, „Die analytische Philosophie", Information Philosophie 2 (1993).

Zimmermann, J., Wittgensteins sprachphilosophische Hermeneutik, Frankfurt 1975.

6. Weitere zitierte Texte

Ayer, A. J., Sprache, Wahrheit und Logik, (²1946), Stuttgart 1970.

Bennett, J., Kant's Analytic, Cambridge 1966.

Boolos, G. S., Jeffrey, R. C., Computability and Logic, Cambridge ³1989.

Carnap, R., Der Logische Aufbau der Welt (1928), Hamburg ²1961.

–, Meaning and Necessity. A Study in Semantics and Modal Logic, Chicago ²1956 (repr. 1975).

–, Scheinprobleme in der Philosophie, mit einem Nachwort von G. Patzig, Frankfurt 1966.

Carroll, L., The Complete Works, London 1939.

Carruthers, P., Introducing Persons. Theories and Arguments in the Philosophy of Mind, London 1986.

Chomsky, N., Sprache und Geist, Frankfurt 1970.

–, Aspekte der Syntax-Theorie, Frankfurt 1972.

–, Reflexionen über die Sprache, Frankfurt 1977.

Davidson, D., Essays on Actions and Events, Oxford 1980.

Descartes, R., Meditationen über die Grundlagen der Philosophie, Hamburg 1960.

Dummett, M., Truth and Other Enigmas, London 1978.

–, Ursprünge der analytischen Philosophie, übers. v. J.Schulte, Frankfurt 1988.

Eco, U., Die Suche nach der vollkommenen Sprache, München [2]1994.

Fodor, J., The Language of Thought, New York 1975.

–, Psychosemantics. The Problem of Meaning in the Philosophy of Mind, Cambridge (Mass.) 1987.

Frege, G., Die Grundlagen der Arithmetik. Eine logisch-mathematische Untersuchung über den Begriff der Zahl, Hildesheim 1961.

–, Grundgesetze der Arithmetik. Begriffsschriftlich abgeleitet, Bd.1, 2.Aufl., Darmstadt 1962.

–, Funktion, Begriff, Bedeutung. Fünf logische Studien, hrsg. v. G.Patzig, Göttingen [4]1975.

–, Begriffsschrift und andere Aufsätze, 3.Aufl., hrsg. v. I.Angelelli, Darmstadt 1977.

Feyerabend, P., Wider den Methodenzwang, Frankfurt 1976

Gadamer, H.-G., Wahrheit und Methode, Tübingen [4]1975.

Goodman, N., The Structure of Appearance, Indianapolis [2]1966.

Hanfling, O., Logical Positivism, Oxford 1981.

Heidegger, M., Zur Sache des Denkens, Tübingen 1969.

Heijenoort, J. van, From Frege to Gödel. A Source Book in Mathematical Logic, 1879–1931, Cambridge (Mass.) [3]1967.

Horwich, P., Truth, Oxford 1990.

James, W., The Varieties of Religious Experience, 1902

Kamlah, W., Lorenzen, P., Logische Propädeutik oder Vorschule vernünftigen Redens, Mannheim e.a., [2]1973.

Kant, I., Die Religion innerhalb der Grenzen der bloßen Vernunft, hrsg. v. W.Weischedel, Wiesbaden 1956. (= I.Kant, Werke VIII)

Katz, J., Linguistic Philosophy. The Underlying Reality of Language and Its Philosophical Import, London 1972.

Kierkegaard, S., Philosophische Brocken, übers. v. L.Richter, Reinbek 1964.

Kneale, W. and M., The Development of Logic, Oxford 1962.

Lewis, D., Konventionen, Berlin 1975.

Lichtenberg, G.C., Aphorismen, hrsg. v. M.Rychner, Zürich [9]1992.

Mauthner, F., Beiträge zu einer Kritik der Sprache: Zur Sprache und zur Psychologie, Bd.1 ([2]1906), Frankfurt e.a. 1982.

Metschl, U., Über einige verwandte Möglichkeiten der Behandlung des Wahrheitsbegriffs, Würzburg 1989.

Mittelstraß, J. (Hrsg.), Enzyklopädie Philosophie und Wissenschaftstheorie, Bd.2, Mannheim e.a. 1984.

Moore, G.E., Philosophical Papers, London 1959.

Mossner, E.C., Bishop Butler and the Age of Reason, New York 1936 (repr. Bristol 1990).

Musil, R., Der Mann ohne Eigenschaften, hrsg. v. A.Frisé, Bd.1, Reinbek 1989.

Nadolny, S., Netzkarte, München ²1982.

Ockham, W. von, Summa Logicae, hrsg. v. P.Boehner, G. Gál, S.Brown, St. Bonaventure (N.Y.) 1974.

–, Texte zur Theorie der Erkenntnis und der Wissenschaft, hrsg. v. R.Imbach, Stuttgart 1984.

Putnam, H., „Sense, Nonsense, and the Senses: An Inquiry into the Powers of the Human Mind" (=Dewey Lectures, Columbia University, 1994), Journal of Philosophy 91 (1994), 445–517.

Quine, W. V. O., From a Logical Point of View (1953), Cambridge (Mass.) ²1961.

–, Theories and Things, Cambridge (Mass.) 1981.

Renard, J., Ideen in Tinte getaucht, ausgew. u. übers. v. L.Ronte, Nachwort v. H.Grössel, München 1986.

Roberts, J., The Logic of Reflection. German Philosophy in the Twentieth Century, New Haven/London 1992.

Rorty, R., Contingency, Irony, and Solidarity, Cambridge 1989.

Russell, B., The Principles of Mathematics (¹1903), London ²1937 (repr. 1948).

–, Mysticism and Logic. Philosophical Essays, London 1917. (Mystik und Logik. Philosophische Essays, Wien/Stuttgart 1952.)

–, An Outline of Philosophy, London 1927.

–, Logic and Knowledge. Essays 1901–1959, ed. by R.C.Marsh, London ⁴1968.

–, An Inquiry into Meaning and Truth (1940), London 1980.

–, Autobiography, (⁴1975) London 1989.

–, Collected Papers, vol.4, (= Foundations of Logic 1903–05), London/ New York 1994.

Spengler, O., Der Untergang des Abendlandes, München ²1990.

Strawson, P. F., The Bounds of Sense. An Essay on Kant's Critique of Pure Reason, London 1966.

–, Logik und Linguistik, München 1974.

Vossenkuhl, W., Schönberger, R., (Hrsg.), Die Gegenwart Ockhams, Weinheim 1990.

Waismann, F., „Verifiability" (1945), in: G.H.R. Parkinson (ed.), The Theory of Meaning, Oxford 1968, 35–60.

Weininger, O., Geschlecht und Charakter. Eine prinzipielle Untersuchung, (Wien ¹1903), München 1980.

4. Personenregister

5. Sachregister